풀이한

용비어천가

풀이한
용비어천가

조규태 지음

한국문화사

풀이한 용비어천가

1판 1쇄 발행 2025년 12월 5일

지 은 이 | 조규태
펴 낸 이 | 김진수
펴 낸 곳 | 한국문화사
등　　록 | 제1994-9호
주　　소 | 서울시 성동구 아차산로49, 404호(성수동1가, 서울숲코오롱디지털타워3차)
전　　화 | 02-464-7708
팩　　스 | 02-499-0846
이 메 일 | hkm7708@daum.net
홈페이지 | http://hph.co.kr

ISBN 979-11-6919-368-9 93710

머리말

용비어천가는 한글을 창제한 직후, 이 글자를 이용해 최초로 우리말 문장을 기록한 장편 서사시이다. 125장의 가사와 주해 속에 한글로 표기된 175개의 어휘 자료에는, 표기법, 음운, 어휘, 문법 등 15세기의 언어 현상이 고스란히 담겨 있다. 그러므로 이 책에 쓰인 문장만 완벽하게 읽어낼 수 있다면, 우리말로 쓰인 어떤 고전도 자신감을 갖고 해독해낼 수가 있을 것이다. 이 책은 이런 생각을 바탕으로 용비어천가를 국어학적으로 접근하고자 하는, 지적 호기심을 가진 사람들을 위해 쓰였다.

용비어천가는 조선 왕조 건국의 정당성을 노래한 것으로, 조선 왕실로서는 주요한 저서이었기에, 모두 세 차례나 중간되었다. 그러므로 용비어천가를 연구하려면 먼저 여러 시대에 걸쳐 중간한 판본들을 모두 살펴보고, 판본 간의 차이를 규명하고, 정본을 만들 필요가 있다. 이 작업을 하려고 저자는 먼저 규장각 도서관에 있는 용비어천가 판본을 일별한 다음, 그 자료들을 모두 복사하여 비교·대조하였다. 그런 다음 용비어천가가 보관되어 있는 여러 대학을 직접 찾아가 그 곳에 보관된 판본을 모두 확인하였다. 이런 일련의 일들을 한 결과로, 2002년에는 '용비어천가 판본에 대하여'라는 논문을 발표하였고, 2003년에는 '용비어천가 노랫말 교감'이라는 논문을 발표하였다. 그런 다음에는 본격적으로 용비어천가 풀이 작업을 진행하였다. 이 작업을 진행하는 동안 용비어천가를 비롯한 훈민정음 초기 문헌들이 정제된 표기법에 의해 쓰였음을 발견하고, 그 문헌들의 표기에 사용된 표기법을 재구하여, 2005년에는 '최초의 옛한글 표기법 재구'라는 논문을 발표하였다. 이 일과 함께, 한문으로 된 주해 속에 한글로 표기된 어휘들의 풀이 작업도 진행하였다. 이들 어휘는 우리말 어휘와 외국어 어휘로 나눌 수가 있어, 각각에 대한 연구를 진행하여, 2005년에는 '용비어천가 주해 속에 한글로 표기된 외국어 어휘에 대하여'라는 논문을 발표하였고, 2006년에는 '용비어천가 주해 속의 우리말 어휘에 대하여'라는 논문을 발표하였다. 이제 용비어천가 국문가사와 주해 속의 우리말 어휘를 풀이할 모든 작업들이 완료되었기에 이들을 모으고 정리하여 출판하기에 이르렀다.

국문가사 대역은 될 수 있는 한 쉬운 현대어로 바꾸려고 노력했으며, 옛말을 이해하는 데 필요한 어법은 그 동안 국어학계의 업적을 최대한 반영하였다. 국문가사를 이해하는 데 필요한 관련 사적은 개괄적인 설명보다는 용비어천가에 기록된 것을 잘 요약하면서도 현장감이 느껴질 수 있도록 하였다. 주해 속에 있는 어휘들에 대한 풀이도 그 동안의 연구를 반영하고, 저자의 견해를 덧붙여 이해의 편의를 돕도록 하였다. 부록에 있는 옛한글 맞춤법은 훈민정음 초기 문헌을 편찬할 때 참고했으리라 생각되는 맞춤법을 재구해 본 것이다. 아직 국어학계에는 옛말의 어법이나 국어사에 관해 대립되는 견해들도 있고, 해결되지 않은 문제들을 더러 안고 있다. 이 책에는 미해결된 문제는 미해결된 대로 다양한 견해들을 제시하려고 노력하였다. 출판업계의 어려운 사정에도 불구하고 기꺼이 이 책을 출판하도록 허락해 주고, 출판 과정의 여러 가지 어려운 일들을 잘 맡아 해결해 준 한국문화사 관계자 여러분께 감사를 드린다.

2006년 6월 하순
문화 고을 진주의 가좌동 연구실에서
조 규 태 씀

수정판을 내며

잘못 설명한 곳, 표기의 오류 등을 바로잡고, 어법 풀이를 수정하여 새로이 펴낸다.

2010년 6월

책이름을 바꾸며

노랫말의 이름인 〈용비어천가〉와 구별 짓기 위하여 책이름을 〈풀이한 용비어천가〉로 바꾼다.

2025년 10월 1일

저자 조규태 씀

차례

제1부

국문가사 풀이

해 제

책의 개요 용비어천가는 세종 29년(1447) 2월에 간행된 10권 10책으로 된 노래책으로 조선 건국의 선조들을 찬양하고, 조선 개국의 정당성을 합리화하기 위해 지은 것이다. 이 책에 실린 125장의 노랫말은 한글이 창제된 후 최초로 우리말 문장을 표기한 책으로 15세기의 언어를 연구하는 데 매우 중요한 자료가 되며, 조선 초의 노래 문학을 연구하는 데 없어서는 안 될 소중한 자료이다. 노랫말이 압축된 언어로 되어 있어 노래에 얽힌 자세한 역사적 사실을 주해 속에 풀이해 두었는데 이 주해는 사료로서 중요한 가치를 지니고 있다.

책의 체제 용비어천가는 정인지(鄭麟趾)가 지은 서문(序文)과 권제(權踶), 정인지(鄭麟趾), 안지(安止) 등이 지은 전문(箋文)이 책머리에 있고, 본문인 국문시와 한시 125장, 그리고 시에 얽힌 역사적 사실과, 한자의 음과 뜻을 풀이한 협주 등의 주해가 있으며, 책의 말미에 최항(崔恒)이 지은 발문(跋文)이 있다. 책의 크기는 판본에 따라 차이가 있는데, 세로는 31.2~37.8cm, 가로는 21~24.3cm로 되어 있다.

간행 경위 세종 24년 3월 1일부터 용비어천가 편찬을 위한 자료 수집을 시작하였다. 세종 27년 4월에 권제(權踶), 정인지(鄭麟趾), 안지(安止) 등이 한문으로 된 용비시(龍飛詩)와 시에 얽힌 개략적인 역사적 사실에 관한 주해(註解)를 지어 임금님께 바쳤다. 같은 해 11월에 류의손(柳義孫), 이사철(李思哲), 정창손(鄭昌孫) 등에게 사언(四言)으로 된 한시 용비시를 절구(絶句), 장편(長篇), 찬(讚), 송(頌) 등으로 개작해 올리라고 명하였다. 세종 28년 11월에 춘추관의 어효첨(魚孝瞻)과 양성지(梁誠之)에게 태조실록에서 용비시와 관련된 사적의 초록을 지어 바치게 하였다. 최항(崔恒), 박팽년(朴彭年), 강희안(姜希顔), 신숙주(申叔

舟), 이현로(李賢老), 성삼문(成三問), 이개(李塏), 신영손(辛永孫) 등이 임금의 명을 받아 한시 용비시를 다듬고, 국문가사를 짓고, 역사적 사실, 한자의 음과 뜻 등의 주해를 덧붙인 모두 10권으로 된 책을 세종 29년 2월에 편찬해 바치니, 임금이 용비어천가(龍飛御天歌)란 이름을 내려주며 간행하라고 명하였다. 같은 해 29년 10월에 용비어천가 550권을 간행하여 신하들에게 나누어 주었다.

책의 판본 용비어천가는 여러 판본이 남아 있는데 모두 목판본이다. 그 중 원본에 가장 가까운 것은 초간 초쇄본(가람본)인데 1·2권뿐이다. 초간 후쇄본(고판본)은 목판본으로 초간 초쇄본과 같으나 후쇄본이어서 탈자와 탈획이 많다. 그 밖에 『세종실록』에 실린 국문가사만 있는 실록본이 있고, 1612년(광해군 4)에 중간된 제1차 중간본(만력본), 1659년(효종 10)에 중간된 제2차 중간본(순치본), 1765년(영조 41)에 중간된 제3차 중간본(건륭본) 등이 있다.

문학적 가치 용비어천가는 조선이 건국되어 안정기에 접어들기까지 왕실 여러 조상들의 업적을 읊은 국문으로 된 최초의 장편 서사시이다. 용비어천가의 한시는 1장과 125장을 제외한 123장은 두 종류의 형식으로 되어 있다. 2장에서 109장까지는 시경의 율격과 같이 4언 4구 2행으로 되어 있고, 11장에서 124장까지는 5언 3구 2행으로 되어 있다. 국문시는 이 한시를 번역한 것으로 율격을 일률적으로 말하기는 어렵다. 그러나 대체로 2음보 3구 2행으로 되어 있고, 1장과 125장만 각각 2음보 3구 1행과, 2음보 3구 3행으로 되어 있다. 용비어천가 국문시는 한시에만 의존해 오던 사대부들에게 미의식을 국문시로써 표출할 수 있는 길을 열어 놓았다. 그리하여 국문시인 악장, 시조, 가사 등이 발전할 수 있는 계기가 마련되었다.

『용비어천가』의 서사시적 구조는 다음과 같다. 제1장은 총서, 제2장~124장은 서사부, 제125장은 총결이다. 서사부는 다시 조선 왕조 창업의 천명성 선양에 중점을 둔 제2~16장, 태조를 중심으로 한 창업 선조들의 신성성과 영웅성을 찬양한 제17장~109장, 그리고 옛 사적을 예로 들어 후왕들을 경계한 제110장~124장의 세 부분으로 나뉜다. 『용비어천가』는 우리 문학사상 최초의 국문 시가로서 이규보의 『동명왕편』, 이승휴의 『제왕운기』를 이은 마지막 왕조 서사시이며 건국 설화로서 우리 문학사상 중요한 가치를 지니고 있다.

사료적 가치 용비어천가의 주해에는 노랫말에 얽힌 역사적 사실, 그리고 글자의 음과 뜻을 풀이한 내용들이 들어 있다. 그 중의 대부분은 고려 말과 조선 초의 역사 기록이다. 이 역사 기록들은 고려 말의 조선 왕실들의 활약상, 그리고 고려 말의 역사적 상황에 대한 조선 왕실의 해석 방향을 잘 보여 주고 있어 사료적 가치가 높다. 또한 이 역사 기록은 왕조실록 등 기존의 사서에 실려 있는 것도 있지만 그렇지 않은 것도 있어 당시의 사회·경제사를 이해하는 데 참고 자료가 된다. 예컨대, '한량(閑良), 동정직(同正職), 토호(土豪), 구가세족(舊家勢族), 창두(蒼頭) 등에 대한 뜻 풀이와, 지명(地名)들에 대한 해설이 있어 당시의 역사적 용어를 이해하는 데 도움이 된다.

어학적 가치 125장의 국문 가사는 한글 사용의 가장 오래된 모습을 보여줄 뿐만 아니라, 주해 속에 나오는 한글 표기 어휘와 더불어 국어사 연구에도 소중한 자료가 된다. 이 책에 나타나는 언어 사실 가운데 특징적인 몇 가지를 들면 다음과 같다. 표기법을 보면 다소 이상적인 것과 예외들도 있으나 대체로 질서 정연한 음소적 표기 체계로 되어 있다. 예외로는 '곶(2장), 좇거늘(30장), 깊고(34장), 닢(84장)'과 같이 받침으로 8종성 외에 'ㅈ, ㅊ, ㅍ' 등이 더 쓰였다. 사잇소리는 兄ㄱ ᄠᅳ디(8장), 몃 間ㄷ 지븨(110장), 사ᄅᆞᆷ ᄠᅳ디리이가(15장), 하ᄂᆞᇙ ᄠᅳ들(68장), 님긊 말(98장)'과 같이 선행 체언의 말음에 따라 'ㅅ' 이외에 'ㄱ, ㄷ, ㅂ, ㆆ, ㅿ' 등으로 구별되어 표기되었다. 그리고 'ㅸ' 표기를 많이 보여주는 점을 들 수 있다. '글ᄫᅡᆯ(26장), 셔ᄫᅳᆯ(18장), ᄒᆞᄫᅡᅀᅡ(35장)' 등은 곧 이어 간행된 『석보상절』 등에서는 '글왈, 셔울, ᄒᆞ오ᅀᅡ'로 나타난다. 모음 조화 표기는 초기 한글 문헌 가운데 가장 규칙적인 모습을 보여준다. 고유어 어간과 어미(또는 조사)의 결합에서 '업사(110장), 연ᄌᆞ니(7장), 밧긔(89장)'의 몇 가지 예외가 있을 뿐이다. 어휘에 있어서는 순수한 우리말의 수효도 상당히 많아서, 약 450개 정도(조사·어미 제외)가 된다. 그 중 체언이 약 38%, 용언이 약 50%를 차지한다. 그리고 한문 주해 속에 174개의 한글 표기 어휘가 실려 있는데, 이들 가운데 대부분은 지명으로 '쇼재(牛峴, 1:31b), 돌개(石浦, 1:38a), 조ᄏᆞᄫᆞᆯ(栗村, 2:22b),

고마ᄂᆞᄅᆞ(態津, 3:15a)’ 등 고유어 지명(俗地名)이 당시에 널리 사용되고 있었음을 보여준다. 그 외에도 ‘투먼(豆漫, 1:8a), 닌ᄒᆔ시(紉出闊失, 7:23b)’ 등의 여진어와 ‘터믈(帖木兒, 1:43a), 바톨(拔都, 7:10a)’ 등의 몽고어도 있다.

판 본

용비어천가는 여러 판본이 남아 있는데 모두 목판본이다. 그 중 원본에 가장 가까운 것은 세종 29년(1447)에 출간된 것으로 추정되는 초간 초쇄본(가람본)인데 1·2권 뿐이다. 초간 후쇄본(고판본)은 목판본으로 초간 초쇄본과 같으나 후쇄본이어서 탈자와 탈획이 많다. 그 밖에 『세종실록』에 실린 국문가사만 있는 실록본이 있고, 1612년(광해군 4)에 중간된 제1차 중간본(만력본), 1659년(효종 10)에 중간된 제2차 중간본(순치본), 1765년(영조 41)에 중간된 제3차 중간본(건륭본) 등이 있다.

1. 초간본

1.1. 초간 초쇄본(가람본)[1)]

이 판본은 가람 이병기 선생이 갈무리하고 있던 것으로 지금은 서울대학교 규장각 도서관에 소장되어 있다(규장각 도서기호: 가람 古貴 811.51-G955y). 내사기(內賜記)는 없으나, '宣賜之記'라는 도장이 찍혀 있다. 지질이나 인쇄 상태가 뛰어나며, 글자체가 석보상절체인 것으로 보아 초간본의 초쇄본이었을 것으로 추정하고 있다. 따라서 세종 29년(1447) 10월에 간행된 것임에 틀림없다.[2)]

이 책은 목판본으로 모두 10권 5책이었던 것으로 보이는데, 권1·2 한 책만 남아 있다. 그리고 서문 5장, 전문(箋文) 3a-4a, 권1의 1b, 권2의 제43쪽 이하는 떨어져 나갔다. 정통 10년(세종 27, 1445년) 4월에 쓴 권제(權踶), 정인지(鄭麟趾), 안지(安止)

1) 각 판본 명칭에서 앞쪽은 필자가 새로 부여한 명칭이고, 뒤쪽은 지금까지 알려져 있는 명칭이다.

2) 세종실록 세종 29년 10월 16일 갑술(甲戌)조의 다음 기록이 용비어천가가 처음으로 출간된 것을 나타내는 기록이다. "賜龍飛御天歌五百五十本于群臣"

등의 전(箋)이 책머리에 실려 있다.3) 책 전체의 크기는 36×22.4cm이다. 각 면의 네 둘레에 굵은 선과 가는 선으로 된 두 줄의 테두리가 있으며[四周雙邊], 테두리 안의 한 쪽 너비[半葉匡郭]가 25.6×17.4cm이다.4) 그 안에 세로로 칸이 나누어져 있는데[有界], 9칸이며 각 칸에 20자씩 쓸 수 있게 되어 있다. 각 면의 가운데[版心]에는 아래위에 굵고 검은 선[大黑口]에다 안쪽으로 향한 나비무늬[上下內向黑魚尾]가 있으며,5) 그 속에 위쪽에는 '龍飛御天歌'라는 책이름과 권 표시가 있고 아래쪽에는 쪽수 표시가 있다.6) 자획은 처음과 끝이 모진 형태를 유지하고 있으며, 글자체 중 '·'자나 방점은 둥근 점으로 되어 있으나, 그 밖의 중성자들은 모두 실선으로 되어 있다(ㅏ, ㅓ, ㅗ, ㅜ 등).

판본 명칭	소장된 곳	도서분류기호	보존된 권수	판심 무늬	참고 사항
초간 초쇄본	서울대학교 규장각도서관	가람 古貴 811.51-G955y	2권 1책 (권1·2)	굵고검은 선과 나비무늬	정인지 서문 없음

---

3) 세종실록 권108 세종 27년 4월 무신(戊申)조의 다음 기록과 일치한다. "議政府右贊成權踶 右贊成鄭麟趾 工曹參判安止等 進龍飛御天歌十卷 箋曰 ……歌用國言 仍繫之詩 以解其語……命刊板以行" 그런데 이 기록 중에서 권제, 정인지, 안지 등이 용비어천가 노랫말을 짓고, 서문과 전을 쓴 것은 사실이지만, 처음에 지어 올린 책이 10권으로 되어 있다거나(10권으로 되어 있다면 이 속에 주해가 들어 있어야 한다.), 이 책을 바로 간행한 것처럼 되어 있는 것은 사실이 아닌 듯하다. 지금까지의 연구에 의하면, 처음 지어 올린 것은 노랫말과 서, 전뿐이고(이 노랫말도 국문시에 사용된 한자어들을 보면 한시를 먼저 짓고 이를 번역하여 국문시를 지은 것으로 보인다.), 여기에 상세한 주를 덧붙인 것은 세종의 명을 받은 최항 등이 2년간의 작업에 의한 것이고, 이를 세종 29년에 간행한 것이다.

4) 각 판본의 판광(板匡)의 크기는 같은 판본이라도 책에 따라서 다르고, 같은 책에서도 장수에 따라 차이가 있어, 판광의 크기는 모두 규장각 도서관에서 명시한 것을 따랐다.

5) 용비어천가 판본을 설명하는 서지학 용어들은 다음과 같은 쉬운 말로 바꾸어 쓸 수 있으리라 생각된다.' 「사주쌍변(四周雙邊)」은 '네 둘레의 굵은 선과 가는 선'으로, 「반엽광곽(半葉匡郭)」은 '테두리 안의 한 쪽 너비'로, 「유계(有界)」는 '그 안에 세로로 칸이 나누어져 있음'으로, 「판심(版心)」은 '각 면의 가운데'로, 「대흑구(大黑口)」는 '굵고검은 선'으로 「상하내향흑어미(上下內向黑魚尾)」는 '아래위 안쪽으로 향한 나비무늬'로, 「화문어미(花紋魚尾)」는 '꽃무늬'로 바꿀 수 있을 듯하다.

6) 각 판본의 서지 사항은 주로 『규장각소장어문학자료-어학편 목록·서지』를 참고하였다.

1.2. 초간 후쇄본(고판본)

서울대학교 규장각 도서관에 두 질이 소장되어 있다(규장각 도서기호 : 奎貴 2920, 奎貴5444). [奎貴 5444]는 권5·6 한 책이 없으며, 부분적으로 낙장이 있다. [奎貴 2920]은 권6의 가장자리가 불탄 흔적이 있어 노랫말 제42장, 제46장, 제47장의 세 장은 일부분만 볼 수 있고 49장은 전혀 볼 수 없긴 하나, 10권 5책이 온전하다. 이 판본과 같은 것으로 추정되는 책이 고려대학교 만송문고에 권1·2와 권7·8 두 책이 소장되어 있다. 이 고대본은 정인지 서문이 마지막 한 장 반이 남아 있고 전(箋)은 없다. 계명대학교 동산도서관에도 판심과 책 전체 크기[31.2×21.8cm], 글자체 등으로 보아, 이 판본과 같은 것으로 추정되는 권8·9·10의 3책이 소장되어 있다.[7)]

흔히 고판본(古版本)이라고 불리는 이 책은 심하게 훼손된 초간본 책판을 이용하여 후대(16세기?)에 인출한 후쇄본이다. 자획의 마멸이 심할 뿐만 아니라, 인쇄된 면에 공백 부분이 간혹 있고 드물게는 보각(補刻)된 부분도 보이며, 책 전체가 모두 이은 종이를 사용한 점 등이 초쇄본과는 차이가 있다.[8)] 초간 초쇄본 전질이 전하지 않으므로 이 책의 자료적 가치는 매우 크다. 다만, 방점, 자획 등에 마멸과 보각이 있으므로 국어사 자료로서의 이용에는 주의가 필요하다.

이 책은 목판본으로 모두 10권 5책으로 되어 있다. 책머리에 정통(正統) 10년 을축년(세종 27, 1445년) 여름 4월에 쓴 정인지의 서문이 실려 있고, 이어 같은 연월에 쓴 권제(權踶), 정인지(鄭麟趾), 안지(安止) 등의 전(箋)이 실려 있으며, 권10 말미에 정통 12년(세종 29, 1447년) 2월에 쓴 최항(崔恒)의 발문이 실려 있다. 책 전체의 크기는 31.2×21cm이다. 각 면의 네 둘레에 굵은 선과 가는 선으로 된 두 줄의 테두리가 있으며[四周雙邊], 테두리 안의 한 쪽 너비[半葉匡郭]가 25.3×17.6cm이다. 그 안에 세로로 칸이 나누어져 있는데[有界], 9칸이며 각 칸에 20자씩 쓸 수 있게 되어 있다. 각 면의 가운데[版心]에는 아래위에 굵고검은 선[大黑口]에다 안쪽으로 향한

---

7) 계명대 소장본은 권8·9·10 3권인데도 3책으로 되어 있는 것은 배접을 다시 한 후, 각 권을 낱 권으로 제본하였기 때문이다. 계명대학교에서 발행한 계명대학교소식 제27호(1999)에 보면, 제1차 중간본에서 잘못되어 있는 것을 몇 가지 제시하고 있는데, 새로이 지적한 것은 다음과 같다. 앞쪽은 초간 후쇄본이고 뒤쪽은 제1차 중간본임. 四→日(8:42), 以此→以興(9:4), 南布方→南□方(9:13), 齋→齊(10:40) 등.

8) 이기문(1962)에는 이 판본을 복각본으로 볼 가능성이 있다고 하고, 그 주된 근거로 초간 초쇄본과의 판광(板匡)이 다르다는 점을 들고 있으나, 이는 판광을 정확히 재지 못한 데 기인한 것이다.

나비무늬[上下黑魚尾]가 있으며, 그 속에 위쪽에는 '龍飛御天歌'라는 책이름과 권 표시가 있고 아래쪽에는 쪽수 표시가 있다. 글자체는 초간 초쇄본과 같다.

이 초간 후쇄본의 권10에는 장의 차례가 고의적으로 변개되어 있는 곳이 있다. 108장(→107장), 109장(→108장), 111장(→110장), 112장(→111장), 113장(→101장), 114장(→113장), 115장(→114장), 116장(→115장), 117장(→116장), 118장(→117장), 119장(→118장), 120장(→119장), 121장(→120장)9) [계명대 소장본에서 113장은 후대 사람이 가필하여 112장으로 되어 있음]

판본 명칭	소장된 곳	도서 분류기호	보존 권수	판심 무늬	참고 사항
초간 후쇄본	서울대학교 규장각도서관	奎貴 2920	10권 5책	굵고검은 선과 나비무늬	정인지 서문 있음
〃	〃	奎貴 5444	8권 4책 (권5·6 없음)	〃	〃
〃	고려대학교 만송문고	만송 貴 369B	4권 2책 (권1·2 7·8)	〃	서문은 마지막 한 장 반이 있음
〃	계명대학교 동산도서관	811.125 정인지ㅇ	3권 3책 (권8·9·10)	〃	제92장 '大孝' 뒤에 'ㅣ'가 있음

※ 미국 Columbia대학에 이 판본으로 추정되는 권9·10의 두 책이 소장되어 있다.

2. 중간본(복각본)

2.1. 제1차 중간본(만력본)

서울대학교 규장각 도서관에 두 질이 소장되어 있다(규장각 도서기호 : 奎 1846, 奎 1921). 전자는 오대산 사고에, 후자는 태백산 사고에 각각 내사된 책이다. 고려대학교 만송문고에도 권5·6과 권9·10 두 책이 소장되어 있다.

초간본의 체재를 그대로 따른 중간본으로 3가지 판본이 전하는데, 이 책은 그 중 첫 번째 중간본으로 1612년(광해군 4, 만력(萬曆) 40)에 간행되었다. 초간본을 판하(版下)로 하여 복각한 것으로 석보상절체로 되어 있으나, 방점과 자획이 잘못

9) 따라서 120장 다음에 바로 122장이 이어진다.

새겨지거나 마모된 것들이 있다.

이 책은 목판본으로 모두 10권 5책으로 되어 있다. 책머리에 정통 10년 을축년(세종 27, 1445년) 여름 4월에 쓴 정인지의 서문이 실려 있고, 이어 같은 연월에 쓴 권제, 정인지, 안지 등의 전(箋)이 실려 있다. 권10 말미에 정통 12년(세종 29, 1447년) 2월에 쓴 최항의 발문이 실려 있다. 책 전체의 크기는 36×23.2cm이다. 각 면의 네 둘레에 굵은 선과 가는 선으로 된 두 줄의 테두리가 있으며[四周雙邊], 테두리 안의 한 쪽 너비[半葉匡郭]가 25.5×17.6cm이다. 그 안에 세로로 칸이 나누어져 있는데[有界], 9칸이며 각 칸에 20자씩 쓸 수 있게 되어 있다. 각 면의 가운데[版心]에는 아래위에 굵고 검은 선[大黑口]에다 안쪽으로 향한 나비무늬[上下內向黑魚尾]가 있으며, 그 속에 위쪽에는 '龍飛御天歌'라는 책이름과 권 표시가 있고 아래쪽에는 쪽수 표시가 있다. [奎 1846]에는 책표지 다음 면에 '萬曆 四十年(광해군 4, 1612년) 五月 日 內賜五臺山 龍飛御天歌一件上 右承旨臣李[手決]'이라 쓰인 내사기(內賜記)가 있으며, 서(序) 첫머리에 '宣賜之記'라는 도장이 찍혀 있다. 현재 널리 유포되어 있는 영인본은 일제시대(1937~38년) 경성제국대학 법문학부에서 이 제1차 중간본 중에서 태백산본을 저본으로 하고 초간 후쇄본에 의거하여 임의로 수정·보완한 것이다.

판본 명칭	소장된 곳	도서분류기호	보존된 권수	판심 무늬	참고 사항
제1차 중간본	서울대학교 규장각도서관	奎 1846	10권 5책	굵고검은 선과 나비무늬	萬曆 四十年 內賜五臺山
〃	〃	奎 1921	10권 5권	〃	萬曆 四十年 內賜太白山
〃	고려대학교 만송문고	만송 貴 369A	4권 2책 (권5·6, 9·10)	〃	

※ 일본 교토대학에 이 판본으로 추정되는 10권 5책 전질이 소장되어 있다.

2.2. 제2차 중간본(순치본)

서울대학교 규장각 도서관에 세 질이 소장되어 있다(규장각 도서번호 : 奎 2349, 古 3320-18. 一簑 古 881.51-Y8gb-v.7). 연세대학교 중앙도서관에도 한 질(권1,2와 권5,6은 없음)이 소장되어 있고, 고려대학교 만송문고에도 권4·5 두 책이 소장되어 있다.

초간본의 체재를 그대로 따른 이 제2차 중간본은 1659년(효종 10, 순치(順治) 16년)에 간행되었다. 이 중간본은 초간본(또는 1612년 복각본)과는 글자체가 다르다. 한자의 자획은 물론, 특히 한글 글자체가 정음 초기의 석보상절체에서 벗어나 부드러운 글자체로 되어 있어 간행 당시에 새로운 판하(版下)를 써서 복각한 것임을 알 수 있다. 각 면 가운데[版心]에 있던 굵고 검은 선[大黑口]이 없어지고, 아래 위에 안쪽으로 향한 나비무늬[上下內向黑魚尾]가 네 잎 꽃무늬[花紋魚尾]로 바뀌어 있는데, 이것은 중간(重刊) 당시의 판식을 따른 것이라 할 수 있다. 한글 가사와 협주의 한글 표기에서도 달라진 것이 있어 주목된다. 제1차 중간본의 오각은 대부분 바로잡혀 있으나, 새로운 오각과 변개(變改)가 눈에 띈다. 단순한 오각으로 볼 수 있는 것도 있으나, 한글 가사의 '갌 길히 업더시니(입더시니, 19장), 여토시고(녀토시고, 20장), 모딘 즘싱(즁싱, 30장), 눈곧더니이다(눈곧디니이다, 50장), 져근(혀근, 82장)' 등과 주해 부분의 '횟가(回叱家 횟갸, 1:8b), 춘돌(窄梁 손돌, 6:59b)' 등은 간행 당시의 언어 사실이 반영된 결과로 생각된다.

이 책은 목판본으로 모두 10권 5책으로 되어 있다. 책머리에 정통 10년 을축년(세종 27, 1445년) 여름 4월에 쓴 정인지의 서문이 실려 있고, 이어 같은 연월에 쓴 권제, 정인지, 안지 등의 전(箋)이 실려 있다. 권10 말미에 정통 12년(세종 29년, 1447년) 2월에 쓴 최항의 발문이 실려 있다. 책 전체의 크기는 36×23.4cm[奎 2349], 34.3×22.3cm[古 3320-18]이다. 각 면의 네 둘레에 굵은 선과 가는 선으로 된 두 줄의 테두리가 있으며 테두리 안의 한 쪽 너비가 24.6×17.6cm이다. 그 안에 세로로 칸이 나누어져 있는데[有界], 9칸에 20자씩 쓸 수 있게 되어 있다. 그 안에 세로로 칸이 나누어져 있는데[有界], 9칸이며 각 칸에 20자씩 쓸 수 있게 되어 있다. 각 면 가운데[版心]에는 아래위에 안쪽으로 향한 네 잎 꽃무늬[花紋魚尾]가 있으며, 그 속에 위쪽에는 '龍飛御天歌'라는 책이름과 권 표시가 있고 아래쪽에는 쪽수 표시가 있다. [古 3320-18]에는 책표지 다음 면에 '順治 十六年(효종 10, 1659년) 十二月 二十一日 內賜司憲府執義李惟泰 龍飛御天歌一件 命除謝恩行右承旨金[手決]'이라 쓰인 내사기(內賜記)가 있으며, 서(序) 첫머리에 '宣賜之記'라는 도장이 찍혀 있다. [奎 2349]와 고대 만송문고 소장본은 권4·5가 한 책으로 되어 있는데, 종이의 두께 때문에 각 권을 한 책씩으로 묶은 것으로 보인다. [奎 2349] 10권 10책 가운데 권7은 뒷날 복사하여 보충한 것이다.

판본 명칭	소장된 곳	도서분류기호	보존 권수	판심 무늬	참고 사항
제2차 중간본	서울대학교 규장각도서관	奎 2349	10권 10책	네 잎 꽃무늬	모두 10책임
〃	〃	古 3320-18	10권 5책	〃	
〃	〃	一簑 古 881.51-Y8gb-v.7	1권 1책(권7)	〃	
〃	연세대학교 중앙도서관		6권 3책 (권3·4·7·8·9·10)	〃	
〃	고려대학교 만송문고	만송 貴 369	2권 2책(권4·5)	〃	
〃	대구가톨릭대학교 한적실		10권 5책	〃	

※ 규장각 도서관 소장본 중 [奎 2349]는 권7이 복사하여 보충되어 있다.
※ 고려대 소장본은 제27장의 '더·디시·나'가 변개되어 있지 않은 점, 방점이 모두 또렷이 검은 점으로 되어 있는 것으로 보아 제2차 중간본이 틀림 없으나, 제38장의 '니거시든'만은 제3차 중간본처럼 '니기시든'으로 되어 있음.

2.3. 제3차 중간본(건륭본)

서울대학교 규장각 도서관에 네 질이 소장되어 있다(규장각 도서번호 : 奎 2025, 奎 2026, 奎 2350, 一簑 古811.51-Y8gb-v.9). [奎 2025]은 권3,4 한 책이 보사되어 있고, [奎 2026]는 권9·10의 한 책, [一簑 古811.51-Y8gb-v.9]는 권9 한 책만 있으므로 완질은 시강원(侍講院) 내사본인 [奎 2350]뿐이다.10)

초간본의 체재를 그대로 따른 이 제3차 중간본은 1765년(영조 41, 건륭(乾隆) 30년)에 간행되었다. 이 판본은 1659년(효종 10)에 새긴 책판 가운데 훼손된 책판만을 보각(補刻)하여 간행한 보판본(補版本)이다. 원래의 책판을 이용하여 찍은 부분은 책판의 마멸로 인하여 인쇄된 면이 깨끗하지 못하다. 보판된 부분은 인쇄된 면은 깨끗하나, 자획의 새김이 엉성하고, 특히 국문가사의 방점이 비스듬한 점(斜點) 또는

10) 한국정신문화연구원에 '龍飛御天歌(全)'이란 책이름을 가진 필사 연대와 필사자를 알 수 없는 필사본이 한 권 소장되어 있다. 정인지의 서문(일부만 실려 있음), 최항의 발문, 노랫말(국문가사와 한시)만 필사되어 있는데, 다소의 차이가 있으나, 제3차 중간본을 대본으로 필사한 것으로 보인다.

흰 권점으로 나타나는 등 차이를 보인다.

이 책은 목판본으로 10권 5책으로 되어 있다. 책머리에 정통 10년 을축년(세종 27, 1445년) 여름 4월에 쓴 정인지의 서문이 실려 있고, 이어 같은 연월에 쓴 권제, 정인지, 안지의 전(箋)이 실려 있다. 권10 말미에 정통 12년(세종 29년, 1447년) 2월에 쓴 최항의 발문이 실려 있다. 책 전체의 크기는 37.8×24.3cm[奎 2025], 36.8×24cm[奎 2350]이다. 각 면의 네 둘레에 굵은 선과 가는 선으로 된 두 줄의 테두리가 있으며[四周雙邊], 테두리 안의 한 쪽 너비가 24.2×17.6cm이다. 그 안에 세로로 칸이 나누어져 있는데[有界], 9칸이며 각 칸에 20자씩 쓸 수 있게 되어 있다. 각 면 가운데[版心]에는 아래 위에 안쪽으로 향한 네 잎 꽃무늬[花紋魚尾]가 있으며, 그 속에 위쪽에는 '龍飛御天歌'라는 책이름과 권 표시가 있고 아래쪽에는 쪽수 표시가 있다. [奎 2350]에는 책표지 다음 면에 '乾隆 三十年(영조 41, 1765년) 六月 二十一日 內賜侍講院'이라 쓰인 내사기(內賜記)가 있으며, 서(序) 첫머리에 '宣賜之記'라는 도장이 찍혀 있다.

판본명칭	소장된 곳	도서분류기호	권수	판심무늬	참고 사항
제3차 중간본	서울대학교 규장각도서관	奎 2025	10권 5책	네 잎 꽃무늬	
〃	〃	奎 2026	2권 1책(권9·10)	〃	
〃	〃	奎 2350	10권 5책	〃	
〃	〃	一簑 古 811.51-Y8gb-v.9	1권 1책(권9)	〃	

※ 규장각 도서관 소장본 중 [奎 2025]의 권3·4는 복사하여 보충된 것임.

3. 실록본

초간본의 판식을 대체로 따르고 있는 중간본과는 전혀 다른 두 종류의 판본이 전한다. 그 하나는 실록본이라 부르는 것으로 『세종실록』 악보(樂譜) 권140~145 봉래의(鳳來儀)에 실려 있다. 그 중 '여민락보(與民樂譜)'에 한시 일부(1~4, 125장)가 실려 있고, 국문 가사 전체가 '권140 치화평보(致和平譜) 상(1장~125장)에 한 번, 권141 치화평보 중(1장~125장)에 한 번, 권142 치화평보 하상(1장~42장)·권143 치화평보 하중(43장~84장)·권144 치화평보 하하(85장~125장)'에 한 번, '권145 취풍형보

(醉豊亨譜) 상(1장~62장)·하(63장~125장)'에 한 번, 모두 네 번 되풀이되어 실려 있다. 『세종실록』의 원간본인 정족산본의 악지(규장각 도서번호 : 奎 12763)의 악보 부분은 필사(筆寫)되어 있다. 방점과 한글 표기에서 서로 다른 부분이 있으나 여러 번 나오므로 대교(對校)를 통해 초간본의 정본을 수립할 수 있다.[11]

4. 약본

초간본의 판식을 대체로 따르고 있는 중간본과는 전혀 다른 또 다른 판본은 만력 40년(광해군 4, 1612년) 함경도 관찰사 한준겸(韓浚謙)이 함흥에서 간행한 책으로, 초간본의 125장 중에서, 본문 26장(제1-10, 13, 21, 22, 24, 97, 100, 110-118, 125장)만은 추려 개편한 책이다. 맨 먼저 원본의 한문 노랫말을 이어 써 놓되, 한자 구결을 작은 글자로 두 줄로 달아 놓았으며, 다음 줄에는 앞 줄과 나란히 한문 노랫말의 음을 국문으로 달아 놓았다. 그 다음 행에는 한 자 내려서 한문 노랫말을 번역한 국문시가 나오는데, 이 시는 원본의 노랫말과는 전혀 다른 것이다. 주(註)는 다시 한 자씩 내려 작은 글자로 두 줄로 달되, 한자어인 경우는 한글로 한자음을 나란히 써 두었다. 이 책은 일명 '용비어천가 약본(龍飛御天歌約本)'이라 불린다. 통문관(通文館)과 고려대 도서관 만송문고에 소장되어 있다.

전 1권 1책의 목판본이다. 서문은 없고 '龍飛御天歌 뇽비어텬가'란 제목에 이어 본문 노랫말 26장이 이어지고, 책 말미에 만력 임자(광해군 4, 1612년) 계추(季秋)에 쓴 한교(韓嶠=韓浚謙)의 발문이 있다. 책 전체의 크기는 32.8×23.2cm이다. 각 면의 네 둘레에 굵고 가는 선으로 된 두 줄의 테두리가 있으며, 테두리 안의 한 쪽 너비가 21.2×19.2cm이다. 테두리 안에 세로로 칸이 나누어져 있는데, 11칸이며 각 칸에 20자씩 쓸 수 있게 되어 있다. 각 면의 가운데에는 아래위에 안쪽으로 향한 네 잎 꽃무늬[花紋魚尾]가 있는데, 책이름은 없고, 책장의 수효만 표시되어 있다. 지질, 판식, 제책, 표기법 등으로 보아 초간본임이 확실하다.

11) 실록본의 오류에 대해서는 이기문(1962:91)에 언급되어 있다.

5. 판본 마무리

용비어천가의 판본은 지금까지 학계에 가람본, 고판본, 만력본, 순치본, 건륭본, 실록본, 약본 등의 명칭으로 알려져 왔다. 그러나 이런 명칭으로는 판본의 계통을 이해하는 데는 적절하지 못하여, 각 판본과의 관계를 잘 알 수 있도록 새로운 명칭을 부여하였다. 즉, 용비어천가 목판 단행본은 초간본(초간 초쇄본, 초간 후쇄본), 중간본(제1차 중간본, 제2차 중간본, 제3차 중간본)으로 명명하였으며, 그 밖의 것은 종래와 같이 실록본, 약본 등으로 이름을 붙였다. 용비어천가 각 판본은 대부분이 서울대학교 규장각 도서관에 보관되어 있으나, 일부 판본이 고려대학교, 연세대학교, 계명대학교, 대구가톨릭대학교 도서관에 보관되어 있다.

〈표 1〉 판본 비교

<table>
<tr><th colspan="2"></th><th>초간 초쇄본</th><th>초간
후쇄본</th><th>제1차
중간본</th><th>제2차
중간본</th><th>제3차
중간본</th></tr>
<tr><td colspan="2">정인지 서문</td><td>없음</td><td>있음</td><td>있음</td><td>있음</td><td>있음</td></tr>
<tr><td colspan="2">글자체</td><td>석보상절체</td><td>석보상절체</td><td>석보상절체</td><td>부드러운
글자체</td><td>부드러운
글자체</td></tr>
<tr><td colspan="2">판심 무늬</td><td>나비무늬
[黑魚尾]</td><td>나비무늬
[黑魚尾]</td><td>나비무늬
[黑魚尾]</td><td>네 잎 꽃무늬
[花紋魚尾]</td><td>네 잎 꽃무늬
[花紋魚尾]</td></tr>
<tr><td rowspan="14">표기어형의 차이</td><td>권3 제15장</td><td></td><td>:사ᄅᆞᆷ</td><td>→</td><td>→</td><td>:사ᄅᆞᆷ</td></tr>
<tr><td>〃 제16장</td><td></td><td>:우ᇫᄫᅳ리</td><td>→</td><td>→</td><td>:웅ᄫᅳ리</td></tr>
<tr><td>권4 제19장</td><td></td><td>:입·더시·니</td><td>→</td><td>:업·더시·니</td><td>→</td></tr>
<tr><td>〃 제20장</td><td></td><td>녀·토시·고</td><td>→</td><td>여·토시·고</td><td>→</td></tr>
<tr><td>〃 제21장</td><td></td><td>ᄀᆞᆯ·ᄒᆡ·어시·니</td><td>ᄀᆞᆯ·ᄒᆡ·이시·니</td><td>→</td><td>→</td></tr>
<tr><td>〃 제26장</td><td></td><td>보·내·어시·ᄂᆞᆯ</td><td>→</td><td>→</td><td>보·내·이시·ᄂᆞᆯ</td></tr>
<tr><td>권5 제27장</td><td></td><td>아니샤</td><td>이니샤</td><td>아니샤</td><td>→</td></tr>
<tr><td>〃 제27장</td><td></td><td>더디시나</td><td>→</td><td>→</td><td>디디시나</td></tr>
<tr><td>〃 제30장</td><td></td><td>즘ᄉᆡᆼ</td><td>→</td><td>즘ᄉᆡᆼ</td><td>즘ᄉᆡᆼ</td></tr>
<tr><td>〃 제34장</td><td></td><td>자·히</td><td>지·히</td><td>자·히</td><td>→</td></tr>
<tr><td>〃 제38장</td><td></td><td>·니·거시·든</td><td>→</td><td>→</td><td>·니·기시·든</td></tr>
<tr><td>권6 제44장</td><td></td><td>깃·그·니이·다</td><td>→</td><td>깃·그·니이·디</td><td>→</td></tr>
<tr><td>〃 제48장</td><td></td><td>자ᄫᆞ·시·니</td><td>지ᄫᆞ·시·니</td><td>자ᄫᆞ·시·니</td><td>→</td></tr>
<tr><td>권7 제50장</td><td></td><td>:눈·ᄀᆞᆮ디·니이·다</td><td>→</td><td>:눈·ᄀᆞᆮ더·니이·다</td><td>:눈·ᄀᆞᆮ더·니이다</td></tr>
</table>

표기 어형의 차이	〃 제52장		**마**·치시·면	→	□·치시·면	→
	〃 제55장		**좇ᄌᆞ**·ᄫᆞ·니	→	좇ᄌᆞ·ᄫᆞ·니	→
	권8 제74장		天意**·ᄅᆞᆯ**	→	天意·ᄅᆞᆯ	→
	권9 제78장		**좇**ᄌᆞᆸ고져	→	→	좃ᄌᆞᆸ고져
	〃 제82장		**혀**·근	→	져·근	→
	〃 제87장		대:**버**·믈	대:비·믈	대:**버**·믈	→
	〃 제92장		大孝	大孝ㅣ	→	→
	〃 제95장		**잇·더**·니	엇더·니	**잇**더·니	→
	권10 제98장		아·니ᄃᆞ**·러**	→	→	아·니ᄃᆞ·리
	〃 제99장		:니신·ᄃᆞᆯ	**:내**신·ᄃᆞᆯ	→	→
	권1:8		回叱家 횟**·갸**	→	回叱家 횟·가	→
	권1:31		圍仍浦 ·이**싱**·개	→	圍仍浦 ·이심·개	→
	권6:39		排至 **빅**·지	→	排至 븨·지	→
	권6:59		窄梁 **:손**돌	→	窄梁 :춘돌	→
	권7:22		猛安 **밍**·간	→	猛安 밍·간	→
	권7:23		斡合 **워**·허	→	斡合 위·허	→
	권7:23		速平 수**·펑**	→	速平 수·핑	→

('→'는 앞 판본의 어형과 같음을 표시함)
(고딕으로 표시한 글자가 바른 것임)

※ 〈판본〉은 『배달말』 제31집(2002)에 '용비어천가 판본에 대하여'라는 제목으로 실은 논문을 다소 수정한 것임.

국문가사 풀이

용비어천가 1권(龍飛御天歌卷第一)

제1장

海東六龍·이 ᄂᆞᄅᆞ·샤。:일:마다 天福·이시·니。古聖·이。同符·ᄒᆞ시·니	海東六龍飛。莫非天所扶。古聖同符

낱말 풀이

① 海東(해동) : 발해의 동쪽으로 우리나라를 가리킴.

② 六龍(육룡)이 : 육룡+이. '이'는 주격 조사. [어법 풀이 1] 참조. 용(龍)은 귀한 사람에 비유되는 말로 여기서는 주로 임금을 가리킴. 여섯 용은 이 태조의 고조부인 목조(穆祖)를 비롯하여, 익조(翼祖), 도조(度祖), 환조(桓祖) 등 네 선조와 태조(太祖)와 태종(太宗)을 가리킴.

③ ᄂᆞᄅᆞ샤 : ᄂᆞᆯ+ᄋᆞ시+아. '-으시-'는 주체 높임의 선어말 어미. [어법 풀이 1] 참조. 나시어.

④ 古聖(고성)이 : 고성+이, 여기서 '이'는 비교를 나타내는 부사격 조사로 쓰이고 있음. 옛 성인과.

⑤ 同符(동부) : '부(符)'는 부절(符節)을 말함. 부절은 옥으로 만들어 그 위에 전서(篆書)로 글자를 새겨 반으로 쪼갠 뒤, 제후나 사신에게 주어 신표로 삼은 것임. 부절을 합한 것과 같다.

⑥ ᄒᆞ시니 : ᄒᆞ+시+니, '-니'는 원래 선어말 어미인데 여기서는 반말의 종결 어미를 겸하고 있음. [어법 풀이 3] 참조. 반말체로 끝낸 것은 노래의 가사로서 특정한

사람을 대상으로 하는 말이 아니기 때문이다. 하시니, 하신 것입니다.

현대어 대역

해동의 여섯 용이 나시어, (하시는) 일마다 하늘의 복이시니라.

옛날의 성인과 부절을 합친 것과 같으시니라.

관련 사적

여기의 옛 성인이란 중국의 옛날 임금을 가리킨다. 임금은 반드시 하늘의 명을 받아야 천자의 자리에 오를 수 있는 것인데, 조선의 창업도 역시 하늘의 명을 받은 일이기 때문에 옛 성인이 한 일과 서로 맞는다는 것이다.

어법 풀이 1 주격 조사

'六龍·이'의 '-이'는 주격 조사이다. 주격 조사의 기본 형태는 '-이'였으며, 변이 형태로 '-이/-ㅣ/-∅(영 형태)' 등이 있었다. 자음으로 끝나는 체언 뒤에서는 '-이'가 실현되었고, 모음 뒤에서는 'ㅣ[반모음 j]'로 실현되었으며, 모음 '이'와 반모음 'j'(ㅐ, ㅔ, ㅚ, ㅟ, ㅢ, ㆎ 뒤의 'ㅣ') 뒤에서는 ∅로 실현되었다. 그리고 ∅ 형태로 실현되는 경우에 체언의 끝 음절 모음의 성조가 평성이면 상성으로 바뀌었다.

- **내히**(←냏+이) 이러 바ᄅᆞ래 가ᄂᆞ니[용가 2장]
- 나랏 **말ᄊᆞ미**(←말ᄊᆞᆷ+이) 中國에 달아[훈언]
- **世尊이**(←세존+이) 象頭山에 가샤[석보 6:1]
- 우리 **始祖ㅣ**(←시조+ㅣ) 慶興에 사ᄅᆞ샤[용가 3장]
- **耶輸ㅣ**(←야수+ㅣ) 그 긔별 드르시고[석보 6:1]
- **부톄**(←부텨+ㅣ) 諸法王 ᄃᆞ외요미 ᄀᆞᆮᄒᆞ야[월석 18:50]
- 내(←나+ㅣ) 가리이다[용가 94장]
- 各各 **젼치**(←젼ᄎᆞ+ㅣ) 잇ᄂᆞ니[법화 4:3]
- **어늬**(←어느+ㅣ) 이 ᄇᆞ리며 **어늬** 지비며[법화 2:64]
- 녯 **가·히**(가·히+∅) 내 도라오ᄆᆞᆯ 깃거[두언 6:39]

- 그믈 미틔 **金몰·애**(금몰·애+∅) 잇└니[월석 1:24]
- ᄒᆞ마 챗 **그리·메**(그리·메+∅) 뮈여니(已搖鞭影)[원각 서:58]
- **·쐬**(·쐬+∅) 한 도ᄌᆞ골 모ᄅᆞ샤[용가 19장]
- 내해 **ᄃᆞ:리**(←ᄃᆞ리+∅) 업도다[두언 25:7]
- **너:희**(←너희+∅) 사ᄅᆞᆷ 護持ᄒᆞ며[월석 21:68]
- 모맷 **ᄆᆞ:ᄃᆡ**(ᄆᆞᄃᆡ+∅) 굳고 ᄎᆡᆨᄎᆡᆨᄒᆞ시며[월석 2:56]

어법 풀이 2 선어말 어미 '-(ᄋᆞ/으)시-'(주체 높임법)

'└ᄅᆞ·샤'에 있는 '-ᄋᆞ시-'와 '天福·이시·니'에 있는 '-시-'는 행위의 주체(문장 성분으로는 주어)를 높이는 선어말 어미이다. 그리고 이 '-(ᄋᆞ/으)시-'가 나타내는 문법 현상을 주체 높임법이라고 부른다. 그런데 선어말 어미 '-시-'와 다른 형태소와의 결합 양상에 대한 설명은 학자에 따라 차이가 있다.

(1) 주체 높임 선어말 어미의 기본 형태는 현대 국어와 같이 '-시-'이다. 그리고 '-시-'는 자음 어미 앞에서 실현되었고, 모음 어미와 결합되면 '-샤-'가 된다. '-샤-'가 실현된 구체적인 예를 보면, '가샤'는 '가시+아'가 결합된 것이고, '가샴, 가샤ᄃᆡ'는 '가시옴, 가시오ᄃᆡ'에서 '시'와 모음 'ㅗ'와 결합된 것이며, '미드샷다'는 '미드시옷다'에서 '시'와 모음 'ㅗ'와 결합된 것이다.

(2) 이와는 달리 주체 높임의 선어말 어미에 '-시-'와 '-샤-' 둘이 있었다고 보는 견해가 있다. 이때는 '-샤-'와 모음 어미가 결합될 때, 모음 어미가 탈락되었다고 보는 것이다. 예컨대, '가샤'는 '가샤아'에서 연결 어미 '-아'가 탈락된 것이고, '가샴, 가샤ᄃᆡ'는 '가샤옴, 가샤오ᄃᆡ'에서 어미의 일부인 '-오-'가 탈락된 것이고, '미드샷다'는 '믿으시옷다'에서 감동법의 선어말 어미 '-옷-'의 일부분인 '-오-'가 탈락된 것이고, '펴샤늘'은 '펴샤아늘'에서 어미의 일부분인 타동사 표지 '-아-'가 탈락된 것이고, '定ᄒᆞ샨'은 '定ᄒᆞ시온'에서 선어말 어미 '-오-'가 탈락된 것으로 보는 견해이다. 이렇게 분석하면, '-샤-'는 '-시-'가 '-아, -옴, -오ᄃᆡ'로 된 어미나 선어말 어미 '-아-, -오-' 등의 모음 앞에서 실현된다고 말할 수 있다.

(3) 두 견해 모두 그 나름의 논리가 있으나 각각 설명하지 못하는 부분이 있다. (1)의 논리를 따르면 '-시-'와 '-오-'가 결합하여 '-쇼-'가 되어야

하는데, 왜 '-샤-'가 되었는지를 설명하지 못한다. (2)의 논리를 다르면, '-샤-'와 어말 어미 '-아-'가 결합할 경우 어말 어미가 탈락하게 되는데, 이는 국어의 형태소 결합 원칙과 어형이 문장 내에서 사용되는 일반적인 원칙에 어긋나게 된다. 즉 '용언의 어간과 어말 어미가 결합할 때, 동일하거나 유사한 음이 결합할 경우는 반드시 어간 말음이 탈락하게 되고, 문장 내에서 용언이 사용될 때는 어말 어미 없이는 사용될 수 없다.'는 원칙에 어긋나게 된다. 예. '가+아 (보았다)→가'의 경우는 어간 말음 'ㅏ'가 탈락되고, '살+ㄹ→살 (집)'의 경우도 어간 말음 'ㄹ'이 탈락되는 것이 국어 어형 결합의 일반적인 원칙인 것이다.

어법 풀이 3 종결 어미 '-(ᄋᆞ/으)니'와 '-(ᄋᆞ/으)리'

'同符·ᄒᆞ시·니'의 '-(ᄋᆞ/으)니'는 반말의 가치를 띈 종결 어미이다. 반말의 가치를 띈 종결 어미에는 '-(ᄋᆞ/으)니'와 '-(ᄋᆞ/으)리'가 있었다. 이들은 각각 선어말 어미로서의 기능을 가진 채 문장 종결의 기능을 가지고 있으며, 이들이 나타내는 문장 종결의 유형은 문장 내의 다른 성분들에 의해 생략된 어미를 복원해 봄으로써 알 수 있다.

- 곶 됴코 여름 **하ᄂᆞ니**(라)[용가 2장] 〈평서형〉
- 古聖이 **同符ᄒᆞ시니**(이다)[용가 1장] 〈평서형〉
- 부텻긔 받ᄌᆞ바 므슴 호려 **ᄒᆞ시ᄂᆞ니**(잇가)[월석 1:10] 〈의문형〉
- 너희ᄃᆞᆯ히 如來ㅅ 神秘神通力을 仔細히 **드르리**(라)[월석 17:3] 〈평서형〉
- 므스게 **ᄡᅳ시리**(잇가)[월석 1:13] 〈의문형〉

제2장

불·휘 기·픈 남·ᄀᆞᆫ。 ᄇᆞᄅᆞ·매 아·니 :뮐·ᄊᆡ。	根深之木。 風亦不扤。
곶 :됴·코。 여·름 ·하ᄂᆞ·니	有灼其華。 有蕡其實
:ᄉᆡ·미 기·픈 ·므·른。 ·ᄀᆞᄆᆞ·래 아·니 그·츨·ᄊᆡ。	源遠之水。 旱亦不竭。
:내·히 이·러。 바·ᄅᆞ·래 ·가ᄂᆞ·니	流斯爲川。 于海必達

낱말 풀이

① 불휘 : 뿌리.

② 남ᄀᆞᆫ : 낡+ᄋᆞᆫ. [어법 풀이 4] 참조. 'ᄋᆞᆫ'은 주제를 표시하는 보조사. [어법 풀이 5] 참조. 나무는.

③ ᄇᆞᄅᆞ매 : ᄇᆞᄅᆞᆷ+애. ᄇᆞᄅᆞᆷ>바람. '애'는 원인을 나타내는 부사격 조사. 바람에.

④ 뮐ᄊᆡ : 뮈+ㄹᄊᆡ. '-ㄹᄊᆡ'는 원인을 나타내는 연결 어미. 움직이므로.

⑤ 곶 : 곶>꽃.

⑥ 됴코 : 둏+고. 둏다>좋다. 좋고.

⑦ 여름 : 열매. 현대어 '여름[夏]'의 중세어는 '녀름'이었다.

⑧ 하ᄂᆞ니 : 하+ᄂᆞ+니. '-ᄂᆞ-'는 직설법의 선어말 어미로 현재 시제를 나타냄. [어법 풀이 6] 참조. '-니'는 단정지어 강조함을 나타내는 선어말 어미로 여기서는 반말의 가치를 나타내는 종결 어미를 겸하고 있음. [어법 풀이 7] 참조. 많으니.

⑨ ᄉᆡᆷ : ᄉᆡᆷ>샘[泉].

⑩ 믈 : 믈>물[水].

⑪ ᄀᆞᄆᆞ래 : ᄀᆞᄆᆞᆯ+애. '애'는 낙착점 처소 부사격 조사. [어법 풀이 9] 참조. ᄀᆞᄆᆞᆯ>가물. 가물에.

⑫ 그츨ᄊᆡ : 그츠+ㄹᄊᆡ. 그츠다>그치다. 그치므로.

⑬ 내히 : 내ㅎ[川]+이. 중세어의 '내'는 'ㅎ'말음을 가지고 있었음. [어법 풀이 8] 참조. 내가.

⑭ 이러 : 일+어. 되어, 이루어져.

⑮ 바ᄅᆞ래 : 바ᄅᆞᆯ+애. 중세어에서 '바다'를 뜻하는 말에는 '바다ㅎ'라는 어형도 있었음. 예. 닐굽 山 ᄊᆞᅀᅵᆫ 香水 바다히니[월석 1:23]. 바다에.

현대어 대역

뿌리 깊은 나무는 바람에 움직이지 아니하므로,
꽃 좋고 열매 많으니라.
샘이 깊은 물은 가물에 아니 그치므로,
내가 이루어져 바다에 가느니라.

어법 풀이 4 불규칙 곡용 ① '나모'의 곡용

'남ᄀᆞᆫ'은 '나모(=나무)'에 조사 'ᄋᆞᆫ'이 결합된 곡용형이다. 체언에 조사가 결합되는 현상을 곡용이라고 하는데, '나모'가 단독으로 사용되거나, 자음으로 시작하는 조사와 '와' 앞에서는 '나모'로 실현되지만, 그 밖의 조사 앞에서는 '낢'으로 실현되었다. 예. 남기, 남ᄀᆞ로, 남ᄀᆡ셔, 남ᄀᆡ/남긔, 남ᄀᆞᆫ, 남ᄀᆞᆯ ; 나모 아래, 나모 바ᄀᆞᆫ, 나모도, 나모와, 나못 일후미오 등. '나모'와 같이 제1음절 모음이 탈락하고 'ㄱ' 음이 끼어드는 곡용을 하는 체언에는 '구무(구멍), 불무(풀무) 녀느/녀ᄂᆞ(여느) 등이 있다. 이들의 곡용표를 만들어 보면 다음과 같다.

	이	을	의	으로	은	도	와
구무	굼기	굼글	굼긔	굼그로	굼근	구무도	구무와
불무	붊기	붊글	붊긔	붊그로	붊근	불무도	불무와
녀느	년기	년글	년긔	년그로	년근	녀느도	녀느와

어법 풀이 5 보조사 'ᄋᆞᆫ'

'남ᄀᆞᆫ'의 'ᄋᆞᆫ'은 보조사인데, 자음으로 끝나는 체언 뒤에서는 'ᄋᆞᆫ/은', 모음으로 끝나는 체언 뒤에서는 'ㄴ' 또는 'ㄴ'에 다시 'ᄋᆞᆫ/은'이 붙은 이중형 'ᄂᆞᆫ/는'이 사용되었다. 그리고 현대 국어와 같이 '주제'와 '대조'의 의미를 나타내었다.

- **그리메ᄂᆞᆫ** 무렛 ᄃᆞᄅᆞᆯ 니ᄅᆞ시니라[능엄 2:84]
- **뒤헤는** 모딘 도ᄌᆞᆨ **알ᄑᆡᄂᆞᆫ** 어드븐 길헤[용가 30장]
- 절로 가며 절로 **오ᄂᆞ닌** 집 우흿 져비오[두언 초7:3]
- 도와리 ᄒᆞ야 **토오ᄆᆞᆫ** ᄀᆞᆺ고 **ᄌᆞᄎᆡ요ᄆᆞᆫ** ᄀᆞᆺ디 아니커든[구간 2:59]
- 네 著티 아니ᄒᆞ논 **거ᄉᆞᆫ** 잇ᄂᆞ녀 업스녀[능엄 1:74]

어법 풀이 6 선어말 어미 '-ᄂᆞ-' (직설법)

'·하ᄂᆞ·니'의 '-ᄂᆞ-'는 직설법의 선어말 어미로 현재 시제를 나타내었다.

선어말 어미 '-ᄂᆞ-'는 현대 국어의 현재 시제 표시의 선어말 어미 '-는-/-ㄴ-'과 직설법의 '-느-'의 직접적 소급 형태인데, 모음 어미 '오'와 결합되면 '-노(ᄂᆞ+오→노)-'으로 교체되기도 한다.

• 네 이제 ᄯᅩ **묻ᄂᆞ다**[월석 23:97]
• 소리ᄲᅮᆫ **듣노(←ᄂᆞ+오)라**[석보 6:15]
• 스승니미 엇던 사ᄅᆞ미관ᄃᆡ 주벼느로 이 門을 **여르시ᄂᆞ니잇고** [월석 23:84]
• 이제 엇데 羅睺羅ᄅᆞᆯ **앗기ᄂᆞᆫ다**[석보 6:9]

어법 풀이 7 선어말 어미 '-(ᄋᆞ/으)니-' (단정법)

'하ᄂᆞ·니'의 '-니-'는 단정법의 선어말 어미이다. 단정법은 어떤 사실이 틀림없다고 **단정하여 강조하는** 문법 기능이다. 단정법을 나타내는 선어말 어미의 형태소로는 '-으니-/-ᄋᆞ니-'가 사용되었다. 현대 국어에서도 의고적인 표현을 할 때 이 '-으니-'가 쓰이기도 한다. '-으니-'는 시간 표현을 나타내는 선어말 어미 '-ᄂᆞ-, -더/다-, -리-' 아래 분포되는 것이 일반적이었다.

• 사ᄅᆞ미 살면 주그미 이실ᄊᆡ 모로매 **늙ᄂᆞ니라**[석보 11:36]
• 舍利弗아 너희 부텻 마ᄅᆞᆯ 고디 드르라 거츠디 **아니ᄒᆞ니라** [석보 13:47]
• ㅋ는 엄쏘리니 快ㆆ字 처ᅀᅥᆷ 펴아 나는 소리 **ᄀᆞᄐᆞ니라**[훈민 언해]
• 버근 法王이시니 轉法을 조차 **ᄒᆞ더시니이다**[석보 24:37ㄴ]
• 부톄 方便力으로 三乘敎ᄅᆞᆯ 뵈요ᄆᆞᆫ 衆生이…ᄡᅧ 나게 **ᄒᆞ다니라** [법화 1:158]
• 周室이 다시 興起ᄒᆞ요미 맛당ᄒᆞ니 孔門을 당다이 바료미 **몯ᄒᆞ리니라** [두언 6:21]

어법 풀이 8 ㅎ말음 체언

'내ㅎ'(또는 '냏')와 같이 'ㅎ' 음으로 끝나는 체언을 'ㅎ말음 체언'이라고 부른다. 이들 체언은 모음으로 시작하는 조사와 결합할 때는 'ㅎ'음이 온전히 나타나지만, 자음으로 시작하는 조사 '과, 도'와 결합될 때는 이들과 'ㅎ'음이 합음이 되어 나타나고, 단독으로나 'ㅅ'음과 결합될 때는 'ㅎ' 음이 나타나지 않는 등의 음운론적인 교체가 이루어진다. 예. 내히, 내홀, 내해셔, 내콰, 내토; 내 쳔(川), 냇믈 등. 'ㅎ말음 체언'은 모음이나 유성자음 'ㄴ, ㄹ, ㅁ'으로 끝나는 공통성을 가지고 있다. 중세 국어에는 이런 ㅎ말음 체언이 70여 개가 있었다. 예. 나라ㅎ(나라), 니마ㅎ(이마), 뎌ㅎ(저[笛]), 돌ㅎ(돌), 별ㅎ(벼랑), 암ㅎ(암컷), 움ㅎ(움), 안ㅎ(안), 긴ㅎ(끈), ᄒᆞ나ㅎ, 둘ㅎ 등.

어법 풀이 9 낙착점 처소 부사격 조사 '애'

'ᄇᆞᄅᆞ매, 바ᄅᆞ래'의 '애'는 낙착점 처소를 나타내는 부사격 조사인데, 낙착점 처소 부사격 조사에는 두 계열이 있었다. 그 보편적인 형태는 '애/에/예'였다. 양성 모음 아래에서는 '애', 음성모음 아래에서는 '에', '이'와 하향 이중모음(ㅐ, ㅔ, ㅚ, ㅟ, ㆎ, ㅖ, ㅒ 등) 뒤에는 '예'가 사용되었다. 예. 바ᄅᆞ래(바다에), 굴허에, 길헤(길에), ᄃᆞ리예(다리에), 놀애예(노래에) 등. 그리고 특수 처격어 뒤에는 'ᄋᆡ/의'가 모음 조화에 따라 구분 사용되었다. 예. 남ᄀᆡ(나무에), 밧ᄀᆡ(밖에), 굼긔(구멍에), 겨틔(곁에) 등. 특수 처격어는 하루의 다섯 때를 표시하는 '새박(새벽), 아ᄎᆞᆷ(아침), 낮, 나조ㅎ(저녁), 밤'을 비롯하여, 'ᄂᆾ(낯), 앒(앞), 봄, ᄀᆞ숧ㅎ(가을), 나모(나무), 술[酒], ᄌᆞ리(자리, 돗)', 등 100여 개에 가까우며, 한자어 '東(동), 城(셩), 門(문), 甁(병)' 등도 이에 속한다.

제3장

周國 大王·이。 豳谷·애 :사ᄅᆞ·샤。	昔周大王。 于豳斯依。
帝業·을。 :여·르시·니	于豳斯依。 肇造丕基
·우리 始祖 ㅣ。 慶興·에 :사ᄅᆞ·샤。	今我始祖。 慶興是宅。
王業·을。 :여·르시·니	慶興是宅。 肇開鴻業

낱말 풀이

① 周國大王(주국태왕) : 주나라의 태왕(太王). 즉 고공단보(古公亶父)를 가리킴.

② 豳谷(빈곡)애 : 빈곡+애. '애'는 처소의 부사격 조사. 빈곡(빈이라는 골짜기)에. 주나라가 맨 처음으로 나라의 터전을 잡았던 곳임.

③ 사ᄅᆞ샤 : 살+ᄋᆞ시+아. 어간 말음이 'ㄹ'인 동사가 현대 국어에서처럼 활용할 때 '-으시' 앞에서 'ㄹ' 음이 탈락하지 않았음. 사시어.

④ 始祖(시조)ㅣ : 시조+ㅣ. 'ㅣ'는 모음 아래 쓰이는 주격 조사. 시조가.

⑤ 여르시니 : 열+으시+니. 여시니.

현대어 대역

주나라 태왕이 빈곡에 사시어 제업을 여셨느니라.

우리 시조가 경흥에 사시어 왕업을 여셨느니라.

관련 사적

주나라의 천하 통일은 무왕 때에 비로소 이루어진 것이나, 그 제업의 일어남은, 이때 비로소 시작된 것이 아니라, 이미 그 먼 선조인 공류(公劉)가 빈(豳)이란 골짜기에 나라를 세우고, 다시 그 9대 손자인 태왕(고공단보, 古公亶父)이 빈곡에서 공류의 업을 이어서 덕을 쌓아, 나라 백성이 다 그를 추대하여 이루어진 것이다.

처음에 목조가 전주에 살았다. 관기(官妓)의 일로 지주(知州 : 고을 원)와 틈이 생겼다. 지주가 모해를 하여 목조는 강원도 삼척현으로 옮겨가 살았다. 백성 가운데 따라서 옮기려고 한 집이 1백70여 호가 되었다. 후에 새로 안렴사(按廉使)가 왔는데, 목조와 묵은 원한이 있었다. 목조는 장차 그가 온다는 말을 듣고 가족을 이끌고 바다로 해서 함길도 덕원부(德源府)에 이르러 살았다. 1백70여 호가 또 모두 따라갔다. 당시에 천하가 이미 원나라에 돌아가 있었다. 목조는 알동(斡洞 : 오동) 지방으로 옮겨갔다. 원나라에서는 목조를 5천호의 다루가치(達魯花赤)로 삼았다. 동북 지방 사람들이 모두 마음속으로부터 붙좇았다. 왕업이 일어난 것은 이로부터 시작되었다.

제4장

狄人ㅅ ·서리·예 ·가·샤。 狄人·이 ᄀᆞᆯ·외어·늘。 狄人與處。 狄人于侵。
岐山 :올·ᄆᆞ샴·도。 하·ᄂᆞᇙ ·ᄠᅳ·디시·니 岐山之遷。 實維天心
野人ㅅ ·서리·예 ·가·샤。 野人·이 ᄀᆞᆯ·외어·늘。 野人與處。 野人不禮。
德源 :올·ᄆᆞ샴·도。 하·ᄂᆞᇙ ·ᄠᅳ·디시·니 德源之徙。 實是天啓

낱말 풀이

① 적인(狄人)ㅅ : 적인+ㅅ. 옛날 중국에서는 중국의 주변 민족을 일컬을 때 중국의 북쪽 민족을 (北)狄(적), 남쪽 민족을 (南)蠻(만), 동쪽 민족을 (東)夷(이), 서쪽 민족을 (西)戎(융)이라 불렀다. 'ㅅ'은 관형격 조사임. 적인의.

② 서리 : 사이, 가운데.

③ 가샤 : 가+시+아. 가시어.

④ ᄀᆞᆯ외어늘 : ᄀᆞᆯ외+어늘. '-어늘'은 '-거늘'이 반모음 'ㅣ'와 'ㄹ' 아래에서 교체된 어형임. 대적하거늘.

⑤ 올ᄆᆞ샴도 : 옮+ᄋᆞ시+옴+도. '옴'은 명사형 어미. 옮기심도.

⑥ 野人(야인) : 고려 말과 조선 초에 두만강 일대에 살던 '오랑캐(兀良哈), 우디거(兀狄哈), 및 여진(女眞) 등의 여러 종족을 야인이라고 불렀다.[용가 1:7a]

⑦ 하ᄂᆞᇙ : 하ᄂᆞᆯ+ㆆ. 'ㆆ'은 관형격 조사 'ㅅ'의 변이 형태임, 하늘의.

⑧ ᄠᅳ디시니 : ᄠᅳᆮ+이+시+니(+이+다), 뜻이시니.

현대어 대역

적인(이 모여 사는) 가운데에 가시어, 적인들이 사납게 굴거늘
기산으로 옮으신 것도 하늘의 뜻이시니라.
야인(이 모여 사는) 가운데에 가시어, 야인들이 사납게 굴거늘
덕원으로 옮으신 것도 하늘의 뜻이시니라.

관련 사적

주나라의 조상인 공류가 빈곡에 터전을 닦고, 그 9세손 태왕이 이곳에서 그

업을 이어가고 있었는데, 그때에 외적이 침범해 오므로 선물을 주어 계속 달래도 응하지 않아 태왕은 드디어 빈곡을 떠나 칠수(漆水), 저수(沮水) 두 강을 건너고 양산(梁山)을 넘어서 기산 밑에 살게 되었다.

익조가 야인들과 더불어 살고 있을 때, 익조의 위엄과 덕이 점점 커지자, 야인들이 시기하여 죽이고자 하였다. 익조가 황급히 집으로 돌아와 식구들에게 배를 타고 두만강을 내려가 적도(赤島, 불근셤)에 모이라고 했다. 그리고 자신은 손부인과 함께 경흥 뒷산에 올라가 들판을 바라보니 적병이 들판에 가득하고 선봉 3백여 인은 이미 가까이 와 있었다. 익조와 부인이 말을 달려 바닷가 언덕에 이르렀다. 해안으로부터 적도까지는 6백 보쯤 되었다. 본래 여기는 밀물, 썰물이 없고, 깊으므로 건널 수가 없는 곳이었다. 그러나 약속한 배는 아직 오지 않아 어찌할 수가 없었다. 그런데 갑자기 물이 빠져 1백여 보 정도만 남았다. 익조와 부인이 백마 한 필을 타고 건넜다. 따르는 사람들이 다 건너자 물이 다시 크게 일어 적이 왔으나, 건너지 못하고 돌아갔다. 북방 사람들이 아직까지도 이는 하늘이 한 일이지 사람의 힘으로 된 것이 아니라고 말하고 있다. 후에 익조는 덕원부로 돌아와 살 때, 경흥 사람으로 따라온 사람들이 시장에서 오는 것같이 많았다.

어법 풀이 10 사잇소리

'狄人ㅅ'의 'ㅅ'은 사잇소리를 표기한 것이다. 사잇소리는 선행어의 끝소리를 저지시키는 기능을 가지고 있었다. 그래서 후행어의 첫소리가 예사소리인 경우에는 예사소리를 된소리로 만들기도 하였다. 그러므로 사잇소리는 성문파열음 [ʔ]의 음가를 가지고 있었다.

이 사잇소리는 문법적으로는 합성어 표지로 사용되거나, 관형어 표지로 사용되었다. 즉 두 단어를 한 단어로 결속시켜 합성어를 만들거나, 관형격 조사가 되거나 관형절 표지로서 관형어를 만드는 기능이 있었다.

- 픐닙, 빗곶
- 兄ᄀ ᄠᅳ디, 西天ㄷ 祖師
- 世尊ᄋᆞᆫ 世界예 ᄆᆞᆺ 尊ᄒᆞ시닷 ᄠᅳ디라[석보 서:5]

• 골외ᄂᆞ니 잇닷 마리사 니ᄅᆞ려[번박 상:7]

훈민정음 초기 문헌을 보면 이 사잇소리를 표기하기 위하여 다양한 글자가 사용되었다. 즉 선행어의 끝소리가 불청불탁인 경우 그것과 같은 위치의 전청자로서 표기하였다.

ㄱ (ㆁ 뒤) : 穰샹ㄱ 字, 乃終ㄱ 소리, 兄ㄱ ᄠᅳ디, 遮陽ㄱ 세 쥐
ㄷ (ㄴ 뒤) : 君군ㄷ 字ᄍᆞᆼ, 몃 間ㄷ 지븨, 西天ㄷ 祖師
ㅂ (ㅁ 뒤) : 侵침ㅂ 字ᄍᆞᆼ, 사ᄅᆞᆷ ᄠᅳ디, 사ᄅᆞᆷ 서리
ㅸ (ㅱ 뒤) : ᄯᅮ둘ㅸ 字ᄍᆞᆼ, 漂푷ㅸ 字ᄍᆞᆼ
ㆆ (ㅇ 뒤) : 慈ᄍᆞᆼㆆ 字ᄍᆞᆼ, 先考ㆆ ᄠᅳᆮ

그리고 선행어의 끝소리가 ㄹ인 경우에는 ㆆ을 표기하였고,

ㆆ : 하ᄂᆶ ᄠᅳ들, 絶ㆆ 字

선행어의 끝소리가 유성음이고 후행어의 첫소리도 유성음인 경우에는 ㅿ을 표기하였다.

ㅿ : 오ᄂᆳ나래, 後ㅿ날, 님긊 ᄆᆞᅀᆞ믈, ᄂᆞᇇ므를

이 밖에도 훈민정음 초기 문헌에는 사용되지 않았지만, ‘ㅈ’이 사용된 예가 있다. 선행어가 모음으로 끝나고, 후행어가 ‘字’ 자일 때 이 글자가 사용되었다.

ㅈ : 可ㅈ字, 契ㅈ字, 兎ㅈ字, 異ㅈ字, 鬼ㅈ字.

그런데 동일한 사잇소리를 표기하기 위하여 다양한 글자를 사용한 것은 지나친 표기의 기교에서 비롯된 것으로 볼 수밖에 없다. 이 지나친 표기의 기교는 이미 초기 훈민정음 문헌에서도 예외가 많이 있었을 뿐만 아니라, 훈민정음 언해본 이후에는 잘 지켜지지 않았다. 예. 定社之聖ㅅ긔(99장), 狄人ㅅ서리(4장), 野人ㅅ서리(4장), 님긊德(118장), 아ᄃᆞᇗ긔(115장), 아바ᇝ뒤(118장), 아바ᇝ梓宮(93장), 어마ᇝ山陵(93장), 가ᄅᆞᇝᄀᆞ새(67장, 68장), 嫡子ㅅ

긔(98장), 나랏小民(52장), ᄒᆞᆫ잣ᄉᆞᅀᅵ(31장장), 西水ㅅᄀᆞᅀᅵ(6장), 東海ㅅᄀᆞᅀᅵ(6장), 즘겟가재(7장), 네ᄫᅥᆺ글(86장), 긼ᄀᆞᅀᅢ(58장), 숤바올(89장), 셔ᄫᆳ使者(18장), 셔ᄫᆳ긔벼를(35장), 셔ᄫᆳ뷘길헤(98장), 하ᄂᆞᆯ벼리(50장), 셔ᄫᅳᆯ賊臣(37장), 셔ᄫᅳᆯ도ᄌᆞ기(49장), 나랏말ᄊᆞ미(훈민 1ㄱ) 등.

이 사이시옷은 종성으로 표기되는 것이 원칙이었다. 예. 가온뒷소리[훈민언해], 픐닙[능엄 1:87], ᄃᆞᇙᄣᅢ[酉時][훈민] 등. 그러나 후행어의 첫소리가 ㅅ음일 경우에는 합용하여 표기하기도 하였다. 예. 니쏘리, 엄쏘리[훈민언해]. 또 선행어가 한자어인 경우에는 따로 표기되었다. 예. 眞實ㅅ ᄆᆞᅀᆞ매[몽상 1], 高麗ㅅ ᄉᆞᄅᆞᆷ[노걸대 상2] 등.

어법 풀이 11 명사형 어미 '-옴'

'올ᄆᆞ샴'은 '옮+ᄋᆞ시+옴'으로 분석되는데, 여기서 '-옴'은 명사형 어미이다. '-샴'은 '-시-'에 '-옴'이 결합될 때 특이하게 변이된 이형태였다. 중세 국어에서 명사형 어미는 '오/우'를 앞세운 '-옴/-움'이었고, 예. 마곰(막-, 防), 머굼(먹-, 食), ᄑᆞᆷ(ᄑᆞ-, 掘), ᄡᅮᆷ(ᄡᅳ-, 書), 여희윰(여희-, 離). 어간 말음이 'ㅏ, ㅓ, ㅗ, ㅜ'일 경우에는 표기상으로는 변화가 나타나지 않으나 성조에 변동이 생기기도 하였다. 예. :감(가-, 行), 이·엄(이·어-, 搖), :옴(오-, 來), :줌(주-, 與). 그리고 서술격 조사 아래에서는 '-롬'으로 교체되었다. 예. ᄒᆞᆫ가리로ᄆᆡᆯ, 色이로미. 중세 국어의 명사형 어미는 파생 명사 접미사 '-ᄋᆞᆷ/-음'과 구분되어 사용되기도 하였다.

그림(=그림) : 그륨(=그리는 것)
거름(=걸음) : 그룸(=걷는 것)
사ᄅᆞᆷ(=사람) : 사롬(=사는 것)
어름(=얼음) : 어룸(=어는 것)
여름(=열매) : 여룸(=여는 것)

그러나 더러 명사형이 파생 명사로 굳어진 것도 있었다. 예. 춤(츠-, 舞), 우숨(웃-, 笑), 우룸(울-, 泣) 등.

이 밖에도 중세 국어의 명사형 어미에는 '-기'와 '-디'가 있었으나 널리 사용되지 않았다. 예. 布施ᄒᆞ기를 즐겨[석보 6:13], 져믄 나히 글 스기와 갈 쓰기와 ᄇᆡ호니[두언 7:15], ᄆᆞᅀᆞᆯ히 멀면 乞食ᄒᆞ디 어렵고[석보 6:23] 어드운 ᄃᆡ 가디 어렵도다[두언 10:21], ᄀᆞ장 보디 됴ᄒᆞ니라[번박 상:5] 등.

제5장

漆沮 :ᄀᆞ새 ·움·흘。後聖·이 니ᄅᆞ·시·니。	**漆沮陶穴。後聖以矢。**
帝業憂勤·이。·뎌러·ᄒᆞ시·니	**帝業憂勤。允也如彼**
赤島 안·햇 ·움·흘。至今·에 ·보·ᅀᆞᆸᄂᆞ·니。	**赤島陶穴。今人猶視。**
王業艱難·이。·이러·ᄒᆞ시·니	**王業艱難。允也如此**

낱말 풀이

① 漆沮(칠저) : 칠수와 저수라는 두 강.

② ᄀᆞ새 : ᄀᆞᆺ+애+ㅿ. ᄀᆞᆺ>가[邊], 'ㅿ'은 관형격 조사 'ㅅ'의 변이 형태. 가에의.

③ 움흘 : 움ㅎ+을. '움ㅎ'은 ㅎ말음체언임. 움(움막)을.

④ 후성(後聖) : 뒷 성인. 여기서는 주나라의 주공(周公)을 가리킴.

⑤ 니ᄅᆞ시니 : 니ᄅᆞ+시+니. 니ᄅᆞ다>이르다[謂]. 이르시니.

⑥ 뎌러ᄒᆞ시니 : 뎌러ᄒᆞ+시+니(+라). 뎌러ᄒᆞ다>저러하다. '-니'는 반말의 종결 어미. 저러하시니.

⑦ 帝業憂勤(제업우근) : 황제가 되는 일의 근심과 걱정.

⑧ 안햇 : 안ㅎ+애+ㅿ. 안에의.

⑨ 보ᅀᆞᆸᄂᆞ니 : 보+ᅀᆞᆸ+ᄂᆞ+니. '-ᅀᆞᆸ-'은 객체[여기서는 '움ㅎ'임]를 높이는 선어말 어미. [어법 풀이 13] 참조. '-ᄂᆞ-'는 직설법 선어말 어미로 현재 시제를 나타냄. 보니.

⑩ 王業艱難(왕업간난) : 임금이 되는 일의 어려움.

현대어 대역

칠수와 저수 (두 강)가의 움을 후세 성인이 말씀하시니,

제업을 여는 근심과 힘듦이 저러하시니라.

붉은 섬 안의 움을 지금에 보니,
왕업을 여는 어려움이 이러하시니라.

관련 사적

고공단보(주나라 태왕)가 적인을 피하여 기산으로 옮겨가 살게 되었을 때에, 칠수와 저수 강가에서 한 동안 움을 파고 살았다. 이 움이 주공 임금 시대까지 남아 있어서, 주공은 이 움을 그의 어린 조카(성왕)에게 보이며 시를 지어, 임금이 되기까지의 어려움이 있었음을 일러주고, 백성을 잘 다스려야 함을 밝혔다.

익조가 야인들에게 쫓기어 붉은 섬에 피하여 살았는데, 그때 역시 움을 파고 살았었다. 그 움이 이 노래를 지은 세종 때까지 남아 있어 볼 수가 있었다고 한다. 그래서 이를 들어 왕업의 어려움과 임금이 경계해야 할 바를 말하고 있다.

어법 풀이 12 없어진 글자

'ᄀᆞᅀᆡᇰ, 안ᄒᆡᇫ, 보ᅀᆞᆸᄂᆞ니'에 있는 'ㅿ'은 중세어에 사용되다가 없어진 옛한글 글자 중의 하나이다. 이 밖에도 중세어에서 사용되다가 없어진 옛한글에는 'ㆍ, ㆆ, ㆁ, ㅸ' 등이 있는데, 이 옛한글의 음가와 사용 시기는 대체로 아래와 같았던 것으로 보고 있다.

글자	음가	없어진 시기
ㆍ	후설 저모음 [ɔ]	20세기 초(음가는 18세기 초)
ㅿ	치조 유성 마찰음 [z]	16세기 말
ㅸ	양순 유성 마찰음 [β]	몽상화상법어약록언해(1467)까지
ㆆ	성문 파열음 [ʔ]	불정심경언해(1485)까지
ㆁ	연구개 비음[ŋ]	16세기 말

이들 글자의 이름은 흔히 아래아(ㆍ), 순경음 비읍(ㅸ), 여린히읗(ㆆ), 옛이응(ㆁ)이라고 부르고 있으나, 아래아를 제외하고는 아직 통일되어 있지 않으며, 이 중에는 그 이름이 바람직하지 않은 것도 있다. 이들 글자의 이름에 대한 지금까지의 견해를 보이며 필자가 바람직하다고 생각하는 이름을 제시해 본다.

글자	한글학회 (1955)	이희승 (1961)	국어연구원 (1995)	김동소 (1998)	필자
ㆆ	된이응	된이응	여린 히읗	된이응	**여린 히읗**
ㆁ	옛이응	옛이응	옛이응	옛이응	**꼭지 이응**
ㅿ	반시옷	반시옷	반시옷	반시옷	**여린 시옷**
ㅸ	가벼운 비읍	가벼운 비읍	가벼운 비읍	여린 비읍	**여린 비읍**

한글학회(1955). 큰사전.
이희승(1961). 국어대사전. 민중서관.
국립국어연구원(1995). 한글 코드에 관한 연구.
김동소(1998). 한국어 변천사. 형설출판사.
필자[조규태](2001). 한글새소식 제344호.

그런데 이들 글자 중에서 'ㅸ, ㅿ'의 사용에 대해서는 학계에 상이한 견해가 있다. 일반적으로는 'ㅸ'은 '사ᄫᅵ(=새우), 가ᄫᆞᆫᄃᆡ(=가운데), 셔ᄫᅳᆯ(=서울)'에서처럼 [β] 음을 가진 독자적인 음소를 표기하기 위해 사용되었고, 'ㅿ'은 '겨ᅀᅳᆯ(=겨울), 나ᅀᅵ(=냉이), 아ᅀᆞ(=아우)'에서처럼 [z] 음을 가진 독자적인 음소를 표기하기 위해 사용되었다고 보고 있다[이기문 2002:140-144].

그러나 한편에서는 이들 글자는 절충식 표기를 위해 사용되었다고 주장한다. 예컨대, 15세기 당시에 '더ᄫᅥ'는 중부 방언 '더워'와 남부 방언 '더버'를 절충하여 문어형으로 표기하였을 뿐 현실음을 반영한 것이 아니라는 것이다. 그래서 이때 표기한 'ㅸ'은 절충식 표기를 위해 고안해낸 글자일 뿐, 독자적인 음소를 표기하기 위해 사용한 글자가 아니라는 것이다. 'ㅿ'도 마찬가지다. 'ᄆᆞᅀᆞᆯ'이라는 표기는 당시의 방언 'ᄆᆞᄉᆞᆯ'과 'ᄆᆞᄋᆞᆯ'을 절충해 표기한 것이지 실제로 사용된 어형이 아니라는 것이다. 그리고 이때 사용된 'ㅿ'은 절충식 표기를 위해 사용한 글자일 뿐, 독자적인 음소를 표기하기 위해 사용한 글자가 아니라는 것이다[김동소1999:111-116].

어법 풀이 13 선어말 어미 '-ᄉᆞᆸ-' (객체 높임법)

'·보·ᄉᆞᆸᄂᆞ·니'의 '-ᄉᆞᆸ-'은 객체 높임의 선어말 어미이다. 객체 높임법이란 행위의 객체, 즉 문장 성분으로는 목적어나 부사어가 가리키는 인물이 주어보다 높을 때, 이들을 높이기 위해 실현되는 문법적 절차이다. 객체 높임의 선어말 어미의 기본 형태는 '-ᄉᆞᆸ-'이었는데, 그 변이 형태로는 '-ᄉᆞᆸ-/-ᄌᆞᆸ-/-ᅀᆞᆸ

-'이 있었다. 이들은 어간의 끝소리에 따라 구별되었는데, 어간의 끝소리가 'ㄱ, ㅂ, ㅅ, ㅎ'일 때는 '-ᄉᆞᆸ-'이, 어간의 끝소리가 'ㄷ, ㅈ, ㅊ'일 때는 '-ᄌᆞᆸ-'이, 어간의 끝소리가 모음이나 유성자음 'ㄴ, ㅁ, ㄹ'일 때는 'ᅀᆞᆸ'이 사용되었다. 그리고 모음 어미 앞에서 'ㅂ'은 'ㅸ'으로 바뀌었다(15세기 후반에는 '오/우'로 바뀌었음). 예. 막ᄉᆞᆸ거늘, 닙ᄉᆞᆸ고, 빗ᄉᆞᆸ더니, 노ᄊᆞᆸ고(←놓+ᄉᆞᆸ+고); 마ᄍᆞᆸ더니(←맞+ᄌᆞᆸ+더+니), 좃ᄌᆞᆸ고(←좇+ᄌᆞᆸ+고), 듣ᄌᆞᆸ게; 보ᅀᆞᆸ건대, 안ᅀᆞᆸ고, 삼ᅀᆞᆸ고, 아ᅀᆞᆸ게(←알ᅀᆞᆸ게); 돕ᄉᆞ바니, 얻ᄌᆞ바, ᄀᆞ초ᅀᆞ바 등.

- 가지 드리워 <u>如來ᄅᆞᆯ</u> **둡ᄉᆞᆸ고**[석보 23:18]
- 모ᄃᆞᆫ 大衆이 부텻 뵈야 <u>ᄀᆞᄅᆞ치샤ᄆᆞᆯ</u> **듣ᄌᆞᆸ고**[능엄 2:1]
- <u>無量</u> **듣ᄌᆞᆸ고** 一切 다 **歡喜ᄒᆞᅀᆞᆸᄂᆞ니**[법화 5:186]
- 도ᄌᆞ기 겨신 ᄃᆡᆯ 무러 일후믈 저ᄊᆞᄫᆞ니[용가 62장]
- 世尊하 내…<u>如來ᄭᅴ</u> **묻ᄌᆞᄫᆞ며**[월석 21:100]
- 그 ᄢᅴ 王이……<u>부텨ᄅᆞᆯ</u> **請ᄒᆞᅀᆞ바**[월석 7:37]
- 須菩提ᄃᆞ히…<u>法王애</u> **갓갑ᅀᆞ와**[법화 권1:114]
- 이 ᄀᆞᆮᄒᆞᆫ 法을 내 <u>부텨를</u> **좃ᄌᆞ와** 드로라 ᄒᆞ니[금강 1]
- 大迦葉이 … 紫光金으로 <u>부텻 形像애</u> **ᄇᆞᄅᆞᅀᆞ오며**[법화 3:58]

제6장

商德·이 衰·ᄒᆞ거·든。 天下·ᄅᆞᆯ 맛ᄃᆞ·시릴·ᄊᆡ。	**商德之衰。 將受九圍。**
西水ㅅ :ᄀᆞ·ᅀᅵ。 져·재 ·ᄀᆞᆮᄒᆞ·니	**西水之滸。 如市之歸**
麗運·이 衰·ᄒᆞ거·든。 나·라·ᄒᆞᆯ 맛ᄃᆞ·시릴·ᄊᆡ。	**麗運之衰。 將受大東。**
東海ㅅ :ᄀᆞ·ᅀᅵ。 져·재 ·ᄀᆞᆮᄒᆞ·니	**東海之濱。 如市之從**

낱말 풀이

① 商德(상덕) : 상나라의 덕.

② 衰(쇠)ᄒᆞ거든 : 쇠ᄒᆞ+거든, 쇠하여서, '-거든'은 현대어의 뜻과는 달리 '-므로/-어서'의 뜻으로 쓰였다.

③ 맛ᄃᆞ시릴ᄊᆡ : 맜+ᄋᆞ시+리+ㄹᄊᆡ, '맡으실 것이므로', 맜다>맡다, '-리-'는 추측을 나타내는 선어말 어미. [어법 풀이 15] 참조.

④ 西水(서수) : 칠수(漆水)와 저수(沮水)를 말한다.
⑤ 져재 : 져재(+ㅣ), 'ㅣ'는 여기서는 비교를 나타내는 부사격 조사로 쓰였음. 시장과.
⑥ ᄀᆞᆮᄒᆞ니 : ᄀᆞᆮᄒᆞ+니. 'ᄀᆞᆮᄒᆞ다'는 'ᄀᆞᆮ다'라는 말과 동시에 쓰였음. 같으니.
⑦ 나라ᄒᆞᆯ : 나라ㅎ+ᄋᆞᆯ, 나라를.
⑧ 麗運(여운) : 고려의 운명.

현대어 대역

상나라의 덕이 쇠하여서, (주나라가 장차) 천하를 맡으실 것이므로,
서수 강가가 시장과 같으니라.
고려의 운명이 쇠하여서, (조선이 장차) 나라를 맡으실 것이므로,
동해 해변이 시장과 같으니라.

관련 사적

주나라의 고공단보(古公亶父)가 빈(豳)이라는 곳에 살 때에 오랑캐가 침입해 왔다. 그런데 가죽이나 폐백을 주어도 침입을 면할 수 없고, 개나 말을 주어도 침입을 면할 수 없었으며, 구슬과 옥을 주어도 침입을 면할 수 없었다. 부득이 식구들과 같이 빈을 떠나 칠수(漆水)와 저수(沮水)를 건너 양산(梁山)을 넘어 기산(岐山) 아래 고을을 만들어 살았다. 빈 지방 사람들이, "어진 사람이다. 그를 잃을 수 없다."라고 말하며, 나라 전체가 노인은 부축하고 약한 사람은 끌고 따라 오니, 따르는 사람이 시장에 가는 것과 같았다.

처음에 목조가 전주에 살았다. 관기(官妓)의 일로 지주(知州:고을 원)와 틈이 생겼다. 자주가 모해를 하여 목조는 강원도 삼척현으로 옮겨가 살았다. 백성 가운데 따라서 옮기려고 한 집이 1백70여 호가 되었다. 후에 새로 안렴사(按廉使)가 왔는데, 목조와 묵은 원한이 있었다. 목조는 장차 그가 온다는 말을 듣고 가족을 끌고 바다로 해서 함길도 덕원부(德源府)에 이르러 살았다. 1백70여 호가 또 모두 따라갔다.

어법 풀이 14 이중 모음

'져·재'는 '저재(+ㅣ)'로 분석되는데, 제2음절의 모음은 이중 모음이다. 따라서 이 이중 모음 'ㅐ'의 발음은 [aj]였다. 중세 국어에는 현대 국어와는 달리 이와 같이 반모음이 단순 모음 뒤에 오는 하향 이중 모음이 많이 있었다. 예. ㅐ[aj], ㅔ[əj], ㅚ[oj], ㅟ[uj], ㅢ[ij], ·ㅣ[ɔj], (:ㅣ[ij]) 등. 하향 이중 모음에서 앞서는 단순 모음은 주음, 뒤서는 반모음은 부음이라고 부른다. 이와는 반대로 중세어에도 현대어와 같이 상향 이중 모음도 많이 있었는데, 이 경우는 물론 부음인 반모음이 앞서고 주음인 단순 모음이 뒤선다. 예. ㅑ[ja], ㅕ[jə], ㅛ[jo], ㅠ[ju], ㅘ[wa], ㅝ[wə] 등.

어법 풀이 15 선어말 어미 '-(ᄋᆞ/으)리-' (추측법)

'맛ᄃᆞ·시릴·씨'는 '맞+ᄋᆞ시+리+ㄹ씨'로 분석되는데, 여기에 선어말 어미 '-리-'가 들어 있다. 선어말 어미 '-(ᄋᆞ/으)리-'는 종결형과 연결형에서는 '-(ᄋᆞ/으)리-'로 실현되고, 관형사형에서는 '-(ᄋᆞ/으)ㄹ(ㅭ)(←*린)'로 실현되었다. 이 형태소는 추측법으로서 미래시제를 나타내었다.

- ᄀᆞᄅᆞ치논 마ᄅᆞᆯ 信ᄒᆞ야 **바ᄃᆞ리라**[석보 19:8]
- 내 願을 아니 從ᄒᆞ면 고졸 몯 **어드리라**[월인 1:12]
- 내 이제 分明히 너ᄃᆞ려 **닐오리라**[석보 19:4]
- ᄀᆞᆯᄒᆡ디 **몯ᄒᆞ릴** 젼ᄎᆞ로 니ᄅᆞ샤ᄃᆡ[능엄 2:38]
- ᄒᆞ마 **命終ᄒᆞᇙ** 사ᄅᆞᄆᆞᆯ 善惡 묻디 말오[월석 21:125]
- 如는 **ᄀᆞᄐᆞᆯ** 씨라[훈언 12]
- 諸佛ㅅ 實法을 **드르리**(←들을 이) 이시면[법화 2:149]

제7장

블·근 :새 ·그·를 므·러◦ 寢室 이·페 안ᄌᆞ·니。 赤爵御書◦ 止室之戶。
聖子革命·에◦ 帝祜·ᄅᆞᆯ :뵈ᅀᆞ·ᄫᆞ·니 聖子革命◦ 爰示帝祜
·ᄇᆞ야·미 :가·칠 므·러◦ 즘·겟 ·가·재 연ᄌᆞ·니。 大蛇御鵲◦ 寘楊之揚。
聖孫將興·에◦ 嘉祥·이 몬:졔시·니 聖孫將興◦ 爰先嘉祥

낱말 풀이

① 블근 : 븕+은. 븕다>붉다. 붉은.

② :새 : 새(+ㅣ). 새의 주격형. 새가.

③ 그를 : 글+을. 글을.

④ 므러 : 믈+어. 믈다>물다. 물어.

⑤ 이페 : 잎+에. 창문에.

⑥ 안ᄌᆞ니 : 앉+ᄋᆞ니. 앉으니.

⑦ 聖子(성자) : 성스런 아들. 여기서는 주나라의 무왕을 가리킴.

⑧ 聖子革命(성자혁명) : 성스런 아들이 혁명을 일으킴.

⑨ 제호(帝祜) : 하늘의 황제가 내리는 복.

⑩ 뵈ᅀᆞᄫᆞ니 : 뵈+ᅀᆞᆸ+ᄋᆞ니(+이+다), '-ᅀᆞᆸ-'은 객체[여기서는 '제호'임]를 높이는 선어말 어미. 뵈니.

⑪ ᄇᆞ야미 : ᄇᆞ얌 +이. ᄇᆞ얌>뱀. 뱀이.

⑫ 가칠 : 가치+ㄹ. 가치>까치. 까치를

⑬ 즘겟 : 즘게+ㅅ. 나무의. 중세 국어에서 '나무'는 포괄적인 의미로, '즘게'는 주로 '樹'의 의미로 사용되었다.

⑭ 가재 : 갖(←가지)+애.

⑮ 연ᄌᆞ니 : 엱+ᄋᆞ니. 엱다>얹다. 얹으니.

⑯ 성손장흥(聖孫將興) : 성스런 손자가 장차 일어남, 여기서는 이 태조의 할아버지인 도조(度祖)가 일어날 것임을 가리킴.

⑰ 가상(嘉祥) : 좋은 일이 일어날 조짐.

⑱ 몬졔시니 : 몬져+이+시+니(+라). 몬져>먼저. 먼저이시니.

현대어 대역

붉은 새가 글을 물어 침실의 창문에 앉으니,
성자 혁명에, 천제(天帝)의 복을 보였느니라.
뱀이 까치를 물어 나뭇가지에 얹으니,
성손이 장차 일어남에 상스러운 징조가 먼저이시니라.

관련 사적

주(周)나라 문왕(文王)이 하늘의 명을 받았는데, 그 받은 표시로 붉은 참새가 붉은 글씨로 쓴 글을 물고 와서 문왕의 침실 문에 앉았다. 그 글에 다음과 같이 쓰여 있었다. "공경함이 게으름을 이기는 자는 길하고, 게으름이 공경함을 이기는 자는 멸망한다. 정의가 욕심을 이기는 자는 순조롭게 되고, 욕심이 정의를 이기는 자는 흉하게 된다. 무릇 일이란 억지로 하지 않으면 구부러지지 않고, 정성을 다하지 않으면 곧게 되지 않는다. 구부러지면 없어져 버리고, 정성을 다하면 만세토록 번영하리라. 인(仁)으로써 얻어, 인으로써 지키면, 그 나라의 운명은 백세를 누릴 것이고, 불인(不仁)으로써 얻어, 인으로써 지킨다면 십세를 누릴 것이며, 불인으로써 얻고, 불인으로써 지킨다면, 당대도 지키기 어려울 것이다."

이성계의 할아버지인 도조(度祖)가 행영(行營)에 주둔하고 있을 때에, 까치 두 마리가 숙영지의 큰 나무에 앉았다. 도조는 이 새를 쏘려고 하였는데 거리가 몇백 보나 떨어져 있었다. 부하들이 모두 맞출 수 없다고 하였다. 드디어 쏘았는데 까치 두 마리를 다 떨어뜨렸다. 그때 큰 뱀이 나타나 그것을 물고 다른 나무에 얹어 놓고 먹지 않으니, 사람들이 모두 기이하게 생각하며 칭송하였다.

어법풀이 16 목적격 조사 '을'

'·그·를'과 '帝祜·ᄅᆞᆯ'의 'ᄅᆞᆯ'과 ':가·칠'의 'ㄹ'은 목적격 조사이다. 목적격 조사의 기본 형태는 '을'인데, 변이 형태로는 '을/ᄋᆞᆯ, ᄅᆞᆯ/를, ㄹ'이 있었다. 체언의 끝소리가 자음일 경우에는 'ᄋᆞᆯ/을'로, 모음일 때는 'ㄹ' 또는 'ᄅᆞᆯ/를'로 실현되었다.

• 公州ㅣ **江南올** 저ᄒᆞ샤[용가 68장]
• **法을** 모롤씨[석보 6:6]
• **나롤** 겨집 사ᄆᆞ시니[석보 6:4]
• 내 **부텨를** 조ᄍᆞ와 듣ᄌᆞ오라[능엄 1:23]
• **개야밀** 어엿비 너기ᄂᆞᆫ고[두언 7:18]

어법 풀이 17 모음 조화

(1) 블근(=븕+은), 안ᄌᆞ니(=앉+ᄋᆞ니), 그를(=글+을)에서 실사(용언의 어간, 체언)와 허사(용언의 어미와 조사)의 결합을 살펴보면, 실사와 허사가 결합될 때 실사가 모음 'ㅡ'를 가지고 있으면 허사도 모음 'ㅡ'를 가지고 있고, 허사가 모음 'ㆍ'를 가지고 있으면 허사도 모음 'ㆍ'를 가지고 있음을 알 수가 있다. 이처럼 중세 국어에서는 실사와 허사가 결합될 때 같은 성질의 모음끼리, 즉 양성모음(ㆍ ㅏ ㅗ)은 양성모음끼리, 음성모음(ㅡ ㅓ ㅜ)은 음성모음끼리 어울리는 경향이 있었다. 이를 모음 조화라고 부른다. 모음 조화에 맞게 결합되기 위해 허사들이 양성모음을 가진 것과 음성모음을 가진 것으로 분화되어 있었다. 예. ᄋᆞᆫ/은, ᄂᆞᆫ/는, ᄋᆞᆯ/을, ᄅᆞᆯ/를, ᄋᆞ로/으로, 애/에, ᄋᆡ/의 ; 아/어, ᄋᆞ니/으니, ᄋᆞ면/으면/, 오/우, ᄋᆞᆫ/은 등. 이들 허사들과 실사들은 모음 조화 규칙에 따라 결합되는 것이 일반적이었다. 예. ᄌᆞᄉᆞᄂᆞᆫ/거우루는, 사ᄅᆞᄆᆞᆯ/쑤믈, 소ᄂᆞ로/누느로, 짜해/굴허에, 도ᄌᆞᄀᆡ/大衆의 ; 자바/저버/지석, 바ᄃᆞ니/어드니, 자ᄇᆞ면/더브면, 아롬/우룸, ᄇᆞᅀᆞᆫ/비슨 등. 그리고 중성모음(ㅣ)은 대체로 용언의 경우는 음성모음과 결합하였고, 체언의 경우는 양성모음과 결합하였다. 예. 가져쇼ᄆᆞᆯ, 옮겨, 비저, 바켜, 가즐벼, 지석 ; 가지ᄅᆞᆯ, 가지예, 가치ᄂᆞᆫ, 가치ᄅᆞᆯ, 져비ᄂᆞᆫ, 시비(是非)ᄅᆞᆯ, 가야미ᄂᆞᆫ

이 모음 조화는 형태소와 형태소가 결합할 때만 이루어지는 것이 아니고, 한 형태소 내부에서도 일어났다. 예. ᄀᆞᅀᆞᆯ/겨슬, 가ᄅᆞᆯ/거름, 고롬/구룸, ᄆᆞᅀᆞᆷ/ᄆᆞᅀᆞᆷ 등.

(2) 그런데 이 모음 조화 현상은 엄격하지 못하여 예외가 많이 있다. 예. 싀요미[능엄 10:17]/쉰[능엄 5:37], 뎌ᄅᆞ고[법화 2:168]/뎌르고[법화 2:167], 션비[용가 82장], 몬져[석보 19:2], 업사[용가 110장] 등. 그래서 이 모음 조화는, 실제로 모음들이 조화된 음운 현상이 아니라는 견해가 있다. 즉 훈민정음을

만들면서 극도로 정밀화된 표기법의 원리에 따라 표준형을 제정하기 위해 인위적으로 만든 규칙이라는 견해이다. 문자를 처음 제정할 때, 많은 방언형들이 있음을 고려하여 그 중에 가장 표준이 되는 어형을 제정하기 위해 음양 이론에 따라 모음에 조화가 맞는 어형을 만들다 보니 생겨난 표기법의 이론이라는 것이다.

제8장

太子·ᄅᆞᆯ 하·ᄂᆞᆯ·히 ᄀᆞᆯ·ᄒᆡ·샤。兄ㄱ ·ᄠᅳ·디 :일·어시·ᄂᆞᆯ。	維周太子。維天擇兮。
聖孫·ᄋᆞᆯ。:내시·니이·다	兄讓旣遂。聖孫出兮
世子·ᄅᆞᆯ 하·ᄂᆞᆯ·히 ᄀᆞᆯ·ᄒᆡ·샤。帝命·이 ᄂᆞ·리·어시·ᄂᆞᆯ。	維我世子。維天簡兮。
聖子·ᄅᆞᆯ。:내시·니이·다	帝命旣降。聖子誕兮

낱말 풀이

① 하ᄂᆞᆯ히 : 하ᄂᆞᆯㅎ+이.

② ᄀᆞᆯᄒᆡ샤 : ᄀᆞᆯᄒᆡ+시+아. ᄀᆞᆯᄒᆡ다>가리다. 가리시어.

③ 일어시ᄂᆞᆯ : 일+어+시+ᄂᆞᆯ. '-어시ᄂᆞᆯ'은 불연속 형태인 '-어…ᄂᆞᆯ'('-거ᄂᆞᆯ'의 변이 형태임)'에 높임의 선어말 어미 '-시-'가 끼어들어간 형태임. '-거시ᄂᆞᆯ>-시거늘'. 일어나거늘.

④ 내시니이다 : 내+시+니+이+다. '-니-'는 단정을 나타내는 선어말 어미. '-이-'는 청자 높임을 나타내는 선어말 어미. 내신 것입니다. [어법 풀이 16] 참조.

⑤ 帝命(제명) : 황제의 명령. 여기서의 황제는 원나라 황제를 가리킴.

⑥ 聖子(성자) : 성스런 아들. 여기서는 이 태조를 가리킴.

현대어 대역

태자를 하늘이 가리시어 형의 뜻이 이루어지거늘,
성손을 내신 것입니다.
세자를 하늘이 가리시어 황제의 명이 내리시거늘,
성자를 내신 것입니다.

관련 사적

주나라 태왕에게 아들이 셋이 있었는데, 맏이는 태백(泰伯), 둘째는 중옹(仲雍), 셋째는 계력(季歷)이었다. 태왕 때는 상(商)나라는 이미 쇠하여지고, 주나라가 날로 강성해졌다. 계력이 아들 창(昌)을 낳았는데. 또한 성인의 덕이 있었다. 태왕이 상나라를 멸할 뜻이 있었는데, 맏이인 태백은 이에 따르지 않았다. 태왕은 왕위를 계력에게 전하여 창(昌)에게 이르게 하려 했다. 태백이 이 뜻을 알아차리고 중옹과 함께 남쪽 나라로 달아나 버렸다. 이렇게 해서 태왕은 계력을 왕으로 세워 나라를 창에게 전하게 했으며, 창에 이르러 삼분된 천하 중 둘을 차지하니 이가 바로 문왕(文王)이다. 문왕이 죽자 그 아들 발(發)이 왕위에 오르니 이가 곧 무왕이다. 주나라 임금의 계보는 다음과 같다.

후직(后稷)…공류…태왕(고공단보)
- 태백
- 중옹
- 계력 – 문왕(창) – 무왕(발)
  - 성왕
  - 주공

목조(穆祖)가 원나라의 벼슬을 받았는데 그것이 익조(翼祖)에서 도조(度祖)에게로 이어졌다. 도조가 죽으매 그 장자인 자흥(子興)이 이를 이었으나 오래지 않아 죽었다. 그 아들 천계(天桂)가 나이 어렸으므로, 원나라에서는 도조의 둘째 아들인 환조(桓祖)에게 벼슬을 잇도록 하였다. 조선 건국에 관여한 이씨의 계보는 다음과 같다.

목조 – 익조 – 도조
- 자흥
- **환조 – 태조**
  - 정종
  - **태종**
- 자선

어법 풀이 18 선어말 어미 '-이-' (상대 높임법)

':내시·니이·다'의 -이-'는 상대 높임의 선어말 어미이다. 상대 높임은 들을 이(청자)를 높이는 것을 말한다. 선어말 어미 '-이-'는 평서형의 ᄒᆞ쇼셔체[12]

에서는 '-이-', ᄒᆞ야쎠체에서는 'ㅣ' 모음 뒤에서는 'ㆁ'로 그밖의 모음 뒤에서는 'ᅌᅵ'으로 교체되어 사용되었다. 그리고 의문형의 ᄒᆞ쇼셔체에서는 '-잇-', ᄒᆞ야쎠체에서는 '-ㅅ-'으로 교체되었다.

- -이- : 甚히 **하이다** 世尊하[법화 7:68]
- -이- : 文殊師利 法王者ㅣ …부텻긔 對答ᄒᆞ샤ᄃᆡ …類 ᄒᆞᆫ가지 **아니이다** [능엄 6:54]
- -ᅌᅵ- : 부텨와 즁과를 請ᄒᆞᅀᆞᄫᆞ려 ᄒᆞᄂᆞᆼ다[석보6:16]
- -ㆁ- : 그리 **아닝다**[석보 6:16]
- -ㆁ- : 이제 그딧 마ᄅᆞᆯ 드로니 ᄆᆞᅀᆞ매 來往ᄒᆞ야 닛디 **몯ᄒᆞ리로쇵다** [내훈 2하:37]
- -잇- : 가히ᄂᆞᆫ 佛性이 **잇ᄂᆞ니잇가 업스니잇가**[몽산 11]
- -잇- : 현마 七寶로 ᄭᅮ며도 됴타 **호리잇가**[월곡 상121장]
- -잇- : 내 이제 엇뎨ᄒᆞ야ᅀᅡ 地獄 잇ᄂᆞᆫ ᄯᅡ해 **가리잇고**[월석 21:25]
- -ㅅ- : 엇뎨 부톄라 **ᄒᆞᄂᆞᆺ가**[석보 6:16]
- -ㅅ- : 그듸ᄂᆞᆫ 아니 **듣ᄌᆞᄫᆞᆺ더시닛가**[석보 6:17]

어법 풀이 19 불연속 형태

'일어시ᄂᆞᆯ'에 있는 어미 '-어…ᄂᆞᆯ'은 '-거…ᄂᆞᆯ'의 변이 형태로 문장 속에서 '-ᄂᆞᆯ'이란 형태로만 쓰이지 않는다. 즉, '-거ᄂᆞᆯ/어ᄂᆞᆯ', '-거시ᄂᆞᆯ/어시ᄂᆞᆯ', 등으로 쓰여 선어말 어미 '-시-'와 결합될 때는 특이하게도 '-거-'와 '-ᄂᆞᆯ'이 바로 이어지지 않는다. 이와 같은 형태소를 불연속 형태라 부른다. 중세 국어에는 특이하게도 이와 같은 불연속 형태가 더러 있었는데, 이들 형태소 사이에 선어말 어미, '-시-, -이/잇-'이 끼어들기도 하였다.

- -거…나 : 잇거나, 그리거나, 내어나, 니ᄅᆞ**거시나**
- -거…ᄂᆞᆯ/늘 : 업거ᄂᆞᆯ, 다ᄅᆞ거ᄂᆞᆯ, 바오리어ᄂᆞᆯ, ᄀᆞ외어ᄂᆞᆯ, ᄂᆞ리**어시ᄂᆞᆯ**, 避**커시ᄂᆞᆯ**
- -거…니와 : ᄉᆞᅀᅵ어니와, 아니ᄒᆞ**거시니와**, 겨시거니와
- -거…든 : 衰ᄒᆞ거든, 니**거시든**, 오**나시든**

12) 중세 국어에서는 높임의 등급이 ᄒᆞ라체, ᄒᆞ야쎠체, ᄒᆞ쇼셔체의 세 등급이 있었다. [어법 풀이 42]에 있다.

- -거…ㄴ마른 : 다시언마른, 하건마른, 賢**커신마른**, 너기**거신마른**
- -고…라 : ᄒᆞ고라, 노**코시라**
- -사…다 : 一定ᄒᆞ**사이다**, 아**사이다**
- -거지…다 : 니거지라, 죽거지라, 니**거지이다**, 업**거지이다**
- -니…가/고 : 미드**니잇가**, 보시**니잇가**, 엇더ᄒᆞ**니잇고**, ᄃᆞ외**니잇고**, 오시**니잇고**

제9장

奉天討罪실·씨。 四方諸侯ㅣ 몯·더·니。	**奉天討罪。 諸侯四合。**
聖化ㅣ 오·라·샤。 西夷 ·또 모·ᄃᆞ·니	**聖化旣久。 西夷亦集**
唱義班師ㅣ실·씨。 千里人民·이 몯·더·니。	**唱義班師。 遠人競會。**
聖化ㅣ 기프·샤。 北狄·이 ·또 모·ᄃᆞ·니	**聖化旣深。 北狄亦至**

낱말 풀이

① 奉天討罪(봉천토죄) : 하늘을 받들어 (상나라의) 죄를 침.

② 四方諸侯(사방제후)ㅣ : 사방제후+ㅣ. 사방의 제후가.

③ 聖化(성화) : 성스런 교화(敎化).

④ 몯더니 : 몯+더+니, '몯다'는 '모이다'는 뜻. '더'는 회상법의 선어말 어미. [어법 풀이 21] 참조.

⑤ 오라샤 : 오라+시+아, 오라다>오래다, 오래되시어.

⑥ 唱義班師(창의반사) : 대의를 부르짖으며 군사를 돌이킴.

현대어 대역

하늘의 명을 받들어 (상나라 주(紂)의) 죄를 치므로, 사방의 제후들이 모이더니,
성스런 교화가 오래되시어 서방 민족도 모이니라.
정의를 부르짖고 군사를 돌이키시므로, 천리의 인민이 모이더니,
(이 씨의) 성스런 교화가 깊으시어서 북방 민족이 모이니라.

관련 사적

주나라 무왕이 상나라 주(紂)[잔인하고 선하지 않은 임금] 임금을 치고자 하니 사방의 제후들이 모여 들었다. 무왕은 황천(皇天)과 후토(后土), 그리고 명산(名山)과 대천(大川)에 고하기를 "도(道)가 있는 선조의 후손인 주왕(周王) 발(發)은 장차 상나라의 죄를 바로잡을 것입니다. 지금 상나라 임금 수(受)는 무도하여 하늘이 준 물건을 함부로 써 버리며, 백성들을 학대하고 있습니다. 그리고 천하에 도망친 죄인들이 우두머리가 되니 이들이 연못과 숲에 모이듯이 합니다. 나 소자(小子)는 이미 어진 사람을 얻었으므로, 감히 하늘의 뜻을 공경하며 이어받아 어지러운 계략을 끊어 버릴 것입니다. 여기에 중국 본토 사람은 물론이요, 오랑캐까지도 따르지 않는 자가 없습니다. 여러 귀신들은 능히 나를 도와 많은 백성을 구제하여 귀신으로서 부끄러움이 없도록 하십시오."라고 하였다.

고려 우왕(禑王)이 최영(崔瑩) 장군과 모의하여 요양(遼陽)을 치려하므로, 이성계는 여러 가지 이유를 들어 이를 말렸다. 그러나 우왕은 이 말을 듣지 않고 요양을 치게 했으므로, 위화도에서 군사를 돌이켜 우왕과 최영에게 반기를 들었다. 그때 동북면의 백성과 종군하지 않은 여진 사람들 가운데 이성계가 회군하였다는 말을 듣고 주야로 급히 달려온 사람이 1천여 명이 되었다.

어법풀이 20 서술격 조사

'唱義班師ㅣ 실·씨'의 'ㅣ'는 서술격 조사 어간 '이-'의 변이 형태인데, 서술격 조사의 변이 형태로는 '이/ㅣ/∅(영 형태)'이 있었다. 자음으로 끝나는 체언 뒤에서는 '이'가 실현되었고, 모음 'i'나 반모음 'j' 뒤에서는 ∅로 실현되었는데, 이 경우 앞 말의 끝 음절이 평성일 때는 상성으로 변동하였다. 그 밖의 모음 뒤에서는 반모음 'ㅣ[j]'로 실현되었다.

그리고 서술격 조사 뒤에 'ㄷ'음으로 시작하는 어미는 'ㄹ' 음으로(더→러, 다(더+오)→라, 도→로, 도→롯), '오'로 시작하는 어미는 '로'로 교체되었다.

- 者ᄂᆞᆫ **노미라**(←놈+이다)[훈언 2]
- 中國ᄋᆞᆫ 皇帝 겨신 **나라히니**(나랗+이니)[훈언 1]

- 우리 나랏 常談애 **江南이라**(강남+이라) ᄒᆞᄂᆞ니라[훈언 1]
- 故ᄂᆞᆫ **젼ᄎᆡ라**(젼ᄎᆞ+ㅣ라)[훈언 2]
- 새지븐 엳아홉낫 **셰로다**(←셔+ㅣ도다)[茅齋八九椽][두언 20:9]
- 頭ᄂᆞᆫ **·머·리·라**(←머·리+∅다)[훈언 14]
- 影은 **그르·메·라**(←그르·메+∅다)[석보 19:37]
- 梁량ᄋᆞᆫ **ᄃᆞ:리·라**(←ᄃᆞ리+∅다)[월석 21:77]
- 이 둘찻 **ᄆᆞ:ᄃᆡ니·라**(←ᄆᆞᄃᆡ+∅니다)[몽산 42]
- 그 ᄢᅴ ᄒᆞᆫ 菩薩이 일훔이 **德臟이러니**(←덕장+이더니)[석보 13:34]
- 내 … 舍衛國 **사ᄅᆞ미라니**(←사ᄅᆞᆷ+이다니)[월석 10:23]
- 能히 **色이로미**(←색+이옴이) 거우루의 블곰 ᄀᆞᆮ홀시라[원각 상1-1:59]
- 이 일후미 **ᄆᆡ요미로소이다**(←ᄆᆡ욤+이도소이다)(此名爲結)[능엄 5:18]

어법 풀이 21 선어말 어미 '-더-' (회상법)

'몰더니'의 '-더-'는 회상법의 선어말 어미로 화자가 주어의 행위에 대하여 경험한 것을 회상하여 진술함을 나타낸다. 변이 형태로는 '-더-/-러-/-다-/-라-'가 있는데, 서술격 조사 '-이다'와 형용사 '아니다' 아래서는 '-러-'로 교체되었으며, 선어말 어미 '-오-'와 결합하면 '-다/라-'로 교체되었다.

- -더- : 龍과 鬼神과 위ᄒᆞ야 **說法ᄒᆞ더시다**[석보 6:1]
- -더- : 네 어미 사라싫 제 엇던 行業을 **ᄒᆞ더뇨**[월석 21:53]
- -러- : 舍衛國 사ᄅᆞ미 **十八億이러니**[석보 13:35]
- -러- : 한 難이 ᄒᆞ나 **아니러니**(衆難 非一)[법화 2:131)
- -다- : 天子ㅅ ᄆᆞ리 千里ᄅᆞᆯ ᄃᆞᄂᆞ니라 내 **듣다**(←더+오)**니** 이젯 그리미 아니 이가((吾聞天子之馬走千里今之畫圖無乃是)[두언 16:40]
- -다- : 내 **롱담ᄒᆞ다**(←더+오)**라**[석보 6:24]
- -라- : 내… 舍衛國 **사ᄅᆞ미라**(←러+오)**니** 父母ㅣ 나ᄅᆞᆯ 北方 싸ᄅᆞᆯ 얼이시니[월석 10:23]
- -라- : 내 **나그네라**(←러+오)**니**(我是客人)[번노 상:47]

용비어천가 2권(龍飛御天歌卷第二)

제10장

一夫ㅣ 流毒ᄒᆞᆯ·ᄊᆡ。 我后·를 기·드·리ᅀᆞ·바。	一夫流毒。 爰徯我后。
玄黃筐篚·로。 길·헤 ·ᄇᆞ라ᅀᆞ·ᄫᆞ·니	玄黃筐篚。 于路迎候
狂夫ㅣ 肆虐ᄒᆞᆯ·ᄊᆡ。 義旗·를 기·드·리ᅀᆞ·바。	狂夫肆虐。 爰徯義旗。
簞食壺漿·ᄋᆞ·로。 길·헤 ·ᄇᆞ라ᅀᆞ·ᄫᆞ·니	簞食壺漿。 于路望來

낱말 풀이

① 一夫(일부) : 한 사람의 지아비, 여기서는 상나라의 주(紂) 임금을 가리킴.

② 流毒(유독) : 해독을 끼침.

③ 我后(아후) : 우리 임금.

④ 玄黃筐篚(현황광비) : 검은 빛과 누런 빛의 광주리.

⑤ 기드리ᅀᆞ바 : 기드리+ᅀᆞᆸ+아. 기드리다>기다리다. 기다려.

⑥ 길헤 : 길ㅎ+에. 길에.

⑦ ᄇᆞ라ᅀᆞᄫᆞ니 : ᄇᆞ라+ᅀᆞᆸ+ᄋᆞ니. 바라니.

⑧ 狂夫(광부) : 미친 지아비, 여기서는 신돈을 가리킴.

⑨ 肆虐(사학) : 함부로 포학한 짓을 함.

⑩ 義旗(의기) : 의로운 깃발.

⑪ 簞食壺漿(단사호장) : 대그릇에 담은 밥과 병에 담은 간장.

현대어 대역

한 지아비가 백성을 해치므로, 우리 임금을 기다려,
검고 누른 폐백(幣帛) 광주리로 길에서 바라니라.
미친 지아비가 방자하고 포학하므로, (백성들이 이 태조의) 의로운 깃발을 기다려,
소쿠리의 밥과 병의 간장으로 길에서 (이 태조 오기를) 바라니라.

관련 사적

주나라의 무왕이 상나라의 주(紂) 임금을 칠 때에 주 임금의 학정에 시달린 그 백성들은 무왕을 임금을 맞이하는 예를 갖추어 환영했다. 즉 검고 누른 비단을 대광주리에 가득 담아 왕을 영접하는 예를 갖춘 것이다.

우왕은 홍무(洪武)의 연호를 쓰지 않고, 나라 사람들에게 오랑캐 옷을 입도록 했다. 항상 대동강에 가서 오랑캐의 음악을 부벽루(浮碧樓)에서 베풀고, 스스로는 호적(胡笛)을 불며 즐거워하여 돌아가는 것을 잊었다. 매번 놀러 나갈 때마다 번번이 오랑캐 음악을 연주시키고 배우들에게 여러 가지 놀이를 하도록 했다. 최영도 날마다 군사를 이끌고 출입하면서 피리를 불었으니, 임금과 신하가 황음(荒淫)하고 사람 죽이는 일이 날로 심해져, 백성들은 원망하고 탄식하였다. 이 태조가 위화도에서 회군하여 개경에 돌아오니, 도성 안의 남녀가 다투어 술과 마실 것을 가지고 군사들을 맞아 대접하였다. 그리고 길거리의 아이들과 부녀자들도 다투어 수레를 치워 길을 열었다. 노약자들은 성 위에 올라가 바라보고 소리치며 좋아서 날뛰었다.

제11장

虞芮質成ᄒᆞ·ᄂᆞ·로。 方國·이 :해 모·ᄃᆞ·나。	**虞芮質成。 方國多臻。**
至德·이실·ᄊᆡ。 獨夫受ㄹ 셤·기시·니	**維其至德。 事獨夫辛**
威化振旅·ᄒᆞ·시ᄂᆞ·로。 輿望·이 :다 몯ᄌᆞ·ᄫᆞ·나。	**威化振旅。 輿望咸聚。**
至忠·이실·ᄊᆡ。 中興主·를 :세시·니	**維其至忠。 立中興主**

낱말 풀이

① 虞芮質成(우예질성) : 우와 예, 두 나라의 임금이 주나라 문왕에게 옳고 그름을 바르게 판결 내려 달라고 물은 일.

② ᄒᆞᄂᆞ로 : ᄒᆞ+ㄴ+ᄋᆞ로. 'ㄴ'은 관형사형 어미이지만 여기서는 명사적 기능을 하고 있다. 한 것으로.

③ 方國(방국) : 사방의 여러 나라.

④ 해(←하+이) : '하다'에서 파생된 부사. 많이.

⑤ 獨夫(독부) : 외로운 지아비. 사람들의 마음이 모두 멀어져 갔기 때문에 외로운 지아비라고 했음.

⑥ 受(수) : 상나라 주(紂) 임금의 이름.

⑦ ᄒᆞ시ᄂᆞ로 : ᄒᆞ+시+ㄴ+ᄋᆞ로. 하신 것으로.

⑧ 威化振旅(위화진려) : 위화도에서 군대를 떨쳐일으킴.

⑨ 몯ᄌᆞᄫᆞ나 : 몯+ᄌᆞᆸ+ᄋᆞ나. 모이나.

⑩ 至忠(지충) : 지극한 충성.

⑪ 中興主(중흥주) : 나라를 중흥시킬 주인.

⑫ 셰시니 : 셰+시+니. '셰다'는 '셔다'의 사동사. 세우시니.

현대어 대역

우와 예 두 나라가 그 옳고 그름을 물은 것으로 사방(에서 붙좇는) 나라들이 많이 모이나,

지극한 덕을 가지셨으므로 외로운 지아비인 수를 섬기시니라.

위화도에서 군대를 돌이키심으로 여망이 다 모이나,

지극한 충성이시므로 중흥할 임금을 세우시니라.

관련 사적

주나라 무왕의 아버지인 문왕 때에 우(虞)와 예(芮) 두 나라의 임금이 밭의 경계를 다투어서 문왕에게 옳고 그름을 물으러 갔는데, 두 사람이 주나라의 경계에 들어가 보니, 밭을 가는 사람은 밭두둑을 양보하고, 길을 가는 사람들은 길을 서로 양보하였다. 주나라 읍에 들어가니, 남녀가 서로 다른 길을 걷고, 반백(斑白)의 노인이 손에 물건을 들고 있지 않았다. 주나라 조정에 들어가 보니 선비는 대부(大夫)에게 양보하고, 대부는 경(卿)에게 양보하였다. 두 나라 임금은 서백(西伯:주나라 무왕)을 만나기도 전에 모두 부끄러워하며, 서로 상대방에게 말하기를, "우리가 다투는 일은 주나라 사람들이 부끄럽게 여기는 것이다. 무엇 때문에 가서 욕을 보겠는가? 우리 같은 소인들이 군자의 땅에 거닐 수 없다."라고 하고, 드디어 서로 양보하여 그들이 다투던 밭을 한전(閑田)으로 만들고 돌아갔다. 온 천하가

이 말을 듣고 주나라를 붙좇는 나라가 40여 국이 되었고, 제후들은 서백을 가리켜 하늘의 명을 받은 임금이라고 했다. 우나라와 예나라의 송사를 바로잡은 일은 제9장에 있다. 공자(孔子)는 "천하의 3분의 2를 차지하고도 은나라를 섬겼으니, 주나라의 덕은 지덕(至德)이라고 말할 수 있다."라고 했다.

이성계가 위화도에서 회군한 일은 앞장에 있다. 이성계가 회군할 때 창녕부원군 조민수와 왕 씨의 후손을 다시 세우는 일을 의논하니 조민수도 역시 그렇게 해야 한다고 했다. 그리하여 신종의 둘째 아들 양양공(襄陽公) 서(恕)의 6대 후손인 정창부원군(定昌府院君) 요(瑤)를 받들어 즉위시키니 이가 공양왕(恭讓王)이다.

어법 풀이 22 관형사형의 명사적 기능

'虞芮質成ᄒᆞ·ᄂᆞ·로'와 '威化振旅·ᄒᆞ·시ᄂᆞ·로'의 관형사형 어미 '-ㄴ'은 명사적 기능을 하고 있다. 이처럼 중세 국어에서는 관형사형이 간혹 명사적 기능을 나타낸 것들이 있었다.

- 그딋 **혼**(←ᄒᆞ+오+ㄴ)조초 ᄒᆞ야(=그대의 한 것을 따라 하여)[월석 6:8]
- ᄀᆞᄋᆞᆷ열옴은 **모ᄃᆞᆫ의**(←몯+ᄋᆞᆫ+의) 원망이니(=부유함은 모든 사람의 원망이니, 富者衆之怨也)[소학 6:83]
- 眞實로 **行ᄒᆞ리**(←행ᄒᆞ+ᄋᆞᆯ+ᄋᆡ) 便宜ᄅᆞᆯ 브틀씨(=진실로 행할 사람의 편의에 따르므로)[영가집 하:31]
- ᄃᆞᄅᆞᆷ으로 가고 **ᄌᆞ조거를만**(←ᄌᆞ조걷+을+만) 아니 홀디니라(=달리는 것으로 가고 자주 걷는 것만은 아니 할 것이니라, 走而不趨)[소학 2:15]
- 내 천량앳 거시 **다ᄋᆞᆳ**(〈다ᄋᆞᇙ←다ᄋᆞ+ᄋᆞᇙ) 업스니(=내 재물이 다함이 없으니)[법화 2:75]
- 노ᄅᆡᄅᆞᆯ 노외야 **슬픐**(〈슬픓←슬프+ᄋᆞᇙ) 업시 브르ᄂᆞ니(=노래를 다시 슬픔 없이 부르니)[두언 25:53]
- 德이여 福이여 **호ᄂᆞᆯ**(←ᄒᆞ+오+ㄴ+ᄋᆞᆯ) 나ᄋᆞ라 오소이다(=덕이며 복이며 하는 것을 나타내려 오소서)[악학궤범, 동동]

제12장

五年·을 改過 :몯 ·ᄒᆞ·야。 虐政·이 ·날·로 더을·씨。	五年罔悛。 虐政日深。
倒戈之日·에。 先考ㆆ ·ᄠᅳᆮ :몯 일·우시·니	倒戈之日。 莫遂考心
·처ᇫ나·래 讒訴·ᄅᆞᆯ 드·러。 兇謀ㅣ ·날·로 더을·씨。	始日聽讒。 兇謀日熾。
勸進之日·에。 平生ㄱ ·ᄠᅳᆮ :몯 일·우시·니	勸進之日。 莫遂素志

낱말 풀이

① 改過(개과) : 잘못을 고침.

② 더을씨 : 더으+ㄹ씨. 더으다>더하다. 더하므로.

③ 倒戈之日(도과지일) : 창을 거꾸로 잡는 날.

④ 先考(선고)ㆆ : 선고+ㆆ. 'ㆆ'은 관형격 조사 'ㅅ'의 이형태. 선고의.

⑤ 처ᇫ나래 : 처ᇫ날+애. 중세어의 접두사 '첫'은 유성음 사이에서 '처ᇫ'으로 표기되기도 하였다. 그러나 이 표기는 과잉수정으로 보인다. 예. 처ᇫ날, 처ᇫ盟誓 ; 첫소리, 첫고깔, 첫方便 등.

⑥ 兇謀(흉모) : 흉악한 꾀.

⑦ 勸進之日(권진지일) : (왕위에) 나아가기를 권하는 날.

⑧ 平生(평생)ㄱ : 평생+ㄱ. 'ㄱ'은 관형격 조사 'ㅅ'의 이형태. 평생의.

현대어 대역

오년을 개과하지 못하여 학정이 날로 더해가므로,
창을 거꾸로 쥐는 날에, 돌아가신 아버지 뜻을 이루지 못하시니라.
첫날에 참소를 들어, 흉한 꾀가 날로 더해가므로,
(임금의 자리에) 나아가기를 권하는 날에 평생의 뜻을 이루지 못하시니라.

관련 사적

문왕은 천하의 삼분의 이를 차지하여 모두들 천명을 받은 임금이라 했으나, 주 임금을 그대로 섬겼다. 그 뒤 문왕의 아들 무왕이 임금이 되어 오 년이 되었는데, 주의 학정은 날로 더해갔으므로 무왕은 아버지의 뜻을 어기고 상나라를 치게 되었다. 상나라 주 임금이 무왕이 온다는 말을 듣고는 군사 70만 명을 내어 무왕을 막았다. 주 임금의 군대가 비록 숫자는 많았으나 모두 싸울 마음이 없었으므로 무왕이 빨리 쳐들어오기를 마음속으로 바랐다. 그래서 앞의 무리가 창을 거꾸로 하여 뒤편의 군사를 쳐서 무찌르니 피가 흘러 몽둥이가 떠다닐 정도였다. 주 임금이 달아나다가 도로 들어가 녹대(鹿臺)의 꼭대기로 올라가 옷에 구슬과 옥을 달고 스스로 불에 타 죽었다. 5년 동안 허물을 고치지 않은 일은 제9장에 있다.

이성계가 위화도에서 회군한 뒤로 그 위세는 날로 높아 갔으나 공양왕을 세워 고려 왕조를 지키려 했다. 그러나 공양왕은 즉위한 첫날 저녁에 사위 강회계(姜淮季)의 아버지 진산군(晉山君) 강시(姜蓍)가 참소한 것을 비롯하여, 우왕과 창왕의 무리들이 왕실과 인척이 되어 밤낮으로 참소하는 것을 듣고, 정몽주가 이성계 일파를 몰아내려는 계책을 받아들여, 조준 등 여섯 명을 귀양보냈으며, 김귀련, 이반 등을 유배지로 보내 국문을 해서 죽이려고 했다. 이에 이성계는 홍무 25년 6월에 남은, 조인옥, 조준, 정도전, 조박 등 52인의 추대를 받고, 7월에는 배극렴 등의 권유를 받아들여 왕위에 오르게 되었다.

용비어천가 3권(龍飛御天歌卷第三)

제13장

:말ᄊᆞ·ᄆᆞᆯ ᄉᆞᆯ·ᄫᆞ·리 :하·ᄃᆡ。 天命·을 疑心·ᄒᆞ실·ᄊᆡ。	獻言雖衆。天命尙疑。
·ᄭᅮ므·로。 뵈·아시·니	昭玆吉夢。帝迺趣而
놀·애·ᄅᆞᆯ 브르·리 :하·ᄃᆡ。 天命·을 모·ᄅᆞ실·ᄊᆡ。	謳歌雖衆。天命靡知。
·ᄭᅮ므·로。 알·외시·니	昭玆吉夢。帝迺報之

낱말 풀이

① 말ᄊᆞᄆᆞᆯ : 말ᄊᆞᆷ+ᄋᆞᆯ. 말을.

② ᄉᆞᆯᄫᆞ리 : ᄉᆞᆲ+ᄋᆞᆯ 이(+ㅣ). 아뢰는 사람이.

③ 하되 : 하+되. 많지만.

④ 뵈아니 : 뵈아+니. 재촉하시니.

⑤ 놀애>노래.

⑥ 브르리 : 브르+ㄹ 이(+ㅣ). 브르다>부르다. 부르는 사람이.

⑦ 쑤므로 : 쑴+으로. 꿈으로.

⑧ 알외시니 : 알외+시+니. 알게 하시니.

현대어 대역

말씀을 (무왕에게) 여쭐 사람이 많지만, (무왕은) 천명을 의심하시므로,
(하늘이) 꿈으로써 재촉하시니라.
노래를 부르는 사람이 많지만, (이 태조는) 천명을 모르시므로,
(하늘은) 꿈으로 (그 천명을) 알게 하시니라.

관련 사적

주나라 무왕(武王)이 문왕을 이어 나라를 잘 다스렸다. 한번은 무왕이 관병(觀兵)을 하러 동쪽으로 가서 맹진(盟津)에 이르렀는데, 약속을 하지 않았는데도 제후 2백여 명이 모여들었다. 제후들은 모두 말하기를 "주(紂) 임금을 쳐야 한다."고 했다. 그러나 무왕은 "그대들은 천명이 아직 이르지 않았음을 모르는가?"라고 하였다. 이슥고 제후들이 군대를 돌이켜 돌아갔다. 2년 후 주 임금의 정치가 더욱 어둡고 포악해져 왕자인 비간(比干)을 죽이고, 기자(箕子 : 주 임금의 작은아버지)를 가두었으며, 미자(微子)는 자기의 악기를 끌어안고 주나라로 도망갔다는 소리가 들렸다. 이에 무왕이 제후들에게 두루 알리기를, "주가 큰 죄를 지었으므로 치지 않을 수 없다."라고 하고, 드디어 융거(戎車 : 전쟁에 쓰는 수레) 3백 승(乘 : 수레 수효의 단위)과 호분(虎賁 : 활쏘기와 말타기 하는 사람) 3백 명, 병사 4만5천 명을 가지고 동쪽으로 주 임금을 쳤다. 말씀을 올리는 일이 많은 일은 제9장에 있다.

이 태조가 위화도에서 회군할 무렵, 다음과 같은 동요가 유행하였다. "서경성 밖은 불빛이요, 안주성 밖은 연기로다. 그 사이를 다니시는 이 원수(李元帥)시여, 우리 백성을 구해 주소서." 그리고 민간에 목자(木子)가 나라를 얻는다는 노래가 있었다. 또 태조에게 많은 사람들이 왕위에 오르기를 권했으나, 태조는 천명을

모른다며 굳이 사양하였다. 또 한번은 꿈에 한 신인(神人)이 하늘에서 내려와 금으로 만든 자를 주면서 말하기를, "공의 자질이 문무를 겸하고, 백성들의 신망이 있으니, 이 자를 가지고 나라를 바로잡을 자, 공이 아니면 누구리오."라고 했다. 칭송의 노래를 부른 일은 제9장에 있다.

제14장

聖孫·이 一怒·ᄒᆞ시·니。 六百年 天下ㅣ。	維周聖孫。 一怒而起。
洛陽·애。 올·ᄆᆞ·니이·다	六百年業。 洛陽是徙
聖子ㅣ 三讓·이시·나。 五百年 나·라·히。	維我聖子。 三讓雖堅。
漢陽·애。 올·ᄆᆞ·니이·다	五百年邦。 漢陽是遷

낱말 풀이

① 一怒(일노) : 한 번 성냄.

② 三讓(삼양) : 세 번 사양함.

③ 올ᄆᆞ니이다 : 옮+ᄋᆞ니+이+다. '-이-'는 상대(여기서는 성손) 높임의 선어말 어미. 옮은 것입니다.

현대어 대역

성손(=무왕)이 한번 성내시니,
육백 년의 (상나라) 천하가 낙양으로 옮은 것입니다.
성자(=이 태조)가 세 번이나 사양하시나,
오백 년의 (고려) 나라가 한양으로 옮은 것입니다.

관련 사적

주나라 무왕이 상나라를 치고 구정(九鼎 : 쇠로 만든 솥으로 하(夏), 은(殷), 주(周) 3대를 지나며 나라의 보배로 정해졌음)을 낙양으로 옮겼다. 낙양에 도읍하려던 것은 무왕의 뜻이었는데, 성왕(盛王)과 주공(周公)이 그 뜻을 이어 낙양에 왕성을 세우니 이것이 즉 동도(東都)이다.

이성계가, 즉위하라는 권고를 세 번이나 거절했으나, 그 뜻을 끝끝내 지켜내지 못하고 임금이 되어 도읍을 한양으로 옮겼다. 세 번 사양한 일은 제13장에 있다.

제15장

揚子江南·ᄋᆞᆯ :ᄶᅥ리·샤。 使̊者·ᄅᆞᆯ 보·내신·ᄃᆞᆯ。	揚子江南。 忌且遣使̊。
七代之王·ᄋᆞᆯ。 ·뉘 마·ᄀᆞ·리잇·가	七代之王。 誰能禦止
公州ㅣ江南·ᄋᆞᆯ 저ᄒᆞ·샤。 子孫·ᄋᆞᆯ ᄀᆞᄅᆞ·치신·ᄃᆞᆯ。	公州江南。 畏且訓嗣。
九變之局·이。 :사ᄅᆞᇝ ·ᄠᅳ디·리잇·가	九變之局。 豈是人意

낱말 풀이

① ᄶᅥ리샤 : ᄶᅥ리+시+아. 꺼리시어.

② 칠대지왕(七大之王) : 오(吳), 진(晋), 송(宋), 제(濟), 양(梁), 진(陳), 명(明)의 일곱(대에 걸친) 나라의 왕.

③ 마ᄀᆞ리잇가 : 막+ᄋᆞ리+잇+가. '-잇-'은 상대 높임의 선어말 어미. '-가'는 의문형 종결 어미. 막겠습니까.

④ 저ᄒᆞ샤 : 젛+ᄋᆞ시+아. 두려워하시어.

⑤ 九變之局(구변지국) : '구변진단도(九變震檀圖)'와 같다. 우리나라의 왕조가 변혁되어 가는 과정과 그 도읍을 예언한 도참설로 신라의 중 도선(道詵)이 만들었다고 함. 여기에서는 우리나라 역대의 도읍이 아홉 번 바뀔 것임을 예언하는 동시에 이 씨가 천명을 받아 도읍을 세우는 것까지도 말하고 있다.

⑥ 公州(공주)ㅣ: 'ㅣ'는 관형격 조사임. 공주의.

⑦ 사ᄅᆞᇝ : 사ᄅᆞᆷ+ㅂ. 'ㅂ'은 관형격 조사 'ㅅ'의 이형태임. 사람의.

⑧ ᄠᅳ디리잇가 : ᄠᅳᆮ+이+리+잇+가. 뜻이겠습니까.

현대어 대역

(진시황이) 양자강 남쪽을 꺼리시어 사자를 보내신들,

(이미 하늘에서 정한) 칠대의 왕을 누가 막겠습니까?

(고려 태조가) 공주의 강 남쪽을 두려워하시어 그 자손을 가르치신들,
아홉 번 바뀌리란 이 나라 판국이 사람의 뜻이겠습니까?

관련 사적

진시황(秦始皇) 때 망기자(望氣者)라는 사람이 양자강 남쪽에 있는 금릉(金陵)에 천자가 일어날 기운이 있다고 했다. 그래서 주의(朱衣)를 시켜 산을 파서 개천을 만들어 지맥을 끊고 금릉을 말릉(秣陵)이라 했다. 그러나 뒤에 오(吳), 진(晋), 송(宋), 제(濟), 양(梁), 진(陳), 명(明)의 일곱 나라가 모두 금릉에 도읍하였다.

고려 태조 왕건(王建)은 열 가지 교훈[훈요십조(訓要十條)]을 후손에게 전했다. 그 중에 "차현(車峴) 이남, 공주(公州)의 강 밖은 산 모양과 형세가 모두 배반과 반역으로 치달리니, 그 아래 주군(州郡)의 사람들이 조정에 참여하거나 임금이나 그 친척과 혼인하여 나라의 정권을 잡으면, 나라에 변란이 생길 수도 있으며, 혹 통합한 데 대한 원한을 품어 왕의 행차를 범하여 나라가 어지러워질 수도 있다. 비록 양민이라 하더라도 자리에 앉아 일을 하는 것은 마땅하지 않다."라는 대목이 있다.

어법 풀이 23 의문법

중세 국어의 의문법을 현대 국어의 의문법과 비교해 보면, 체계는 물론이요, 의문을 나타내는 형태소도 현대 국어와 다른 점이 많았다. 의문법이 직접 의문법과 간접 의문법으로 나뉘는 것은 현대 국어와 다름이 없으나, 물음의 성격에 따라 판정 의문법과 설명 의문법으로 나뉘어졌다. 그리고 주어의 인칭에 따라 의문법의 형태소가 다르기도 하였다.

중세 국어의 의문법 형태소

<table>
<tr><td></td><td colspan="2"></td><td>판정 의문법</td><td>설명의문법</td><td>수사의문법</td></tr>
<tr><td rowspan="6">직
접
의
문</td><td rowspan="3">ᄒᆞ라체</td><td rowspan="2">1,3인칭</td><td>-녀</td><td>-뇨</td><td rowspan="3">-이ᄯᆞ녀</td></tr>
<tr><td>-가</td><td>-고</td></tr>
<tr><td>2인칭</td><td colspan="2">-ㄴ다(-ᄂᆞᆫ다, -던다, -ㅭ다)</td></tr>
<tr><td colspan="2">ᄒᆞ야쎠체</td><td colspan="2">-닛가</td><td></td></tr>
<tr><td colspan="2">ᄒᆞ쇼셔체</td><td>-니잇가</td><td>-니잇고</td><td>-이ᄯᆞ니잇가</td></tr>
<tr><td colspan="2">반말</td><td colspan="2">-니</td><td></td></tr>
<tr><td>간접의문</td><td colspan="2">ᄒᆞ라체</td><td>-ㄴ가</td><td>-ㄴ고</td><td></td></tr>
</table>

직접 의문은 화자에게 직접 물음을 던지는 의문법으로, 물음의 성격에 따라, 높임의 계층에 따라 형태소가 달랐다. 판정 의문법은 상대방에게 가부(예, 아니오)의 대답을 요구하는 의문법이고, 설명 의문법은 '누, 므슥/므슴, 어ᄂᆞ, 어듸, 엇디' 등의 의문사를 써서 그것에 대한 설명을 요구하는 의문법이다.

판정 의문법의 ᄒᆞ라체의 의문형 어미는 '-녀'이었는데, '니여, 니아' 라는 이형태도 사용되었다. 그리고 '녀' 앞에 시간의 서법을 나타내는 '-ᄂᆞ-, -더-, -리-'를 앞세운 '-ᄂᆞ녀/-ᄂᆞ니아/-ᄂᆞ니야/-ᄂᆞ니여'와 '-더녀', '-려(←리+녀)/-리아/-리야/-리여'가 사용되었다.

- -녀 : 이 大施主의 득ᄒᆞᆫ 功德이 하녀 저그녀[월석 17:48]
- -니아 : 슬후미 이어긔 잇디 아니ᄒᆞ니아(哀想不在玆)[두언 7:14]
- -니야 : 이ᄂᆞᆫ 百丈ㅅ 히믈 得ᄒᆞ니야 馬祖ㅅ 힘을 得ᄒᆞ니아[몽법 31]
- -니여 : 부텨…무르샤ᄃᆡ 내 겨지비 고ᄫᆞ니여[월석 7:10]
- -ᄂᆞ녀 : 이 堂中에 이셔 如來 보디 몯고 堂 밧 보리 잇ᄂᆞ녀[능엄 1:50]
- -ᄂᆞ니아 : 시러곰 아니 玄圃山이 믜여뎌 왓ᄂᆞ니아(=得非玄圃裂)[두언 16:29]
- -ᄂᆞ니야 : 이 無ㆆ字에서 너므미 잇ᄂᆞ니야 업스니야[몽법 62]
- -ᄂᆞ니여 : 太子ㅣ 무로ᄃᆡ 앗가ᄫᆞᆫ ᄠᅳ디 잇ᄂᆞ니여[석보 6:25]
- -더녀 : 내 니ᄅᆞ던 究羅帝 眞實로 그러터녀 아니터녀[월석 9:36]
- -려 : 그 數를 알려 모ᄅᆞ려[법화 3:86]
- -리아 : 되의 목수믄 그 능히 오라리아[중간 두언 1:8]
- -리야 : 뉘 ᄯᆞᄅᆞᆯ 골ᄒᆡ야ᅀᅡ 며늘이 ᄃᆞ외야 오리야[월곡 상:14]
- -리여 : 三韓ᄋᆞᆯ ᄂᆞᄆᆞᆯ 주리여[용가 20장]

설정 의문법의 ᄒᆞ라체의 의문형 어미는 '-뇨'이었는데, '-니오'라는 이형태가 사용되기도 하였다. 그리고 '녀' 앞에 시간을 나타내는 선어말 어미 '-ᄂᆞ-, -더-, -리-'를 앞세운 '-ᄂᆞ뇨/-ᄂᆞ니오'와 '-더뇨', -료(←리+뇨)/-리오'가 사용되었다.

- -뇨 : 어느 고ᄃᆞᆯ부터 나오뇨[금삼 2;5]
- -니오 : 뉘 ᄒᆞ올로 슬허ᄒᆞᄂᆞ니오(誰獨悲)[두언 19:40]
- -ᄂᆞ뇨 : 네 스ᅀᅳᇰ의 弟子ㅣ 엇뎨 아니 오ᄂᆞ뇨[석보 6:29]
- -ᄂᆞ니오 : 殷殷히 ᄡᅡᆺ 脈을 ᄎᆞᆺᄂᆞ니오[두언 7:24]
- -더뇨 : 네 어미 사라싫 제 엇던 行業을 ᄒᆞ더뇨[월석 21:53]
- -료 : 그에 亭舍ㅣ 업거니 어드리 ᄀᆞ료[석보 6:22]
- -리오 : ᄯᅩᇰ과 믈와ᄅᆞᆯ 현맨 ᄃᆞᆯ 알리오[월곡 상:19]

중세 국어에는 특이하게도 의문 보조사가 체언에 결합되어 의문문을 만들기도 하였다. 의문 보조사가 결합되어 만들어지는 의문문도 '-가/-아'가 결합되는 판정 의문문과 '-고/-오'가 결합되는 설명의문문이 있었다. 의문 보조사가 결합되어 만들어지는 의문문은 ᄒᆞ라체의 의문문밖에 없었다.

- 가/아 : 이ᄂᆞᆫ 賞가 罰아[몽사 53]
- 아 : 阿難ᄃᆞ려 무러 니ᄅᆞ샤ᄃᆡ 네 이제 소리아 아니아[능엄 4:126]
- 고 : 이 엇던 光明고[월석 10:7]
- 오 : 엇뎨 일훔이 般若오[금강 서:8]

중세 국어의 또 다른 특이한 의문문은 2인칭 의문문이다. 2인칭 의문문은 주어가 2인칭임을 드러내는 의문문인데, 2인칭 의문문은 ᄒᆞ라체밖에 없었으며, 판정 의문과 설명의문의 구분도 없었다. 2인칭 의문문을 나타내는 형태소는 '-ㄴ다'였다. 그리고 시간을 나타내는 선어말어미 '-ᄂᆞ-, -더-, -리-'를 앞세운 '-ᄂᆞᆫ다, -던다, -ᄚ다/-ᄒᆞᇙ따/ㄹ다(<*-린다←-리+ㄴ다)' 등이 있었다.

- -ㄴ다 : 네 어듸 이셔 趙州 본다[몽산 53]
- -ᄂᆞᆫ다 : ᄂᆞ미 무로ᄃᆡ 므스글 얻ᄂᆞᆫ다[월석 1:36]
- -던다 : 네 이 念 뒷던다 아니 뒷던다[월석 9:35]
- -ᄚ다 : 大臣ᄋᆞᆯ 請ᄒᆞᇙ다 婆羅門居士ᄅᆞᆯ 請ᄒᆞᇙ다[월석 21:195]

- -ㄹ따 : 네 이제도 놈 믜븐 뜨들 둘따 ᄒᆞ야시늘[석보 2:64]
- -ㄹ다 : 어느 제 太夫人ㅅ 堂 우희 아ᅀᆞᆷ돌ᄒᆞᆯ 뫼홀다(何時太夫人堂上會親戚)[두언 8:20]

직접의문의 ᄒᆞ야쎠체에는 판정의문과 설명의문이 형태적으로 구분되지 않았다. 아래의 첫째 예문은 판정의문인데도 '-닛가'가 사용되어 설명의문인 둘째 예문의 의문형 어미 '-닛가'와 구분되지 않는다.

- 主人이 무슴 차바늘 손소 ᄃᆞᆫ녀 밍ᄀᆞ노닛가[석보 6:16]
- 그딋 아바니미 잇ᄂᆞ닛가[석보 6:14]

직접의문의 ᄒᆞ쇼셔체는 판정의문과 설명의문으로 구분되었다. 판정의문문의 의문형 어미는 '-니잇고'(서술격 조사 뒤에는 드물게 '-잇고'가 사용되기도 하였다.)였고, 설명의문문의 의문형 어미는 '-니잇가'였다. 그리고 앞서 살펴본 의문형 어미들과 같이 시제를 나타내는 선어말어미 '-ᄂᆞ-, -더-, -리-'를 앞세운 '-ᄂᆞ니잇고, -더니잇고, -리잇고'와 '-ᄂᆞ니잇가, -더니잇가, -리잇가' 등이 있었다.

- -니잇고 : 王이 ᄯᅩ 무로ᄃᆡ 眷屬ᄋᆞᆫ 며치니잇고[석보 24:46]
  : 어드러셔 오시니잇고[월석 8:91]
- -잇고 : 阿難이 묻ᄌᆞᄫᅩᄃᆡ 아홉 橫死ᄂᆞᆫ 므스기잇고[석보 9:35]
- -ᄂᆞ니잇고 : 世尊이 ᄒᆞᄅᆞ 몃 里ᄅᆞᆯ 녀시ᄂᆞ니잇고[석보 6:23]
- -더니잇고 : 獄主ㅣ 무로ᄃᆡ 스숭님 어마니미 이에 잇다 ᄒᆞ야 뉘 니르더시니잇고[월석 23:84]
- -리잇고 : 이 두 사ᄅᆞᄆᆡ 福德이 어늬ᅀᅡ 하리잇고[석보 23:4]
- -니잇가 : 洛水예 山行 가 이셔 하나빌 미드니잇가[용가 125장]
- -ᄂᆞ니잇가 : 舍衛國에 ᄒᆞᆫ 大臣 須達이라 호리 잇ᄂᆞ니 아ᄅᆞ시ᄂᆞ니잇가[석보 6:15]
- -더니잇가 : ᄉᆞᆫ지 녜 ᄀᆞᄐᆡ 世間에 겨시더니잇가[법화 6:150]
- -리잇가 : 사라 이신돌 주구메셔 다ᄅᆞ리잇가[석보 24:29]

중세국어에도 반말로서 의문을 나타내기도 하였다. 반말의 의문문을 나타내는 형태소는 뒤 형태소들이 줄어진 '-니'였다. 여기에 시제를 나타내는 선어말 어미 '-ᄂᆞ-, -더-, -리-'가 결합된 '-ᄂᆞ니, -더니, -리(←리니)'가 있었다. 반말이므로 판정의문과 설명의문은 물론 구분되지 않았다.

• -니 : 二百戶 어느 뉘 請ᄒᆞ니[용가 18장]
  : 긔 아니 웃ᄇᆞ니[월곡 상:64]
• -ᄂᆞ니 : 엇뎨 怨讐를 니ᄌᆞ시ᄂᆞ니[석보 11:34]
• -더니 : 大義를 불기실씨 侯國이 오ᅀᆞᆸ더니[용가 66장]
• -리 : 俱夷 묻ᄌᆞᄫᆞ샤ᄃᆡ 므스게 ᄡᅳ시리[월석 1:10]
  : 無量無邊 功德을 劫劫에 어느 다 ᄉᆞᆯᄫᆞ리[월석 1:1]

수사 의문은 어떤 사실을 강조하기 위한 의문인데, ᄒᆞ라체에는 '-이ᄯᆞ녀(/-이ᄯᆞᆫ)', ᄒᆞ쇼셔체에는 '-이ᄯᆞ니잇가'라는 형태소가 수사의문문을 나타내었다.

• -이ᄯᆞ녀 : 布施ᄅᆞᆯ 즐겨 뒷논 거슬 앗기디 아니ᄒᆞ야 머리며 누니며 손바리며 모맷고기라도 비논 사ᄅᆞᄆᆞᆯ 주리어니 ᄒᆞᄆᆞᆯ며 녀나ᄆᆞᆫ 쳔랴이ᄯᆞ녀(=보시를 즐겨서 두어 있는 것을 아끼지 아니하여 머리며 눈이며 손발이며 몸의 고기라도 줄 텐데, 하물며 그밖의 재물에 있어서랴.)[석보 9:13]
• -ᄯᆞ녀 : 개며 ᄆᆞᆯ게 니르러도 다 그리 홀 거시온 ᄒᆞᄆᆞᆯ며 사ᄅᆞᆷ애ᄯᆞ녀((至於犬馬盡然而況於人乎)[소학 2:18]
• -이ᄯᆞ니잇가 : 布施ᄒᆞ야도 功德이 그지 업스니 ᄒᆞᄆᆞᆯ며 阿羅漢果ᄅᆞᆯ 得긔 호미ᄯᆞ니잇가(=보시 하여도 공덕이 그지없을 텐데, 하물며 아라한과를 얻게 함에 있어서랴.)[석보 19:4]
• -ᄯᆞ니잇가 : 須菩提ㅣ ᄉᆞᆯ오ᄃᆡ 甚히 하이다 世尊하 오직 한 恒河ᄉᆞᆯ도 오히려 하 數 업곤 ᄒᆞᄆᆞᆯ며 그 몰애ᄯᆞ니잇가(須菩提ㅣ 言ᄒᆞᅀᆞ오ᄃᆡ 甚多ᄒᆞ이다 世尊하 但諸恒河도 像多無數ㅣ온 何況其沙ㅣ잇가)[금강 상:62]

직접의문이 상대방에게 대답을 요구하는 의문인데 반해, 간접의문은 독백이나 상념을 드러내는 의문이다. 중세국어의 간접의문문을 나타내는 형태소도 현대국어의 그것과 달랐다. 설명의문문의 의문형 어미는 '-ㄴ고'였고, 판정의문의 의문형 어미는 '-ㄴ가'였다. 여기에 시제를 나타내는 선어말어미 '-ᄂᆞ-, -더-, -리-'를 앞세운 '-논고, -던고, -ᄚ고(/-ㄹ꼬/ㄹ고)', -논가, -던가,

-ㅭ가(/-ㄹ까/-ㄹ가)' 등이 있었다.

- -ㄴ고 : 엇던 因緣으로 得혼고 疑心ᄒᆞ시니라[법화 4:56]
- -인고 : 모로리로다 몃 ᄂᆡᄉᆡ린고(知他是幾箇明日)[번박 상:35]
- -는고 : 漏 업슨 羅漢ᄃᆞᆯ콰 涅槃 求ᄒᆞᄂᆞᆫ 사ᄅᆞ미 이제 다 疑心 그므레 ᄠᅥ러디여 부톄 엇던 젼ᄎᆞ로 이리 니ᄅᆞ시ᄂᆞᆫ고 ᄒᆞ야[법화 1:163]
- -던고 : 뎨 엇던 功德을 뒷더신고[석보 24:37]
- -ㅭ고 : 어느 法으로 어느 法을 得홇고[월석 13:54]
- -ㄹ꼬 : 뉘 能히 婆娑國土애 妙法華經을 너비 니를꼬[법화 4:134]
- -ㄹ고 : 蒼生ᄋᆞ로 ᄒᆡ여 環堵를 두게 홀고[두언 7:29]
- -ㄴ가 : 모댓ᄂᆞᆫ 사ᄅᆞ미 疑心을 세 가지로 호ᄃᆡ ᄒᆞᆫ 疑心은 부톄 아니 다시 나신가 ᄒᆞ고, ᄯᅩᄒᆞᆫ 疑心은 다른 世界옛 부톄 아니 오신가 ᄒᆞ고 ᄯᅩ ᄒᆞᆫ 疑心은 阿難이 ᄒᆞ마 부톄 ᄃᆞ외신가 ᄒᆞ더니[석보 24:3]
- -인가 : 사ᄅᆞ민가 아닌가 ᄒᆞ야 疑心ᄃᆞᄫᅵ니[월석 1:15]
  : ᄒᆞᆫ 大梵天王이 이쇼ᄃᆡ … 諸梵衆 爲ᄒᆞ야 偈를 닐오ᄃᆡ,
  …… 大德天이 나민가 부톄 世間애 나샤미신가 이 큰 光明이 十方애 다 비취샷다[법화경 3:106]
- -는가 : 부톄 道場애 得ᄒᆞ샨 妙法을 닐오려 ᄒᆞ시ᄂᆞᆫ가 授記를 호려 ᄒᆞ시ᄂᆞᆫ가[석보 13:25]
- -던가 : 遮陽ㄱ 세 쥐 녜도 잇더신가[용가 88장]
- -ㅭ가 : 어엿브신 ᄆᆞᅀᆞᆷ애 나가싫가 저ᄒᆞ샤[월곡 상:17]
- -ㄹ까 : 긴 劫에 못 볼까 ᄒᆞ다니[월석 23:87]
- -ㄹ가 : 네 信티 아니홀가 전노라[목우자 7]

제16장

逃亡·애 命·을 미·드·며。놀·애·예 일·훔 미·드·니。	恃命於逃。信名於謳。
英主ㅿ 알·ᄑᆡ。:내:내 븟·그리·리	英主之前。長勝其羞
올·모·려 :님·금 ·오시·며。姓 ᄀᆞᆯ·히·야 員·이 오·니。	欲遷以幸。擇姓以尹。
오·ᄂᆞᆳ나·래。:내:내 :웃ᄫᅳ·리	當今之日。長勝其哂

낱말 풀이

① 미드며 : 믿+으며. 믿으며.

② 놀애예 : 놀애+예. 노래에.

③ 일훔>이름.

④ 英主(영주)△ : 영주+△. 영특한 임금의.

⑤ 알ᄑᆡ : 앒+ᄋᆡ. 앒>앞. 앞에.

⑥ 붓그리리 : 붓그리+리. -리-'는 추측을 나타내는 선어말 어미. 부끄러워하리.

⑦ 올모려 : 옮+오려. 옮기려.

⑧ ᄀᆞᆯ히야 : ᄀᆞᆯ히+야. 가려.

⑨ 오ᄂᆞᇗ나래 : 오ᄂᆞᇗ날+애. '오ᄂᆞᇗ날'은 합성명사이며, '△'은 합성어 표지임. 오늘날에.

⑩ ᅀᅮᆺᄫᅳ리 : ᅀᅮᆺᄫᅳ+리. ᅀᅮᆺᄫᅳ다>우습다. 'ᅀᅮᆺᄫᅳ다'는 '웃-'에 형용사 파생접미사 '-브-'가 결합되어 만들어진 어형임. 우스우리.

현대어 대역

도망함에 있어 (자기에게) 천명이 있음을 믿으며, 노래에 (자기의) 이름을 믿으니, (뒷날) 영명한 임금 앞에서 내내 부끄러워하리라.

(고려 때에 한양으로) 옮기려 임금이 오시며, (이씨) 성을 가려서 부윤으로 오니, 오늘날에 내내 우스우리라.

관련 사적

수(隋) 나라의 이밀(李密)이란 사람이 망명하여 다닐 때, 여러 차례 어려운 일을 겪으면서도 생명을 유지했으며, 또 그때 '도리(桃李)의 아들이 왕이 된다.'는 민요가 떠돌아 다녔으므로, 이밀은 속으로 자기가 장차 임금이 되리라 생각하고 있었다. 그러나 그 뒤 당(唐)나라 고조의 아들 이세민(李世民 : 당나라 태종)을 만나본 이밀은, "참으로 영명한 임금이시다. 이와 같지 않다면 어떻게 이 환난을 평정할 수 있으리오."라고 했다.

고려는 숙종 때 위위승동정(衛尉丞同正) 김위제(金謂磾)가 글을 올려 한양으로 천도할 것을 청했는데, 신지(神誌)와 도선(道詵)의 도참(圖讖)에 근거한 것이다. 숙종은 이 말에 따라 한양에 남경을 처음으로 세우고 궁궐을 조성하였다. 4년 뒤에는 남경으로 행차하여 머물기까지 했으나, 얼마 되지 아니하여 다시 개경으로 돌아갔다. 고려에서는 역대 임금을 통하여 한양 부윤은 반드시 이 씨 성을 가진 사람을 삼았는데, 역시 도참의 글에 바탕을 둔 것이다.

어법풀이 24 형용사 파생 접미사 '-ᄫᆞ-/-브-'

'우ᇫᄫᅳ리(←우ᇫᄫᅳ리이다)'는 '웃다'라는 동사에 파생접미사 '-브-'가 결합되어 만들어진 형용사로 기본 형태는 '웃브다'였을 것으로 추정된다. 파생접미사 '-ᄇᆞ/브-'는 어간 말음이 자음으로 끝날 때 모음 조화 규칙에 따라 구분되어 쓰였다. 예. 골ᄑᆞ다(곯다, 飢), 깃브다-(깄다, 喜), 믿브다(믿다, 信) 잇브다(잋다, 困), 우ᇫᄫᅳ다(웃다, 笑) 등. 어간 말음이 모음으로 끝날 때는 '-ㅂ-'이 쓰였다. 예. 그립다(그리다, 慕), ᄉᆞ랑ᄒᆞᆸ다(ᄉᆞ랑ᄒᆞ다, 愛), 恭敬ᄒᆞᆸ다(공경ᄒᆞ다, 敬), 저프다(젛다, 畏) 등. 어간 말음이 'ㅣ' 모음으로 끝날 때는 '-압/업-'이 쓰이기도 하였다. 예. 앗갑다(앗기다, 哀惜), 붓그럽다(붓그리다, 恥), 즐겁다(즐기다, 樂) 등.

- **골ᄑᆞᆫ** ᄇᆡ 브르며[월석 8:100]
- 喜ᄂᆞᆫ **깃블** 씨니[석보 9:6]
- ᄆᆞᅀᆞ매 **그리ᄫᅳᆫ** ᄠᅳ들 머거[월석 17:15]
- **ᄉᆞ랑ᄒᆞᆸ디** 아니커늘(不足戀)[법화 2:111]
- 惡趣를 **저픈** 주리 업스니[석보 9:39]
- **앗가ᄫᆞᆫ** ᄆᆞᅀᆞᆯ 머거[석보 9:11]
- 내 ᄆᆞᅀᆞ미 **붓그럽거니**[번소 8:15]

어법풀이 25 과잉 수정형 '우ᇫᄫᅳ리'

'우ᇫᄫᅳ리'는 특이한 어형이다. 이 어형에 대한 해석은 몇 가지가 있을 수 있다.

(1) 중세 국어에서 '웃다'의 기본 형태는 '우ᇫ다'이다. 어간 '우ᇫ-'이 모음 어미 앞에서는 '우ᅀᅮ믈, 우ᅀᅥ늘 등'에서처럼 기본 형태대로 사용되지만, 자음

어미 앞에서는 '웃게, 웃디 등'에서처럼 '웃-'으로 변이되어 쓰인다. 따라서 기본 형태인 '우ᇫ-'에 파생접미사 '-브-'가 결합되니 '-브-'가 유성음 사이('△'와 'ㅡ' 사이)라는 환경에서 '-ᄫᅳ-'로 바뀌게 되어 '우ᇫᄫᅳ리'와 같은 형태가 생기게 되었다.

(2) 중세 국어에서도 '웃다'의 기본형은 '웃다'이다. 이 '웃-'에 '-브-'가 결합되면 '웃브-'가 되어야 하는데, 유성음 사이에서 '우ᇫ-', '-ᄫᅳ-'로 표기해야 한다는 의식이 지나쳐 과잉수정형 '우ᇫᄫᅳ-'로 표기하게 되었다. 이 표기가 과잉수정형이라는 증거로는 과잉수정형으로 '다ᄫᅩᄆᆞᆯ'('다오ᄆᆞᆯ'의 과잉수정형, 다함을)[석보상절 서:20], 더ᄫᅱ, 치ᄫᅱ('더ᄫᅴ, 치ᄫᅴ'의 과잉수정형, 더위, 추위)[석보상절 9:9] 등이 있음을 들 수 있다. 이 표기가 불완전한 것이라는 또 다른 증거로는 '웃ᄫᅳ니'[월인천강지곡 기176]과 같은 표기가 있음을 들 수 있다.

제17장

宮女·로 :놀·라샤·미。 宮監·이 다·시언마·ᄅᆞᆫ。	宮娥以驚。 宮監之尤。
問罪江都·ᄅᆞᆯ。 느·치·리잇·가	問罪江都。 其敢留止
宮妓·로 怒·ᄒᆞ샤·미。 官吏·의 다·시언마·ᄅᆞᆫ。	宮妓以怒。 官吏之失。
肇基朔方·ᄋᆞᆯ。 뵈·아시·니이·다	肇基朔方。 實維趣只

낱말 풀이

① 놀라샤미 : 놀라+시+옴+이. 놀람이.

② 宮監(궁감) : 궁궐의 일을 다루는 관리.

② 다시언마른 : 닷+이+언마ᄅᆞᆫ. 닷>탓. '언마ᄅᆞᆫ'은 '이' 모음 아래에서의 '건마ᄅᆞᆫ'의 교체형임. 탓이건마는.

③ 問罪江都(문죄강도) : 강도에서의 죄를 물음.

④ 江都(강도) : 양주(楊洲)를 말한다. 수나라 양제(煬帝)는 이 곳에 많은 궁궐을 지어 놓고, 수시로 가서 연회를 하였음.

⑤ 느치리잇가 : 느치+리+잇+가. 늦추겠습니까.

⑥ 肇基朔方(조기삭방) : 북쪽 지방에서 왕업의 기틀을 엶.

⑦ 뵈아시니이다 : 뵈아+시+니+이+다. 재촉하신 것입니다.

현대어 대역

궁녀의 일로 놀라심이 궁감의 탓이건마는,
강도의 죄를 묻는 일을 늦추겠습니까?
관기의 일로 노하심이 관리의 탓이건마는,
(하늘은 이런 일로써) 북쪽에서 (나라의) 터전 세움을 재촉하신 것입니다.

관련 사적

당나라 고조(高組=李淵)가 아직 태원 유수(太原留守)로 있을 때에 돌궐(突厥)의 침임을 막지 못해 죄를 입을까 두려워하고 있었다. 또 배적(裴寂)이란 사람이 진양(晋陽) 궁감으로 있을 때, 궁녀를 사사로이 고조에게 바친 일이 있었는데, 이를 두려워하고 있었다. 고조의 아들 세민(世民=태종)과 배적은 고조에게, 죄를 입기 전에 수나라 양제(煬帝)를 치기를 권하게 되었다. 그때 양제는 고구려의 을지문덕에게 패했음에도 불구하고 그 호사스러움과 방탕이 심하여 백성의 불평은 날로 심해갔으므로, 고조는 수나라 치기를 결심한 것이다. (그러나 궁녀의 일은 그 책임이 궁감에게 있는 것이니 고조가 양제를 치게 된 것은 죄를 입을까 두려워해서가 아니라는 뜻이다.)

목조는 관기의 일로써 전주를 떠나 강원도로, 함경도로 옮겨가 살게 되었는데, (관기에 관한 책임은 관리에게 있었으니) 이것은 목조가 마지못해 쫓기어 간 것이 아니라, 하늘이 북쪽에서 이씨 왕조의 터전을 잡도록 재촉한 것이란 뜻이다. 관기 때문에 노한 일은 제3장에 있다.

어법 풀이 26 관형격 조사 '의'

'宮監ᄋᆡ'에 있는 '-ᄋᆡ'와 '官吏의'에 있는 '-의'는 관형격 조사이다. 양성 모음 아래에서는 '-ᄋᆡ'가, 음성 모음 아래에서는 '의'가 사용되었다. 그리고 사잇소리를 표기하는 형태소가(표기로는 'ㅅ'이 주로 사용되었고 'ㅅ' 외에도 ㄱ,

ㄷ, ㅂ, ㆆ, ㅿ 등이 음운 조건에 따라 구분되어 표기되었음) 관형격 조사로 사용되었다. 그리고 대명사는 반모음 'ㅣ'가 붙어 관형격을 나타내었으며, 일부 명사 뒤에서도 반모음 'ㅣ'가 관형격을 나타내기도 하였다.

• -ᄋᆡ : 마ᄉᆞᆷ 사ᄉᆞᄆᆡ 등과(용가 88장)
아기아ᄃᆞᆯᄋᆡ 각시를 求하더니[월곡 상:54]
• -의 : 거부븨 터리와 톳긔(←톳기+의) ᄲᅳᆯ ᄀᆞᆮ거니[능엄 1:74]
ᄃᆞᆰ의 ᄯᅩᆼ 힌 ᄃᆡ ᄀᆞᆯᄒᆡ야[구간 1:14]
• -ㄱ : 平生ㄱ ᄠᅳᆮ 몯 일우시니[용가 12장]
王ㄱ 出令을 저ᄊᆞᄫᅡ[월석 1:9]
• -ㄷ : 西天ㄷ 祖師ㅣ 스믈여들비니[석보 24:4]
結ᄒᆞ샨 그렛 本ㄷ 字쫑ᄂᆞᆫ 末맗ㄷ 字쫑ㅣ사 올ᄒᆞ니라[능엄 10:9]
• -ㅂ : 九變之局이 사ᄅᆞᆷ ᄠᅳ디리잇가[용가 15장]
侵침ㅂ 字쫑 처ᅀᅥᆷ 펴아나는 소리 ᄀᆞᄐᆞ니라[훈언 7]
• -ㅿ : 英主ㅿ 알ᄑᆡ 내내 붓그리리[용가 16장]
天子ㅿ ᄆᆞᅀᆞᄆᆞᆯ 뉘 달애ᅀᆞᄫᆞ리[용가 85장]
• -ㆆ : 先考ㆆ ᄠᅳᆮ 몯 일우시니[용가 12장]
黃絹ᄋᆞᆫ 色絲ㅣ니 絶ㆆ 字ㅣ오[두언 16:9]
• -ㅅ : 如公子ㅣ 魯ㅅ 사ᄅᆞᆷ之流[훈민 합자]
世尊ㅅ 일 ᄉᆞᆯᄫᅩ리니[월석 1:1]
• -ㅣ : 내(←나+ㅣ)몸애 欲心 업거늘[월곡 111]
내 거긔 이리 이시리오[두언 15:38]
이 두 사ᄅᆞ미 眞實로 네(←너+ㅣ) 항것가[월석 8:94]
부톄 니ᄅᆞ샤ᄃᆡ 올타 올타 네 말 ᄀᆞᄐᆞ니라[석보 9:22]
뉘(←누+ㅣ) 지븨셔 ᄯᅩ 칠고(誰家且養)[두언 17:28]
• -ㅣ : 公州ㅣ(=공주의) 江南을 저ᄒᆞ샤[용가 15장]
臣下ㅣ(=산하의) 말 아니 드러[용가 98장]
子賢長者ㅣ(자현장자의) 지븨 세 分이 나ᅀᅡ가샤 죵ᄋᆞᆯ ᄑᆞᄅᆞ지이다[월석 8:81]
내 모미 長子ㅣ(=장자의) 怒ᄅᆞᆯ 맛나니라[월석 8:98]
쇠 머리(牛頭)[월석 1:27], 쇠 갓플(牛皮膠)[구간 2:19], 쇠 고기(牛肉)[번박 상:5]

어법 풀이 27 'ㄱ' 소리의 탈락

'다·시언마·ᄅᆞᆫ'의 '-언마ᄅᆞᆫ'은 '-건마ᄅᆞᆫ'이란 형태에서 'ㄱ' 소리가 탈락된 것이다. 중세어에서는 이처럼 형태소의 두음 'ㄱ'이 탈락하는 어형들이 많이 있었다. 'ㄱ' 소리로 시작하는 '-거나, -거늘, -거니, -거니와, -거든, -거ᅀᅡ, -건마ᄅᆞᆫ/-간마ᄅᆞᆫ, -게/-긔/-기, -겟고/-긧고/-괫고, -고, -고뎌, -고도, -고라, -고ᅀᅡ, -곡, -곤, -과뎌/-과ᄃᆡ여, -관ᄃᆡ' 등의 어말 어미와 선어말 어미 '-거-'는 'ㄹ' 받침과 '이' 모음이나 반모음 'ㅣ'로 끝나는 용언(더러는 모음으로 끝나는 용언), 서술격 조사, 형용사 '아니-', 선어말 어미 '-리-' 뒤에서 'ㄱ' 소리가 탈락하였다.

- 쓰**거나** : 헐어나, ᄃᆞ외어나, 뫼어나.
- 가**거늘**, 업**거늘** : 알어늘, 하ᄂᆞᆯ히어늘, 아니어늘, ᄢᅥ러디리어늘.
- 깁**거니** : 니를어니, 사ᄅᆞ미어니, 아니어시니, 보리어니.
- 젹**거니와**/너기**가니와** : 숣어니와, ᄉᆞ시어니와, 아니어니와, 니르리어니와, 아라니와.
- 니르**거든** : ᄃᆞ외어든 아니어든, 이울어든, 주그리어든.
- ᄎᆞ**거ᅀᅡ** : 뷔어ᅀᅡ, 千年이어ᅀᅡ, 時ㅣ어ᅀᅡ.
- 업**건마ᄅᆞᆫ**/보**간마ᄅᆞᆫ** : 모딜언마ᄅᆞᆫ, 외언마ᄅᆞᆫ, 아니ᄒᆞ리언마ᄅᆞᆫ, ᄆᆡᇰᄀᆞᆯ안마ᄅᆞᆫ, 배얀마ᄅᆞᆫ.
- 아라듣**게** : 헐에, ᄆᆡ에.
- 맛**긔** : 알의, ᄆᆡ의.
- ᄌᆞᄆᆞ**기** : ᄃᆞ외이.
- 나ᅀᅡ가**긧고**/아니**괫고** : 알엣고.
- 가**고**, 됴**코** : ᄃᆞ외오, ᄆᆡᇰᄀᆞᆯ오, 여희오, 非色이오, 아니오, 몯ᄒᆞ리오.
- 나**고져** : 알오져, 쉬오져, 돌아보내오져.
- 즐겁**고도** : 모딜오도, ᄃᆞ외오도.
- 決ᄒᆞ**고라** : 말오라, 보내오라.
- 겻구**고ᅀᅡ** : 알오ᅀᅡ, 디내오ᅀᅡ.
- 나**곡** : 말옥, 혜옥, 보리옥.
- 어즈럽**곤** : 들온, 아니온, 일우리온.
- ᄢᅢᅘᅧ**과뎌**/버서나**과ᄃᆡ여** : 알와뎌, ᄃᆞ외와뎌, ᄡᅵ와ᄃᆡ여.
- 몯하**관ᄃᆡ** : 셰완ᄃᆡ, 아힉완ᄃᆡ, 사ᄅᆞ미완ᄃᆡ, 修行ᄒᆞ리완ᄃᆡ.

접속 조사 '과', 보조사 '고', '가', '곳', '곰'은 'ㄹ' 받침 및 모음으로 끝나는 체언, 형용사 '아니-' 뒤에서 'ㄱ' 소리가 탈락하였다.

- 사ᄅᆞᆷ**과** : 입술와, 니왜, 혀와, 怨讐와, 프셩귀와, 션ᄇᆡ와.
- 光明**고** : 얼굴오, 몃 온 가지오, 罪오, 엇뎨오, 아니오.
- 賞**가** : 罰아, 異아, 杭州(항쥬)아, 아니아.
- 魔王**곳** : 아ᄃᆞᆯ옷, 우리옷, 보ᄇᆡ옷, 나옷.
- 거름**곰** : 아ᄃᆞᆯ옴, 八千里옴, 五百 디위옴, ᄒᆞᄅᆞ옴.

합성어의 제2요소의 두음 'ㄱ'도 'ㄹ' 소리나, 하향 이중 모음의 부음 'ㅣ[j] 뒤에서 탈락하였다.

- **고**개(峴) : 몰애오개(沙峴).
- **괴**(猫) : 갈외(盤蝥).
- **가**마괴(烏) : ᄀᆞᆯ아마괴(寒鴉).
- **개**(浦) : 죨애산(照浦山).

용비어천가 4권(龍飛御天歌卷第四)

제18장

驪山 役徒·롤 일ᄒᆞ·샤 지·ᄇᆡ·로 도·라·오ᄉᆞᆲ ·제。	失驪役徒。言歸于家。
·열·희 ᄆᆞᅀᆞ·ᄆᆞᆯ。 하·ᄂᆞᆯ·히 달·애시·니	維十人心。天實誘他
:셔ᄫᅳᆯ 使者·롤 :ᄢᅥ리·샤 바·ᄅᆞ·ᄅᆞᆯ :건·너ᄉᆞᆲ ·제。	憚京使者。爰涉于海。
二百戶·롤。 어·느 ·뉘 請ᄒᆞ·니	維二百戶。誰其請爾

낱말 풀이

① 驪山(여산) : 중국 옹주 신풍현 남쪽에 있는 지명.

② 役徒(역도) : 부역에 종사하는 사람들.

③ 일ᄒᆞ샤 : 잃+ᄋᆞ시+아. 잃으시어.

④ 오싫 : 오+시+ㄹㆆ. 오실.

⑤ 열희 : 열ㅎ+의. 열 (사람)의.

⑥ 달애시니 : 달애+시+니. 달애다〉달래다. 달래시니.

⑦ 셔븘 : 셔블+ㅅ. *셔블/셔벌(徐伐)〉셔볼〉셔울〉서울. 서울의.

현대어 대역

여산의 일꾼을 잃으시어, 집으로 돌아오실 때에,
열 사람의 마음을 하늘이 달래시니라.
서울 사자를 꺼리시어 바다를 건너실 때에,
이백 호의 사람을 어느 누가 청한 것입니까?

관련 사적

한나라 고조 유방(劉邦)이 사상정장(亭長 : 중국 진 나라 때 십리마다 나그네가 숙식하는 곳을 만들어 그것을 '정'이라 했는데, '정장'은 그 책임자임)이 되어 있을 때, 현(縣)을 위해 일꾼들을 보냈으나, 일꾼이 대부분 도망치고 말았다. 그러나 그 중에 장사 여남은 사람이 유방을 따라가기를 자청하고 나섰다.

목조가 전주에서 강원도로, 함경도로 옮겨갈 때에 백칠십여 호가 자의로 따라가게 되었다. 서울 사자를 꺼린 일은 제3장에 있다.

어법 풀이 28 관형사형 어미 '-(ᄋᆞ/으)ㄴ'

'·오싫'의 '- '은 관형사형 어미이다. 중세 국어 관형사형의 바탕이 되는 형태는 '-(ᄋᆞ/으)ㄴ'이다. 이 형태가 단독으로 사용되거나(동사와 결합될 때는 과거 시제, 형용사와 서술격 조사와 결합될 때는 무시제), 여기에 시제와 서법을 나타내는 선어말 어미 '-ᄂᆞ-(직설법, 현재 시제), -더-(회상법, 과거 시제), -거-(확인법, 주관적 믿음), -리-(추측법, 미래 시제)'와 결합되어 '-ᄂᆞᆫ, -던, -건, -린'의 형태로 사용되었다. 이 중 '-린'은 주로 -ㄹ(- , -ㅭ)로 사용되었다.

- 어미 **주근** 後에[월석 21:21]
- 녜 **고온 사ᄅᆞ민** 公孫氏 잇더니[두언 16:47]
- 이 國王等이 ᄆᆞᆺ **艱難ᄒᆞᆫ ᄂᆞᆺ가ᄫᆞᆫ** 사ᄅᆞᆷ과 ᄀᆞᆺ디 **몯ᄒᆞᆫ** 사ᄅᆞᄆᆡ게 큰 慈悲心을 發ᄒᆞᆯ씨[월석 21:140]
- 길흘 ᄎᆞ자 부텻긔로 **가ᄂᆞᆫ** 져긔 城門애 내ᄃᆞ라 하ᄂᆞᆯ **祭ᄒᆞ던** ᄯᅡᄒᆞᆯ 보고[석보 6:19]
- 過去ᄂᆞᆫ **디나건** 뉘오[월석 2:21]
- ᄆᆞᄎᆞᆷ내 成佛 **몯ᄒᆞ린** 젼ᄎᆞ로 니르디 몯ᄒᆞ리라[금강 43]
- ᄒᆞ마 **命終ᄒᆞᇙ** 사ᄅᆞᄆᆞᆯ[월석 21:125]
- 블 구피라 **펼** ᄊᆞᅀᅵ예[월석 21:4]
- 無學ᄋᆞᆫ 다 아라 **ᄇᆡ홇** 이리 업슬씨니[석보 13:3]
- 서되 **드ᇙ** 華甁[월석 10:119]
- 너펴 돕ᄉᆞ오미 **다ᄋᆞᇙ** 업서[법화 서:18]

제19장

구·든 城·을 모·ᄅᆞ·샤。 :갏 ·길·히 :입·더시·니。	不識堅城。則迷于行。
:셴 ·하나·비·ᄅᆞᆯ。 하·ᄂᆞᆯ·히 ·브·리시·니	皤皤老父。天之命兮
·ᄀᆈ 한 도ᄌᆞ·ᄀᆞᆯ 모·ᄅᆞ·샤。 :보리·라 기·드·리시·니。	靡知黠賊。欲見以竢。
:셴 ·할미·ᄅᆞᆯ。 하·ᄂᆞᆯ·히 보·내시·니	皤皤老嫗。天之使兮

낱말 풀이

① 입더시니 : 입+더+시+니. 혼미하더니.

② 셴 : 셰+ㄴ. 셰다>세다. (머리가)세다.

③ 하나비 : 한아비>할아비. 할아버지.

④ 브리시니 : 브리+시+니. 브리다>부리다. 부리시니.

현대어 대역

굳은 성을 모르시어 갈 길이 아득하시더니,

(머리) 센 할아버지를 하늘이 부리시니라.

꾀 많은 도적을 모르시어 보려고 기다리시니,

(머리) 센 할머니를 하늘이 보내시니라.

관련 사적

후한 광무제가 싸움에서 지고 도망할 무렵, 하박성(下博城) 서쪽에 이르렀는데, 어디로 가야 할지 몰라 당황하고 있었다. 그때 어떤 흰 옷을 입은 노인이 길가에서 손가락으로 가리키며 말하기를, "힘내십시오. 신도군(信都郡)은 장안성(長安城)을 도와 지키고 있습니다. 여기에서 80리 떨어져 있습니다."라고 했다. 광무제는 말을 달려 바로 그 곳으로 갔다. 노인은 바로 신인(神人)이었던 것이다.

익조가 야인들과 더불어 살고 있을 때, 목조를 이어 그 덕망이 날로 높아갔으므로 야인들이 이를 시기하여 익조를 해치려고 군사를 청하러 갔다. 익조는 이 사정을 모르고 만날 기일이 지나도 오지 않으므로 몸소 야인들이 사는 해관성(奚關城: 훤잣)으로 떠났다. 길에서 머리에 물통을 이고 손에는 밥그릇 하나를 들고 오는 한 노파를 만났는데, 익조가 갈증이 나서 물을 마시려 하자, 노파가 그릇을 닦아 물을 담아 올렸다. 그러면서 "공은 모르고 계십니까? 이곳 사람들이 사실은 군대를 부르러 간 것입니다. 당신의 위엄과 덕이 아깝기 때문에 내가 얘기하지 않을 수 없군요."라고 말했다.

제20장

四海·ᄅᆞᆯ 년·글 :주리·여。 ᄀᆞ·ᄅᆞ·매 ·ᄇᆡ :업거·늘。	**維彼四海。 肯他人錫。**
얼·우시·고。 ·ᄯᅩ 노·기시·니	**河無舟矣。 既氷又釋**
三韓·ᄋᆞᆯ ·ᄂᆞ·ᄆᆞᆯ :주리·여。 바·ᄅᆞ·래 ·ᄇᆡ :업거·늘。	**維此三韓。 肯他人任。**
녀·토시·고。 ·ᄯᅩ 기·피시·니	**海無舟矣。 既淺又深**

낱말 풀이

① 년글 : 녀+을, '녀'은 '녀느'의 이형태로서, 모음으로 시작하는 조사 앞에 사용되었다. 중세어에서는 대격 조사 '을'이 여격 조사의 기능을 대신하기도 하였다. 여느 사람에게.

② 주리여 : 주+리+여, '-여'는 의문형어미 '-녀'가 '-리-' 뒤에서 '-여'로 교체된

것임. 주겠는가.

③ ᄀᆞᄅᆞ매 : ᄀᆞᄅᆞᆷ+애. 'ᄀᆞᄅᆞᆷ'은 '강'을 뜻하는 고유어임. 강에.

④ 三韓(삼한) : 삼한은 마한, 진한, 변한의 세 나라로, 여기서는 우리나라를 가리킴.

④ ᄂᆞᄆᆞᆯ : ᄂᆞᆷ+ᄋᆞᆯ. 남에게.

⑤ ᄇᆡ : ᄇᆡ(+ㅣ). 배가.

⑥ 녀토시고 : '녀토다'는 '녙-'에 사동 접미사 '-오-'가 결합된 사동사임. 얕게 하시고.

현대어 대역

천하를 여느 사람에게 주겠는가?

강에 배가 없거늘 (하늘이 그 강을) 얼게 하시고 또 녹게 하시니라.

삼한을 남에게 주겠는가?

바다에 배가 없거늘 (하늘이 그 바다를) 얕게 하시고 또 깊게 하시니라.

관련 사적

후한 광무제(光武帝) 때, 왕랑(王郞)이란 사람이 한단(邯鄲)에서 황제라 일컫고, 유주(幽州)와 기주(冀州)를 함락하였다. 광무제가 왕랑을 무찌르러 하곡양(下曲陽)에 이르렀을 때였다. 이미 한 차례의 싸움에서 패배한 뒤라 왕랑의 군대가 뒤에 있다는 말을 듣고는 따르는 자들이 모두 두려워했다. 호타하(滹沱河)에 이르렀다. 정찰한 사람이 돌아와 보고하기를, 강물에는 얼음이 떠내려가고, 배가 건널 수 없다고 했다. 광무제가 왕패(王霸)를 시켜 가 보도록 했다. 왕패는 여러 사람을 놀라게 할까 두렵기도 하고 또 전진하여 물을 의지하여 방비하려고, 돌아와서는 얼음이 굳어서 건널 수 있다고 거짓말을 했다. 관속들이 모두 기뻐했다. 광무제가 웃으며 말하기를, "정찰한 자가 망령된 말을 한 것이로군."하고, 드디어 앞으로 나아가 강에 이르니, 강의 얼음이 역시 얼어 붙어 있었다. 이에 왕패에게 건너는 것을 보살피게 했는데, 기병 몇 명이 아직 못 건넜을 때 얼음이 녹았다.

익조가 야인들과 더불어 살고 있을 때, 익조의 위엄과 덕이 점점 커지자, 야인들이 시기하여 죽이고자 하였다. 익조가 황급히 집으로 돌아와 식구들에게 배를 타고 두만강을 내려가 적도(赤島, 붉근셤)에 모이라고 했다. 그리고 자신은 손부인과 함께 경흥 뒷산에 올라가 들판을 바라보니 적병이 들판에 가득하고 선봉 3백여 인은 이미 가까이 와 있었다. 익조와 부인이 말을 달려 바닷가 언덕에 이르렀다. 해안으로부터 적도까지는 6백 보쯤 되었다. 본래 여기는 밀물, 썰물이 없고, 깊으므로 건널 수가 없는 곳이었다. 그러나 약속한 배는 아직 오지 않아 어찌할 수가 없었다. 그런데 갑자기 물이 빠져 1백여 보 정도만 남았다. 익조와 부인이 백마 한 필을 타고 건넜다. 따르는 사람들이 다 건너자 물이 다시 크게 일어 적이 왔으나, 건너지 못하고 돌아갔다. 북방 사람들이 아직까지도 이는 하늘이 한 일이지 사람의 힘으로 된 것이 아니라고 말하고 있다.

어법풀이 29 사동사

'얼우시고, 노기시니, 녀토시고, 기피시니'는 모두 어근에 사동 접미사가 결합되어 만들어진 사동사이다. 중세어의 사동 접미사 형태소들은 현대어와 다소 차이가 있었다.

- -이- : '-이-'는 어간 말음이 'ㄱ, ㅸ, ㅿ, ㅊ, ㅍ, ㅎ, ㅄ'일 때는 '이'가 결합되었다. 예. 머기-(먹, 食), 더러ᄫᅵ-(더럻-, 汚), 어두이-(어둡-, 暗), 니ᇫ이-(니ᇫ-, 續), 조치-(좇-, 兼), 기피-(깊-, 深), 저히-(젛-, 脇), 맛디-(맜-, 託).
  : 어간 말음이 ㄹ('ㄷ' 불규칙 활용의 'ㄹ' 포함) 때는 주로 끊어적기를 하였다. 예. 조리-(졸-, 略), 말이-(말-, 禁), 놀이-(놀-, 遊), 울-(울-, 鳴), 들이-(듣-, 聞), ᄃᆞᆯ이-(ᄃᆞᆮ-, 走).
  : 그리고 어간 말음이 'ᄅᆞ/르'인 경우에는 모음 'ㆍ/ㅡ'를 탈락시키고 'ㄹ'음을 선행 음절의 종성이 되든가 'ㄹㄹ'이 되었다. 예. 올이-(오ᄅᆞ-, 登), 흘리-(흐르-, 流), 믈리-(므르-, 退), 흘리-(흐르-, 流).
  : 또 어간 말음이 모음이면 반모음 'ㅣ'로 나타난다. 예. 셰-(셔-, 立), 재-(자-, 眠).
- -히- : 'ㄷ, ㅂ, ㅈ, ㄺ' 말음을 가진 어간은 '-히-'와 결합하였다. 예. 고티-(곧, 直), 고피-(곱-, 曲), 구티-(굳-,堅), 구피-(굽-, 曲), 너피-(넙-, 廣), 느치-(늦-, 遲), 마치-(맞-, 中), 안치(앉-, 坐), ᄇᆞᆰ히게(ᄇᆞᆰ-, 明), 글키고(긁-, 搔).

: 그리고 'ㄱ' 말음을 가진 일부 어간은 '-히-'와 결합되기도 하였다. 예. 닉켜서(닉-, 熟).

- -기- : 어간 말음이 'ㅁ, ㅅ'일 때는 '-기-'가 결합되었다. 예. 숨기-(숨-, 隱), 옮기-(옮-, 移), 싯기-(싯-, 洗). 밧기-(밧-, 脫)
- -오- : '-오/우-'가 붙는 조건을 엄격히 말하기는 어려우나, 대체로 어간 말음이 'ㄹ, ㄷ, ㅌ, ㅺ'이거나, 모음 '이'나 반모음 'ㅣ'로 끝나는 경우에 결합되었다. 예. 기울우-(기울-, 傾), 모도-(몯-, 集), 녀토-(녙-, 淺), ᄀᆞᆺ고다(ᄌᆞᆷ-, 勞), 빠디우-(빠디-, 沒).
- -이오- : '-이-'에 '-오/우-'가 겹쳐지는 경우도 있었다. 예. 업시우-(없-, 無), 치오(ᄎᆞ-, 滿), 띄우-(ᄠᅳ-, 浮), 알외-(알, 知), 맛됴-(맡-, 任).
- -호- : 간혹 '-호/후-'가 어간 말음 'ㄷ, ㅈ'과 결합되는 경우도 있고, '-고-'가 어간 말음 'ㅅ'과 결합된 예도 보인다. 예. 나토-(낟-, 現), ᄀᆞ초-(ᄀᆞᆽ-, 備), 마초-(맞-, 適).
- -고- : 또 간혹 '-고-'가 어간 말음이 'ㅅ'인 동사와 결합되었다. 솟고-(솟-, 湧).
- -ᄋᆞ- : '-ᄋᆞ/으-'는 같은 동사에 결합되어 '-이/우-'와 결합된 동사와 다른 차이를 드러내도 하였다. 예. 사ᄅᆞ-(목숨을 살리다), 살이-(어떤 곳에 살게 하다), 이ᄅᆞ-(집이나 탑을 세움), 일우-(어떤 일을 成就하다).

제21장

하·ᄂᆞᆯ·히 일·워시·니。 赤脚仙人 아·닌·ᄃᆞᆯ。	天旣成之。 匪赤脚仙。
天下蒼生·ᄋᆞᆯ。 니ᄌᆞ·시·리잇·가	天下蒼生。 其肯忘焉
하·ᄂᆞᆯ·히 ᄀᆞᆯ·ᄒᆡ·어시·니。 누·비:즁 아·닌·ᄃᆞᆯ。	天方擇矣。 匪百衲師。
海東黎民·을。 니ᄌᆞ·시·리잇·가	海東黎民。 其肯忘斯

낱말 풀이

① 일워시니 : 일우+어+시+니. '-어-'는 확인법의 선어말 어미. 이루었으니.

② 赤脚仙人(적각선인) : 맨발의 선인.

③ 天下蒼生(천하창생) : 하늘 아래 사는 모든 백성.

④ 니ᄌᆞ시리잇가 : 닞+ᄋᆞ시+리+잇+가. 잊으시겠습니까.

⑤ ᄀᆞᆯᄒᆡ어시니 : ᄀᆞᆯᄒᆡ+어+시+니. '-어-'는 확인법의 선어말 어미. 가렸으니.

⑥ 누비즁 : 누비옷을 입은 중.

⑦ 海東黎民(해동여민) : 우리나라의 백성들.

현대어 대역

하늘이 (이미 다) 이루었으니, 적각선인 아닌들,
(하늘이) 천하의 백성을 잊으시겠습니까?
하늘이 이미 가렸으니, 누비옷 중 아닌들
(하늘이) 우리나라 백성을 잊으시겠습니까?

관련 사적

송나라 인종(仁宗)이 태어났을 때, 밤낮으로 울음을 그치지 않았다. 어떤 도인(道人)이 능히 아이의 울음을 멎게 할 수 있다고 말했다. 불러들인즉, 말하기를, "울지 마라, 울지 마라. 어찌하여 당초에 웃지 말라고 한 것처럼 하느냐."라고 하니 곧 그쳤다. 대개 말하기를, 진종(송나라 태종의 둘째 아들)이 상제(上帝)께 빌어 자식을 구했는데, 여러 신선에게 누가 가겠느냐고 묻자, 모두 응하지 않았다. 그런데 오직 적각대선(赤脚大仙)이 한 번 웃었다. 그리고 명을 받아 진종의 아들이 되었다. 궁중에서 적각선인을 좋아하더니 그 징조가 나타난 것이다.

익조가 정숙왕후(貞淑王后)와 함께 강원도 낙산(洛山) 관음굴(觀音窟)에 가서 자식을 빌었다. 밤에 꿈을 꾸었는데, 누비옷을 입은 중이 와서 말하기를, "반드시 귀한 자식이 태어날 텐데 그 이름을 선래(善來)라고 하라."고 했다. 얼마 되지 않아 도조가 태어나자, 이름을 선래라고 했는데, 도조의 아명(兒名)이었다.

어법 풀이 30 선어말 어미 '-거-' (확인법)

'일워시니, 골히어시니'의 '-어-'는 확인법을 나타내는 선어말 어미로 화자가 주관적 믿음에 따라 사태를 확정적으로 판단함을 나타낸다. 확인법의 선어말 어미는 현대어의 확인의 선어말 어미 '-것/엇-'의 직접적 소급 형태인데, 자동사 뒤에는 '-거-', 타동사 뒤에는 '-어/아-'가 사용되었으며, 음운론적 조건에 따라, '-거/어-'가 교체되어(ㅣ 모음과 ㄹ 음 뒤에는 -어-) 사용되었고, 형태론적 조건에 따라 '-나-'(오- 뒤에서)가 사용되기도 하였다. 예. 다둗거다, 업거시다, 일허다, 뷔어다, 나마시니, 놀라ᅀᆞᄫᆞ니, 오나다. 또 선어말 어미 '-오-'와 결합하면 '-과/와-, -가-'로 교체되었다. 즐겁과라, 니를와라 뀌우ᅀᆞᆸ가니 등.

- -거- : 安樂國이ᄂᆞᆫ 아비를 보라 가니 어미도 몯 보아 시르미 더욱 깁거다[월석 8:101]
  어듸ᅀᅡ 됴ᄒᆞᆫ ᄯᆞ리 양ᄌᆞ ᄀᆞᄌᆞ니 잇거뇨[석보 6:13]
- -어- : 王ㅅ 中엣 尊ᄒᆞ신 王이 업스시니 나라히 威神을 일허다[월석 10:9]
  길 우희 糧食 니저니 塞外北人인ᄃᆞᆯ 아니 오리잇가[용가 53장]
- -어- : 셜ᄫᅳᆯ셔 世界 뷔어다[석보 23:18]
  崔九의 집 알ᄑᆡ 몃 디월 드러뇨[두언 16:52]
- -나- : 내 未來 求ᄒᆞᇙ ᄆᆞᅀᆞᆷ 업다니 오ᄂᆞᆯ 寶藏이 自然히 오나(←거)다[월석 13:32]
- -과- : 곳 디ᄂᆞᆫ 時節에 ᄯᅩ 너를 맛보과(←거+오)라[두언 16:52]
- -와- : 내 너교ᄃᆡ 滅度애 시러 니를와(←니를+거+오)라[법화 2:23]
- -가- : 나ᄂᆞᆫ 내 어미 나혼 ᄀᆞ외를 뒷가니(←두(+어) 잇+거+오+니) 이 ᄒᆞ야 므슴ᄒᆞ료[남명 상:31]
  天帝ㅅ 命을 받ᄌᆞ와 와 擁護컨디 오라거다(←오라+거+오+다)[능엄 7:62]

제22장

赤帝 니·러·나·시릴·씨。 白帝 ᄒᆞᆫ 갈·해 주·그·니。	赤帝將興。 白帝劒戮。
火德之王°·ᄋᆞᆯ。 神婆ㅣ 알·외ᅀᆞ·ᄫᆞ·니	火德之王°。 神婆告止
黑龍·이 ᄒᆞᆫ 사·래 주·거。 白龍·ᄋᆞᆯ 살·아:내시·니。	黑龍卽殪。 白龍使活。
子孫之慶·ᄋᆞᆯ。 神物·이 ᄉᆞᆯ·ᄫᆞ·니	子孫之慶。 神物復止

낱말 풀이

① 赤帝(적제) : 붉은 제국, 여기서는 한나라.

② 白帝(백제) : 흰 제국, 여기서는 진나라.

③ 火德之王(화덕지왕) : 불의 덕을 가진 왕, 여기서는 한나라 고조 유방을 가리킴.
④ 神婆(신파) : 신령스런 노파.
⑤ 니러나시릴씨 : 니러나+시+리+ㄹ씨. 니러나다〉일어나다. 일어나실 것이므로.
⑥ ᄒᆞᆫ〉한[一].
⑦ 갈해 : 갈ㅎ+애. 갈ㅎ〉칼. 칼에.
⑧ 알외ᅀᆞᄫᆞ니 : 알외+ᅀᆞᆸ+ᄋᆞ니(+이+다). 'ᅀᆞᆸ'은 객체높임의 선어말 어미로서 여기서는 '화덕지왕'이 객체임. 아뢰니.
⑨ 사래 : 살+애. 화살에.
⑩ 살아내시니 : 살아내+시+니. '살아내-'는 '사ᄅᆞ-+아+내-'로 파생된 동사이다. 살려내시니.
⑪ 子孫之慶(자손지경) : 자손의 경사스런 일.
⑫ ᄉᆞᆯᄫᆞ니 : ᄉᆞᆲ+ᄋᆞ니(+이+다). 사뢰니. 알리니

현대어 대역

적제가 일어나실 것이므로, 백제가 한 칼에 죽으니,
화덕의 왕을 신령스런 노파가 아뢰니라.
검은 용이 한 살에 죽어 흰 용을 살려 내시니,
장차 자손에게 있을 복을 신물이 (도조에게) 사뢰니라.

관련 사적

한나라 고조(高祖)가 사상정장(泗上亭長)으로서 현(縣)을 위해 일꾼을 여산(驪山)으로 보냈으나, 일꾼들이 길에서 많이 도망치고 10여 명이 남아 있을 뿐이었다. 고조가 그 일꾼들을 데리고 되돌아올 때, 큰 뱀이 길을 막고 있으므로 그 뱀을 칼로 베어 죽였다. 뒤에 따라오는 사람이 뱀이 있던 곳에 오니, 한 노파가 울면서, "내 아들은 백제(白帝)의 아들인데, 뱀으로 변해 길을 막고 있다가, 이번에 적제(赤帝)의 아들에게 칼을 맞아 죽었으므로 운다."고 했다. 뒷사람들이 이 말을 고조에게 말했더니, 고조는 마음속으로 홀로 기뻐하며 자부심을 가졌다. 따르던 사람들이 날이 갈수록 더욱 공경했다.

도조의 꿈에 어떤 사람이 아뢰기를, "나는 백룡(白龍)인데 지금 모처에 있습니다. 흑룡(黑龍)이 나의 거처를 빼앗으려 하니 청컨대 구해 주십시오."라고 했다. 도조가 깨어나서는 보통 일이라고 생각하여 이상하게 여기지 않았는데, 또 꿈에 백룡이 다시 와서 간청하여 말하기를, "공은 어째서 나의 말을 중요하게 생각지 않으십니까? 날짜를 알려 드리겠습니다."라고 했다. 도조가 비로소 이상하게 생각했다. 날짜가 되자 활과 화살을 가지고 보러 갔다. 구름과 안개로 어두운데, 흑·백 두 마리의 용이 바야흐로 연못에서 싸우고 있었다. 도조가 흑룡을 쏘아 한 살에 죽이니 연못에 잠겼다. 후에 백룡이 꿈에 나타나 사례하여 말하기를, "공의 큰 경사는 장차 자손에게 있을 것입니다."라고 했다.

제23장

雙鵰ㅣ ᄒᆞᆫ ·사·래 :ᄢᅦ·니。 絶世英才·ᄅᆞᆯ。	**維彼雙鵰。 貫於一發。**
邊人·이。 拜伏·ᄒᆞ·ᄉᆞᄫᆞ·니	**絶世英才。 邊人拜伏**
雙鵲·이 ᄒᆞᆫ ·사·래 디·니。 曠世奇事·ᄅᆞᆯ。	**維彼雙鵲。 墮於一縱。**
北人·이。 稱頌·ᄒᆞ·ᄉᆞᄫᆞ·니	**曠世奇事。 北人稱頌**

낱말 풀이

① 雙鵰(쌍조) : 한 쌍의 독수리.

② ᄢᅦ니 : ᄢᅦ+니. ᄢᅦ다>꿰다. 꿰이니.

③ 絶世英才(절세영재) : 세상에서 뛰어난 영재.

④ 邊人(변인) : 변방 사람.

⑤ 拜伏(배복) : 절하며 복종함.

⑥ 雙鵲(쌍작) : 한 쌍의 까치.

⑦ 디니 : 디+니. 디다>지다. 떨어지니.

⑧ 曠世奇事(광세기사) : 세상에서 보기 드문 기이한 일.

현대어 대역

두 마리 독수리가 한 살에 꿰이니,

절세의 영재를 변방의 사람들이 절하며 복종하니라.
두 마리 까치가 한 살에 떨어지니,
세상에 없는 기이한 일을 북녘 사람들이 칭송하니라.

관련 사적

후당(後唐) 태조가 일찍이 달단부(達靼部) 사람과 씨름을 해서 이겼다. 달단 사람들이 하늘에 있는 두 마리의 수리를 가리키면서 말하기를, "공께서 화살 한 발로 맞출 수 있습니까, 없습니까?"라고 했다. 태조가 활을 당겨 쏘아 두 마리의 수리를 연하여 꿰뚫었다. 변방 사람들이 엎드려 절을 했다.

도조가 일찍이 행영(行營)에 있을 때, 까치 두 마리가 숙영지의 큰 나무에 앉았다. 도조가 이 새를 쏘려고 했는데, 거리가 몇 백 보나 떨어져 있었다. 부하들이 모두 맞출 수 없다고 했다. 드디어 쏘았는데, 까치 두 마리가 다 떨어졌다. 이때 큰 뱀이 나와 이것을 물고 다른 나무 위에 가져다 놓고는 먹지를 않았다. 사람들이 기이하게 생각하며 칭송했다. 두 마리의 까치에 관한 일은 제7장에 있다.

어법 풀이 31 어두 자음군

'ᄣᅦ니'의 어두음 'ᄣ'은 어두에 자음군이 있었음을 보여 주는 예인데, 중세어에는 이 단어에서와 같은 자음군이 존재하였다. 어두 자음군은 합용병서로 표기되었다. 병서 표기들을 검토해 보면, 각자병서인 , 'ㄲ, ㄸ, ㅆ, ㅃ, ㅉ, ㆅ' 등은 된소리 표기였으며, 'ㅅ'계 합용병서인 , 'ㅺ, ㅼ, ㅽ, ㅆ'도 된소리를 표기한 것으로 보고 있다. 그러니 'ㅂ'계 합용병서인, 'ㅳ, ㅄ, ㅶ, ㅷ, ㅴ, ㅵ'만 자음군이었던 셈이다.

- ᄭᆞ다(까다, 剝), ᄭᅳᇀ(끝, 頭), ᄭᆡ다(깨다, 覺), ᄭᅳ스다(끌다, 曳), ᄭᅯᇰ(꿩, 雉)
- ᄯᅡㅎ(땅, 地), ᄯᅡ다(따다, 摘), ᄯᅥᆨ(떡, 餠), ᄯᅩ(또, 亦), ᄯᆞᆯ(딸, 女)
- ᄲᅡ디다(빠지다, 沒), ᄲᅡ히다(빼다, 拔), ᄲᅧ(뼈, 骨), ᄲᅩᇰ(뽕나무, 桑), ᄲᅳᆯ(뿔, 角)
- ᄊᆞ호다(싸우다, 鬪), ᄊᆞ홀다(썰다, 剉), 쏘다(쏘다, 射), 쓰다(쓰다, 書)
- ᄠᆞ다(따다, 摘), ᄠᆞ로(따로, 特), ᄠᅳᆮ(뜯, 意), ᄣᅵ(때, 垢)
- ᄡᆞ다(싸다, 包), ᄡᆞᆯ(쌀, 米), ᄡᅮᆨ(쑥, 艾), ᄡᅳ다(쓰다, 用)

- ᄡᆞ다(짜다, 窄, 織, 鹹), ᄢᅵ다(깨다, 烈), ᄧᅡᆨ(짝, 隻), ᄧᅩᆾ다(쫓다, 逐)
- ᄩᆞ다(타다, 彈, 剖), ᄠᅥᆲ다(떫다, 澁), ᄩᅥᆯ다(털다, 拂), ᄩᅱ다(튀다, 跳)
- ᄢᆞ다(까다, 剝, 孵), ᄣᅳ다(끄다, 滅), ᄠᅳᆷ(틈, 隙), ᄢᅮᆯ(꿀, 蜜)
- ᄣᆞ리다(깨뜨리다, 破), ᄢᅴ(때, 時), 넘ᄣᅵ다(넘치다, 洋), ᄠᅳ리(뜨리, 泡)

제24장

·ᄂᆞ·ᄆᆞᆫ ·ᄠᅳᆮ 다ᄅᆞ거·늘。:님·그·믈 救·ᄒᆞ시·고。	他則意異。我救厥辟。
六合·애·도。精卒·ᄋᆞᆯ 자ᄫᆞ·시·니	于彼六合。又殲精卒
아ᇫ·ᄋᆞᆫ ·ᄠᅳᆮ 다ᄅᆞ거·늘。나·라·해 도·라·오시·고。	弟則意異。我還厥國。
雙城·에·도。逆徒·ᄅᆞᆯ 平·ᄒᆞ시·니	于彼雙城。又平逆賊

낱말 풀이

① 님그믈 : 님금+을. 님금>임금. 임금을.

② 精兵(정병) : 우수하고 강한 군사.

③ 아ᇫᄋᆞᆫ : 아ᅀᆞ+ᄋᆞᆫ. 아ᅀᆞ>아우. 아우는.

④ 逆徒(역도) : 반역하는 무리들. 반란자들.

현대어 대역

남은 뜻이 다르거늘, (송나라 태조 만은) 임금을 구하시고,
육합에서도 잘 훈련된 군사를 잡으시니라.
(환조의) 아우는 뜻이 다르거늘 (환조만이) 나라에 돌아오시고,
쌍성에서도 반역하는 무리들을 평정하시니라.

관련 사적

후주(後周)의 태조가 죽고 세종이 즉위했다. 북한(北漢)의 임금(유숭)이 듣고는 매우 기뻐하며 거란에 사신을 보내 군사를 청해 한꺼번에 후주로 침략해 들어왔다. 후주의 군대가 막아 싸웠으나, 패배해 많은 군사들이 죽거나 도망쳤다. 세종이 듣고는 스스로 군대를 이끌고 막으려 했으나, 여러 신하들이 왕이 직접 나서는

것을 반대했다. 그러나 세종은, "유숭이 내 아버지의 죽음을 요행으로 여기고, 또 내가 어려서 즉위한 것을 가볍게보아 천하를 집어삼킬 마음을 가지고서, 이번에 반드시 스스로 올 것이니 내가 가지 않을 수 없다."라고 하며 직접 적을 막으러 나섰다. 이때 숙위장(宿衛將) 벼슬을 하고 있던 조광윤(후에 송나라 태조가 됨)만은, "우리 임금이 이와 같이 위태로운데 어찌 우리가 죽지 않을 수 있겠는가?"라고 하며 몸소 병사들을 앞서 싸우러 나서 북한군을 크게 무찔렀다. 또 세종이 당나라를 공격할 때에는 육합(六合)의 전투에서 적의 정예병과 싸워 크게 승리하였다.

고려 공민왕 때에 기황후(奇皇后)의 오라비 기철(奇轍)이 몰래 쌍성의 반민(叛民)들과 내통하여 반란을 일으켰다. 환조(桓祖)가 이때 소부윤(少府尹)의 직책으로 반란군의 진압에 참여하였는데, 동북면병마사(東北面兵馬使) 유인우(柳仁雨)와 군대를 합쳐 적을 공격하여 쌍성총관부를 깨뜨렸다. 이어 화주(和州), 등주(登州), 정변(靜邊) 등의 진과 여러 성을 수복하였다. 공민왕이 환조에게 대중대부(大中大夫)의 품계를 주고 사복시(司僕寺)의 경(卿)으로 옮겨, 서울에 집을 하사하여 머물러 살게 했다. 환조의 아우 자선(子宣)은 끝내 귀순하지 않았다.

어법풀이 32 불규칙 곡용 ② '아ᅀᆞ'의 곡용

'앗ᄋᆞᆫ'은 'ᅀᆞ(아우)'에 보조사 'ᄋᆞᆫ'이 결합된 어형인데, 중세 국어의 불규칙 곡용 중의 하나였다. '아ᅀᆞ'와 같은 곡용을 하는 체언에는 '여ᅀᆞ/여ᅀᅳ(여우), 무수(菁)' 등이 있었다. 이들은 모음으로 시작하는 조사 앞에서 마지막 모음을 탈락시키고, 제2음절 초성을 제1음절 종성으로 올려 표기하였다. 예. 앐이, 앐ᄋᆡ, 앐ᄋᆞᆫ, 아ᅀᆞ爲弟, 아ᅀᆞ와 등. 그런데 이들 어형 중 '아ᅀᆞ, 여ᅀᆞ/여ᅀᅳ'는 15세기 문헌에서 '엿이/엾이, 엿ᄋᆞᆫ/엾은/여ᅀᆞᄂᆞᆫ, 앗이/앐이, 앗ᄋᆞᆯ/앐ᄋᆞᆯ' 등으로 다양하게 표기되었다.

제25장

德望·이 ·뎌러·ᄒᆞ실·씨。 ·가다·가 도·라옳 軍士ㅣ。	**德望如彼。 言旋軍士。**
·ᄌᆞ걋·긔。 黃袍 니·피ᅀᆞ·ᄫᆞ·니	**迺於厥躬。 黃袍用被**
忠誠·이 ·이러·ᄒᆞ실·씨。 죽다·가 :살언 百姓·이。	**忠誠若此。 其蘇黎庶。**
아·ᄃᆞ:닚·긔。 袞服 니·피ᅀᆞ·ᄫᆞ·니	**迺於厥嗣。 袞服以御**

낱말 풀이

① 뎌러ᄒᆞ실씨 : 뎌러ᄒᆞ+시+ㄹ씨. 뎌러ᄒᆞ다〉져러하다〉저러하다. 저러하시므로.

② ᄌᆞ걋긔 : ᄌᆞ갸+ㅅ+긔. ‘ᄌᆞ갸’는 재귀 대명사 ‘저’의 높임말이다. ‘ㅅ’은 관형격 조사이고, ‘긔’는 여격의 뜻을 나타내는 의존 명사임. 당신에게

③ 니피ᅀᆞᄫᆞ니 : 니피+ᅀᆞᆸ+ᄋᆞ니. 니피다〉입히다. 입히니.

④ 黃袍(황포) : 황금빛의 곤룡포(袞龍袍). 황제의 예복.

⑤ 살언 : 살+어+ㄴ. ‘-어-’는 주관적 믿음을 나타내는 확인법 선어말 어미로, ‘-거-’의 이형태임. 살아난.

⑥ 아ᄃᆞ닚긔 : 아ᄃᆞ님+ㅅ+긔. 아드님에게.

⑦ 袞服(곤복) : 곤룡포. 임금의 예복.

현대어 대역

덕망이 저러하시므로, 가다가 돌아오는 군사가
당신께 임금의 옷을 입혀 드리니라.
충성이 이러하시므로, 죽다가 살아난 백성이
아드님께 임금의 옷을 입혀 드리니라.

관련 사적

주나라 공제(恭帝) 때, 한(漢)나라와 요(遼)나라의 군대가 토문의 동쪽으로부터 내려왔다. 송나라 태조(조광윤)는 이때 전전도점검(殿前都點檢)으로 금병(禁兵)을 이끌고 방어하러 변경(汴京)으로 떠났다. 군대가 진교역(陳橋驛)에 머물렀을 때, 전전도지휘사(殿前都指揮使)인 석수신(石守信) 등이 모의하여 말하기를, “주

상(主上 : 공제를 말함)이 유약하니 우리가 죽을 힘을 다해 적을 깨뜨린다 해도 누가 알아주겠는가. 그러니 먼저 점검(點檢 : 조광윤을 말함)을 천자로 세운 다음에 북쪽을 정벌해도 늦지 않으리라." 그 날 밤에 군사들이 모여 점검을 천자로 세운다고 선언했다. 여명에 조광윤의 침소에 들어가 조광윤이 미처 대답하기도 전에 황포를 몸에 입혔다. 무리가 벌여 서서 절을 하고 만세를 부르며 부축을 하여 말에 태우고 변경에 돌아와 즉위식을 올렸다.

원나라 세조(世祖)가 일본을 정벌하려고 천하의 병선(兵船)을 해동에 모았다. 익조(翼祖) 또한 조정의 명으로 여기에 와서 충렬왕을 만났는데, 두세 번 만나게 되자 더욱더 공경하게 되었다. 왕이 말하기를, "그대는 본래 선비이니 어찌 근본을 잊으리오. 지금 그대의 행동을 보니 족히 마음에 지닌 바를 알겠소."라고 했다. 도조(度祖)가 뜻을 이어 내조(來朝)하니 충숙왕(忠肅王)은 하사품을 더욱 풍성하게 내려 충성을 권했다. 환조(桓祖)는 쌍성(雙城) 등의 천호(千戶)로서 내조하였다. 공민왕이 말하기를, "그대의 할아버지와 아버지는 몸은 비록 밖에 있었지만, 마음은 왕실에 있어, 나의 할아버지와 아버지께서 총애가 극진했었소. 이제 그대도 할아버지와 아버지를 욕되게 하지 않으니, 내가 장차 그대를 크게 이루게 하리라." 라고 했다.

어법 풀이 33 여격의 기능을 나타내는 말들

용비어천가 제25장에 있는 'ᄌᆞ걋긔'와 'ᄋᆞᄃᆞ닚긔', 제98장에 있는 '嫡子ㅅ긔', 제99장에 있는 '定社之聖ㅅ긔'의 '긔', 그리고 제 121장에 있는 '내그에'의 '그에'는 문맥으로 보아 여격 표지의 기능을 수행하고 있다. 그런데 이들은 통사 구조로는 관형격 조사에 이어진 체언으로 볼 수 있다. 이처럼 중세 국어에는 여격의 기능을 가진 조사가 제대로 발달되어 있지 않아, 목적격 조사가 여격 표지를 대신하기도 하였고, 기원적으로 대명사, 명사에서 온 말이나 동사에서 온 말들이 여격의 기능을 대신하기도 하였다. 그러나 이 대명사와 명사, 동사에서 온 말들은 아직도 이 말 본래의 문법적 기능도 수행하고 있었기 때문에 중세 국어 단계에서는 여격 조사가 형성되어 가는 과도기에 있었다고 할 수 있다.

(1) 을, 에

중세 국어에서는 여격 조사가 제대로 발달되어 있지 않아 목적격 조사가 여격 표지의 기능을 대행하기도 하였다. 이 목적격 조사 '을/를'이 여격 표지를 대행하는 것은 현대 국어에까지 이어지고 있다.

- 四海를 **년글**(=여느 사람에게) 주리여[용가 20장]
- 三韓올 **└믈**(=남에게) 주리여[용가 20장]
- 百步앳 여름 쏘샤 **衆賓을**(=중빈에게) 뵈여시늘(=보여주시거늘)[용가 63장]
- 序는 글 밍ᄀ론 쁘들 子細히 써 後ㅅ **사ᄅ믈** 알의 ᄒ는 거시라[석보 서:1]
- **菩薩올** 저숩고(=부처에게 절하고, 禮拜菩薩)[불정 하:17]
- 촘기름 ᄒ 딕홀 **아ᄒ롤**(=아이에게) 날마다 머기면[언해두창 상:13]
- 이 편지 **형을** 보일까요?[표준어대사전:4856]
- 이 시계는 **동생을** 주어라[표준국어대사전:4856]

그리고 때로는 '에'가 여격 표지로서의 기능을 수행하기도 하였다. 그리고 이 '에'는 후대에 여격을 표시하는 조사가 주로 '의게>에게', 또는 '씌>께'로 고정되어 쓰임에 따라, 무정명사에 여격을 표시하는 조사로 쓰이게 되었다.

- 두 **사ᄅ미**(=사람에게) 福德 어두미 ᄒ 가지니[석보 23:4]
- 뎌 王돌히 一切 **有情에**(=유정에게) 慈悲心올 내야 가도앳던 사름 노코[월석 9:54]
- 냥녀 츈월은 … 계미 호난의 **도적의**(=도적에게) 미인 배 되어[동신 열2:86]
- 민이 아비 위ᄒ야 **왜적의** 죽거늘(爲父死於倭賊)[동신 열3:14]

(2) 그에

'그에'는 '그어긔'의 변화형으로서(그어긔>그에), '그어긔'와 동일한 의미로서 대명사로서의 기능을 수행하고 있다.

- **그에**(=거기) 精舍ㅣ 업거니 어드리 가료[석보 6:22]
- **그에**(=거기) 드리텨든[월석 1:29]
- 處는 **그에**(=거기) 이실씨라[월석 10:104]
- 說法호믈 ᄒ **그에브터**(=거기부터) 아니 ᄒ시며[월석 2:58]
- 싸히 훤ᄒ고 고지 하거늘 **그에셔**(=거기서) 사니[월석 2:7]

이 '그에'는 체언 또는 관형격 조사 'ㅣ/익/의, -ㅅ'을 사이에 두고 체언과 결합되어 여격 표지로서의 기능을 수행하고 있다. 그리고 더러는 관형사형과 결합되어 여격을 표시하기도 하였다. 물론 관형격 조사 'ㅅ'을 사이에 둘 경우에는 존칭의 의미도 드러내고 있다.

- 乎는 **아모 그에**(=아무에게/무엇에) ᄒᆞ논 겨체 ᄡᅳ는 字ㅣ라[훈언 1]
- **내 그에**(=내게) 모딜언마ᄅᆞᆫ(於我雖不軌)[용가 12장]
- 太子ㅣ 화ᄅᆞᆯ ᅘᅧ시니 화리 것거디거늘 무르샤ᄃᆡ **내 그에** 마ᄌᆞᆫ 화리 잇ᄂᆞ니여[석보 3:13]
- **겨지븨 그에**(=겨집의 거기에/계집에게/) 브튼 더러ᄫᅳᆫ 이스리 업스며[월석 1:26]
- **어버ᅀᅴ 그에**(=/어버이의 거기에/어버이에게) 갈 사ᄅᆞ미 열세히러라[삼강 효4]
- 衆生ᄋᆡ 福이 **쥬의 그에셔**(=중의 거기에서/중에게서) 남과 나디 바ᄐᆡ셔 남과 ᄀᆞᄐᆞᆯᄊᆡ[석보 6:19]
- **ᄂᆞᄆᆡ 그에**(=남의 거기에/남에게) 브터 사로ᄃᆡ[석보 6:5]
- 魔ᄂᆞᆫ ᄀᆞ릴 씨니 道理 닷ᄂᆞᆫ **사ᄅᆞᄆᆡ 그에**(=사람에게) 마ᄀᆞᆯ 씨라[월석 2:14]
- 부텨 本來 至極 **寂靜ᄒᆞᆫ 그에**(=적정한 거기에/적정한 곳에) 住ᄒᆞ샤[석보 23:44]
- 여쉰차힌 說法호ᄆᆞᆯ **ᄒᆞᆫ 그에**(=한 거기에/함에) 브터 아니ᄒᆞ시며[월석 2:58]
- 龍ᄋᆡ 그엔 이쇼리라 **王ㅅ 그엔**(=왕의 거기엔/왕에겐) 가리라[월석 7:26]
- 부텨와 **즁괏 그에**(=중에게) 布施ᄒᆞ시며[월석 2:58]

위의 예들에 보이는 '그에'의 통합 관계는 다음과 같다. 즉 체언에 바로 결합되거나, 관형격 조사를 사이에 두고 체언과 결합되거나, 관형사형과 결합된다. 그리고 선행 체언이 존칭일 경우에는 관형격 조사로 'ㅅ'을 취하였다. 이러한 통사 구조로 보면 '그에' 앞의 문장 성분이 관형어이므로, '그에'는 체언임에 틀림이 없다. 체언 중에서는 그 의미로 보아 대명사로서의 기능이 약화되어 있기는 하나, 아직도 대명사로 해석할 수도 있으므로, 여격 표지로 사용된다 하더라도 대명사로 보는 것이 합리적이다.

요컨대 '그에'는 여격을 표시하는 기능만으로 사용된 예들도 있으나 아직도 대명사와, 여격 어느 쪽으로 해석해도 가능한 예들도 있다. 이는 '-ᄋᆡ/의 그에', '-ㅅ 그에'가 허사화해 가는 과도기에 있음을 말해 준다. 그런데 이

'그에'는 15세기 불경 언해 자료까지만 사용되었고, 그 후대에는 사용된 예들을 찾을 수 없다. 따라서 '그에'는 15세기 국어까지만 여격 표지로서 사용되다가 사라진 것으로 추정된다.

(3) 거긔

'거긔'도 '그어긔'의 변화형으로서(그어긔>거긔), '그어긔'와 동일한 의미로서 대명사로서의 기능을 수행하고 있다.

- **거긔**(=거기) 가 도라오디 아니ᄒᆞ면[번소 8:24]
- **거긔**(=거기) 와 ᄉᆞᆯ피거늘(那裏巡警)[번노 상:29]
- ᄒᆞ나 아닌 **거긔** 둘 아닌 고ᄃᆞᆯ 볼길씨 아로맨 샹녜 ᄒᆞ나히오[월석 8:30]

이 '거긔'도 관형격 조사 'ㅣ/ᄋᆡ/의, -ㅅ'을 사이에 두고 체언과 결합되어 여격 표지로서의 기능을 수행하고 있다. 그리고 더러는 관형사형과 결합되어 여격을 표시하기도 하였다. 물론 관형격 조사 'ㅅ'을 사이에 둘 경우에는 존칭의 의미도 드러내고 있다.

- 즘겟 남ᄀᆞᆯ 樹王이라 ᄒᆞ듯 ᄒᆞ야 **아모 거긔도** 제 무레 위두ᄒᆞᆫ 거슬 왕이라 하ᄂᆞ니라[월석 1:24]
- ᄒᆡ마다 질드룐 ᄆᆡ아지 **ᄀᆞ옛ᄆᆞᆯ 거긔** 위두ᄒᆞ도다[중간 두언 17:25]
- 迦尸王이 **네 거긔**(=너에게) 感ᄒᆞ라 ᄒᆞ고[월석 7:15]
- 모딘 져믄 **사ᄅᆞᄆᆡ 거긔**(=사람에게) 말ᄉᆞᄆᆞᆯ 브티노니(寄語惡少年)[두언 16:73]
- 일 나랏 비츨 보ᄂᆞᆫ **소ᄂᆡ 거긔**(=손에게) 光數 ᄒᆡ요라[두언 19:1]
- **大衆의 거긔**(=대중에게) ᄂᆞᆷ 위ᄒᆞ야 ᄀᆞᆯᄒᆡ내 니르며[석보 19:8]
- **阿羅漢의 거긔**(=아라한에게) 새옴 ᄆᆞᅀᆞᄆᆞᆯ 내시ᄂᆞ니[월석 9:35]
- **남지늬 거긔**(=남편의 거기에/남편에게) 머굴 것 보내더라[삼강 열:8]
- **더러본 거긔**(=더러운 거기에/더러움에) 微妙ᄒᆞᆫ 이ᄅᆞᆯ 나토오미[석보 13:33]
- 네 여러 劫에 **저프디 아니한 거긔**(=두렵지 아니한 거기에/두렵지 아니함에) 저픈 ᄆᆞᅀᆞᄆᆞᆯ 내며, **嗔心 업슨 거긔**(=진심 없는 거기에/ 진심 없음에) 嗔心ᄋᆞᆯ 내며, **모디름 업슨 거긔**(모짊 없는 거기에/모짊 없음에) 모딘 ᄆᆞᅀᆞᄆᆞᆯ 내ᄂᆞ니[월석 7:48]
- **늘거 셴 거긔**(=늙어 흰 거기에/늙어 흼에) ᄒᆞ마 빗나도다(衰白已光輝)[두언

22:9]

- **늘근 거긔**(=늙은 거기에/늙음에) 오히려 뷘 일후미 잇└니(老尙虛名)[두언 22:16]
- 紺은 ᄀ장 **프른 거긔**(=푸른 거기에/푸름에) 블근 겨치 잇는 비치라[월석 10:52]
- **如來ㅅ 거긔**(=여래께) 머리 갓가[월석 9:35]
- **부텻 거긔**(=부처님께) 化ᄒ시던 이를 드러 니ᄅ시고[월석 14:9]
- **그딋 거기**(=그대께) 블근 義를 져ᄇ료니[두언 7:28]

위의 예들에 보이는 '거긔'의 통합 관계는 다음과 같다. 즉 체언에 바로 결합되거나, 관형격 조사를 사이에 두고 체언과 결합되거나, 관형사형과 결합된다. 그리고 선행 체언이 존칭일 경우에는 관형격 조사로 'ㅅ'을 취하였다. 그리고 '거긔'의 품사는 앞서 '그에'와 같이 대명사로 보는 것이 타당하다.

위의 '거긔'가 사용된 예들을 보면 '거긔'가 여격 표지로서의 기능만을 나타내는 것들도 있으나, 아직도 대명사로서의 기능을 나타내고 있는 것으로도, 여격 표지로서 기능을 나태내고 있는 것으로도 어느 쪽으로 해석을 해도 무방한 것들도 있다. 그러므로 이 '거긔'는 허사화되어가는 과도기에 있다고 볼 수가 있다.

그런데, '거긔'는 '그에'와는 달리 16세기 자료는 물론이요, 18세기 자료에도 나타난다. 그러므로 '거긔'는 18세기까지 사용되다 소멸된 것으로 추정된다.

- 張氏 닐오ᄃᆡ ᄒ마 **孟氏의 거긔**(=맹씨에게) 期約ᄒ니[속삼강 열:2]
- 汝는 엇뎨 我를 **右后의 거긔** 聞혼 事를 念티 아닌ᄂ뇨[경석:8]
- ᄒᆡ마다 질드룐 ᄆᆡ아지 **ᄀ앳믈 거긔** 위두ᄒ도다[중간 두언 17:25]
- 이를 ᄒ디 아니ᄒ고 **문밧긔 거긔** 날로 분운ᄒ고 슈용이 날로 답지ᄒ니[천의 4:37)

(4) 게

'게'도 '그어긔'의 변화형으로서 (그어긔>그에>게), '그어긔'와 동일한 의미로서 대명사로서의 기능을 수행하고 있다.

- **게**(=거기) 가 몯 나시리라[월석 2:11]
- **게**(=거기) 니르러 간 나래 스싀로 詩를 스리로다(到日自題詩)[두언 8:60]

• 다믄 **게만**(=거기만) 됴ᄒᆞ니 … 년듸 브리디 아녀 다 뎨 가 브리ᄂᆞ니[번노 상:11]

이 '게'도 관형격 조사 'ㅣ/의/ᄋᆡ, -ㅅ'을 사이에 두고 체언과 결합되어 여격 표지로서의 기능을 수행하고 있다. 그리고 더러는 관형사형과 결합되어 여격을 표시하기도 하였다. 물론 관형격 조사 'ㅅ'을 사이에 둘 경우에는 존칭의 의미도 드러내고 있다.

• 釋女ㅣ 王園比丘尼 精舍애 가 **華色比丘尼 게** 出家ᄒᆞ야[월인 10:23]
• 이 다ᄉᆞᆺ 됴ᄒᆞᆫ **ᄆᆞᆯ 게는**(=말에게는) 내 혀요믄 예순 량이오[번노 하:16]
• 그 **각시 게**(=각시에게) 주어[삼강 열:8]
• **衆生의 게**(=중생의 거기에/중생에게) 브튼 ᄆᆞᅀᆞᆷ 업수ᄃᆡ **衆生의 게** 自然히 利益을 나토ᄫᆡ오[월석 8:28]
• 세 念ㅅ境은 부톄 세 가짓 **사ᄅᆞ미 게** ᄆᆞᅀᆞ미 세히 업스시니[원각 상2-2:148]
• 南녁 **늘그늬 게**(=늙은이에게) 섯겟노니[亂南翁][두언 8:4]
• **祖父의 게**(=조부에게) 傳ᄒᆞᆫ 거시어늘[남명 하:48]
• 긔운 업스니와 **귓거싀 게**(=귀신에게) 티이니와 브텟ᄂᆞ니라[구간 1:42]
• **네 게**(=네게) 付囑하노니[월석 21:180]
• **뉘 게**(=누구에게) 절ᄒᆞᄂᆞ다[월석 23:75]
• 다 **내 게**(=나에게) ᄀᆞᄌᆞ리라[능엄 1:9]
• 내 엇뎨 **阿羅漢ᄋᆡ 게**(=아라한에게) 새옴 ᄆᆞᅀᆞᄆᆞᆯ 내리오[월석9:35]
• ᄲᅢ리 動ᄒᆞ야 겨틧 **사ᄅᆞ미 게**(=사람에게) 미츠면[능엄 3:82]
• ᄇᆡ옛 긔우니 **므리 게**(=물에) 자펴(腹中元氣爲水所併)[구간 1:65]
• 다른 **사ᄅᆞᄆᆡ 게**(=사람에게) 너추는 도로[간벽 1]
• **사ᄅᆞᄆᆡ 게론**(=사람에게로는) 서근 내ᄅᆞᆯ ᄀᆞ리ᄫᅧ며[월석 18:39]
• 華色 **比丘尼 게**(=비구니에게) 出家ᄒᆞ야 ᄉᆞᆯᄫᅩᄃᆡ[월석 10:23]
• 더우니로 **ᄎᆞᆫ 게**(=찬 거기에/찬 것에) 섯거[능엄 3:12]
• **善ᄒᆞᆫ 게는**(=선한 것에는, 선함에는) 절ᄒᆞ시고[월석 17:74]
• **큰 게**(=큰 것에) 向ᄒᆞ야(向大)[법화 3:171]
• 세ᄒᆞᆫ 一切 女人이 畜生과 諸天과 鬼神女와 道 **아닌 게**(=것에) 니르리 부러 淫ᄒᆞ디 몯호미오[원각 상2-2:15]
• 굳디 **아니ᄒᆞᆫ 게**(=아니한 거기에/아니한 것에) 구든 ᄠᅳ들 머그샤[월석 10:9]
• 舌은 근 **업슨 게**(=업는 거기에/없음에) 드논 디 아니라(舌은 非入無端이라)[능엄 6:57]

• 神密은 닐오딕 色 **아닌 게**(=아닌 거기에/아닌 것에) 色 나토미오[원각 상 2-3:13]
• **八意燈明쎄와**(=팔의등명께와) 十六이 智勝쎄 곧ᄒᆞ시니 이시니라[如八意之於燈明과 十六之於智勝이 是也ㅣ시니라][법화 2:43]
• 내 **스승쎄**(=스승께) 四相올 더디 몯ᄒᆞ야[금강 107]
• **聖人쎄**(=성인께) 더으디 아니ᄒᆞ며[목우자 20]

위의 예들에 보이는 '게'의 통합 관계는 다음과 같다. 즉 체언에 바로 결합되거나, 관형격 조사를 사이에 두고 체언과 결합되거나, 관형사형과 결합된다. 그리고 선행 체언이 존칭일 경우에는 관형격 조사로 'ㅅ'을 취하였다. 그리고 '게'의 품사는 앞서 살펴본 '그에, 거긔'와 같이 대명사로 보는 것이 타당하다. 다만 관형격조사 'ㅅ'과 결합된 '게'는 존형격조사와 결합되어 '쎄'로만 표기되어 있어 이미 15세기부터 허사화된 것이라 볼 수도 있다.

그런데 아래에서 보다시피 이 'ㅣ/ᄋᆡ/의 게'는 17세기에 이르면 평칭은 '게/의게'라는 형태로, 존칭은 15세기에서와 같이 '쎄'로 고정되어 사용됨으로써 오늘날의 '에게'와 '께' 형태와 거의 가까운 형태가 되었다. 물론 이때 사용된 이들 형태는 이미 완전히 허사화되었다고 볼 수 있다. 그리고 이러한 용법은 18세기 이후로 내려갈수록 보편화되어 갔다.

• **사름의게**(=사람에게) 가기를 원치 아니ᄒᆞ야[여사서 3:2]
• 사름의 사름 되오미 **즘싱의게**셔(=짐승에게서) 다ᄅᆞ기는[경민 21]
• 바다 가지지 아니코 **曹操의게**(=조조에게) 써나셔[삼역 6:19]
• 쌔를 **가희게**(=개에게) 더뎌 주디 말며[내훈 1:3]
• 그 지아비 **범의게** 자핀 배 되거늘[동신 열2:48]
• **우리게는**(=우리에게는) 연고 업ᄉᆞ오니 明月이라도 ᄒᆞᆯ 양으로 ᄒᆞ쇼셔[중간 첩해 2:23]
• 명을 **하늘게** 텽죵ᄒᆞᄂᆞᆫ지라[경신 7]
• 나무도 바회도 업는 뫼헤 **믹게** 좃긴 가톨의 안과[가곡원류 143쪽]
• 반드시 **家長쎄**(=가장께) 뭇ᄌᆞ와[가례 2:2]
• 그 **어머님쎄**(=어머님께) 아로딕[보권 14]
• 五江城 祇神과 **南海龍王之神쎄** ᄉᆞᆫ곳쵸와 고혈 제[가곡원류 106쪽]

(5) 긔

그런데 '그어긔'의 변화형 중의 하나인 '긔'도 지시대명사로서의 기능을 수행함과 함께 여격 표시어로서의 기능도 수행하고 있다. '긔'는 처소 지시대명사로 사용된 예는 발견되지 않고, '그+이'의 준말로서 '그것이'라는 뜻을 지닌 대명사로 사용되고 있다.

- **긔**(=그것이) 아니 어리시니 … 그(=그것이) 아니 올ᄒᆞ시니(不其爲癡 不其爲然)[용가 39장]
- **긔**(=그것이) 아니 쁘디시리(寧不眷[용가 116장]
- 곧 **긔**(=그것이) 사ᄅᆞ미라 ᄒᆞ야시ᄂᆞᆯ(卽其人也)[내훈 2 상:43]

'긔'는 위의 '그에, 거긔, 게'와는 달리 관형격 조사 '-ㅅ'만을 사이에 두고 체언과 결합되어 여격 표지로 사용되고 있으며, 이때 존칭의 의미도 드러내고 있다.

- **아바닚 긔와 아ᄌᆞ마닚 긔와**(=아버님께와 아주머님께와)[석보 6:1]
- **世尊ㅅ 긔**(=세존께) 請ᄒᆞᅀᆞ보ᄃᆡ[월석 7:48-9]
- **부텻 긔**(=부텨께) ᄉᆞᆯ오샤ᄃᆡ[원각 2의2:2]
- **如來ㅅ 긔**(=여래께) ᄀᆞᄌᆞ오릴ᄊᆡ[等同如來][법화 5:195]
- **金像ᄭᅴ**(=금상께) 니ᄅᆞ샤ᄃᆡ 네…ᄀᆞ장 ᄒᆞ리니[석보 11:14]
- 天王ᄃᆞᆯ히 다 와 **大迦葉ᄭᅴ**(=대가섭께) 請호ᄃᆡ[석보 24:1]
- 네 … **아자바님내ᄭᅴ**(=아주버님네께) 다 安否ᄒᆞᅀᆞᆸ고[석보 6:1]
- 즁이 **趙州ᄭᅴ** 무로ᄃᆡ(僧問趙州)[몽산 11]
- **釋迦牟尼佛ᄭᅴ** ᄉᆞᆯ오샤ᄃᆡ(白釋迦牟尼佛言)[불정 상:1]

위의 예들에 보이는 '긔'는 관형격 조사 'ㅅ'을 매개로 체언과 연결되어 있으며, 표기는 'ㅅ 긔' 또는 'ᄭᅴ'로 표기하고 있다. 이 구조 속에서의 'ㅅ 긔/ᄭᅴ'는 여격을 나타내고 있다. 이 때 사용된 '긔'의 품사는 앞서 살펴본 '그에, 거긔, 게'와 같이 대명사로 보는 것이 타당하다. 다만 앞서 살펴본 '그에, 거긔, 게'와는 달리 관형사형의 수식을 받는 예가 없고, 단독으로 대명사로 사용된 예도 드무므로 'ㅅ긔/ᄭᅴ'를 두 형태소가 하나로 융합된 조사로 볼 수도 있다. 요컨대 통시적인 관점에서 보면 15세기에는 대명사가 허사화되어 가는 과도기로 보는 것이 타당할 것이다.

- **님굼ᄭᅴ** 진심ᄒᆞ야 셤기ᄉᆞ오며 **부못ᄭᅴ** 효도ᄒᆞᄉᆞ오며[번박 상:50]
- **父兄ᄭᅴ** 孝第홈ᄋᆞᆯ 닐ᄋᆞ며[소학 3:15]
- **도원슈ᄭᅴ**(=도원수께) 인ᄂᆞ니(번소 9 :26]
- **하ᄂᆞᆯᄭᅴ**(=하늘께) ᄃᆡ명 드러지라 빌며(祈天代命)[동신 효7:45]
- **삼촌ᄭᅴ** 인ᄉᆞ나 ᄒᆞ여라[인성황후 언간]
- **姑舅ᄭᅴ** 다 보내엿다가[가례 2:3]

16세기에 이르면 'ㅅ긔'라는 표기는 사라지고 'ᄭᅴ'라는 표기만 나타난다. 이는 16세기에 이르면 'ᄭᅴ'은 완전히 허사화되었음을 말해 준다. 그 후 17세기를 거쳐, 18세기 이후에도 'ᄭᅴ'라는 형태로만 나타난다. 아래에 있는 예들에 보이는 '긔'는 된소리를 표기에 잘 드러내지 않는 경향에 따라 '긔'로 표기되었을 뿐, 존칭의 여격 조사로 굳어져 사용되고 있다. 『한중만록』의 '긔'는 이 문헌의 표기 경향으로 보아 'ᄭᅴ'로 나타내고 있음에 틀림이 없고, 독립신문에 보이는 예도 마찬가지다.

- ᄒᆞᄅᆞᆫ 싀어마님ᄭᅴ 절ᄒᆞ고 믈너와 ᄀᆞᆯ오ᄃᆡ[동신 열2:26]
- 내 ᄌᆞ익를 오로지 받ᄌᆞ와 부모긔 지ᄌᆞ(止慈)를 입사오미[한중만록 4]
- ᄇᆡᆨ죠(伯祖) 참판공 겨오셔 션인긔 ᄃᆡᄒᆞ시오믈 츌상(出常)ᄒᆞ오셔[한중만록 6]
- 션인겨오셔 힝실이 남 다르오셔…아참이면 계모 부인긔 절ᄒᆞ오셔[한중만록 12]
- 關羽ㅣ 승상ᄭᅴ 뵈지 아니코[삼역 2:3]
- 父母ᄭᅴ 드리 하직ᄒᆞ고[팔세아 4]
- ᄉᆞᄉᆞ로 텬디ᄭᅴ 비러 비러 제 몸으로ᄡᅧ 구고를 ᄃᆡ신ᄒᆞ믈 원ᄒᆞ더니[경신 15]
- 군ᄉᆞ와 슌검이 샹관ᄭᅴ 실례ᄒᆞ여도[독립신문 1-1 잡보]
- 차진 ᄯᅡᄒᆞᆯ 셔반아 왕후긔 드리고[독립신문 1-40 논설]

지금까지 논의한 여격 표지로 사용되어 온 대명사 '그어긔' 변화형들의 변화 과정을 요약하면 다음과 같다.

'그어긔' 류의 변화 과정

	15세기	16세기	17세기	18세기	19세기	20세기	대우
*ᄋᆡ/의 그어긔	〉ㅣ/ ᄋᆡ/의 그에†						범칭
	〉ㅣ/ ᄋᆡ/의 게	→	게/의게	→	의게	에게	평칭
	〉ㅣ/ᄋᆡ/의 거긔	→	→	의거긔†			〃
*ㅅ 그어긔	〉 ㅅ 그에†						존칭
	〉*ㅅ 게/ᄭᅦ	ᄭᅦ	→	→	→	께	〃
	〉 ㅅ 거긔†						〃
	〉ㅅ 긔/ᄭᅴ	ᄭᅴ	→	→	ᄭᅴ†		〃

(6) 손ᄃᆡ

중세 국어에서는 '손ᄃᆡ'가 여격 표지로서의 역할을 하기도 했는데, 이 '손ᄃᆡ'는 '손+ᄃᆡ'로 분석해 낼 수 있으며, 이때, '손'은 명사 '손[手]'의 뜻을 지니고 있으며, 'ᄃᆡ'는 장소를 나타내는 의존 명사 'ᄃᆡ(←ᄃᆞ+ᄋᆡ)', 대명사 어ᄃᆡ' 등에 사용되어 있는 'ᄃᆡ'에 기원을 같이 하고 있다. 아래 예문에서 '손ᄃᆡ'는 관형격 조사 '의/ᄋᆡ'를 매개로 하여 체언과 결합하여 여격 표지로서의 기능을 한다.

- 그 사ᄅᆞᄆᆡ 손ᄃᆡ(=사람에게) 오샤[월석 8:55]
- 婆羅門이 글왈ᄒᆞ야 須達ᄋᆡ 손ᄃᆡ(=수달에게) 보내야늘[석보 6:15]
- 釋迦如來 그 ᄢᅴ 菩薩ㅅ 道理 ᄒᆞ노라 ᄒᆞ야 네 손ᄃᆡ 五百 銀 도나로 다ᄉᆞᆺ 줄깃 蓮花ᄅᆞᆯ 사아 錠光佛 ᄭᅴ 받ᄌᆞ올 쩌긔[석보 6:8]
- 學無學ᄋᆞᆫ 當時로 몯다 아라 無學 손ᄃᆡ(=무학에게) ᄇᆡ호ᄂᆞᆫ 사ᄅᆞ미라[석보 13:3]
- 싸호ᄆᆞᆯ 즐겨 이 官人이 듣고 저ᅀᆞ와 懺悔ᄒᆞ고 和尙 손ᄃᆡ(=화상에게) ᄇᆡ호ᄂᆞᆫ 사ᄅᆞ미라(此官人聞語頂禮懺悔便 於和尙邊請)[불정 13]

위의 예들에 보이는 '손ᄃᆡ'의 통합 관계는 다음과 같다. 즉 체언에 바로 결합되거나, 관형격 조사를 사이에 두고 체언과 결합되었다. 이 경우 '손ᄃᆡ'는 여격 표지로 사용되고 있다 하더라도 품사는 명사로 보는 것이 합리적이다. 그리고 여격 표지 '손ᄃᆡ'는 평칭에만 사용되었다. '손ᄃᆡ' 자체의 의미로 보더라도 존칭에 사용되기 어려웠을 것이고, 위의 예문 중 세 번째 예문을 보면, '내' 뒤에는 '손ᄃᆡ'가 사용되고, '錠光佛(정광불)' 뒤에서는 'ᄭᅴ' 가 사용된 것으로 보아, 평칭에만 사용된 것이 틀림없다. 실제로 문헌에 'ㅅ 손딗'의 예는 거의 찾아볼 수가 없다. 그리고 '손딗'는 15세기에 이미 체언과 바로 결합된 것이 있는 것으로 보아 이 시대 이미 허사화 과정에 있었다고 볼 수 있다.

이 '손딗'는 아래에서 보다시피 16세기에 이어 17세기까지 사용된 예를 볼 수 있으나, 그 후대 문헌에서 찾아 볼 수 없으므로 17세기까지 사용되다 폐기된 것으로 보인다.

- 내 漢兒人의 손딗(=중국인에게) 글 빅호니(我漢兒人上學文書)(번노 상:2]
- 글워를 수울 ᄀᆞᅀᆞᆫ 마숤 관원손딗(=관원에게) 맛뎌(文書分付管酒的書官根底)[번박 5:15)
- 그 나래 아기 나히던 어믜손딗 또 샹급ᄒᆞᄂᆞ니라[번박 상:37]
- 약졍의 손딗(=약정에게) 고ᄒᆞ야(告于約正)[여씨 2]
- 동향 사ᄅᆞᆷ의 손딗 알외라[여씨 37]
- 뉘손딗 타나관딗 양ᄌᆞ조차 ᄀᆞᄐᆞᆫ다[정본 시조대전 345쪽, 송강 시조]
- 님금이 니ᄅᆞ샤딗 너희 처엄의 예손딗 후리여셔 인하여 ᄃᆞᆫ니기ᄂᆞᆫ 네 본 ᄆᆞᄋᆞᆷ이 아니라 나오다가 예손딗 들려 들려 주글가도 너기며[宣祖 敎書]
- 내 너손딗(=너에게) 디워 ᄑᆞ라 주마(我濫賤賣與你)[노걸 하:21]
- 날 ᄉᆞ랑ᄒᆞ던 情을 뉘손딗 옴기신고[정본 시조대전 194쪽, 우암 시조]
- 네 이리 漢ㅅ 손듸 글 빅호거니[번노 상:6]

(7) ᄃᆞ려

'ᄃᆞ리다'는 다음 문장에서는 '데리다'는 뜻을 지닌 동사로서의 기능을 수행하고 있다. 이 때 대격을 지배하고 있으나, 대격 조사를 취하는 것은 수이적이었다.

- 네 사ᄅᆞᆷ ᄃᆞ리샤(=데리시고서)(遂率四人)[용가 58장]
- 天衆 ᄃᆞ리고(=데리고) 다 그 고대 가[석보 9:21]
- 太子ㅣ 童男 童女 ᄃᆞ리시고[석보 3:7]
- 妙莊嚴王이 群臣 眷屬 ᄃᆞ리며 淨德夫人이 後宮 采女 眷屬 ᄃᆞ리며 그 王ㅅ 두 아ᄃᆞ리 四萬二千 사ᄅᆞᆷ ᄃᆞ려 ᄒᆞᆫᄢᅴ 부텨 ᄭᅴ 모다 가 머리 조ᅀᆞᄫᅡ 禮數ᄒᆞᅀᆞᆸ고[석보 21:41]
- 勸ᄒᆞ야 ᄃᆞ려(=데리고서) ᅘᅧ(勸將引)[법화 6:18]
- 나ᄅᆞᆯ ᄃᆞ려(=데리고서) 耆婆天을 뵈ᅀᆞ올 제(携我謁耆婆天)[능엄 2:8]

• 宗親둘흘 ᄃᆞ려(=데려) 가시니[월곡 상:9]
• 삿기를 ᄃᆞ려(=데리고서)(挾子)[두언 10:18]
• 네 모로매 나를 ᄃᆞ려(=데리고서)[번박 상:7]

그러나 다음의 경우 'ᄃᆞ리다'의 활용형 'ᄃᆞ려'는 동사 'ᄃᆞ리-'와 같은 격 지배 구조를 하고 있으나 그 의미는 '에게'의 듯을 지닌 여격 표지로서의 기능을 한다. 물론 이 경우에 '데리다'는 동사의 원래의 의미와 유연성을 지니고 있다.

• 世宗이 날 ᄃᆞ려(=나를 데리고서/나에게) 니ᄅᆞ샤ᄃᆡ[월석 서:11]
• 毗사耶ㅣ라 호리를 ᄃᆞ려(=하는 사람을 데리고서/하는 사람에게) 닐오ᄃᆡ [석보 24:8]

다음의 경우는 체언에 바로 연결되어 여격 조사의 기능을 수행하고 있다. 이 경우 'ᄃᆞ려'는 완전히 허사화되었다고 볼 수 있다.

• 부텨 目蓮ㅣ ᄃᆞ려(=목련이에게) 니ᄅᆞ샤ᄃᆡ[석보 6:1]
• 比丘ᄃᆞ려(=비구에게) 니ᄅᆞ시니[월곡 상:66]
• 내 너ᄃᆞ려(=너에게) ᄀᆞᄅᆞ쵸마[번박 상:10]
• 이바 내 너ᄃᆞ려 ᄀᆞᄅᆞ쵸마[반박 상:10]

'ᄃᆞ려'가 여격 표지로 사용되는 경우 'ᄃᆞ려'의 의미 기능은 조사와 같으나, 통사 구조로 보아서는 동사이다. 그리고 15~16세기까지는 의미 기능이 그대로 동사인 경우도 있었다. 그러므로 이 시기에는 여격 표지로 사용된 경우도 품사는 동사인 것으로 보는 것이 타당하다. 다만 체언과 바로 결합된 'ᄃᆞ려'는 거의 허사화된 것으로 볼 수 있으므로, 'ᄃᆞ려'는 15세기에 이미 허사화 과정에 있었다고 봄이 타당하다. 그리고 16세기에 이르러서는 완전히 조사가 되었다.

16세기 후반의 자료인 『순천 김씨 묘 출토 간찰』에는 여격 표지로 'ᄃᆞ려'만 사용되고 있는데, '-ㄹ 다려'의 구조로 쓰인 예도 있으나, 대체로는 체언에 바로 'ᄃᆞ려'가 결합되어 여격을 표시하고 있다. 그리고 이 경우 'ᄃᆞ려'는 존칭과 평칭 어느 쪽에도 사용되고 있다.

- 이ᄅᆞᆯ 의논ᄒᆡ여 저옷 오고져 ᄒᆞ면 아바님 ᄃᆞ려 하 궁코 의지 업서 니디게라 아바님 ᄃᆞ려 니ᄅᆞ면 ᄃᆞ려 올 법 잇거니와 내 닐어 혼자 셜워 ᄃᆞ려 오나지라(=일을 의논케 하여 저만 오고자 하면, 아버님에게 "몹시 궁하고 의지[할 데] 없어 가고 싶습니다."[라고] 아버님에게 이르면 데려 올 법 있거니와, 내가 일러 혼자 서러워 데려 오고 싶은지라.)[간찰 42]
- 고녀ᄂᆡ 말 드ᄅᆞ면 촘디 몯ᄒᆞ게 애ᄃᆞᆯ오니 남 ᄃᆞ려도 니ᄅᆞ댜니코 내 안 ᄆᆞᅀᆞᄆᆞ로 애ᄃᆞᆯ오니(=고년의 말 들으면 참지 못지 못하게 애달프니, 남에게도 이르지 아니하고 내 안 마음으로 애달프니)[간찰 91]
- 아ᄃᆞᆯᄃᆞ리 다 녀겨 ᄆᆞᆯᄒᆞ고 우이 ᄒᆞ니 네 오라비 ᄃᆞ려도 니ᄅᆞ디 마라(=아들들이 다 [그렇게] 여겨 말하고 우스워 하니 네 오라비에게도 이르지 마라.)[간찰 114]
- 너ᄅᆞᆯ ᄃᆞ려 ᄆᆞᅀᆞᄆᆡ 마ᄅᆞᆯ ᄒᆞ다니 다시 몯ᄒᆡ여 말로다(=너에게 마음의 말을 하였는데, 다시 못하여 말겠도다.)[간찰 172]

그러나 같은 16세기 자료이면서도 안동에서 발견된 〈이응태(1556-1586) 묘 간찰〉에서는 평칭에서는 'ᄃᆞ려'가 주로 쓰이고 있으나, 존칭에서는 'ᄭᅴ'가 쓰이고 있다.

- ᄆᆡ양 자내 ᄃᆞ려 내 닐오ᄃᆡ
- ᄂᆞᆷ도 우리 ᄀᆞᄐᆞᆫ가 ᄒᆞ야 자내 ᄃᆞ려 니ᄅᆞ더니
- ᄌᆞ셰 보시고 날 ᄃᆞ려 니ᄅᆞ소
- 워니 어바님 ᄭᅴ 병슐 뉴월 초ᄒᆞᄅᆞᆫ날 지븨셔

다음에 있는 15세기-18세기까지 자료들을 보면 한결같이 'ᄃᆞ려'라는 형태로 여격 표지로 사용되고 있음을 알 수 있다.

- 或이 曾西 ᄃᆞ려 무러 ᄀᆞᆯ오ᄃᆡ 吾子ㅣ 子路 ᄃᆞ려 뉘 賢ᄒᆞ뇨[맹해 3:2]
- 말ᄉᆞᄆᆞᆯ 브터 여러 아기네 ᄃᆞ려 니ᄅᆞ노니[소학 5:26]
- 쥬인 ᄃᆞ려 니로ᄃᆡ[두창경험방]
- 부군 ᄃᆞ려 니ᄅᆞᆫ대 부군왈](태평광기]
- 漢史 ᄃᆞ려 닐러 ᄀᆞᆯ오ᄃᆡ[여사서 4:33]
- 아ᄃᆞᆯ과 문인들 ᄃᆞ려 닐오ᄃᆡ[오륜 2:18]
- 도영규 ᄃᆞ려 닐러 ᄀᆞᆯ오ᄃᆡ[오륜 2:80]

그런데 19세기에 이르면 '다려'라는 어형이 보이는데, 이는 18세기에 'ㆍ' 음의 소실로 인하여 이 형태에 이른 것이다. 그리고 20세기에 이르면 '더러'라는 형태로 바뀌어 오늘에 이르렀음을 아래에 있는 자료로써 알 수가 있다. 종성이 없는 대명사에 '더러'가 결합될 경우에는 'ㄹ' 음이 개입되는 것이 수의적임은 15세기 이래 현대 국어에까지 한결같은 현상이다.

- 일본서 조션 ᄃᆞ려 휼금을 내라 ᄒᆞ되[독닙신문 1-3 잡보]
- 미션 다려 왈 ᄂᆡ 비록 어ᄉᆞ 벼슬을 ᄒᆞ야[인봉쇼전]
- 좌우 다려 무르ᄃᆡ 엇지 져리 분향ᄒᆞ고 분쥬ᄒᆞᄂᆞ뇨[인봉쇼전]

- 그 사람 더러 부탁하얏소[조선어사전 204쪽]
- 情 몰은는 지어미야 날 다려 안존치 못하다고[백조 1-18]
- 그 ᄯᅢ 누님은 절 더러 이야기를 하여 주엇지요[백조 2-16]
- 고 약은 거시 날 더러 드르라고 하는 말이야[창조 1-40]

(8) 더브러

'ᄃᆞ려'와 함께 동사에 기원을 둔 여격 표지로 15세기에 널리 사용된 것으로 '더브러'가 있다. '더브러'도 기원적으로는 동사이었기 때문에 '더블다'라는 동사의 여러 활용형들과 함께 용언으로 사용되었다.

- 大愛道ㅣ 五百青衣 더브러시고[석보 6:6]
- 波羅내王이 한 사ᄅᆞᆷ 더블오 그 뫼해 山行 가샤[석보 11:27]
- 衛護ᄂᆞᆫ 둘어 더브러셔 護持ᄒᆞᆯ씨라[석보 9:40]
- 삿기 더븐 놀애 唱和ᄒᆞ요ᄆᆞᆫ(唱和將雛曲)[두언 8:26]
- 잢간 안ᄌᆞ라 나ᄂᆞᆫ 가마괴ᄂᆞᆫ 두ᅀᅥ 삿기ᄅᆞᆯ 더브렛고[두언 7:1]
- 太子ㅣ 아히ᄃᆞᆯ 더브러 겨샤[석보 3:10]
- 나ᄂᆞᆫ 난 後로 ᄂᆞᆷ 더브러 ᄃᆞ토ᄃᆞᆯ 아니ᄒᆞ노이다[석보 11:34]
- ᄌᆞᆸ사ᄅᆞᄆᆞᆯ 더브러 고기와 보리밀 잇ᄂᆞᆫ ᄃᆡ 나ᅀᅡ가[두언 25:40]

동사 '더블다'는 '더브러'라는 활용형으로 여격 표지로 사용되기도 하였다. 이 때 동사로서 사용된 경우와 같이 '-올' 형태의 대격 조사를 수의적으로 앞세우기도 하고 하였다. 그리고 여격 표지로 사용될 경우에는 반드시 '묻다, 니르다, 알외다, 傳ᄒᆞ다, 致謝ᄒᆞ다, 쟈랑ᄒᆞ다' 등 '말하다'라는 의미를 가진 동사를 수반하였다. 또한 여격의 의미를 나타낼 경우 선행 체언의 존비에는 제한을 받지 않았다.

- 보야ᄒᆞ로 들에사 俗 더브러 니ᄅᆞ샤[남명 서:2]
- 須達이 舍利佛 더브러 무로ᄃᆡ[석보 6:23]
- 부텨 羅刹女ᄃᆞᆯ 더브러 니ᄅᆞ샤ᄃᆡ[석보 21:31]
- 이 부텻 신통ᄒᆞ신 相ᄋᆞᆯ 이제 눌 더브러 무르시뇨[석보 13:15]
- 桃源ㅅ 나그네 더브러 말ᄉᆞᆷ ᄅᆞᆯ 傳ᄒᆞ라[두언 8:61]
- 날 더브로 ᄌᆞ조 能히 올다 묻ᄂᆞ다[두언 10:14]
- 方法을 뫼헷 겨집 더브로 알외노라[두언 22:21]
- 나를 爲ᄒᆞ야 賈公 더브러 致辭호ᄃᆡ[두언 22:48]
- 쥬산 글워를 父老 더브러 쟈랑ᄒᆞ고[두언 23:25]

그런데 이 '더브러'는 15세기에는 여격 표지로서 사용되었으나, 16세기 이후에는 여격 표지로서는 사용되지 않고 동사로서만 사용되어 현대 국어에까지 이른다.

제26장

東都·애 보·내·어시·ᄂᆞᆯ。 하·리·로 말·이ᅀᆞ·ᄫᆞᆫ·ᄃᆞᆯ。	遣彼東都。 沮以讒說。
·이 ·곧 ·뎌 ·고·대。 後ㅿ·날 다ᄅᆞ·리잇·가	於此於彼。 寧殊後日
北道·애 보·내·어시·ᄂᆞᆯ。 ·글·발·로 말·이ᅀᆞ·ᄫᆞᆫ·ᄃᆞᆯ。	遣彼北道。 尼以巧詞。
·가샴 :겨샤·매。 오·ᄂᆞᆯ 다ᄅᆞ·리잇·가	載去載留。 豈異今時

낱말 풀이

① 東都(동도) : 동쪽의 도읍, 중국 하남성의 낙양.

② 보내어시ᄂᆞᆯ : 보내+시+어…ᄂᆞᆯ. '-어…ᄂᆞᆯ'은 불연속형태임.

③ 하리로 : 하리+로. 참소로.

④ 말이ᅀᆞᄫᆞᆫᄃᆞᆯ : 말이+ᅀᆞᆸ+ᄋᆞᆫᄃᆞᆯ. 말이다〉말리다. 말린들.

⑤ 글발〉글월. 글

⑥ 고대 : 곧+애. 곧〉곳. 곳에.

⑦ 뎌〉저. 저.

⑧ 다ᄅᆞ리잇가 : 다ᄅᆞ+리+잇+가. 다르겠습니까.

⑨ 北道(북도) : 북방의 도. 고려 공민왕이 환조(이성계의 아버지)를 삭방도(朔方道)의 병마사(兵馬使)로 임명하였다.

⑩ 가샴 :가+시+옴, 가심.

⑪ 겨샤매 : 겨시+옴+에, 겨시다〉계시다. 계심에.

현대어 대역

동도에 보내시거늘, 참소로 말린들,
이 곳에 (있건) 저 곳에 (가건) 뒷날에 다르겠습니까?
북녘으로 보내시거늘, 글월로써 말린들,
가심 계심에 오늘날과 다르겠습니까?

관련 사적

당나라 고조가 진양(晉陽)에서 군대를 일으킨 것은 모두가 그 둘째 아들인 이세민(=태종)의 계책이었으므로 세민의 위덕이 날로 성해갔다. 그러므로 고조의 다른 아들들이 이를 시기하여 세민을 해하려 했다. 이를 안 고조는 세민을 낙양으로 보내 동도를 맡기고자 했다. 고조의 아들, 건성과 원길이 세민의 힘이 더욱더 세어질 것임을 두려워하여 고조에게 글을 올리게도 하고, 가까운 신하들을 보내 고조를 달래게도 하여 이를 막고야 말았다.

고려 공민왕이 환조를 삭방도 병마사(朔方道兵馬使)로 삼았다. 어사대(御史臺)에서 상소하기를, “이 환조는 본래 동북면 사람이고, 또 그곳의 천호였으니, 병마사를 삼아 진을 지키게 할 수는 없습니다.”라고 하였으나, 왕은 윤허하지 않고 화아적청(火兒赤廳)에서 잔치를 베풀어 위로했다.

용비어천가 5권(龍飛御天歌卷第五)

제27장

·큰 화·리 常例 아·니·샤◦ :얻즈·바 ᄀ·초ᅀᆞ·바◦	大弧匪常◦ 得言藏之◦
濟世才·를◦ 後人·이 ·보·ᅀᆞᄫᆞ·니	濟世之才◦ 後人相之
·큰 ·사·리 常例 아·니·샤◦ ·보시·고 더·디시·나◦	大箭匪常◦ 見焉擲之◦
命世才·를◦ 卽日·에 깃그·시·니	命世之才◦ 卽日懌之

낱말 풀이

① 아니샤 : 아니+시+아. 아니시어.

② ᄀ초ᅀᆞ바 : ᄀ초+ᅀᆞᆸ+아. ᄀ초다>감추다. 감추어서, 간직하여.

③ 濟世才(제세재) : 세상을 구제할 인재.

④ 사리 : 살+이. 화살이.

⑤ 더디시나 : 더디+시+나. 더디다>던지다. 던지시나.

⑥ 命世才(명세재) : 세상을 바로잡을 인재.

⑦ 깃그시니 : 깄+으시+니. 기뻐하시니.

현대어 대역

큰 활이 보통 사람의 경우와 다르시어서, 얻어 간직하여,
세상을 구제할 인재를 뒷사람이 뵈오니라.
큰 화살이 보통 사람의 경우와 다르시어서, 보시고 던지시나,
세상을 바로잡을 인재를 (보고) 그 날에 기뻐하시니라.

관련 사적

당나라 태종의 활과 화살은 크기가 보통 것보다 갑절이나 되었다. 한번은 당나라가 돌궐과 싸우게 되었는데, 돌궐의 용맹한 장수와 맞닥뜨려 칼이 닿을 정도가 되었다. 태종이 적장을 활로 쏘아 가슴을 맞혀 등을 꿰뚫으니 활시위 소리에 응하

여 죽었다. 드디어 이 화살이 북번(北蕃)에 전해졌는데, 돌궐이 보고는 놀라 탄복하여 신령스러운 것으로 삼았다. 후에 큰 활 하나를 얻어 긴 화살 다섯 개와 무기고에 넣어 두고 대대로 보물로 삼았다.

이 태조의 화살은 화살촉이 무겁고 대가 길어서 보통 화살과는 다르고, 활의 무게도 보통 것의 배가 되었다. 어려서 그 아버지 환조를 따라 사냥 갔을 때, 환조가 태조의 화살을 보고는 "이것은 사람이 쓸 것이 못된다."하고 던져 버렸다. 이때 고라니 일곱 마리가 잇달아 나오는 것을 태조가 잇달아 쏘아 죽이니, 환조는 크게 기뻐했다고 한다. 또 태조가 일찍이 환조를 따라 사냥을 나가, 얼어붙은 산비탈을 말을 달리며 활을 쏘았는데, 번번이 명중시켜 한번도 벗어나지 않았다. 야인들이 놀라 탄복하여 말하기를, "사인(舍人)[관직에 있는 사람의 아들]은 천하무적이다."라고 했다.

제28장

員·의 지·븨 ·가·샤。 避仇홇 소·ᄂᆡ :마·리。	適彼令舍。 避仇客辭。
兩漢故事·애。 :엇더ᄒᆞ·니잇·고	兩漢故事。 果何如其
아·바:닚 :뒤·헤 ·셔·샤。 赴京홇 소·ᄂᆡ :마·리。	立在父後。 赴京客辭。
三韓今日·에。 :엇더ᄒᆞ·니잇·고	三韓今日。 果何如其

낱말 풀이

① 지븨 : 집+의. 집에.

② 避仇(피구) : 원수를 피함.

③ 소ᄂᆡ : 손+ᄋᆡ. 손(님)의.

④ 마리 : 말[言]+이. 말이.

⑤ 兩漢(양한) : 두 한나라 즉, 전한(前漢)과 후한(後漢).

⑥ 赴京(부경) : 서울로 가는 것.

⑦ 三韓(삼한) : 세 한(韓)나라[마한, 진한, 변한], 여기서는 우리나라를 가리킴.

⑧ 엇더ᄒᆞ시니잇고 : 엇더ᄒᆞ+시+잇+니…고. 어떠하십니까.

현대어 대역

원님의 집에 가셔서, 원수를 피하는 손님의 말이
전후 두 한나라의 옛일과 어떠합니까?
아버님 뒤에 서시어서, 서울로 가는 손님의 말이
우리나라 오늘과 어떠합니까?

관련 사적

여공(呂公)이란 사람이 있어 패령(沛令)이란 사람과 서로 친했다. 원수를 피해 패령에게 가서 손이 되어 있다가 그로 인해 패 땅에서 살게 되었다. 그때 한나라 고조 유방이 패령의 손님으로 갔었는데, 여공이 고조의 관상 보고는 말하기를, "신이 젊어서 관상 보기를 좋아해서 관상을 본 사람이 많은데 당신과 같은 사람은 없었소. 원컨대 그대는 자애(自愛)하십시오. 신에게 딸이 있는데, 원컨대 그대의 첩으로 삼아 주십시오."라고 말했다. 여공의 딸이 바로 한 고조의 비인 여후(呂后)이다.

동북면 도순문사(東北面都巡問使) 이달충(李達衷)이 서울로 돌아가니 환조가 나아가 들에서 전송했다. 이 태조가 환조의 뒤에 서 있었는데, 환조가 술을 따르니 이달충이 서서 마시고, 태조가 권하면 무릎을 꿇고 마셨다. 환조가 이상하여 물었더니 이달충이 "이 아드님은 정말로 뛰어난 분이라 공이 미칠 바가 아닙니다. 공의 집안을 이 아드님이 반드시 크게 이룰 것입니다."라고 하며 그 자손을 부탁했다.

제29장

漢德·이 비·록 衰ᄒᆞ·나。 帝胄ㅣ 中興·ᄒᆞ·시릴·ᄊᆡ。	漢德雖衰。 帝胄中興。
大耳兒·ᄅᆞᆯ。 臥龍·이 :돕·ᄉᆞᄫᆞ·니	大耳之兒。 臥龍丞之
世亂·ᄋᆞᆯ 救·호·려 ·나·샤。 天姿ㅣ 奇偉·ᄒᆞ실·ᄊᆡ。	世亂將救。 天姿奇偉。
大耳相·ᄋᆞᆯ。 詔使ㅣ 일ᄏᆞᄌᆞ·ᄫᆞ·니	大耳之相。 詔使美之

낱말 풀이

① 帝胄(제주) : 황제의 후예.

② 중흥ᄒᆞ시릴ᄊᆡ : 중흥ᄒᆞ+시+리+ㄹᄊᆡ. 중흥하실 것이므로.

③ 大耳兒(대이아) : 귀가 큰 사람, 여기서는 촉나라의 유비를 가리킴.

④ 臥龍(와룡) : 촉나라의 제갈량을 가리킴.

⑤ 돕ᄉᆞᄫᆞ니 : 돕+ᄉᆞᆸ+ᄋᆞ니. '-ᄉᆞᆸ-'은 객체[여기서는 대이아(大耳兒)]를 높이는 선어말 어미, 도우니.

⑥ 世亂(세란) : 세상의 어지러움.

⑦ 天姿(천자) : 타고난 자질.

⑧ 奇偉(기위) : 뛰어나게 훌륭함.

⑨ 大耳相(대이상) : 귀가 큰 상(相). 명나라 사신이 이 태도의 귀가 큰 것을 보고 장차 큰 인물이 될 것을 예언하였다고 함.

⑩ 詔使(조사) : 조서를 받들고 가는 사신. 여기서는 중국의 사신을 가리킴.

⑪ 일콛ᄌᆞᄫᆞ니 : 일콛+ᄌᆞᆸ+ᄋᆞ니, '-ᄌᆞᆸ-'은 객체[여기서는 대이상(大耳相)]를 높이는 선어말 어미. 일컬으니.

현대어 대역

한나라의 덕이 비록 쇠퇴하나, (한나라) 황제의 후예가 다시 일어날 것이므로, 큰 귀 가진 아이를 와룡이 도와 드렸느니라.

세상 어지러움을 구하려고 나시어서, 하늘에서 주신 그 자태가 뛰어났으므로, 큰 귀 가진 상을 중국의 사신이 일컬었느니라.

관련 사적

촉(蜀)나라의 유비(劉備)도 한(漢)나라의 후예인데, 키가 7자 5촌이고, 손이 무릎에 닿으며, 자기 귀를 돌아볼 수 있었다. 큰 뜻을 가져 말이 적고, 기뻐하거나 노한 기색을 얼굴에 나타내지 않았다. 와룡은 제갈량(諸葛亮)을 가리키는데, 양양(襄陽)의 융중(隆中)에 살고 있다가 유비의 간청으로 유비를 도와 촉한을 일으켰다.

이 태조는 본디 그 성질이 몹시 엄격하고 말이 없었다. 평소에는 항상 눈을 감고 앉아 있어서 바라보면 위엄이 있었다. 그러나 사람을 대할 때는 원만하고 온화하여, 사람들이 모두 두려워하면서도 좋아하였다. 또 타고난 모습이 장대하고 풍채가 준수하며 코가 우뚝하고 용의 얼굴에다 키가 크고 곧으며 귀가 특별히 컸다. 명나라 태종의 사신으로 온 유사길(兪士吉), 왕태(汪泰), 온전(溫全), 양녕(楊

寧) 등이 태조가 베푼 연회에 참석하여 태조를 보고는, 그 신기한 풍채에 감복하고 그 아름다움에 깊이 찬미하여 말하기를, "저렇게 고귀한 귀는 고금에 들어보지 못했다."고 하였다.

제30장

:뒤헤·는 :모딘 도ᄌᆞᆨ。 알·ᄑᆡ·ᄂᆞᆫ 어·드ᄫᅳᆫ 길·헤。	後有猾賊。 前有暗程。
:업던 ·번·게·를。 하·ᄂᆞᆯ·히 ᄇᆞᆯ·기시·니	有爆之電。 天爲之明
:뒤헤·는 :모딘 즁ᄉᆡᇰ。 알·ᄑᆡ·ᄂᆞᆫ 기·픈 모·새。	後有猛獸。 前有深淵。
열·ᄫᅳᆫ 어·르·믈。 하·ᄂᆞᆯ·히 구·티시·니	有薄之氷。 天爲之堅

낱말 풀이

① 뒤헤는 : 뒤ㅎ+에+는, 뒤에는.

② 도딘 : 모딜+ㄴ. 모딜다>모질다. 모진.

③ 도ᄌᆞᆨ>도적.

④ 길헤 : 길ㅎ+에. 길에.

⑤ ᄇᆞᆯ기시니 : ᄇᆞᆯ기+시+니. 밝히시니.

⑥ 즁ᄉᆡᇰ>짐승.

⑦ 구티시니 : 구티+시+니. 구티다>굳히다. 굳히시니.

현대어 대역

뒤에는 모진 도둑, 앞에는 어두운 길에,
없던 번개를 하늘이 밝히시니라.
뒤에는 모진 짐승, 앞에는 깊은 못에,
엷은 얼음을 하늘이 굳히시니라.

관련 사적

후당(後唐) 태조가 변주(汴州)에 이르렀을 때, 선무절도사(宣武節度使) 주전충

(朱全忠)이 굳이 성에 들어오기를 청하며 술자리를 베풀었다. 땅거미가 질 무렵에 술자리는 파했다. 따라온 부하들이 모두 취했다. 주전충이 수레를 연결하여 길을 막고 군대를 내어 공격하니, 외치는 소리가 땅을 뒤흔들었으나 태조는 취하여 듣지 못했다. 모시는 사람이 촛불을 끄고 태조를 부축하여 마루 밑으로 숨기고 얼굴에 물을 부어 사태를 알렸다. 태조가 비로소 눈을 뜨고 활을 이끌면서 일어났다. 얼마 되지 않아서 불이 사방에서 일어났다. 이때 마침 큰비가 오고 번개가 진동하여 천지가 어두웠다. 태조는 좌우 몇 명을 데리고 담을 넘어 포위를 뚫고 번개 불빛을 타고 나아가 밧줄을 타고 성을 빠져 나왔다.

이 태조가 젊었을 때 들판에서 사냥을 했다. 이때 큰 표범이 갈대 속에 숨어 있다가 갑자기 튀어나와 태조에게 달려들었다. 사태가 매우 급박하여 태조는 말굴레를 돌릴 여가도 없이 채찍을 쳐서 피하려고 했다. 공교롭게도 그때 깊은 연못이 막 얼기 시작했으나 아직 굳지 않아 사람이 건널 수는 없었다. 그러나 말이 얼음을 밟으며 달리자 발자국마다 뚫어져 물이 솟구쳤으나 끝내 빠지지는 않았다.

제31장

:전 ᄆᆞ·리 ·현 버·늘 딘·ᄃᆞᆯ。 三十年天子ㅣ·어시·니。 爰有蹇馬。 雖則蹶蹶。
:모딘 ·ᄢᅬ·ᄅᆞᆯ。 일·우·리잇·가 三十年皇。 悍謀何濟
石壁·이 ᄒᆞᆫ ·잣 ᄉᆞ·ᅀᅵᆫ·ᄃᆞᆯ。 數萬里△ :니미·어시·니。 爰有石壁。 間不容尺。
百仞虛空·애。 ᄂᆞ·리시·리잇·가 數萬里主。 縣崖某跌

낱말 풀이

① 전 : 절+ㄴ. (다리를) 저는.

② 현 : 몇.

③ 딘ᄃᆞᆯ : 디+ㄴᄃᆞᆯ. 넘어진들.

④ (천자)天子ㅣ어시니 : 천자+ㅣ+시+어(거)…니. 천자이시니.

⑤ 잣 : 자+ㅅ. 'ㅅ'은 관형격 조사. 자[尺]의.

⑥ ᄉᆞᅀᅵᆫᄃᆞᆯ : ᄉᆞᅀᅵ+ㄴᄃᆞᆯ. ᄉᆞᅀᅵ>사이. 사인들.

⑦ 니미어시니 : 님+이+시+어(거)…니. 님이시니, 임금이시니.

⑧ 百仞虛空(백인허공) : 백 길(한 길은 8자임)되는 허공(절벽).

⑨ ᄂᆞ리시리잇가 : ᄂᆞ리+시+리+잇+가. ᄂᆞ리다>내리다. 내려지시겠습니까.

현대어 대역

저는 말이 몇 번을 넘어진들 삼십 년의 천자이시니,
(형제들이) 모진 꾀를 이루겠습니까?
돌 절벽이 한 자 사이인들 수만 리 강토의 임금이시니,
백 길이나 되는 허공에서 내려지시겠습니까?

관련 사적

당나라 태종이 왕자로 있을 때, 명성이 높아지니 그 형 건성과 아우 원길이 시기하여 기회만 되면 태종을 죽이려 했다. 한번은 고조가 성 남쪽에 사냥을 하러갔다. 그때 아들 건성, 태종, 원길이 모두 따라갔다. 고조는 세 아들에게 말달리기와 활쏘기를 겨뤄보도록 했다. 건성에게는 잘 넘어지는 살찐 호마(胡馬)가 있었는데, 이 말을 태종에게 주며, "이 말이 매우 날래서 몇 장(丈) 정도의 도랑은 능히 뛰어넘는다. 아우는 말을 잘 타니 한 번 타 봐라."고 말했다. 태종이 이 말을 타고 사슴을 쫓는데, 말이 넘어지니 몇 발자국 밖으로 뛰어서 섰다. 말이 일어나자 다시 탔는데, 이러기를 세 차례나 했다. 태종이 사람들을 돌아보며, "저들이(형 건성과 아우 원길을 말함) 이렇게 나를 죽이려 하나 죽고 사는 것은 명이 있는 것이니 어찌 다치겠는가?"라고 했다. 다리를 저는 말에 관한 이야기는 제26장에 있다.

이 태조가 젊어서 어느 산기슭에서 사냥을 했다. 멧돼지를 쫓다가 오늬를 시위에 대고 활을 쏘려고 하는데, 갑자기 1백 길이나 되는 절벽이 나타나니 그 사이가 한 자도 되지 않았다. 태조는 말 뒤로 몸을 빼어 간신히 면하여 섰으나 멧돼지와 말은 함께 떨어졌다. 또 장단(長湍)에서 사냥을 한 적이 있었다. 오명적마(五明赤馬)를 타고 높은 고개를 넘어 가는데, 고개 아래는 절벽이었다. 이때 노루 한 마리가 왼쪽에서 아래쪽으로 달렸다. 태조는 곧바로 내리달리며 채찍질을 그치지 않았다. 따르던 사람들이 모두 놀라 얼굴빛이 변하였다. 태조가 앞의 노루를 쏘아 정통으로 맞혀 죽이고는 급히 말을 돌려 세웠다. 절벽까지는 몇 발자국밖에 되지

않았다. 사람들이 모두 놀라 탄복하니 태조가 웃으며 좌우의 사람들에게, "내가 아니라면 멈추지 못했을 것이다."라고 말했다.

제32장

天爲建國·ᄒᆞ·샤。 天命·을 ᄂᆞ·리·오시·니。 天爲建國。 天命斯集。
亭上牌額·ᄋᆞᆯ。 :세 ·사·ᄅᆞᆯ 마·치시·니 亭上牌額。 三中不錯
天爲拯民·ᄒᆞ·샤。 天才·ᄅᆞᆯ ᄂᆞ·리·오시·니。 天爲拯民。 天才是出。
藪中 담·뵈·ᄅᆞᆯ。 ·스·믈 ·살 마·치시·니 藪中蜜狗。 卄發盡獲

낱말 풀이

① 天爲建國(천위건국) : 하늘이 나라를 세움.

② ᄂᆞ리오시니 : ᄂᆞ리오+시+니. 'ᄂᆞ리오다'는 'ᄂᆞ리다'의 사동사. 내리시니.

③ 亭上牌額(정상패액) : 정자 위의 현판.

④ 天爲拯民(천위증민) : 하늘이 백성을 구원함.

⑤ 藪中(수중) : 숲속.

⑥ 담뵈>담비.

현대어 대역

하늘이 나라를 세우기 위하여 하늘의 명령을 (고종에게) 내리시니,
정자 위의 패액에 세 화살을 맞히시니라.
하늘이 백성을 위하시어 하늘의 재주를 (이 태조에게) 내리시니,
숲 속의 담비에게 화살 스물을 맞히시니라.

관련 사적

송나라 흠종(欽宗) 때, 금나라가 침입하여, 휘종(徽宗)과 흠종 두 황제와 후비 등 3천여 명을 북으로 잡아갔다. 이때 흠종의 아들 고종(당시는 왕자로 있었음)이 상주(相州)에 이르러 근왕병을 모은다는 방을 내어 걸었다. 사람들이 기뻐 이에

응했다. 고종이 군포(郡圃)의 비선정(飛仙亭)에 올라가 그 현판을 보고는 활과 화살을 가지고 빌어 말하기를, "만약 현판의 글자를 차례로 명중시킨다면 반드시 서울의 소식을 들을 수 있을 것이다."라고 했다. 과연 세 발을 쏘아 모두 명중시키니 좌우가 얼굴빛이 변하여 서로 축하했다. 이로써 민심이 크게 움직였다.

이 태조가 일찍이 더운 여름날 시내에서 목욕을 마치고 냇가에 앉아 있었다. 가까이에 있는 큰 늪에서 밀구(蜜狗) 한 마리가 달려나왔다. 태조가 급히 박두(樸頭)를 가져다 쏘아 맞춰 넘어뜨렸다. 또 한 마리의 밀구가 뛰어나오니 쇠촉이 달린 화살로 쏘았다. 이에 계속해서 나오는데, 20발에 모두 죽고 도망간 것이 없었다. 그 활 솜씨의 신묘하기가 이와 같았다.

제33장

行宮·에 도ᄌᆞ·기 둘·어。 :님·그·미 :울·어시·ᄂᆞᆯ。	賊圍行宮。 天子泣涕。
赴援設疑·ᄒᆞ·샤。 도ᄌᆞ·기 도·라가·니	赴援設疑。 寇虜解退
京都·애 도ᄌᆞ·기 ·드·러。 :님·그·미 避·커시·ᄂᆞᆯ。	賊入京都。 君王出避。
先登獻捷·ᄒᆞ·샤。 :님·금 도·라·오시·니	先登獻捷。 車駕旋至

낱말 풀이

① 行宮(행궁) : 임금이 여행 중에 머무는 임시 궁궐.

② 둘어 : 두르+어. 둘러(싸).

③ 울어시ᄂᆞᆯ : 울+시+어(거)…ᄂᆞᆯ. '-거…ᄂᆞᆯ'은 불연속 형태임. 우시거늘.

④ 赴援(부원) : 구원하러 감.

⑤ 設疑(설의) : 의심스런 일을 만듦.

⑥ 피커시ᄂᆞᆯ : 피ᄒᆞ+시+거…ᄂᆞᆯ. 피하시거늘.

⑦ 先登(선등) : 앞장서서 (성에) 오름.

⑧ 獻捷(헌첩) : 승리했다는 보고를 올림.

현대어 대역

행궁에 도둑이 둘러싸 임금이 우시거늘,

구원하러 가서 군사를 과장하여 (적을 속이시어) 도둑이 돌아가니라.
경도에 도둑이 들어서 임금이 피하시거늘,
(이 태조는) 먼저 달려가 적을 물리치시어서 임금이 돌아오시니라.

관련 사적

수나라 양제가 순행하는 도중에 돌궐의 습격을 받아 안문(雁門)에 들어갔는데, 그 부근 성들이 대부분 항복하고 안문마저 돌궐이 에워싸서 화살이 임금 가까이까지 날아왔으므로 양제는 그 아들을 안고 울었다. 그때 이세민(=당나라 태종)이 16세의 어린 나이였음에도 불구하고 구원병에 응모하여 둔위장군(屯衛將軍) 운정흥(雲定興) 예하에 있었는데, 운정흥에게 군대의 힘을 과장하여 적을 속이도록 계책을 올려 그대로 시행되니, 과연 적은 포위를 풀고 물러났다.

고려 공민왕 때에 홍건적 20만 명이 압록강을 건너 삭주로 침범해 들어왔다. 적을 막지 못해 개경이 함락되니 임진강 이북이 도둑들에게 점령당하고 말았다. 왕이 이천현으로 피난간 뒤, 정세운을 총병관으로 삼아 적을 무찌르게 했다. 정세운이 진군을 독려하니 여러 장수가 나아가 개경을 포위했다. 이 태조가 휘하의 병사 2천 명으로 먼저 성에 올라가 적을 크게 깨뜨리니 위엄이 더욱 빛났다. 적의 우두머리 사유, 관선생 등의 목을 베니 적의 무리는 서로 짓밟아 시체가 성안에 가득하였다. 여러 장수들이 궁색한 적을 끝까지 쫓을 필요가 없다고 하여 숭인문과 탄현(炭峴: 숫고개)문 두 문을 열었다. 파두번 등 나머지 적 10여 만이 압록강을 건너 도망쳐 돌아가 드디어 적을 평정했다.

제34장

·믈 깊·고 ·ᄇᆡ :업·건마·ᄅᆞᆫ。 하·ᄂᆞᆯ·히 命·ᄒᆞ실·ᄊᆡ。	江之深矣。 雖無舟矣。
ᄆᆞᆯ ·톤 자·히。 :건·너시·니이·다	天之命矣。 乘馬截流
城 높·고 ᄃᆞ리 :업·건마·ᄅᆞᆫ。 하·ᄂᆞᆯ·히 :도·ᄫᆞ실·ᄊᆡ。	城之高矣。 雖無梯矣。
ᄆᆞᆯ ·톤 자·히。 ᄂᆞ·리시·니이·다	天之佑矣。 躍馬下馳

낱말 풀이

① 업건ᄆᆞᄅᆞᆫ : 없+건마ᄅᆞᆫ. 없건마는.

② 톤 : ᄐᆞ+오+ㄴ, '자히'가 수식을 받는 명사이면서 의미상의 목적어가 될 수 있기 때문에 선어말 어미 '-오-'가 들어갔음. 탄.

③ 자히>채, '자히'는 의존명사임.

④ 건너시니이다 : 건너+시+니+이+다. 건너신 것입니다.

⑤ 도ᄫᆞ실ᄊᆡ : 돕+ᄋᆞ시+ㄹᄊᆡ. 도우시므로.

⑥ ᄂᆞ리시니이다 : ᄂᆞ리+시+니+이+다. 내리신 것입니다.

현대어 대역

(강)물은 깊고 배 없건마는,
하늘이 명하시므로, 말 탄 채로 건너신 것입니다.
성은 높고 사닥다리 없건마는,
하늘이 도우시므로, 말 탄 채로 (성을) 내리신 것입니다.

관련 사적

금나라 태조가 요나라 황룡부(黃龍府)를 공격하려고 혼동강(混同江)에 이르렀는데 건널 배가 없었다. 태조가 한 사람으로 하여금 길을 인도하게 하고는 붉은 말을 타고 가로질러 건너면서 말하기를, "내 채찍이 가리키는 곳으로 가라."고 했다. 군사가 따라가니 물이 말의 배에 닿았다. 물을 다 건넌 다음 뱃사람을 시켜 건넌 곳의 물의 깊이를 재게 했더니, 강물이 아주 깊어서 밑에 닿지 않았다. 드디어 황용부를 함락시켰다.

고려 공민왕 때 홍건적이 압록강을 건너 삭주로 침범해 왔을 때였다. 홍건적에게 빼앗긴 개경을 탈환하기 위해 개경 성을 공격하던 날, 적이 비록 궁색하게 쫓기었으나 오히려 보루를 쌓고 굳게 지키고 있었다. 저녁 무렵 모든 군대가 나아가 에워싸고 조였다. 이 태조는 길가의 한 집에 머물렀는데, 한밤중에 적이 포위된 데로부터 도망쳤다. 태조가 말을 달려 동문에 이르니 적과 아군이 문에서 싸우는데 서로 뒤섞여 빠져나갈 수가 없었다. 뒤에서 적이 창으로 태조의 오른쪽 귀

뒤를 찔러 사태가 매우 급박하였다. 태조가 드디어 칼을 뽑아 앞에 있는 7-8명을 베고 말을 타고 성을 뛰어넘었는데, 말이 넘어지지 않으니 사람들이 모두 신기하게 여겼다. 왕이 개경으로 돌아오자 모든 신하들이 축하하였다. 성이 높은 것에 관한 일은 제33장에 있다.

어법 풀이 34 선어말 어미 '-오-' (인칭법과 대상법)

'톤'은 'ᄐᆞ+오+ㄴ'으로 분석되는데, 여기서 '-오-'는 중세어의 특이한 선어말 어미이다. 선어말 어미 '-오-/-우-'는 선어말 어미 '-더-', '-거', '시'와 결합되면, '-다-', '-과-/-가-', '-샤-'로 변동하였다. 이 '-오-'는 두 가지 문법적 기능이 있었던 것으로 보고 있다. 종결형과 연결형에 결합되는 '-오-'는 일반적으로 주어가 일인칭 대명사 '나, 우리' 등의 화자일 때 나타나, 주어가 화자 자신임을 표시하는 기능을 한다.

- -오- : 내 이ᄅᆞᆯ 爲ᄒᆞ야 어엿비 너겨 새로 스믈 여듧 字ᄅᆞᆯ **ᄆᆡᇰᄀᆞ노(ᄂᆞ+오)니**[훈언 3장]
  우리ᄃᆞᆯ히 毒藥ᄋᆞᆯ **머구니** 願ᄒᆞᆫᄃᆞᆫ 救療ᄒᆞ샤[월인 17:17]
- -다- : 내 **롱담ᄒᆞ다**(더+오)**라**[석보 6:24]
- -과- : 내 이제 훤히 **즐겁과**(거+오)**라**[법화 2:137]
- -가- : 나ᄂᆞᆫ 내 어미 나혼 ᄀᆞ외ᄅᆞᆯ **뒷가니(←두(+어) 잇+거+오+니)** 이 ᄒᆞ야 므슴ᄒᆞ료[남명 상:31]

그리고 관형사형과 결합하는 '-오-'는 피수식어가 의미상의 목적어임을 표시하는 기능, 즉 대상법의 기능을 하였다.

- -온 : 내 이제 **得호**(ᄒᆞ+오+ㄴ) 道理로 三乘ᄋᆞᆯ 닐어사 ᄒᆞ리로다[석보 13:58]
- -옳 : 어린 百姓이 니르고져 **홇**(ᄒᆞ+오+ㄹㆆ) 배 이셔도[훈언]
- -단 : 내 모로매 내이 … **付囑ᄒᆞ단**(더+오+ㄴ) 이ᄅᆞᆯ ᄉᆡᇰ각ᄒᆞ야[석보 11:8]
- -간 : 너희ᄃᆞᆯ히 能히 이리ᄒᆞ면 ᄒᆞ마 諸佛恩ᄋᆞᆯ **갑간**(거+오+ㄴ) 디니라[월석 18:18]
- -샨 : 이 月印釋譜ᄂᆞᆫ 先考 **지ᅀᆞ샨**(시+오+ㄴ) 거시니[월석 서:16]

제35장

:셔ᄫᆞᆳ ᄀᆡ·벼·를 :알·씨。 ᄒᆞᄫᆞ·ᅀᅡ 나·ᅀᅡ·가·샤。 詗此京耗。輕騎獨詣。
:모딘 도ᄌᆞ·ᄀᆞᆯ。 믈리시·니이·다 維彼勅敵。遂能退之
·ᄉᆞᄀᆞᄫᆞᆳ 軍馬·ᄅᆞᆯ 이·길·씨。 ᄒᆞᄫᆞ·ᅀᅡ 믈·리조·치·샤。 克彼鄕兵。挺身陽北。
:모딘 도ᄌᆞ·ᄀᆞᆯ。 자ᄇᆞ·시·니이·다 維此兇賊。遂能獲之

낱말 풀이

① 셔ᄫᆞᆳ : 셔ᄫᆞᆯ+ㅅ. 서울의.

② ᄉᆞᄀᆞᄫᆞᆳ : ᄉᆞᄀᆞᄫᆞᆯ+ㅅ. ᄉᆞᄀᆞᄫᆞᆯ>ᄉᆞᄀᆞ올>ᄉᆞ골>시골, 시골의.

③ ᄒᆞᄫᆞᅀᅡ : 혼자.

④ 나ᅀᅡ가샤 : 나ᅀᅡ가+시+아. 나ᅀᅡ가다>나아가다. 나아가시어.

⑤ 믈리조치샤 : 믈리조치+시+아. 물러나 쫓기시어.

⑥ 모딘 : 모딜+ㄴ. 모딜다>모질다. 모진.

현대어 대역

(돌궐이) 서울의 기별을 알고 (침입하므로) 혼자 나아가시어서,
모진 도둑을 물리치신 것입니다.
시골 군마를 이기므로 혼자 쫓겨 물러나시어,
모진 도둑을 잡으신 것입니다.

관련 사적

당나라 태종이 그 형제를 죽이고 즉위하니, 돌궐이 당나라 서울이 내란으로 약해진 줄 알고 쳐들어 왔으나, 태종은 군용을 정비하여 혼자 말을 타고 나아가서 위세를 보이니, 돌궐이 화해할 것을 청해 왔다.

고려 공민왕 때에 원나라 승상 나하추(納哈出)가 조소생(趙小生)의 권유를 듣고는 삼산(參散)과 홀면(忽面 : 훌면)에 쳐들어왔을 때였다. 여러 번 싸움 중에, 한번은 나하추와 함흥평에서 만났는데, 이 태조가 홀로 용기를 북돋아 적에게 돌진하는 시험을 하였다. 적의 용맹한 장수 세 명이 함께 말을 달려 곧바로 나왔다. 태조가 거짓으로 패하여 달아나면서 말고삐를 당기고 말을 채찍질하여 말을 재촉

하는 것처럼 하자, 세 장수가 다투어 추격해 다가왔다. 태조가 갑자기 말을 빼어 오른쪽으로 가니, 적의 세 장수가 말을 멈추지 못하고 앞으로 나아갔다. 태조가 뒤에서 활을 쏘니 활시위에 응하여 모두 쓰러졌다. 자리를 옮겨 다니며 적과 싸우다가 요충지로 끌어들여 좌우의 복병을 모두 내어 함께 공격하여 크게 깨뜨렸다. 나하추가 대적할 수 없음을 알고는 흩어진 병졸을 수습하여 달아났다.

어법 풀이 35 ‘ᄒᆞᄫᆞᅀᅡ’의 변천 과정

‘ᄒᆞᄫᆞᅀᅡ’가 변하여 지금 남아 쓰이는 어형은 표준어인 ‘혼자’와 방언인 ‘호분자’뿐이다. 문헌에 기록되어 있는 어형들을 고려하여 이 어형의 변천 과정을 추정해 보면 다음과 같다. (*는 재구형 표시이며, †는 폐어 표시이다.) ‘ㅿ>ㅈ’의 변화가 있을 수 없으므로 기원적으로 ‘ㅅ’에서 ‘ㅅ>ㅿ, ㅅ>ㅈ’으로의 변화를 각각 상정하지 않을 수 없다.

*ᄒᆞᄇᆞ사>ᄒᆞᄫᆞᅀᅡ >*ᄒᆞ오ᅀᅡ >*ᄒᆞ오아 >ᄒᆞ오와†
>*ᄒᆞ오야 >호오야†
>*호ᅀᅡ†
>*ᄒᆞ온ᅀᅡ†
*ᄒᆞᄇᆞ자>*ᄒᆞᄫᆞ자>*ᄒᆞ오자 >*ᄒᆞ오자 >호자†
>*ᄒᆞ온자 >*호온자 >혼자
*ᄒᆞᄇᆞ자>*ᄒᆞᄇᆞ자>*ᄒᆞ분자 >호분자

第36장

兄·이 ·디·여 :뵈·니。 衆賊·이 좇거·늘。
·재 ᄂᆞ·려 ·티·샤。 :두 ·갈·히 것·그·니
ᄆᆞ·ᄅᆞᆯ ·채 ·텨 :뵈시·니。 三賊·이 좇:ᄌᆞᆸ거·늘。
·길 버·서 ·쏘·샤。 :세 ·사·래 :다 디·니

兄墮而示。 衆賊薄之。
下阪而擊。 兩刀皆缺
策馬以示。 三賊逐之。
避道而射。 三箭皆踣

낱말 풀이

① 디여 : 디+여. 디다>지다. 떨어져.

② 衆賊(중적) : 여러 도둑.

③ ᄂᆞ려 : ᄂᆞ리+어. ᄂᆞ리다>내리다. 내려가서.

④ 티샤 : 티+시+아. 티다>치다. 쳐서.

⑤ 갈ㅎ>칼.

⑥ 것그니 : 겄+으니. 겄다>꺾다. 꺾어지니.

⑦ 좇ᄌᆞᆸ거늘 : 좇+ᄌᆞᆸ+거늘. 좇거늘, 따르거늘.

현대어 대역

형이 떨어져 보이니 여러 도둑이 쫓거늘,

재를 내려가 (적을) 치시어서 두 칼이 다 꺾어지니라.

말에 채찍을 쳐 보이시니 세 도둑이 쫓거늘,

길을 비켜나서 쏘시어 세 살에 (도둑이) 다 넘어지니라.

관련 사적

당나라 고조 이연이 그 아들 건성, 세민과 같이 수나라 공제를 치러 곽읍성(霍邑城)으로 쳐들어갔다. 고조는 건성과 함께 성 동쪽에 진을 치고, 세민(=태종)은 성 남쪽에 친을 쳤다. 수나라 장수 송노생이 동쪽 진을 공격해 와 싸우던 중, 건성이 말에서 떨어지니 송노생이 틈을 타고 공격하니 고조의 군대가 후퇴하였다. 태종과 군두(軍頭) 단지현이 남쪽 들판에서 군사를 이끌고 달려내려와 송노생의 진을 뚫고 그 뒤편으로 나아갔다. 태종이 손수 수십 명을 죽이니 칼 두 자루가 다 날이 빠지고 흐르는 피가 소매에 가득하였다. 이로써 송노생의 군대가 크게 패하였다.

이 태조가 말을 채찍질해 보인 일은 제35장에 있다.

어법 풀이 36 능격 동사

'것그니'의 기본 형태인 '겄다'라는 동사는 일반적으로 타동사로 쓰인다. 그러나 위의 문장에서는 자동사가 되어 피동문을 형성하고 있다. 이처럼 중세 국어에는 뚜렷한 형태의 변화 없이 자동사와 타동사로 두루 쓰이는 동사가 많다. 이런 동사를 능격 동사라고 부른다.

- 能히 樹下魔軍을 **것그시며**(=꺾으시며)[원각 서:43]
- 모로매 ᄒᆞ나히 **것ᄂᆞ니**(=꺾이나니)[내훈 3:40]

이런 동사에는 '긏다(=그치다), 박다(=박다, 박히다), 비취다(=비추다, 비치다), ᄀᆞᆯ다(=갈다, 갈리다), 닫다(=닫다, 닫히다), 버히다(=베다, 베이다), 흩다(=흩다, 흩어지다) 등이 있었다.

- ᄉᆡ미 기픈 므른 ᄀᆞᄆᆞ래 아니 **그츨씨**(=그치므로)[용가 2장]
- 뫼해 살이 **박거늘**(=박히거늘)[월곡 기41]
- 東寧을 ᄒᆞ마 아ᅀᆞ샤 구루미 **비취여늘**(=비치거늘) 日官ᄋᆞᆯ 從ᄒᆞ시니[용가 42장]
- 날와 밤과애 서르 **ᄀᆞᆯ어늘**(=갈리거늘)[능엄 10:82]
- ᄆᆞᅀᆞᆷ과 肝괘 **버혀**(=베이어) 갈아날 씨라[능엄 8:105]
- 天上애 구름 **흐터사**(=흩어져서) ᄃᆞᆯ 나ᄐᆞᆺ ᄒᆞ며[원각 상1의1:56]

제37장

:셔ᄫᅳᆯ 賊臣·이 잇·고ᄋᆞ ᄒᆞᆫ :부·니 天命·이실·씨ᄋᆞ	**朝有賊臣ᄋᆞ 一人有命ᄋᆞ**
·ᄲᅥ딘 ᄆᆞ·ᄅᆞᆯᄋᆞ 하·ᄂᆞᆯ·히 :내시·니	**墮溺之馬ᄋᆞ 天使之迸**
나·라·해 忠臣·이 :업·고ᄋᆞ ᄒᆞᄫᅡ·ᅀᅡ 至誠·이실·씨ᄋᆞ	**國無忠臣ᄋᆞ 獨我至誠ᄋᆞ**
여·린 ᄒᆞᆰ·ᄀᆞᆯᄋᆞ 하·ᄂᆞᆯ·히 구·티시·니	**泥淖之地ᄋᆞ 天爲之凝**

낱말 풀이

① 賊臣(적신) : 도둑이 된 신하.

② 꺼딘 : 꺼디+ㄴ. 꺼진.

③ ᄒᆞᆯᄀᆞᆯ : ᄒᆞᆰ+ᄋᆞᆯ. ᄒᆞᆰ>흙. 흙을.

④ 구티시니 : 구티+시+니. 굳히시니.

현대어 대역

서울에 적신이 있고, 한 분이 천명이시므로,

꺼진 말을 하늘이 나오게 하시니라.

나라에 충신이 없고, 혼자 지성이시므로,

여린 흙을 하늘이 굳히시니라.

관련 사적

촉(蜀)나라의 유비(劉備)가 번성(樊城)에 머물고 있을 때였다. 형주목(荊主牧) 유표(劉表)가 연회를 열어 유비를 초대하고서는 유비를 죽이고자 했다. 유비가 이를 알고 몰래 빠져나와 자기의 말인 적로(的盧)를 타고 달아났다. 말이 달리다 양양성(襄陽城) 서쪽에 있는 단계수(檀溪水)에 떨어져 빠져 나올 수가 없었다. 유비가 급히 말하기를, "적로야, 오늘 어렵게 되었지만 힘을 써 보아라."라고 하니, 이에 적로가 3장(丈)을 솟구쳐 드디어 강을 건너갔다.

원나라 기후(奇后, 고려 사람으로 원나라의 황후가 됨)의 오빠 기철(奇轍)이 기후의 세력을 믿고 세도가 대단했으므로 공민왕은 그를 죽였다. 기후는 이 일로 원한을 품고 고려를 치게 되었다. 고려에서는 최영 장군으로 하여금 막게 했는데, 그때 이 태조도 종군하였다. 한번은 말이 진흙에 빠져 매우 위태로웠으나 말이 힘을 다하여 뛰어나오니, 여러 사람들이 모두 놀라고 기이하게 생각했다. 또 우왕 때, 왜구가 서해도 여러 고을을 침입한 적이 있었다. 이 싸움에도 태조가 참여했었는데, 한번은 한 장(丈) 남짓 되는 진흙탕을 만났다. 태조의 말이 한 번에 뛰어넘었지만 따르던 사람은 모두 건너지 못했다.

제38장

四征無敵·ᄒᆞ·샤。 ·오샤·ᅀᅡ 사ᄅᆞ·시릴·ᄊᆡ。	四征無敵。 來則活己。
東·ᄋᆡ ·니·거시·든。 西夷 ·ᄇᆞ·라ᅀᆞ·ᄫᆞ·니	我東曰徂。 西夷苦徯
用兵如神·ᄒᆞ·샤。 ·가샤·ᅀᅡ 이·기시·릴·ᄊᆡ。	用兵如神。 往則莫抗。
西·예 ·오·나시·든。 東鄙 ·ᄇᆞ·라ᅀᆞ·ᄫᆞ·니	我西曰來。 東鄙竚望

낱말 풀이

① 四征無敵(사정무적) : 사방을 정벌하여 대적할 적이 없음.

② 오샤ᅀᅡ : 오+시+아ᅀᅡ. 오셔서야.

③ 사ᄅᆞ시릴ᄊᆡ : 사ᄅᆞ+시+ㄹᄊᆡ. '사ᄅᆞ다'는 '목숨을 살게 하다'는 뜻. 살리실 것이므로.

④ 니거시든 : 니+시+거…든. 가시면.

⑤ ᄇᆞ라ᅀᆞᄫᆞ니 : ᄇᆞ라+ᅀᆞᆸ+ᄋᆞ니. 객체는 '은나라 임금 성탕'임.

⑥ 用兵如神(용병여신) : 군사를 부림이 신과 같음.

⑦ 東鄙(동비) : 동쪽 변방.

⑧ 오나시든 : 오+시+나…든. '나…든'은 불연속 형태인 '거…든'이 '오다' 동사 다음에 사용된 변이형임. 오시거든.

현대어 대역

(탕왕이) 사방으로 정벌하심에 적이 없으시어, 오셔야 살리실 것이므로,
동에 가시면 서쪽 오랑캐가 (탕왕이) 오시기를 바라니라.
(이 태조께서) 군대를 신처럼 잘 움직이시어, 가셔야 이기실 것이므로,
(이 태조가) 서에 오시면 동쪽 변방 사람이 (이 태조 오시기를) 바라니라.

관련 사적

은(殷)나라 임금 탕왕이 정벌을 시작한 것은 갈백(葛伯)이란 나라부터였다. 11국을 정벌하여 천하에 대적할 나라가 없었다. 동쪽을 정벌하면 서쪽 오랑캐가 원망하고, 남쪽을 정벌하면 북쪽 오랑캐가 원망을 했는데, 그들은 "우리를 왜 나중에 정벌하는가."라고 했다. 백성들의 바람이 마치 큰 가뭄에 비를 기다리는 것

같았다.

이 태조의 고종 형제인 삼선과 삼개가, 태조가 원나라 군사를 막으로 간 틈을 타, 여진을 꾀어 북방 여러 주를 점령하였다. 태조가 서북면에서 군대를 이끌고 철관에 이르니 사람들이 모두 기뻐했다. 한방신, 김귀와 함께 삼면으로 공격하여 적을 크게 깨뜨려 화주, 함주 등을 모두 회복했다. 삼선과 삼개는 여진으로 달아나 끝내 돌아오지 않았다. 공민왕은 태조를 의지하며 더욱 중하게 생각했다. 태조가 평소 인심을 얻었고, 싸움마다 이기지 않은 싸움이 없으니, 여러 고을에서 마치 구름과 무지개를 바라듯이 했다.

제39장

楚國·엣 天子氣·를。 行幸·ᄋᆞ·로 마ᄀᆞ·시·니。	楚國王氣。 游幸厭之。
:님·긊 ᄆᆞᅀᆞ·미。 :긔 아·니 어·리시·니	維君之心。 不其爲癡
鴨江·앳 將軍氣·를。 :아모 爲ᄒᆞ·다 ·ᄒᆞ시·니。	鴨江將氣。 日爲某焉。
:님·긊 :말ᄊᆞ·미。 :긔 아·니 ·올·ᄒᆞ시·니	維王之言。 不其爲然

낱말 풀이

① 天子氣(천자기) : 천자가 태어날 기운.

② 行幸(행행) : 임금이 행차하심.

③ 님긊 : 님금+ㅿ. 임금의.

④ 긔 : 그+ㅣ. 그것이.

⑤ 어리시니 : 어리+시+니. '어리다'는 여기서는 '어리석다[癡]'는 뜻. 어리석으시니.

⑥ 將軍氣(장군기) : 장군의 기운.

현대어 대역

초나라에의 천자의 기운을 임금 행차로 막으시니,
임금의 마음이 그 아니 어리석으신 것입니까?
압록강에의 장군의 기운을 아무를 위한 것이라 하시니,
임금의 말씀이 그 아니 옳으신 것입니까?

관련 사적

진나라 시황이 늘 말하기를, 동남쪽(초나라 방면)에 천자가 날 기운이 보인다 하여, 자기 자신이 그 쪽으로 행행하여 이를 미리 막으려 했다. 그러나 이 천자의 기운은 이 방면의 사람인 유방(劉邦=한나라 고조)이 장차 천자가 될 조짐인 것이다. 초나라에 왕의 기운이 있다는 일은 제18장에 있다.

고려 공민왕은 이 태조를 동북면 원수로 삼아 동녕부를 공격하여 북원(北元)과의 관계를 끊게 했다. 태조가 기병 5천과 보병 1만 명을 거느리고 동북면에서 초황(草黃:새와이), 설렬한(薛列罕:설헌) 두 고개를 넘고 압록강을 건넜다. 이 날 저녁 서북방에서 자줏빛의 상서로운 기운이 공중에 드리웠고, 그림자는 모두 남쪽으로 졌다. 서운관(書雲觀)이 말하기를, 맹장(猛將)의 기운이라고 했다. 왕이 기뻐하며 말하기를, "내가 이성계를 보냈는데, 틀림없이 거기에 응한 것이로다."라고 했다.

제40장

城 아·래 닐·흔 ·살 ·쏘·샤。 닐·흐·늬 ·모·미 맛거·늘。	維城之下。 失七十發。
京觀·ᄋᆞᆯ。 ᄆᆡᇰ·ᄀᆞ·ᄅᆞ시·니	中七十人。 京觀以築
城 우·희 닐·흔 ·살 ·쏘·샤。 닐·흐·늬 ᄂᆞ·치 맛거·늘。	維城之上。 失七十射。
凱歌·로。 도·라·오시·니	中七十面。 凱歌以復

낱말 풀이

① 닐흐늬 : 닐흔+의. 닐흔>일흔. 일흔의.

② 맛거늘 : 맞+거늘. 맞으므로.

③ 京觀(경관) : 적의 시체를 쌓아 만든 무덤.

④ ᄆᆡᇰᄀᆞᄅᆞ시니 : ᄆᆡᇰᄀᆞᆯ+ᄋᆞ시+니. ᄆᆡᇰᄀᆞᆯ다>만들다. 만드시니.

⑤ 우희 : 웋+의. 위에.

⑥ 닐흐늬 : 닐흔+의. 일흔의.

⑦ ᄂᆞ치 : ᄂᆞᆾ+이. ᄂᆞᆾ>낯. 낯이.

현대어 대역

성 아래 일흔 살 쏘셔서 일흔의 몸이 맞으므로,
경관을 만드시니라.
성 위에 일흔 살 쏘셔 일흔의 낯에 맞으므로,
개가로 돌아오시니라.

관련 사적

당나라 고조가 용문현(龍門縣)에 이르렀다. 무단아(毋端兒)라는 적이 무리 수천을 이끌고 갑자기 성 밑에 이르렀다. 이때 군사들의 방비가 없으므로 적이 이틈을 타서 공격해 왔다. 고조가 친히 10여 기를 이끌고 이리저리 적을 치고 활을 쏘니, 활시위 소리에 응해 거꾸러졌다. 적이 크게 무너지자 북쪽으로 수십 리를 쫓아내니 엎어진 시체가 길에 이어졌다. 이때 고조는 70발을 쏘았다. 다음날 적의 목을 베어 경관(景觀 : 싸움에서 적의 시체를 쌓아놓고 그 위에 흙을 덮어두는 것)을 쌓았는데, 시체 위에서 쏜 화살을 모두 찾았으니 신묘함이 이와 같았다.

이 태조가 동녕부의 산성을 칠 때에 활과 화살을 가지고 있지 않았으므로, 따르는 자의 활을 가지고 편전(片箭)을 써서 쏘았는데, 70여 발이 모두 적의 얼굴에 명중했다. 성 위로 활을 쏜 이야기는 제39장에 있다.

용비어천가 6권(龍飛御天歌卷第六)

제41장

東征·에 功·이 :몯 :이·나。 所掠·ᄋᆞᆯ :다 노ᄒᆞ·샤。	東征無功。 盡放所掠。
歡呼之聲·이。 道上·애 ᄀᆞ독ᄒᆞ·니	歡呼之聲。 道上洋溢
西征·에 功·이 :일어·늘。 所獲·ᄋᆞᆯ :다 도로 ·주·샤。	西征建功。 盡還所獲。
仁義之兵·을。 遼左ㅣ 깃ᄉᆞ·ᄫᆞ·니	仁義之兵。 遼左悅服

낱말 풀이

① 東征(동정) : 동쪽을 정벌함.

② 이나 : 일+나. 이루어지나.

③ 所掠(소략) : 노략질한 바, 빼앗은 바.

④ 노ᄒᆞ샤 : 놓+ᄋᆞ시+아. 놓아주시어.

⑤ 歡呼之聲(환호지성) : 기뻐 부르짖는 소리.

⑥ ᄀᆞ득ᄒᆞ니 : ᄀᆞ득ᄒᆞ+니. ᄀᆞ득ᄒᆞ다>가득하다. 가득하니.

⑦ 西征(서정) : 서쪽을 정벌함.

⑧ 일어늘 : 일+거늘. 이루어지거늘.

⑨ 所獲(소획) : 획득한 바, 잡은 것.

⑩ 仁義之兵(인의지병) : 인의의 군대, 어질고 정의로운 군대.

⑪ 遼左(요좌) : 요동의 왼쪽.

⑫ 깃ᄉᆞᄫᆞ니 : 깄+ᄉᆞᆸ+ᄋᆞ니. 기뻐하니.

현대어 대역

(당나라 태종이) 동쪽 정벌에 성공을 거두지는 못했으나, 포로들을 다 놓아주시어, 환호하는 소리가 길에 가득하니라.
(이 태조가) 서쪽 정벌에 성공을 이루거늘 싸움에서 잡은 것들을 다 도로 주시어, (이 태조의) 인의의 군대를 요동 사람들이 다 기뻐하니라.

관련 사적

당나라 태종이 고구려를 치다가 안시성(安市城)에서 완전히 패배하여 돌아왔다. 군사들이 포로로 잡은 고구려 백성 1만 4천 명을, 유주에 모아 놓고 군사들에게 상으로 주려고 했다. 태종은 포로들의 부자와 부부가 헤어져 흩어지는 것을 불쌍히 여겨, 유사(有司)에게 명하여 그 값을 쳐서 모두 돈과 옷감으로 갚아주고는 양민이 되게 했다. 포로들이 기뻐서 외치는 소리가 사흘 동안 끊이지 않았다. 태종이 유주에 이르니 고구려 백성들이 성 동쪽에 나와 절하고 춤추며 소리 지르고 땅바닥에 뒹구니 티끌이 가득했다.

고려 공민왕은 이 태조를 동북면 원수로 삼아 동녕부를 공격하여 북원(北元)과의 관계를 끊도록 했다. 태조가 기병 5천과 보병 1만 명을 거느리고 동녕부의 산성을 공격하여 함락시켰다. 두목 20여 명이 백성을 끌고 나와 항복하였으며, 여러 산성이 그 위세를 보고 항복하니 1만 호를 얻었다. 그러나 전투 중에 사로잡은 소 2천여 두와 말 수백 필은 모두 그 임자에게 돌려주니, 북방 사람들이 매우 기뻐하여 따르는 사람이 많았다. 서쪽을 정벌하여 공을 이룬 일은 제39장에 있다.

제42장

西幸·이 ᄒᆞ·마 오·라·샤。 角端·이 :말·ᄒᆞ야·ᄂᆞᆯ。	西幸旣久。 角端有語。
術士·ᄅᆞᆯ。 從·ᄒᆞ시·니	術士之請。 于以許之
東寧·을 ᄒᆞ·마 :아ᅀᆞ·샤。 ·구루·미 비·취여·늘。	東寧旣取。 赤氣照營。
日官·ᄋᆞᆯ。 從·ᄒᆞ시·니	日官之占。 于以聽之

낱말 풀이

① 西幸(서행) : 임금이 서쪽으로 가심. 원나라 태조가 멀리 서방을 정벌하러 간 것을 말함.

② 오라샤 : 오라+시+아. 오래되시어.

③ 角端(각단) : 짐승 이름으로 상징적인 동물임.

④ 말ᄒᆞ야ᄂᆞᆯ : 말ᄒᆞ+야ᄂᆞᆯ(←거늘). 말하거늘.

⑤ 術士(술사) : 원나라 태조의 참모인 야율초재(耶律楚材)는 점술에 능통하여 여러 번 길흉을 점쳤는데 맞추지 못한 적이 없었다고 한다.

⑥ 從(종)ᄒᆞ시니 : 종ᄒᆞ+시+니. 따르시니.

⑦ 東寧(동녕) : 동녕부(東寧府). 고려 원종(元宗) 11년(1270)에 원나라에서 서경(西京:평양)에 설치하였던 통치 기관.

⑧ 아ᅀᆞ샤 : 아ᇫ(앗)+ᄋᆞ시+아. 앗다→빼앗다. 빼앗으시어.

⑨ 日官(일관) : 관상감에 속하여 길일(吉日)을 가리는 일을 맡아보던 벼슬.

현대어 대역

(원나라 태조가) 서쪽으로 행행함이 이미 오래되시어, 각단(이란 짐승)이 말하거늘, 술사의 말을 좇으시니라.
(이 태조가) 동녕부를 이미 빼앗으시어 구름이 비치므로, 일관의 말을 좇으시니라.

관련 사적

원나라 태조가 회회국(回回國)을 치니, 그 왕이 나라를 버리고 도망쳤다. 태조가 드디어 진격해 인도국의 철문관(鐵門關)에 군사를 머물게 했다. 왕을 모시는 신하가 한 짐승을 보았는데, 모양은 사슴처럼 생겼고, 꼬리는 말꼬리에, 빛깔은 녹색이며, 뿔이 하나 있는데, 사람의 말을 할 수 있었다. 이 짐승이 말하기를, "너희 군사는 빨리 돌아가야 한다."고 했다. 태조가 이상하게 생각해서, 이 일을 야율초재(耶律楚材)에게 물었다. 초재가 대답하기를, "이 짐승은 각단(角端)인데 하루에 1만 8천 리를 갈 수 있고, 사방의 오랑캐 말을 알아들을 수 있습니다. 이 짐승은 살생을 싫어함을 나타냅니다. 이제 대군이 서쪽을 정벌한 지 이미 4년이 되었습니다. 대체로 하늘이 살생을 싫어하여 이 짐승을 보내어 폐하께 알리는 것이니, 원컨대 하늘의 뜻을 받들어 죄를 용서하여 이 몇 나라 백성들의 목숨을 살려 주십시오. 이것은 진실로 폐하의 끝없는 복이 될 것입니다."라고 하였다. 태조가 그 날로 군사를 돌렸다.

원나라가 망하자 기철의 아들 기새인 첩목아(奇賽因帖木兒)가 그 아비 기철의 원수를 갚기 위해 고려의 북쪽을 침범했다. 공민왕이 이 태조와 서북면 상원수(上元帥) 지용수(池龍壽), 부원수(副元帥) 양백연(楊伯淵) 등에게 가서 공격하도록 명했다. 태조가 동녕성을 공격할 무렵, 군대를 성 서쪽 10리에 주둔시키고 있었다. 일관(日官)이 말하기를 "이상한 기운이 군영에 닥치니 군영을 옮기면 크게 좋을 것입니다."라고 하여, 드디어 군사를 돌려 들판에서 자게 하고, 사졸들에게 명하여 각각 변소와 마구간을 만들도록 했다, 나하추(納合出)가 이틀 동안 뒤를 따르다가 변소와 마구간을 이미 만들어 놓은 것을 보고, "이미 대열이 갖추어진 모양이니 습격할 수 없다."고 말하고 돌아갔다.

제43장

玄武門 :두 도·티。 ᄒᆞᆫ 사·래 마·ᄌᆞ·니。	玄武兩豝。 一箭俱中。
希世之事·ᄅᆞᆯ。 ·그·려 :뵈시·니이·다	希世之事。 寫以示衆
죨애山 :두 놀·이。 ᄒᆞᆫ 사·래 :뻬·니。	照浦二麞。 一箭俱徹。
天縱之才·ᄅᆞᆯ。 ·그려·ᅀᅡ :아·ᅀᆞᄫᆞᆯ·까	天縱之才。 豈待畫識

낱말 풀이

① 도티 : 돝+이. 돼지가.

② 사래 : 살+애. 화살에.

③ 希世之事(희세지사) : 세상에 드문 일.

④ 뵈시니이다 : 뵈+시+니+이+다. 보이신 것입니다.

⑤ 놀이 : 노ᄅᆞ+이. 노ᄅᆞ>노루. 노루가.

⑥ 뻬니 : 뻬+니. 뻬다>꿰다. 꿰이니.

⑦ 天縱之才(천종지재) : 하늘이 낸 재주.

⑧ 그려ᅀᅡ : 그리+어ᅀᅡ. 그려서야.

⑨ 아ᅀᆞᄫᆞᆯ까 : 알+ᅀᆞᆸ+ᄋᆞᆯ까. 알까.

현대어 대역

현무문 두 돼지가 한 화살에 맞으니,
(당나라 현종은) 세상에 드문 이 신기한 일을 그림으로 그려 보이신 것입니다.
졸애산 두 마리 노루가 한 화살에 꿰이니,
하늘이 내리신 (이 태조의) 재주를 그림으로 그려야만 알까?

관련 사적

당나라 현종이 사냥을 나갔다가 현무북문에서 화살 한 발로 멧돼지 두 마리를 맞혔다. 이 모양을 당시에 위무첨(韋無忝)에게 그리게 했다.

이 태조가 일찍이 홍원의 조포(照浦, 졸애)산에 사냥을 나갔는데, 노루 세 마리가 무리를 이루어 나왔다. 태조가 말을 달리며 활을 쏘았는데, 먼저 한 마리를 쓰러뜨렸다. 두 마리가 나란히 달아나는 것을 또 쏘았더니 한 발로 겹쳐서 꿰뚫고 화살은 나무 그루터기에 박혔다. 이원경(李原景)이 그 화살을 가져왔는데, 태조가 말하기를, “왜 이렇게 늦게 왔는가?”라고 하니, 이원경이 말하기를, “화살이 깊이 박혀 있어서 쉽게 뽑을 수가 없었습니다.”라고 하자, 태조가 웃으며 말하기를, “설사 세 마리가 있었더라도 내 화살의 힘으로 역시 족히 뚫었을 것이다.”라고 했다.

제44장

노·ᄅᆞ·샛 바·오·리실·ᄊᆡ。 ᄆᆞᆯ 우·희 니·ᅀᅥ ·티시·나。	嬉戲之毬。 馬上連擊。
二軍鞠手:ᄲᅮᆫ。 깃·그·니이·다	二軍鞠手。 獨自悅懌
君命·엣 바·오·리어·늘。 ᄆᆞᆯ 겨·틔 엇마ᄀᆞ·시·니。	君命之毬。 馬外橫防。
九逵都人·이。 :다 :놀·라ᅀᆞ·ᄫᆞ·니	九逵都人。 悉驚讚揚

낱말 풀이

① 노ᄅᆞ샛 : 노ᄅᆞᆺ+애+ㅅ. (놀음)놀이에의.

② 바오리실ᄊᆡ : 바올+이+시+ㄹᄊᆡ. 방울이시므로.

③ 二軍(이군) : 양쪽 군사.

④ 鞠手(국수) : 공치기 선수.

⑤ 君命(군명)엣 : 군명+에+ㅅ. 군명[임금의 명령]에의, 임금의 명령에 의한.

⑥ 겨틔 : 곁+의. 곁에.

⑦ 엇마ᄀᆞ시니 : 엇막+ᄋᆞ시+니. 엇막으시니, 비껴 막으시니.

⑧ 九逵(구규) : 도시의 큰 길. 여러 갈래로 갈라진 큰 길.

⑨ 都人(도인) : 도읍의 사람들.

현대어 대역

놀음놀이에 쓰는 방울(공)이므로 (당나라 선종은) 말 위에서 (공을) 이어 치시나,
양편의 공치기 선수만이 기뻐한 것입니다.
임금 명에의 공이므로 (이 태조는) 말 곁에서 엇막으시니,
사방팔방으로 통한 거리에 모인 도읍 사람이 다 놀라니라.

관련 사적

당나라 선종(宣宗)은 정치를 하는 여가에 호시(弧矢)와 격국(擊鞠)에 이르기까지 모두 그 묘리를 터득했다. 그가 타는 말은 재갈과 굴레 외에 장식을 하지 않았지만 말이 장대하고 민첩하여 특이했다. 매번 공치는 막대를 잡으면, 기세를 타고 힘껏 뛰어서 공을 공중에 쳐올리고, 계속해서 치기를 수백 번 해도, 말은 달리는 것을 그치지 않으니 빠르기가 번개 같았다. 이군(二軍)의 늙은 국수(鞠手)들이 모두 그 능숙함에 탄복했다.

고려 때 매번 단오절이 되면, 미리 무관 가운데 젊은 사람들과 의관(衣冠) 자제를 뽑아 격구(擊毬)의 기술을 배우게 했다. 공민왕 때, 이 태조도 역시 거기에 선발되어 참가했다. 태조는 '치니마기', '엇마기' 등 여러 가지 뛰어난 기술로 사람들을 놀라게 했다.

제45장

:가리·라 ᄒᆞ·리 이시·나。 長者·를 ·브·리시·니。	欲往者在。 長者是使。
長者ㅣ실·씨。 秦民·올 깃·기시·니	維是長者。 悅秦民士
활 쏘·리 ·하·건마·른。 武德·을 :아·ᄅᆞ시·니。	射侯者多。 武德是知。
武德·으·로。 백셩·을 救·ᄒᆞ시·니	維是武德。 救我群黎

낱말 풀이

① ᄒᆞ리 : ᄒᆞ+ㄹ 이. 할 이.

② 이시나 : 이시+나. 있으나.

③ 브리시니 : 브리+시+니. 브리다>부리다. 부리시니.

④ 秦民(진민) : 진나라 백성.

⑤ 깃기시니 : 깃기+시+니. 기쁘게 하시니.

⑥ 쏘리 : 쏘+ㄹ 이. 쏠 이.

⑦ 하건마른 : 하+건마른. 많건마는.

⑧ 아ᄅᆞ시니 : 알+ᄋᆞ시+니. 아시니.

현대어 대역

가겠다고 할 사람이 있으나 (초나라 회왕은) 덕망이 높은 이를 부리시니,
(유방은) 덕망이 높은 분이시므로, 진나라 백성을 기쁘게 하시니라.
활 쏠 사람이 많건마는 (공민왕은 이 태조의) 무덕을 아시니,
(과연 태조는) 그 무덕으로 백성을 구하시니라.

관련 사적

초나라 회왕(懷王)이 진나라를 치러 항우와 유방을 함께 보내려 하였다. 그러나 늙은 장수들이 "항우는 잔인하므로 너그러운 유방을 보내 의(義)로써 진나라를 치는 것이 좋겠다."고 하므로, 유방을 보내 진나라를 치게 했다. 유방은 서쪽으로 나가는 길마다 이겼으나, 노략을 아니 하니 진나라 백성들이 모두 기뻐하며, 다만 유방이 진왕(秦王)이 되지 못할까 걱정했다.

고려 공민왕이 경대부(卿大夫)들에게 활을 쏘게 하고 친히 이를 구경하였는데, 이 태조가 백발백중하므로 왕은 매우 감탄하였다. 당시에 황상(黃裳)이란 사람이 활 잘 쏘기로 이름나 있었는데, 태조와 황상 단 둘이서 활쏘기 시합을 하였다. 황상이 계속해 50발을 쏜 것 중에는 명중하지 못한 것도 있었다. 그러나 태조는 명중하지 못한 것이 없었다. 공민왕이 또 매우 탄복하여 마지않았다.

제46장

賢君·을 :내·요리·라。 하·ᄂᆞᆯ·히 駙馬 달·애·샤。	將降賢君。 天誘駙馬。
:두 孔雀 ·일。 ·그·리시·니이·다	維二孔雀。 用以圖寫
聖武·ᄅᆞᆯ :뵈·요리·라。 하·ᄂᆞᆯ·히 :님·금 달·애·샤。	欲彰聖武。 天誘厥辟。
·열 銀鏡·을。 노ᄒᆞ·시·니이·다	維十銀鏡。 用爲侯的

낱말 풀이

① 내요리라 : 내요+리+라. 내겠다(고).

② 달애샤 : 달애+시+아. 달래시어.

③ 孔雀(공작) 일 : 공작의 일. 공작과 관계되는 일.

④ 聖武(성무) : 성스런 무예.

④ 그리시니이다 : 그리+시+니+이+다. 그리신 것입니다.

⑤ 노ᄒᆞ시니이다 : 놓+ᄋᆞ시+니+이+다. 놓으신 것입니다.

현대어 대역

어진 임금을 내겠다(고), 하늘이 부마의 마음을 달래시어,
두 공작의 일을 그리신 것입니다.
성스런 무예를 (다른 사람에게) 보이겠다(고), 하늘이 임금을 달래시어,
열 은경을 놓으신 것입니다.

관련 사적

두의(竇毅)가 후주 무제의 누이에게 장가들어서 딸을 낳았는데, 머리카락이 매우 길었다. 딸이 자라자 두의는 특별히 재주 있는 사람을 사위로 삼기 위하여 문에 두 공작을 그려 두고 구혼하는 사람이 있으면 활을 쏘아 맞히게 하였으나, 구혼하는 여러 사람 중 한 사람도 맞히는 사람이 없었다. 그러나 당나라 고조가 화살 두 발을 쏘아서 각각 한 눈씩을 맞혔다. 두위가 크게 기뻐하며 딸을 그에게 주었다.

고려 공민왕이 여러 재상들에게 명하여 과녁을 쏘도록 했다. 신시(辛時)에 이르러 내부(內部)에서 은으로 만든 작은 거울 10개를 꺼내와 80보 되는 곳에 두고 맞히는 사람에게 준다고 했다. 이 태조가 10발을 쏘아 모두 맞혔다. 왕이 칭찬하며 감탄했다.

제47장

大箭 ᄒᆞᆫ :나·태。 突厥·이 :놀·라ᄉᆞ·ᄫᆞ·니。	大箭一發。 突厥驚懾。
어·듸 머·러。 威不及ᄒᆞ·리잇·고	何地之逖。 而威不及
片箭 ᄒᆞᆫ :나·태。 島夷 :놀·라ᄉᆞ·ᄫᆞ·니。	片箭一發。 島夷驚畏。
어·늬 구·더。 兵不碎ᄒᆞ·리잇·고	何敵之堅。 而兵不碎

낱말 풀이

① 大箭(대전) : 큰 화살.

② 나태 : 낱+애. 낱(개)에.

③ 놀라ᅀᆞᄫᆞ니 : 놀라+ᅀᆞᇦ+아+니. '-아-'는 확인법 선어말 어미 '-거-'의 이형태임. 놀라니.

④ 어듸 : 어듸(+ㅣ). 어디가.

⑤ 威不及(위불급)ᄒᆞ리잇고 : 위불급ᄒᆞ+리+잇+고. 위세가 미치지 않겠습니까.

⑥ 片箭(편전) : 짧고 작은 화살, 아기살.

⑦ 어늬 : 어느+ㅣ. 어느 것이.

⑧ 兵不碎(병불쇄) : 군대가 부서지지 않음.

현대어 대역

(당나라 태종의) 큰 화살 하나에 돌궐이 놀라니,
어디가 멀어 그 위세가 미치지 못하겠습니까?
(이 태조의) 아기살 하나에 섬 도적이 놀라니,
어느 것이 굳어 (적의) 군대가 부수어지지 않겠습니까?

관련 사적

당나라 태종의 활 크기가 보통 사람의 갑절이 되었다. 이에 놀란 돌궐은 태종을 신인이라 일컬었으며, 후에 활 하나와 긴 화살 다섯을 얻어서는 대대로 보배로 삼았다 한다. 큰 화살을 한 번 쏜 이야기는 제27장에 있다.

고려 우왕 때 도적이 남쪽 해안에 나타나 노략질을 하므로, 이 태조가 이들을 치러가 지리산에서 마주쳤다. 그때 이백 보쯤 되는 곳에서 한 도적이 돌아서서 몸을 굽히고 손으로 볼기를 두드리며 조롱하는 모양새를 보이자, 태조는 짧은 화살로 쏘아 한 살에 넘어뜨리니 도적이 놀라 산으로 올라갔다. 태조가 군사들과 산에 올라가 적을 크게 무찔렀다.

제48장

굴·허·에 ᄆᆞ·ᄅᆞᆯ :디:내·샤。 도ᄌᆞ·기 :다 도·라가·니。 深巷過馬。 賊皆回去。
半: 길 노·ᄑᆡᆫ·ᄃᆞᆯ。 년·기 :디나·리잇·가 雖半身高。 誰得能度
石壁·에 ᄆᆞ·ᄅᆞᆯ 올·이·샤。 도ᄌᆞ·ᄀᆞᆯ :다 자ᄫᆞ·시·니。 絶壁躍馬。 賊以悉獲。
·현 번 ᄠᅱ·운·ᄃᆞᆯ。 ·ᄂᆞ·미 오ᄅᆞ·리잇·가 雖百騰奮。 誰得能陟

낱말 풀이

① 굴허에 : 굴헝+에. 구렁에.
② 디내샤 : 디내+시+아. 지나게 하시어.
③ 노ᄑᆡᆫᄃᆞᆯ : 노ᄑᆡ+인ᄃᆞᆯ. 높이인들.
④ 년기 : 녀(녀느)+이. 여느 사람이.
⑤ 디나리잇가 : 디나+리+잇+가. 지나겠습니까.
⑥ 올이샤 : 올이+시+아. 올리시어.
⑦ 현 : 몇.
⑧ ᄠᅱ운ᄃᆞᆯ : ᄠᅱ우+ㄴᄃᆞᆯ. 뛰어오르게 한들.

현대어 대역

(금나라 태조가) 구렁에 말을 지나게 하시어 도둑이 다 돌아가니,
(한 길 아니라) 반 길 높이인들 다른 사람이 지나겠습니까?
(이 태조가) 돌 절벽에 말을 올리시어 도적을 다 잡으시니,
몇 번을 뛰어오르게 한들 남이 오르겠습니까?

관련 사적

금나라 태조가 일찍이 영채에서 나가 적을 죽이고 재물을 빼앗아 돌아오는데, 적이 병사를 많이 이끌고 뒤쫓아왔다. 태조는 혼자 가다 막다른 골목에서 길을 잃었다. 쫓는 자들이 더욱 가까이 다가왔을 때, 한 길이 되는 언덕이 있었다. 말이 한 번 뛰어 넘어가니 쫓던 자들이 돌아갔다.

고려 우왕 때 왜적이 침범하였을 때였다. 한번은 도적이 이 태조에게 쫓기어 산으로 올라가 절벽 위에서 칼을 뽑고 창을 세우니, 그 모양이 고슴도치 같았다.

태조는 비장과 방원을 보내 보았으나, 도무지 올라갈 수 없다 하였다. 태조가 칼등으로 말을 쳐서 한 달음으로 뛰어오르니, 군사들이 따라올라와 적을 크게 무찔렀다.

어법 풀이 37 명사 파생 접미사 '-ᄋᆡ/-의'

'노ᄑᆡᆫᄃᆞᆯ'의 '노ᄑᆡ'는 형용사 '높다'에서 파생된 전성 명사이며, '-ᄋᆡ'는 파생 접미사이다. 현대 국어에서는 '높이'가 파생 명사인 동시에 파생 부사이기도 하다. 그러나 중세 국어에서는 파생 명사는 접미사 '-ᄋᆡ/-의'가 결합되고, 파생 부사는 '-이'가 결합되어 만들어졌다.

〈파생 명사〉	〈파생 부사〉
기릐	기리
기픠	기피
구븨	구비
너븨	너비
노ᄑᆡ	노피
킈	키

제49장

:셔ᄫᅳᆯ 도ᄌᆞ·기 ·드·러。 :님·그·미 ·나·갯·더시·니。 寇賊入京。 天子出外。
諸將之功·애。 獨眼·이 노ᄑᆞ·시·니 諸將之功。 獨眼最大
:님·그·미 ·나:가·려 ·ᄒᆞ·샤。 도ᄌᆞ·기 :셔ᄫᅳᆯ ·드더·니。 君王欲去。 寇賊入京。
二將之功·ᄋᆞᆯ。 一人·이 일·우시·니 二將之功。 一人克成

낱말 풀이

① 나갯더시니 : 나가(+아) 잇+더+시+니. 나가 있으시더니.

② 諸將之功(제장지공) : 여러 장수의 공.

③ 獨眼(독안) : 애꾸눈. 여기서는 한 눈이 작은 이극용, 즉 후당의 태조를 가리킴.

④ 二將之功(이장지공) : 두 장수의 공. 두 장수는 이 태조와 최영 장군을 말함.

현대어 대역

서울에 도둑이 들어, 임금이 나가 있으시더니,
여러 장군들이 공을 세운 중에 애꾸눈이 높으시니라.
임금이 (왜적을 피하여 서울을) 나가려 하시어, 도적이 서울에 들어오더니,
두 장수의 공을 한 사람이 이루시니라.

관련 사적

당나라 희종(僖宗) 때에 황소(黃巢)가 천장(天長)과 육합(六合)을 포위하여 그 세력을 크게 떨쳤다. 희종은 장안을 버리고 달아났다. 이때 당나라 태조가 황소와 싸워 크게 이기고 장안을 수복하였다. 태조는 그때 나이가 28살로 여러 장수 중에서 가장 어렸으나, 황소를 격파하고 장안을 찾은 공이 제일이었고 병세(兵勢)가 강하니 여러 장수들이 모두 그를 두려워했다. 태조의 한쪽 눈이 조금 작았으므로 사람들이 그를 독안룡(獨眼龍)이라고 하였다.

고려 우왕 때 왜구가 사방에서 침입하니 여러 도가 시끄럽고 어지러웠는데, 심지어 경기 근방의 주, 현에도 침입하여 약탈했다. 적이 강화를 노략질하고 해풍군(海豊郡)으로 나아와 최영과 대결했다. 최영이 부장 양백연과 적을 무찌르려고 진격했으나, 오히려 적에게 쫓겨 달아나게 되었다. 이 태조가 정예 기병을 이끌고 곧바로 진격하여 양백연과 함께 적을 쳐서 크게 무찔렀다. 적은 거의 죽고, 나머지 무리는 밤에 도망쳤다. 밤에 성중에서는 최영이 달아났다는 말을 듣고 민심이 더욱 흉흉해져 어디로 가야할지를 몰랐다. 우왕은 대궐을 나가 피하려 했고, 여러 관리들도 집안 식구와 재산을 꾸려 대궐에 모여 기다렸다. 승전보가 알려지니 개경은 경계를 풀고 모든 관리들이 축하했다.

어법 풀이 38 완료 시상의 표현

'나갯더시니'는 '나가(+아) 잇+더+시+니'로 분석되는데, 이 구조에서 보조적

연결 어미 '-아/-어'와 보조용언 '잇-/겨시-'의 결합은 완료 시상을 나타낸다.

- 싸해 **무텻던**(←무티어 잇던) 보빅 절로 나며[월석 2:45]
- 블근 집 기슬기 城郭애 **비취엿도다**(←비취어 잇도다)[두언 14:1]
- 眞金 소ᄂᆞ로 **니버 겨신** 僧伽梨衣를 아ᅀᆞ시고[석보 23:8]
- 목수미 열 둘 ᄒᆞ고 닐웨 기터 **겨샷다** ᄒᆞ시고[월석 2:13]

용비어천가 7권(龍飛御天歌卷第七)

제50장

내 :님·금 ·그리·샤∘ 後宮·에 ·드·르싫 ·제∘	**我思我君∘ 後宮是入∘**
하·ᄂᆞᆳ :벼·리∘ :눈 ·곧 디·니이·다	**維時天星∘ 散落如雪**
내 百姓 :어엿·비 너·기·샤∘ 長湍·올 :건·너싫 ·제∘	**我愛我民∘ 長湍是涉∘**
·흰 ·므지·게∘ ·히·예 :ᄢᅦ·니이·다	**維時白虹∘ 橫貫于日**

낱말 풀이

① 後宮(후궁) : 궁녀가 있는 뒷궁전.

② 드르싫: 들+으시+ㅭ. '드실'.

③ 하ᄂᆞᆳ : 하ᄂᆞᆯㅎ+ㅅ. '하늘의'.

④ 곧 : 같이. 형용사 어간(곧-)과 부사가 어형이 같음.

⑤ 디니이다 : 디+니+이+다. 떨어졌습니다.

⑥ 건너싫 : 건너+시+ㅭ. 건너실 때.

⑦ ᄢᅦ니이다 : ᄢᅦ+니+이+다. 꿰었습니다.

현대어 대역

(당 현종이) 나의 임금을 그리워하시어 후궁에 드실 때에,

하늘의 별이 눈처럼 떨어졌습니다.

(이 태조가) 내 백성을 가련하게 생각하시어, 장단을 건너실 때에,
흰 무지개가 해를 꿰뚫었습니다.

관련 사적

당나라 중종의 왕후 위(韋) 씨가 중종을 독살하고 위 씨 일문을 요직에 앉혔다. 현종이 위 씨를 치려고 궁으로 들어갈 때에 하늘의 별이 눈처럼 흩어져 떨어지니 모두 용기 백배하여 뛰어들어 위 씨를 무찔렀다.

고려 우왕 때에 왜선 오백 척이 쳐들어왔는데, 노략질의 참혹함이 말할 수 없었다. 그때 이 태조가 3도 도순찰사(都巡察使)가 되어 막으러 나갔는데, 군사가 장단(長湍)에 이르니 흰 무지개가 해를 꿰뚫었다. 점치는 사람이 싸움에 이길 징조라고 했다. 그때 태조가 나아가 1천 리 사이에 죽어 넘어진 백성의 시체가 서로 잇닿아 있는 것을 보고는 가엾게 여겨 침식을 이루지 못했다.

어법 풀이 39 용언 어간의 부사화

'ᄀᆞᆮ'은 '같이'라는 뜻을 가진 부사인데, 용언 'ᄀᆞᆮ다'의 어간이 그대로 부사로 파생되어[무접 파생] 쓰인 것이다. 중세 국어에는 이런 예들이 더러 있었다. 예. 거싀(거의)←거싀다(가깝다), 곧(卽)←곧다(直), 곱(倍)←곱다(곱하다), 그르(잘못)←그르다(잘못되다), ᄂᆞ외(다시)←ᄂᆞ외다(재발하다), 밋(및)←밎다(미치다), 바ᄅᆞ(바로/곧게)←바ᄅᆞ다(바르다), 브르(부르게)←브르다(부르다), 비릇(비로소)←비릇다(비롯하다), 일(일찍)←일다(이르다), 하(많이)←하다(많다)

제51장

軍容·이 :녜·와 다ᄅᆞ·샤。:아ᄉᆞᆸ·고 믈·러가·니。	軍容異昔。識斯退歸。
나·ᅀᅡ·오던·덴。목:숨 기·트·리잇·가	如其進犯。性命奚遺
置陣·이 ·ᄂᆞᆷ·과 다ᄅᆞ·샤。:아·ᄉᆞ보·ᄃᆡ 나·ᅀᅡ오·니。	置陣異他。知亦進當。
믈·러·가던·덴。목:숨 ᄆᆞ·ᄎᆞ·리잇·가	如其退避。性命奚狀

낱말 풀이

① 軍容(군용) : 군사의 진용(군사들을 벌여 두는 모양).

② 녜와 : 녜+와. 녜>예. 옛날과.

③ 나사오던덴 : 나사오+더+ㄴ덴. 나아왔더라면, 나아왔다고 한들.

④ 기트리잇가 : 깉+으리+잇+가. 남았겠습니까.

⑤ 置陣(치진) : 군대의 진(陣)을 치는 것.

⑥ 아슥오딕 : 알+숩+오딕. 알되, 알고도, 알면서도.

⑦ 믈러가던덴 : 믈러가+더+ㄴ덴. 물러갔던들.

⑧ 므추리잇가 : 뭋+ㅇ리+잇+가. 마쳤겠습니까.

현대어 대역

(원나라 태조의) 군사 진용이 옛날과 다르시어 (적은 그것을) 알고 물러가니, 나아왔더라면 목숨이 남았겠습니까?

(이 태조의) 진을 치는 방법이 남과 다르시어, (적은 그것을) 알면서도 나아오니, 물러갔던들 목숨을 마쳤겠습니까?

관련 사적

극렬부(克烈部) 추장 왕한(汪罕)의 신하 찰목합(札木合)이 왕한을 죽이려다 실패하여 내만부로 달아났다. 원나라 태조가 내만부(乃蠻部)의 우두머리 태양한(太陽旱)을 칠 때에, 찰목합이 태양한을 따라와서 원나라 태조의 군대가 엄숙하게 정제된 것을 보고는 좌우에게 말하기를, "당초에 내만부에서 몽고군을 몹시 얕보았는데, 이제 내가 그 기세를 보니 지난날에 비할 바가 아니다."라고 하고는, 드디어 거느렸던 군사를 빼내 도망가 버렸다.

고려 우왕 때 왜적 5백 척이 진포에 정박하여 하삼도를 노략질하였다. 이때 이 태조는 양광·전라·경상 3도 도순찰사(都巡察使)가 되어 왜구를 정벌하러 나섰다. 운봉현 전투에서 왜적 중 가장 용맹한 놈을 쏘아 넘어뜨렸는데, 이 놈은 태조가 진을 치는 방법이 다른 사람과는 달라서 각별히 조심을 하면서도 나아왔다는 것이다. 진을 친 것이 남과 다르다는 것은 제50장에 있다.

제52장

請 드른 다대·와 :노니·샤。 바·놀 아·니 마·치시·면。	受賂之胡。 與之遊行。
어·비 아·ᄃᆞ·리。 :사·ᄅᆞ시·리잇·가	若不中針。 父子其生
請·으·로 온 :예·와 싸·호·샤。 ·투·구 아·니 밧·기시·면。	見請之倭。 與之戰鬪。
나·랏 小民·을。 사ᄅᆞ·시·리잇·가	若不脫胄。 國民焉救

낱말 풀이

① 다대와 : 다대[韃靼]+와. 달단족과.

② 바놀>바늘.

③ 사ᄅᆞ시리잇가 : 사ᄅᆞ+시+리+잇+가. 살리셨겠습니까.

④ 예와 : 예[倭]+와, 왜와.

⑤ 싸호샤 : 싸호+시+아. 싸호다>싸우다. 싸우시어.

⑥ 밧기시면 : 밧기+시+면. 밧기다>벗기다. 벗기시면.

⑦ 小民(소민) : 미천한 백성.

현대어 대역

(후당 태조가) 청을 들은 달단과 노니시어, 바늘을 맞히지 아니하셨으면, 아버지와 아들이 살아나셨겠습니까?

(이 태조가) 청으로 온 왜와 싸우시어 (그 왜놈의) 투구를 벗기지 아니하셨으면, 나라의 백성들을 살리셨겠습니까?

관련 사적

후당(後唐)의 헌조(獻祖)가 토곡혼(吐谷渾)의 도독 혁련탁(赫連鐸)과 싸워 패하여 그 무리가 모두 무너졌다. 오직 태조가 종족과 함께 북쪽 달단(達靼)으로 들어갔다. 태조가 어리면서도 효용(驍勇)이 있어 군중에서 부르기를 이아아(李雅兒)라고 했다. 혁련탁이 몰래 달단에게 뇌물을 주어 헌조 부자를 죽이라고 했다. 태조는 이를 알고 때때로 호걸들과 활쏘기와 사냥을 했다. 혹 바늘을 나무에 걸어놓거나 혹은 말채찍을 1백 보 밖에 세워놓고 이것을 쏘아 번번이 맞히니 여러 호걸들이 탄복하여 귀신이라고 여겼다. 뇌물을 받은 오랑캐의 일은 제49장에 있다.

이 태조가 왜적을 막아 싸울 때에, 그 중에 가장 용맹한 놈을 죽였다. 태조는 처음에 이를 사로잡으려 했으나 뜻대로 되지 않으므로 먼저 투구를 쏘아 벗기고 난 뒤에 그를 죽인 것이다. 이 자는 제 나라에서 오기 싫어했는데, 그 용맹을 높이 사서 왜적들이 굳이 청해서 데려온 놈이었다 한다. 청을 받고 온 왜의 일은 제50장에 있다.

제53장

四海·ᄅᆞᆯ 平定·ᄒᆞ·샤。 ·길 우·희 糧食 니·저·니。
塞外北狄·인·ᄃᆞᆯ。 아·니 오·리잇·가
四境·을 開拓·ᄒᆞ·샤。 :셤 안·해 도ᄌᆞᆨ 니·저·니。
徼外南蠻·인·ᄃᆞᆯ。 아·니 오·리잇·가

平定四海。 路不齎糧。
塞外北狄。 寧不來王
開拓四境。 島不警賊。
徼外南蠻。 寧不來格

낱말 풀이

① 니저니 : 닞+어+니. '-어-'는 확인법의 선어말 어미. 잊으니.
② 塞外北狄(새외북적) : 변방 밖의 북쪽 오랑캐.
③ 四境(사경) : 네 방향(동서남북)의 국경.
④ 徼外南蠻(요외남만) : 변방 밖의 남쪽 오랑캐.

현대어 대역

(당나라 태종은) 온 천하를 평정하시어, (다니는 사람이) 길 위에서 양식을 잊으니,
변방 밖의 북쪽 오랑캐인들 (어찌) 아니 오겠습니까?
(이 태조가) 나라의 사방을 개척하시어, 섬 안에 (사는 사람들이) 도적을 잊으니,
변방 밖의 남쪽 오랑캐인들 (어찌) 아니 오겠습니까?

관련 사적

당나라 태종이 사해를 평정했으나 백성들이 쉽게 교화되지 않을까 걱정하였다.

태종 원년에 관중(關中)에 기근이 들어 쌀 한 말 값이 비단 한 필이었다. 2년에는 천하에 메뚜기 피해가 있었고, 3년에는 홍수가 났다. 태종은 열심히 위무했다. 백성들은 동서로 식량을 구하러 가면서도 일찍이 원망하지 않았다. 4년에 천하에 큰 풍년이 들어, 흩어져 떠돌던 사람들이 모두 고향으로 돌아왔다. 쌀 한 말 값이 불과 3~4전이었고, 한 해 동안 사형에 처한 숫자가 겨우 29명이었다. 동쪽으로 바다에 이르기까지, 남쪽으로 오령(五嶺)에 이르기까지 모두 외호(外戶)를 달지 않았다. 그리고 여행객들이 양식을 가지고 다니지 않았으니, 이는 길에서 족히 얻을 수 있기 때문이었다. 이와 같이 천하가 태평하니, 돌궐(突厥)이 와서 화평을 청했다.

삼국 말기에 평양 이북은 야인(野人)들의 사냥터가 되었다. 고려 때 남쪽의 인민들을 여기에 옮겨 살게 했다. 그리고 의주에서 양덕까지 곧게 장성을 쌓아 국경을 굳게 했다. 그러나 사는 것이 불안하여 자주 반란을 일으켰으므로 심지어 군대를 내어 치기까지 했다. 이 태조가 하늘의 명을 받은 후로는 성교(聲敎)가 멀리까지 미쳐, 서북쪽 인민들의 생업이 안정되고 즐겁게 되어 농토가 날로 열리고 인구가 날로 늘어났다. 그리고 바닷가의 땅이나 멀리 떨어진 섬도 남김없이 개간하니 전쟁을 모르고 날마다 먹고 마실 뿐이었다. 동북쪽의 야인들도 태조의 위엄을 두려워하고 덕을 생각한 지 오래되어 모두 복종하여 섬겼다. 태조가 즉위하자 유구국왕이 사신을 보내 신하라고 칭하며 글을 바치고, 자주 와서 특산물을 드리며, 왜적에게 잡혀간 우리나라 사람들을 많이 돌려 보냈다. 또 섬라국(暹羅國) 왕이 사신을 보내와 특산물을 드렸다.

제54장

禮義·ᄅᆞᆯ 앗·기·샤。 兵馬·ᄅᆞᆯ 머·추·어시·니。	惜其禮義。 載弛兵威。
徼外南蠻·인·ᄃᆞᆯ。 아·니 오·리잇·가	徼外南蠻。 曷不來歸
才勇·ᄋᆞᆯ 앗·기·샤。 金刃·을 ᄇᆞ·려시·니。	受其才勇。 載捨金刃。
塞外北狄·인·ᄃᆞᆯ。 아·니 오·리잇·가	塞外北狄。 曷不來順

낱말 풀이

① 머추어시니 : 머추+어+시+니. '-어-'는 주관적 믿음을 나타내는 선어말 어미.

머추다>멈추다. 멈추시니.

② 才勇(재용) : 재주와 용기.

③ 金刃(금인) : 금으로 된 칼.

④ ᄇᆞ려시니 : ᄇᆞ리+어+시+니. 버렸으니.

현대어 대역

(노나라에 대한) 예의를 (한나라 고조가) 아끼시어 병마를 멈추시니,
변방 밖의 남쪽 오랑캐인들 (어찌) 아니 오겠습니까?
(조무의) 재주와 용기를 (이 태조가) 아끼시어 쇠붙이 무기를 버리시니,
변방 밖의 북쪽 오랑캐인들 (어찌) 아니 오겠습니까?

관련 사적

초나라 회왕이 항우를 노공(魯公)으로 봉했다. 한나라 고조가 항우를 베고 초(楚) 땅을 평정하였으나, 노(魯)나라만이 항복하지 않았다. 고조가 천하의 군대를 끌어모아 노국을 도륙하려고 노나라의 성 밑에 이르니, 오히려 거문고를 타고 시를 읊는 소리가 들렸다. 그 내용은 예의의 나라를 지키고 임금을 위해 죽음으로써 절개를 지킨다는 것이었다. 이에 항우의 머리를 가지고 노나라 부형들에게 보이니 노나라가 항복하였다. 유방이 한나라를 세우니 남월(南越)의 무왕(武王)이 스스로 신(臣)이라 일컬으며 한나라 법을 받들었다.

조무(趙武)는 원나라 장수인데, 원나라가 쇠하자 부하를 이끌고 공주(孔州)에 머무르게 되었다. 그때 이 태조는 동북면에 있었는데, 조무가 난을 일으키리라 판단하고 미리 이를 쳤다. 그러나 그의 용맹을 아껴서 쇠촉이 달린 화살을 쓰지 않고 박두(樸頭, 촉이 나무로 된 화살)를 쏘아서 수십 발을 맞혔다. 조무는 마음속으로 기꺼이 복종하여 하인이 되어 죽을 때까지 천한 일을 했는데, 벼슬은 공조전서(工曹典書)가 되었다.

제55장

逐鹿未掎·예。 燕人·이 向慕·ᄒᆞᅀᆞ·ᄫᅡ。
梟騎 보·내·야。 戰陣·ᄋᆞᆯ :돕·ᄉᆞ·ᄫᆞ·니
潛龍未飛·예。 北人·이 服事·ᄒᆞᅀᆞ·ᄫᅡ。
弓劒 ·ᄎᆞᅀᆞᆸ·고。 左右·에 좇ᄌᆞ·ᄫᆞ·니

逐鹿未掎。 燕人向慕。
遠致梟騎。 戰陣來助
潛龍未飛。 北人服事。
常佩弓劒。 左右昵侍

낱말 풀이

① 逐鹿未掎(축록미기) : 사슴을 쫓아 아직 잡지 못함. 사슴은 임금을 비유한 말로 아직 임금이 되지 못했음을 일컬음.

② 向慕(향모)ᄒᆞᅀᆞ·바 : 향모ᄒᆞ+ᅀᆞᆸ+아. 마음을 기울여 사모하여.

③ 梟騎(효기) : 용맹스런 기마병.

④ 戰陣(전진) : 싸움의 진용.

⑤ 潛龍(잠룡) : 숨어 있어서 나타나지 않은 용, 아직 임금이 되지 않았음을 비유한 말.

⑥ 潛龍未飛(잠룡미비) : 잠룡이 날지 아니함.

⑦ 服事(복사)ᄒᆞᅀᆞ바 : 복사ᄒᆞ+ᅀᆞᆸ+아. 복종하여서.

현대어 대역

사슴을 쫓아 아직 잡지 못하였는데도, 연나라 사람들이 (한나라 고조를) 사모하여,
용맹한 기마병을 보내어 싸움의 진용을 도와 드리니라.
물에 잠긴 용이 아직 날지 않음에도, 북쪽 사람들이 마음으로 복종하여,
칼과 활을 차고 (이 태조의) 곁을 따르니라.

관련 사적

한나라 고조와 초나라 항우가 모두 광무에 진을 쳤다. 이때 북맥(北貉) 연인(燕人)이 용맹한 기병을 보내 한나라를 도왔다.

동북쪽 지방은 본래 조선이 비롯된 곳으로 이 태조의 위엄을 두려워하고 덕을 생각한 지 오래 되었다. 야인의 추장들이 멀리 이란두만(移蘭豆漫, 이란투먼)에서

까지 와서 모두 복종하여 섬겼는데, 칼과 활을 가지고 와서 집을 지키고, 좌우에서 가깝게 모시며, 동서로 정벌할 때 따르지 않은 이가 없었다. 물에 잠긴 용이 아직 날지 않은 일은 제53장에 있다.

제56장

聲敎ㅣ 너브·실·씨。 窮髮·이 編戶ㅣ러·니。	聲敎普及。 窮髮編戶。
革命ᄒᆞᆫ 後·에。 厚恩 ·그·리ᄉᆞ·ᄫᆞ·니	革命之後。 後恩思憮
威惠 너브·실·씨。 被髮·이 冠帶러·니。	威惠普及。 被髮冠帶。
오·ᄂᆞᆶ나·래。 至德·을 :우·ᄉᆞᆸᄂᆞ·니	于今之日。 至德感涕

낱말 풀이

① 聲敎(성교) : 명성과 교화(敎化).

② 너브실씨 : 넙+으시+ㄹ씨. 넓으시므로.

③ 窮髮(궁발) : 불모의 땅.

④ 編戶(편호) : 호적에 편입됨.

⑤ 厚恩(후은) : 두터운 은혜.

⑥ 그리ᄉᆞᄫᆞ니 : 그리+ᄉᆞᆸ+ᄋᆞ니. 그리워하니.

⑦ 威惠(위혜) : 위엄과 은혜.

⑧ 被髮(피발) : 머리를 풀어헤침.

⑨ 오ᄂᆞᆶ나래 : 오ᄂᆞᆶ날+애. 오늘날에.

⑩ 至德(지덕) : 높은 덕.

현대어 대역

(당나라 태종의) 명성과 교화가 넓으시므로, 불모의 땅까지도 호적에 편입되더니,
혁명한 뒤에 (태종의) 두터운 은혜를 그리워하니라.
(이 태조의) 위엄과 은혜가 넓으시므로, 머리 풀어헤친 야인까지도 관대를 입더니,
오늘날에도 (이 태조의) 높은 덕을 (그리워하여) 우니라.

관련 사적

결골(結骨)은 예로부터 중국과 통하지 않았는데, 철륵(鐵勒)의 여러 부족들이 당나라에 복속했다는 말을 듣고는 그 기리발(俟利發:돌궐의 관직명)인 실발굴아잔(失鉢屈阿棧)이 입조했다. 그 나라 사람들은 모두 장대한데, 머리칼은 붉고 눈동자는 파랬다. 실발굴아잔이 청하기를 관직을 제수받아 홀(笏)을 가지고 돌아가게 되면 진실로 백세의 다행이겠다고 했다. 그래서 결골을 견곤도독부로 삼고 실발굴아잔을 우둔위대장군견곤도독을 삼아 연연도호에 예속시켰다. 이때 사방 오랑캐의 크고 작은 군장들이 다투어 사신을 보내 공물을 바치고 뵙는 것이 끊이지 않았으니, 해마다 원정(元正) 조하(朝賀)에는 항상 그 수가 매우 많았다. 태종이 여러 오랑캐 사자들을 접견하고는 모시고 있는 신하에게 말하기를, "한나라 무제는 30년 동안 힘써 전쟁을 하여 중국을 피폐하게 했으나 얻은 것은 별로 없었으니, 어찌 오늘날 편안하게 하여 덕으로써 궁발(窮髮:북쪽 지방)로 하여금 모두 호적에 들어가게 한 것만 같으리오."라고 했다.

야인의 추장과 여진족들이 이 태조의 덕망에 감동하여 붙좇는 사람이 많았으므로 태조는 즉위한 뒤에 이들에게 벼슬을 주었다. 이들에게 미개의 풍속을 고쳐서 의관을 갖추게 하고 예의를 지키게 하니, 모두 이 나라 백성 되기를 원했다. 위엄과 은혜를 보인 일은 제53장에 있다.

제57장

:세 ·살·로 :세 :섈 ·쏘시·니。 府中·엣 遼使ㅣ。	爰發三箭。 爰中三雀。
奇才·룰。 과·ᄒᆞᅀᆞ·ᄫᆞ·니	府中遼使。 奇才是服
ᄒᆞᆫ ·살·로 :두 :섈 ·쏘시·니。 ·긼:ᄀᆞ·ᅀᅢᆺ 百姓·이。	迺射一矢。 迺落二鵠。
·큰 功·올。 일·우ᅀᆞ·ᄫᆞ·니	路傍田叟。 大功斯立

낱말 풀이

① 섈 : 새+ㄹ, 새를.

② 府中(부중)앳 : 부중+애+ㅅ, 부중(나라 재상의 집 안)에의, 부중에 있던.

③ 遼使(요사) : 요나라 사신.

④ 奇才(기재) : 신기한 재주.

⑤ 과ᄒᆞᄉᆞᄫᆞ니 : 과ᄒᆞ+ᄉᆞᆸ+ᄋᆞ니. 칭찬하니.

⑥ 긼ᄀᆞᅀᅢ : 긼ᄀᆞᇫ+애+△. 길가에의.

현대어 대역

(금나라 태조가) 세 살로 세 새를 쏘시니, 나라 재상의 집 안에 있던 요나라 사신이

그 신기한 재주를 칭찬하니라.

(이 태조가) 한 살로 두 새를 쏘시니, 길가에 있던 백성이

(이 태조를 좇아 뒤에) 큰 공을 세우니라.

관련 사적

금나라 태조가 일찍이 15살이었을 때 활을 잘 쏘았다. 하루는 요나라 사자가 부중(府中)에 앉아 있었다. 태조가 손에 활과 화살을 들고 있는 것을 보고, 모여 있는 새들을 쏘아 보라고 했다. 연거푸 세 살을 쏘았는데 모두 명중했다. 요나라 사자가 놀라 좌우를 돌아보며 기남자(奇男子)라고 했다.

고려 우왕 때 이 태조가 동북면 도지휘사(東北面都指揮使)로서 동북면을 침입한 여진을 물리치고 돌아올 때에, 뽕나무에 앉은 비둘기 두 마리를 화살 하나로써 다 떨어뜨렸다. 길가에서 두 사람이 밭을 갈고 있었는데, 한 사람은 한충이고, 또 한 사람은 김인찬이었다. 그것을 보고 탄복하여 말하기를, "잘한다. 도령(都領)의 활 솜씨여."라고 하니, 태조가 웃으며 말하기를, "나는 이미 도령은 지났소."라고 했다.

第58장

말·이·ᅀᆞᆸ거·늘 ·가·샤。 ·긼 :ᄀᆞ·ᅀᅢ 軍馬 ·두시·고。	止之亦進。 路畔留兵。
:네 :사ᄅᆞᆷ ᄃᆞ·리·샤。 ·셕·슬 ·치자ᄫᆞ·시·니	遂率四人。 按轡而行
·내 ·니거·지이·다 ·가·샤。 山 미·틔 軍馬 ·두시·고。	請而自往。 山下設伏。
·온 :사ᄅᆞᆷ ᄃᆞ·리·샤。 기·ᄅᆞ·말 밧·기시·니	遂率百人。 解鞍而息

낱말 풀이

① 말이ᅀᆞᆸ거늘 : 말이+ᅀᆞᆸ+거늘. 말리거늘.

② 긼ᄀᆞ새 : 긼ᄀᆞᇫ+애. 길가에.

③ ᄃᆞ리샤 : ᄃᆞ리+시+아. 데리시고서.

④ 셕슬 : 셗+ᄋᆞᆯ. 고삐를.

⑤ 치자ᄫᆞ시니 : 치잡+ᄋᆞ시+니. '치-'는 강세의 뜻을 가진 접두사. 힘주어 잡으시니.

⑥ 니거지이다 : 니거지+이+다. 가고 싶습니다.

⑦ 기ᄅᆞ말 : 안장.

⑧ 밧기시니 : 밧기+시+니. 벗기시니.

현대어 대역

(부하들이) 말리는데 (당나라 태종은) 가시어 길가에 군마를 두시고서,
네 사람을 데리시어 말고삐를 힘주어 잡으시니라.
(이 태조가) 내가 가고 싶습니다 (하고) 가시어 산 밑에 군마를 두시고서,
백 사람을 데리시어 (말) 안장을 벗기시니라.

관련 사적

왕세충(王世充)이 낙양(洛陽)에서 자신을 황제라 일컫고 나라 이름을 정(鄭)이라 했다. 당나라 고조가 태종을 시켜 이를 치게 했다. 태종은 가는 도중에 곳곳에 복병을 두고서(길가에 군마를 두었다 함은 이를 비유함), 자기는 네 기병을 데리고 가서 적을 복병 있는 데까지 유인해 와 적을 무찔렀다. (고삐를 잡았다 함은 적을 유인해 가다가 따라오게 하려고 말을 멈추었음을 말한다.)

고려 우왕 때에 왜적이 일백오십 척의 배로 함경도에 침범했는데, 여러 장수들이 물리치지를 못했다. 이에 이 태조는 자청하여 나아가서 좌우에 군사를 숨겨두고 부하 일백여 기병을 거느리고 적 있는 곳 가까이 가서 말의 안장을 벗기고 말을 쉬게 했다. 그러나 적은 감히 나아오지 못하므로 태조는 부하 몇 사람을 시켜 적을 유인하게 하여 이들을 크게 무찔렀다.

용비어천가 8권(龍飛御天歌卷第八)

제59장

東都·앳 도ᄌᆞ·기。 威武·를 니·기 :아ᄉᆞ·바。	東都之賊。 熟知威武。
二隊玄甲·올。 ·보ᅀᆞᆸ·고 저ᄒᆞ·니	二隊玄甲。 見而驚懊
東海·옛 도ᄌᆞ·기。 智勇·올 니·기 :아ᄉᆞ·바。	東海之賊。 熟知智勇。
一聲白螺·롤。 듣:ᄌᆞᆸ·고 :놀라·니	一聲白螺。 聽而驚悚

낱말 풀이

① 東都(동도)앳 : 동도+애+ㅅ. 동도(동쪽 도읍, 즉 낙양)에의.

② 威武(위무) : 위엄과 무력.

③ 니기 : 익히.

④ 아ᄉᆞ바 : 알+ᅀᆞᆸ+아. 알아서.

⑤ 玄甲(현갑) : 검은 갑옷.

⑥ 저ᄒᆞ니 : 젛+ᄋᆞ니. 두려워하니.

⑦ 白螺(백라) : 흰 소라.

현대어 대역

동도의 도둑이 (당나라 태종의) 위엄과 무력을 익히 알아서,
두 부대의 검은 갑옷을 보고 두려워하니라.
동해의 도적이 (이 태조의) 지혜와 용기를 익히 알아서,
한번 울리는 흰 소라 소리를 듣고 놀라니라.

관련 사적

당나라 태종이 왕세충을 치러 갈 때, 정병을 골라, 모두 검은 갑옷을 입히고 투구를 씌워서 좌우 두 대로 나누고, 자기도 검은 갑옷을 입고 앞장서서 나아가니, 적이 모두 두려워했다. 동도의 적을 친 일은 제58장에 있다.

고려 우왕 때, 왜적 1백 50척이 함경도에 침입하였다. 왜적의 기세가 거세어지자 이 태조가 왜구를 격파하러 가기를 청했다. 태조가 적이 머무는 토아동(兎兒洞, 투씻골)으로 나아가 동네 좌우에 군사를 매복시켰다. 적은 먼저 동네 안의 동서쪽 산을 점거하고 있었는데, 멀리서 소라 나팔 소리가 들리자 놀라며 말하기를, "이는 이성계의 차거라(硨螺螺) 소리이다."라고 했다. 동해의 적을 친 일은 제58장에 있다.

제60장

出奇無端·ᄒᆞ실·씨。 도ᄌᆞ·ᄀᆡ 알·ᄑᆞᆯ :디·나·샤。	**出奇無端。 賊前是歷。**
도ᄌᆞ·기。 ·ᄠᅳᆮ :몰·라 :몯 나·니	**彼寇賊兮。 莫測不出**
變化ㅣ 無窮·ᄒᆞ실·씨。 도ᄌᆞ·ᄀᆡ ᄉᆞ·ᅀᅵᆯ :디·나·샤。	**變化無窮。 賊間是度。**
도ᄌᆞ·기。 ·ᄠᅳᆮ :몰·라 모·ᄃᆞ·니	**彼寇賊兮。 莫測相聚**

낱말 풀이

① 出奇(출기) : 신기한 계교를 냄.

② 無端(무단) : 끝이 없음.

③ 도ᄌᆞᄀᆡ : 도ᄌᆞᆨ+의. 도둑의.

④ 알ᄑᆞᆯ : 앒+ᄋᆞᆯ. 앞을.

⑤ 나니 : 나+니. 나오니.

⑥ ᄉᆞᅀᅵᆯ : ᄉᆞᅀᅵ+ㄹ. 사이를.

⑦ 모ᄃᆞ니 : 몯+ᄋᆞ니. 모이니.

현대어 대역

(당나라 태종은) 신기한 계략을 냄이 끝이 없으시므로, 도둑의 앞을 지나시어(도),

도둑이 그 뜻을 몰라서 나오지 못하니라,

(이 태조의 전략은) 변화가 무궁하시므로, 도적의 사이를 지나시어(도),

도적이 그 뜻을 몰라서 모이니라.

관련 사적

당나라 태종이 왕세충을 치러 갈 때, 태종의 군대가 적의 앞을 지나갔는데도, 적은 성 위에서 이것을 바라만 보고, 그 까닭을 몰라서 감히 나오지 못했다. 기이한 계책이 끝이 없는 일은 제58장에 있다.

이 태조가 왜적을 치러 가서 부하 일백여 기병을 거느리고 천천히 적의 사이로 지나가니, 적이 이를 바라보고도 적은 군사가 저렇게 천천히 가는 이유를 알지 못하여, 동산에 있던 적이 서산 있는 적과 한데 모였다. 변화무궁한 일은 제58장에 있다.

제61장

일·후·믈 :놀·라ᄉᆞ·ᄫᅡ·ᄂᆞᆯ。 ᄒᆞᄫᆞ·ᅀᅡ :뒤·헤 ·셔·샤。	旣驚名號。 于後獨立。
手射數人·ᄒᆞ·샤。 五千賊 이·기시·니	手射數人。 克五千敵
일·후·믈 저ᄊᆞ·ᄫᅡ·ᄂᆞᆯ。 ᄒᆞᄫᆞ·ᅀᅡ :뒤·헤 ·나·샤。	旣畏名號。 于後獨出。
手斃無筭·ᄒᆞ·샤。 百艘賊 자ᄫᆞ·시·니	手斃無筭。 擒百艘賊

낱말 풀이

① 일후믈 : 일훔+을. 이름을.

② 놀라ᄉᆞᄫᆞᄂᆞᆯ : 놀라ᄉᆞᄫᅡᄂᆞᆯ. 놀라거늘.

③ ᄒᆞᄫᆞᅀᅡ : 혼자.

④ 手射數人(수사수인) : 몸소 몇 사람을 쏨.

⑤ 저ᄊᆞᄫᅡᄂᆞᆯ : 젛+ᄉᆞᆸ+아ᄂᆞᆯ. 두려워하거늘.

⑥ 나샤 : 나+시+아. 나아가시어.

⑦ 手斃無筭(수폐무산) : 손수 죽임이 헤아릴 수 없음.

⑧ 百艘賊(백소적) : 백 척의 도둑.

현대어 대역

(당나라 태종의) 이름을 (듣고) 놀라거늘, (태종은) 혼자 뒤에 서시어,

손수 몇 사람을 맞히시어, 오천의 도둑을 이기시니라.
(이 태조의) 이름을 두려워하거늘, (이 태조는) 혼자 뒤에 나아가시어,
손수 죽이심이 수 없으시어, 백 척의 도적을 잡으시니라.

관련 사적

당나라 태종이 왕세충과 싸울 때에, 먼저 적병을 만나 자기 이름을 알리고 손수 적병을 쏘아 죽이고서 드디어 승리를 거두었다. 이름에 놀란 일은 제50장에 있다.

왜적이 배 백오십 척으로 함경도를 침범했을 때 왜어(倭語) 아는 사람을 시켜, 이번 주장이 이성계임을 알리고, 손수 많은 도적을 잡고 드디어 백오십 척의 도적을 다 무찔렀다. 이름을 두려워한 일은 제58장에 있다.

제62장

도ᄌᆞ·ᄀᆞᆯ 나·ᅀᅡ·가 ·보·샤。 일·후·믈 알·외시·니。	馳詣虜陳。 名號自設。
聖武ㅣ·어시·니。 ·나·아오·리잇·가	維其聖武。 彼何敢出
도ᄌᆞ·기 :겨신 ·뒬 무·러。 일·후·믈 저ᅀᆞ·ᄫᆞ·니。	賊問牙帳。 名聲是慴。
天威·어시·니。 ·드·러오·리잇·가	維其天威。 彼何敢入

낱말 풀이

① 도ᄌᆞᄀᆞᆯ : 도ᄌᆞᆨ+ᄋᆞᆯ. 도둑을.
② 알외시니 : 알외+시+니. 알리시니.
③ 聖武(성무)ㅣ·어시·니 : 성무+ㅣ+어+시+니. 성무(성스런 무예)이시니.
④ 나아오리잇가 : 나아오+리+잇+가. 나아오겠습니까.
⑤ 저ᅀᆞᄫᆞ니 : 젛+ᅀᆞᆸ+ᄋᆞ니. 두려워하니.
⑥ 天威(천위) : 하늘에서 타고난 위엄.
⑦ 드러오리잇가 : 드러오+리+잇+가. 들어오겠습니까.

현대어 대역

당나라 태종은 도둑을 나아가 보시어 (자기의) 이름을 알리시니,
(태종은) 성스런 무력을 지닌 분이시니 (도둑이 감히) 나오겠습니까?
도적이 (이 태조) 계신 곳을 물어 (그) 이름을 두려워하니,
(이 태조는) 하늘에서 타고난 위엄이시니 (도적이 감히) 들어오겠습니까?

관련 사적

당나라 고조 때 돌궐의 힐리와 돌리 두 가한(可汗)이 거국적으로 침략했다. 태종이 빈주에서 돌궐을 만나 군사를 엄중히 경계하여 장차 싸우려 했다. 가한이 1만여 기병을 이끌고 갑자기 성 서쪽에 이르러 오롱판(五壟坂)에 진을 치니, 장수와 병졸들이 모두 두려워했다. 태종이 두 차례나 기병을 이끌고 나아가 자기의 이름을 알리며 침략해 온 것을 꾸짖거나 달래니, 돌궐이 사태가 불리함을 깨달아 스스로 태종에게 의탁하여 형제를 맺기를 청했다. 태종 역시 은혜로써 위무하니 화친을 맺게 되었다.

왜적이 우리나라 사람을 사로잡으면, 반드시 이성계 만호가 지금 어느 곳에 있는가를 물었다. 감히 이성계의 군대 가까이는 가지 못하고 틈을 보아 침입했다.

제63장

百步·애ᇫ ᄆᆞᆯ·채 ·쏘·샤。 群豪·ᄅᆞᆯ :뵈·여시·늘。	射鞭百步。 示彼豪帥。
陰謀·를。 니·ᄌᆞ·니이·다	維彼豪帥。 亶忘陰計
百步·애ᇫ 여·름 ·쏘·샤。 衆賓·을 :뵈·여시·늘。	射果百步。 示我諸客。
慶爵·ᄋᆞᆯ。 받ᄌᆞ·ᄫᆞ·니이·다	維此諸客。 共獻慶爵

낱말 풀이

① 백보애ᇫ : 백보+애+△, 백 보에의, 백 보에 있는.
② ᄆᆞᆯ채 : ᄆᆞᆯ채찍.
③ 群豪(군호)ᄅᆞᆯ : 군호+ᄅᆞᆯ. 여기서 '-ᄅᆞᆯ'은 여격의 기능을 함, 여러 호걸에게.

④ 뵈여시ᄂᆞᆯ : 뵈+시+여(거)…ᄂᆞᆯ. 보이시거늘.

⑤ 니ᄌᆞ니이다 : 닞+ᄋᆞ니+이+다. 잊은 것입니다.

⑥ 衆賓(중빈)을 : 중빈+을. 여러 손님에게.

⑦ 慶爵(경작) : 경하하는 술잔.

⑧ 받ᄌᆞᄫᆞ니이다 : 받+ᄌᆞᆸ+ᄋᆞ니+이+다. 바친 것입니다.

현대어 대역

(후당의 태조가) 백 보에 있는 말채찍을 쏘시어, 여러 호걸들에게 보이시거늘,
(그들이) 음모를 잊은 것입니다.
(이 태조가) 백보에 있는 열매를 쏘시어, 여러 손님에게 보이시거늘,
경하하는 술잔을 바친 것입니다.

관련 사적

후당 태조가 달단족에게 자기의 무력을 과시하기 위해서, 그들과 사냥하다가 나무에 바늘을 걸어 놓고 맞히고, 혹은 말채찍을 세워 놓고 백 보 밖에서 쏘아 맞히니 여러 호걸들이 감복하여 감히 해칠 생각을 하지 못했다. 백 보에서 채찍을 쏜 일은 제49장에 있다.

이 태조가 잠저에 있을 때, 동료들을 다 모아 활쏘기 대회를 열었다. 배나무 한 그루가 1백여 보 떨어진 곳에 있는데, 나무의 윗가지 끝에 배 수십 개가 한꺼번에 달려 있었다. 여러 손님들이 태조에게 쏘기를 청하니, 한 발로 바로 맞혀 모두 떨어뜨렸다. 모아서 손님들에게 주니 손님들이 탄복하며 술을 들어 축하했다.

제64장

天下英雄·이。 度量·애 :다 ·드ᅀᆞ·ᄫᆞᆯ·ᄊᆡ。	天下英雄。 盡入度量。
叛·ᄒᆞᄂᆞᆫ ·노·ᄆᆞᆯ。 부·러 노ᄒᆞ·시·니	謀亂之徒。 迺故放之
世上豪傑·이。 範圍·예 :몯 ·나ᅀᆞ·ᄫᆞᆯ·ᄊᆡ。	世上豪傑。 不出範圍。
이·기·ᄉᆞᆶ 筭·ᄋᆞᆯ。 짐·즛 :업·게 ·ᄒᆞ시·니	勝耦之籌。 迺故齊之

낱말 풀이

① 드ᅀᆞᄫᆞᆯᄊᆡ : 들+ᅀᆞᆸ+ᄋᆞᆯᄊᆡ. 들므로.

② 노ᄆᆞᆯ : 놈+ᄋᆞᆯ. 놈을.

③ 노ᄒᆞ시니 : 놓+ᄋᆞ시+니. 놓아주시니.

④ 나ᅀᆞᄫᆞᆯᄊᆡ : 나+ᅀᆞᆸ+ᄋᆞᆯᄊᆡ. 벗어나므로.

⑤ 이기싫 : 이기+시+ㅭ. 이기실.

⑥ 算(산) : 계책.

⑦ 짐즛 : 짐짓. 짐즛>짐짓.

현대어 대역

천하의 영웅이 (금나라 태조의) 도량에 다 들므로,
(태조는) 반역하는 놈을 부러 놓아주시니라.
세상의 호걸이 (이 태조의) 범위 밖에 나지 못하므로,
(이 태조는) 이기실 수를 짐짓 없게 하시니라.

관련 사적

금나라 도통(都統) 고(杲) 등이 말하기를, 야율마철(耶律麻哲), 여도(余覩), 오십(吳十), 탁라(鐸剌) 등이 모반하니 마땅히 빨리 도모해야 한다고 했다. 태조가 여도를 불러 조용히 말하기를, "내가 천하를 얻은 것은 모두 임금과 신하가 한마음 한뜻으로 큰 공을 이룬 것이다. 그러니 너희들의 공이라고 우기지 마라. 이제 들으니 너희가 모반하려고 한다니, 만약 진실로 그러하다면 반드시 말안장, 갑주, 기계 같은 것을 모두 가지고 가라. 나는 식언은 하지 않는다. 만약 나에게 사로잡히면 죽음을 면할 길이 없을 것이다. 남아서 나를 섬기고 싶다면 다른 마음을 품지 마라. 나도 너희를 의심하지 않겠다."라고 하니 여도가 두려워 떨면서 대답을 하지 못했다. 명하여 탁라에게는 곤장 70대를 처하고 나머지는 모두 석방했다.

이 태조는 항상 겸손하고 사양하며 나서지 않고 스스로를 지켰으며 남의 위에 서려고 하지 않았다. 매번 과녁을 쏠 때면, 다만 상대가 능한가 아닌가를 보아 셈의 다소를 겨우 상대방과 비슷하게 할 뿐이지 승부를 가리지 않았다. 사람들이

비록 (활솜씨) 보기를 원하여 권하는 자가 있어도 역시 하나를 더할 뿐이었다.

제65장

苑囿·에ᇫ 도·ᄐᆞᆯ ·티·샤。長史 듣ᄌᆞ·ᄫᆞᆫ :마·리。	斬豕苑囿。長史所聞。
挺世氣象·이。:엇더·ᄒᆞ시·니	挺世氣象。固如何云
峻阪·애ᇫ 놀·ᄋᆞᆯ ·쏘·샤。麾下 듣ᄌᆞ·ᄫᆞᆫ :마·리。	殪獐峻阪。麾下所聞。
盖世氣象·이。:엇더·ᄒᆞ시·니	盖世氣象。固如何云

낱말 풀이

① 苑囿(원유)에ᇫ : 원유+에+ㅿ. 나라 동산에의, 나라 동산에 있는.

② 도ᄐᆞᆯ : 돝+ᄋᆞᆯ. 돼지를.

③ 挺世氣象(정세기상) : 세상에서 빼어난 기상.

④ 埈阪(준판)애ᇫ : 준판+애+ㅿ. 가파른 고갯길에의.

⑤ 놀ᄋᆞᆯ : 놀(노ᄅᆞ)+ᄋᆞᆯ. 노루를.

⑥ 麾下(휘하) : 대장의 진용(陣容) 또는 그 부하

⑦ 蓋世氣象(개세기상) : 세상을 덮을 만한 기상.

현대어 대역

(당나라 태종이) 나라 동산의 돼지를 치시어, (태종에게서) 장사가 들은 (그) 말이,

세상에 빼어난 기상이 어떠하십니까?

(이 태조는) 가파른 고갯길에서 노루를 쏘시어 (이 태조에게서) 부하가 들은 (그) 말이,

일세를 뒤덮을 만한 그 기상이 어떠하십니까?

관련 사적

당나라 태종이 낙양(洛陽) 동산에서 사냥을 하는데, 한 무리의 돼지가 숲 속에서 튀어나왔다. 태종이 활을 당겨 네 발로 네 마리를 죽였다. 또 한 마리가 앞으로

튀어나와 말 등자(鐙子)에 이르렀다. 민부상서(民部尙書) 당검(唐儉)이 말을 버리고 돼지를 쳤다. 태종이 칼을 빼어 돼지를 죽이고 돌아보면서 웃으며 말하기를, "천책부(天策府) 장사(長史)[당검은 천책부의 장사임]는 적을 치는 것을 보지 못했는가. 어찌 그리 심하게 두려워하는가."라고 하니 대답해 말하기를, "한나라 고조가 말 위에서 천하를 얻었으나, 말 위에서 다스리지 않았습니다. 폐하께서 뛰어난 무예로 세상을 평정했지만, 어찌 한 마리 짐승에게 영웅심을 펴려고 하십니까."라고 하니, 태종이 기뻐하고 그를 위해 사냥을 그만두었다.

이 태조가 하루는 병졸을 이끌고 사냥을 나갔는데, 노루 한 마리가 높은 고개에서 밑으로 달려 내려갔다. 지세가 험준해서 군사들이 모두 내려가지 못하고, 산 밑으로 돌아 달려 모였다. 갑자기 대초명적(大哨鳴鏑, 태조가 사용한 화살의 한 가지) 소리가 위에서 밑으로 들려 바라보니, 태조가 고개 위에서 곧바로 달려 내려오는데 번개 같았다. 노루가 상당히 멀리 떨어져 있었는데 쏘아서 정통으로 맞혀 죽였다. 태조가 말을 멈추어 웃으며 말하기를, "이것이 내 솜씨이다."라고 했다. 최영의 휘하 군사 현귀명이 역시 군사들 가운데 있다가 직접 이것을 보고 그 상황을 최영에게 말했다. 최영이 오랫동안 감탄했다.

제66장

大義·를 ᄇᆞᆯ·기실·ᄊᆡ。 侯國·이 ·오·ᅀᆞᆸ더·니。	**大義克明。 侯國斯來。**
輕士善罵·ᄒᆞ·샤。 侯國·이 背叛ᄒᆞ·니	**輕士善罵。 侯國斯離**
大勳·이 :이ᄅᆞ시·릴·ᄊᆡ。 人心·이 몯:ᄌᆞᆸ더·니。	**大勳將成。 人心斯聚。**
禮士溫言·ᄒᆞ·샤。 人心·이 굳ᄌᆞ·ᄫᆞ·니	**禮士溫言。 人心斯固**

낱말 풀이

① ᄇᆞᆯ기실ᄊᆡ : ᄇᆞᆯ기+시+ㄹᄊᆡ. 밝히시므로.

② 侯國(후국) : 제후의 나라.

③ 輕士善罵(경사선매) : 선비를 가벼이하고 욕을 잘함.

④ 大勳(대훈) : 큰 공적.

⑤ 이ᄅᆞ시릴ᄊᆡ : 이ᄅᆞ+시+리+ㄹᄊᆡ. 이루어질 것이므로.

⑥ 몯줍더니 : 몯+줍+더+니. 모이더니.

⑦ 禮士溫言(예사온언) : 선비를 예의로 대접하고 말을 따뜻이 함.

현대어 대역

(한나라 고조가) 대의를 밝히시므로 제후의 나라들이 (고조에게로) 오더니,
(고조는) 선비를 경멸하고 꾸짖기를 잘해서 제후의 나라들이 배반하니라.
큰 공이 이루어지실 것이므로 인심이 (이 태조에게로) 모이더니,
선비를 대접하고 말씀을 부드럽게 하시어 인심이 (더욱) 굳으니라.

관련 사적

항우(項羽)가 초나라 의제(義帝)를 죽이므로, 한나라 고조가 의제를 죽인 초나라를 친다는 대의 명분을 내세우니, 천하 제후가 고조에게로 모여 초나라를 멸하였다. 그러나 고조는 선비를 경멸하고 또 꾸짖기를 잘하는 버릇이 있어 후에 제후들이 배반했다.

고려 말에 관가에서는 병사의 기록이 없고, 장수들이 각각 병사들을 점호하니 이것을 패기(牌記)라고 했다. 최영, 변안열, 지용수, 우인열 같은 대장들은 오로지 권위만을 세우려고, 그 막료 사졸들 가운데 뜻대로 되지 않는 자가 있으면 한없이 꾸짖고 욕하며 혹 매질을 하여 죽는 사람도 있어 휘하에서 원망이 많았다. 여러 장수 가운데 오직 이 태조가 진심을 보이고 예의로써 휘하를 대접하니, 평생에 욕하는 사람이 없었다. 여러 장수들이 모두 휘하에 배속되기를 바랐다.

제67장

ᄀᆞ·ᄅᆞᇝ :ᄀᆞ·ᅀᆡ ·자거·늘。 :밀·므·리 사·ᄋᆞ·리로·ᄃᆡ。	宿于江沙。 不潮三日。
·나거·ᅀᅡ。 ·ᄌᆞ·ᄆᆞ·니이·다	迨其出矣。 江沙湮沒
:셤 안·해 ·자싫 ·제。 ·한·비 사·ᄋᆞ·리로·ᄃᆡ。	宿宇島嶼。 大雨三日。
:뷔어·ᅀᅡ。 ·ᄌᆞ·ᄆᆞ·니이·다	迨其空矣。 島嶼湮沒

낱말 풀이

① ᄀᆞᄅᆞᇝᄀᆞᅀᅢ : ᄀᆞᄅᆞᇝ ᄀᆞᇫ+애. 강가에.

② 사ᄋᆞᆯ이로ᄃᆡ : 사ᄋᆞᆯ+이+로ᄃᆡ. 사흘이되.

③ 나거ᅀᅡ : 나+거ᅀᅡ, 나가고 나서야.

④ ᄌᆞᄆᆞ니이다 : ᄌᆞᆷ+ᄋᆞ니+이+다. 잠겼습니다.

⑤ 안해 : 안ㅎ+애. 안에.

⑥ 자시ᇙ : 자+시+ᇙ. 주무실.

⑦ 한비 : 큰비.

⑧ 뷔어ᅀᅡ : 뷔+어ᅀᅡ. 비어서야.

현대어 대역

(원나라의 백안이) 강가에 자거늘 밀물이 사흘이로되 (물이 들지 않더니),

(백안이) 나가서야 비로소 잠겼습니다.

(이 태조의 군사가) 섬 안에 주무실 때 큰비가 사흘이로되 (섬에 물이 들지 않더니),

(섬이) 비고 나서야 비로소 잠겼습니다.

관련 사적

원나라 중서우승상(中書右丞相) 백안(伯顔)이 송나라를 치고 강가 모래에 주둔했다. 항주(杭州) 사람들이 바야흐로 다행으로 생각했는데, 조수가 3일 동안 이르지 않았다.

이성계가 위화도에 진군하니 장마가 여러 날 동안 내렸으나, 물이 붇지 않다가 회군하니 섬이 잠겼다. 섬에서 잔 일은 제9장에 있다.

제68장

ᄀᆞ·ᄅᆞᇝ :ᄀᆞᇫ 아·니 말·이·샤。 :밀·므·를 마ᄀᆞ·시·니。	不禁江沙。 迺防潮濤。
하·ᄂᆞᆯ·히。 부·러 ·ᄂᆞ·ᄆᆞᆯ :뵈시·니	彼蒼者天。 示人孔昭
·한·비·ᄅᆞᆯ 아·니 그·치·샤。 날·므·를 외·오시·니。	不止霖雨。 迺回潢洋。
하·ᄂᆞᆯ·히。 부·러 ·우·릴 :뵈시·니	彼蒼者天。 示我孔彰

낱말 풀이

① ᄀᆞᇫ : 가.

② 말이샤 : 말이+시+아. 말리시어.

③ 밀므를 : 밀믈+을. 밀물을.

④ 마ᄀᆞ시니 : 막+ᄋᆞ시+니. 막으시니.

⑤ ᄂᆞᄆᆞᆯ : ᄂᆞᆷ+ᄋᆞᆯ. 여기서 '-을'은 여격의 기능을 함. 남에게.

⑥ 외오시니 : 외오+시+니. 둘러가게 하시니.

⑦ 우릴 : 우리에게.

현대어 대역

(하늘이) 강가 (자는 것을) 말리지 아니하시어 밀물을 막으시니,
하늘이 일부러 남에게 보이시니라.
큰비를 (하늘이) 그치지 아니하시어 날물을 에워가게 하시니,
하늘이 일부러 우리들에게 보이시니라.

관련 사적

앞 장의 노래를 반복한 것이다. 백안이 밀물이 들어올 강가에 진을 치는 것을 하늘이 금하지 않고 도리어 밀물을 막은 것은 하늘의 뜻을 남들에게 보이기 위한 것이라 함이다.

이 태조가 위화도에 나아갔을 때에 비를 내리지 않아야 위험이 없을 텐데, 오히려 하늘이 큰비를 내려 홍수를 둘러가게 하신 것은 하늘의 뜻을 우리에게 보이기 위한 것이라 함이다. 큰 비를 멈추지 않은 일은 제9장에 있다.

제69장

드·르·헤 龍·이 싸·호·아。 四七將·이 일·우려·니。	龍鬪野中。 四七將濟。
오·라 ᄒᆞᆫ·ᄃᆞᆯ。 ·오시·리잇·가	縱曰來思。 噬肯來詣
城 밧·긔 ·브·리 비·취·여。 十八子ㅣ 救·ᄒᆞ시·려·니。	火照城外。 十八子救。
가·라 ᄒᆞᆫ·ᄃᆞᆯ。 ·가시·리잇·가	縱命往近。 噬肯往就

낱말 풀이

① 드르헤 : 드르ㅎ+에. 들에.

② 四七將(사칠장) : 24명의 장수.

③ 일우려니 : 일우+리+어+니. 이룰 것이니, 이루어낼 것이니.

④ 十八子(십팔자) : 이(李) 씨.

현대어 대역

들에 용(=여러 장수들)이 싸워서 사칠(四七) 장수가 이룰 것이니,
오라고 한들 오시겠습니까?
성 밖에 불이 비치어 십팔자(十八子)가 구하실 것이니,
가라고 한들 가시겠습니까?

관련 사적

후한 광무제가 경시(更始) 장군의 부하로 있으면서 한단(邯鄲)을 함락시키고 왕랑(王郎)의 목을 베었다. 경시가 군대를 거두어 돌아오라고 명령하였다. 그러나 광무제는 하북을 평정하지 못했다는 핑계로 부르는데 가지 않고 북으로 진격하여 연나라와 조나라를 쳤다. 이어 장수들이 존호(尊號)를 올렸으나 허락하지 않았는데, 강화(彊華)라는 유생이 적복부(赤伏符)란 도참서(圖讖書 : 예언서)를 드리니 마침내 수락하여 제위에 올랐다. 적복부에는 다음과 같이 쓰여 있었다. "劉秀發兵捕不道 / 四夷雲集龍鬪野 / 四七之際火爲主 (유수(劉秀)가 군사를 일으켜 부도(不道)를 잡고 네 오랑캐[四夷]가 운집하여 용이 들에 싸우니 사칠(四七) 사이에 불[火]이 주인[主]이 되리라.) *龍鬪野는 군웅이 각축함을 말함이요, 火는 漢을 가리키는 말이다. 사칠은 28명의 장수를 가리킨다.

이 태조가 요동을 정벌하라는 명을 받고 위화도까지 갔다가 거기서 회군하여 돌아올 즈음에, "西京城外火色 / 安州城外煙光 (서경성 밖은 불빛이요, 안주성 밖은 연기와 빛이라)"라는 동요가 유행하였다. 그리고 '십팔자(十八子(=李))가 삼한을 바로잡는다.'는 참서(讖書)가 있었다. 성 밖에 불이 비친 일은 제9장에 있다.

제70장

天挺英奇·ᄒᆞ·샤。 安民·ᄋᆞᆯ 爲·ᄒᆞ실·ᄊᆡ。	天挺英奇。 爲安民斯。
六駿·이。 應期·ᄒᆞ·야 나·니	騤騤六駿。 生應期兮
天錫勇智·ᄒᆞ·샤。 靖國·을 爲·ᄒᆞ실·ᄊᆡ。	天錫勇智。 爲靖國猗。
八駿·이。 應時·ᄒᆞ·야 나·니	蹻蹻八駿。 生應時兮

낱말 풀이

① 天挺英奇(천정영기) : 하늘이 영특하고 기이한 재주를 냄.

② 安民(안민) : 백성을 편안하게 함.

③ 六駿(육준) : 여섯 마리의 준마.

④ 天錫勇智(천석용지) : 하늘이 용기와 지혜를 가진 사람을 줌.

⑤ 靖國(정국) : 나라를 평정함.

⑥ 八駿(팔준) : 여덟 마리의 준마.

⑦ 應期(응기) : 때를 맞춤.

현대어 대역

하늘이 (당나라 태종과 같은) 영특하고 기이한 재주를 내시어 백성을 편안하게 하도록 하심에,

여섯 준마가 시기를 맞추어 태어나니라.

하늘이 (이 태조와 같은) 용기와 지혜 가진 분을 주시어 나라를 평정함을 위하심에,

여덟 준마가 때를 맞추어 태어나니라.

관련 사적

당나라 태종(太宗)의 여섯 마리 준마(駿馬)는 특륵표(特勒驃), 삽로자(颯路紫), 청추(青騅), 권모과(拳毛騧), 십벌적(什伐赤), 백제오(白蹄烏)였으며, 조선 태조의 여덟 마리 준마는 횡운골(横雲鶻), 유린청(游麟青), 추풍오(追風烏), 발전자(發電赭), 용등자(龍騰紫), 응상백(凝霜白), 사자황(獅子黃), 현표(玄豹)였다.

제71장

元良·ᄋᆞᆯ 무·우리·라。 垂象·ᄋᆞ·로 :하ᅀᆞᄫᆞ·니。 欲搖天良。 譖用妖星。
庸君·이신·ᄃᆞᆯ。 天性·은 ᄇᆞᆯᄀᆞ·시·니 雖是庸君。 天性則明
僞姓·을 구·튜리·라。 親朝·ᄅᆞᆯ 請·ᄒᆞᅀᆞ·ᄫᆞ·니。 謀固僞姓。 請朝京師。
聖主ㅣ 실·ᄊᆡ。 帝命·을 :아·ᄅᆞ시·니 自是聖主。 帝命已知

낱말 풀이

① 元良(원량) : 황태자나 왕세자를 달리 이르는 말.

② 무우리라 : 무우+리+라. 흔들려고.

③ 垂象(수상) : 드리운 형상.

④ 하ᅀᆞᄫᆞ니 : 할+ᄉᆞᆸ+ᄋᆞ니. 참소하니.

⑤ 庸君(용군) : 용렬한 임금.

⑥ 僞姓(위성) : 거짓 성씨.

⑦ 구튜리라 : 구티우+리+라. '구티우다'는 '굳다'의 사동사. 굳히리라.

⑧ 親朝(친조) : 천자를 뵘.

⑨ 聖主(성주) : 성스런 임금.

⑩ 帝命(제명) : 황제의 명령.

⑪ 아ᄅᆞ시니 : 알+ᄋᆞ시+니. 아시니.

현대어 대역

태자를 흔들려고, 드리운 형상으로 참소하니,
(당나라 예종은) 용렬한 임금이시지만 천성은 밝으시니라.
거짓 성씨를 굳히려고 천자 뵙기를 청하니,
(명나라 임금은) 성군이시므로 하늘의 명을 아시니라.

관련 사적

당나라 현종이 태자가 되니, 태평공주는 그 영무(英武)함을 싫어하여, 암약한 자를 세워 자신의 권세를 보전하려고 여러 번 예종에게 참소하여 그 자리를 떨어뜨리려 하였다. 그래서 혜성이 나타났을 때 공주는 예종에게 말하기를, 태자가 제위에 오를 징조라고 하였다. 예종은 용렬한 임금이었으나, 천성은 밝으신 분이므로 하늘의 뜻을 알아 현종에게 선위하였다.

창왕(昌王)이 즉위하매 이색이 창왕으로 하여금 왕권을 굳게 하려고 임금이 친히 명나라에 들어가기를 청하였으나 허락되지 않았다. 그러나 그 뒤에 이 태조가 등극하여 명나라에 사신을 보내어 천자에게 건국의 이유를 말하니 명나라 태조는 사신에게 자기가 나라를 얻은 내력을 이야기하고 "너희 임금이 나라를 얻음도 이와 같을 것이다. 하늘이 주지 않고 사람들이 모이지 않는 데서 힘으로 취할 수 있겠는가."라고 하였다.

제72장

獨夫·를 하·ᄂᆞᆯ·히 니ᄌᆞ·샤。 功德·을 國人·도 :ᄉᆞᆲ거·니。	**天絶獨夫。 維彼功勳。**
漢人 ᄆᆞᅀᆞ·미。 :엇더ᄒᆞ·리잇·고	**東人稱美。 矧伊漢民**
하·ᄂᆞᆯ·히 獨夫·를 ᄇᆞ·리·샤。 功德·을 漢人·도 :ᄉᆞᆲ거·니。	**天棄獨夫。 維我功德。**
國人 ᄆᆞᅀᆞ·미。 :엇더ᄒᆞ·리잇·고	**漢人嘆服。 矧伊東國**

낱말 풀이

① ᄇᆞ리샤 : ᄇᆞ리+시+아. 버리시어.

② 엇더ᄒᆞ리잇고 : 엇더ᄒᆞ+리+잇+고. 어떠하겠습니까.

현대어 대역

외로운 지아비를 하늘이 잊으시어 공덕을 우리나라 사람들도 말하니,
하물며 한나라 사람의 마음이야 어떠하겠습니까?
하늘이 외로운 지아비를 버리시어 (이 태조의) 공덕을 한나라 사람들도 말하니,
하물며 우리나라 사람의 마음이야 어떠하겠습니까?

관련 사적

독부는 수나라 양제를 가리키고, 공덕은 당나라 임금의 공덕을 말한다. 하늘이

독부를 끊은 일은 제17장과 제41장에 있다.

독부는 창왕(昌王)을 가리키고 공덕은 이 태조의 공덕을 말한다. 하늘이 독부를 버린 일은 제9장과 제71장에 있다.

제73장

生靈·이 凋喪ᄒᆞᆯ·ᄡᅵ。 田租·ᄅᆞᆯ 고·티시·니。	生靈凋喪。 均定田租。
七姓亂後·에。 致治·ᄅᆞᆯ 爲·ᄒᆞ시·니	七姓亂後。 致治是圖
寇攘·이 毒痡ㅣ어·늘。 田制·를 고·티시·니。	寇攘毒痡。 大正田制。
僞氏黜後·에。 中興·을 爲·ᄒᆞ시·니	僞氏黜後。 中興斯爲

낱말 풀이

① 生靈(생령) : 살아 있는 영혼, 여기서는 백성.

② 凋喪(조상) : 피폐하고 궁핍함.

③ 田租(전조) : 토지세.

④ 고티시니 : 고티+시+니. 고치시니.

⑤ 七姓亂後(칠성란후) : 일곱 성의 난리가 있은 후.

⑥ 致治(치지) : 좋은 정치를 이룩하는 것.

⑦ 寇攘(구양) : 남의 물건을 강제로 뺏음.

⑧ 毒痡(독부) : 독하게 병듦.

⑨ 僞氏黜後(위씨출후) : 가짜 성을 쫓아 낸 후.

현대어 대역

백성이 궁핍하므로 (주나라 세종은) 토지 제도와 조세를 고치시니,
일곱 성씨의 난이 있은 뒤에 태평의 정치가 되기를 바라시니라.
약탈이 나라를 병들게 하므로 (이 태조는) 토지 제도를 고치시니,
거짓 성씨를 내친 뒤에 (고려의) 중흥을 위하시니라.

관련 사적

서기 10세기 경, 일곱 성씨가 모두 임금을 일컬어 천하가 어지럽고 백성이 도탄에 빠졌는데, 후주(後周)의 세종은 토지 제도와 세금은 나라 다스리는 근본이라 하며 천하의 토지 제도와 조세를 바로 잡았다. 일곱 성씨는, 후량(後粱) 태조의 성이 주씨(朱氏)이고, 후당(後唐) 장종(莊宗)의 성씨가 주사(朱邪)씨이고, 명종(明宗)은 본래 북적(北狄) 출신이고, 노왕(潞王)의 성은 왕(王)씨이며, 진(晉)나라 고조(高祖)의 성은 석(石)씨이고, 후한(後漢) 고조(高祖)의 성은 유(劉)씨이며, 후주(後周)의 태조(太祖)의 성은 곽(郭)씨이니, 이들을 말함이다.

이 태조가 대의를 밝혀 위화도에서 회군한 뒤에 분개하여, 다시 왕씨를 세워 중흥을 이루려는 뜻이 있어, 폐해를 혁신하고 이로움을 일으켜 그 정치의 기강을 바로잡았다. 이때 전제(田制)가 크게 무너져 권세 있는 자들이 토전(土田)을 빼앗으며 산야를 농락하니 폐해가 날로 심해졌다. 이 태조는 대사헌 조준(趙浚) 등과 상의하여 사전(私田)을 혁파하고 균전(均田)의 제도를 부활시키려 했다. 조준 등이 창왕에게 상서하여 그 폐해를 모두 아뢰었다. 구가(舊家)와 세족(世族)들이 모두 자신들에게 불편하다 하여 조준 등을 크게 미워하여 서로 맺어 훼방하고 비난했다. 그리고 나쁜 무리들이 따라서 서로 뭉쳤다. 공양왕 때 이르러 태조는 힘써 여러 논의를 물리치고, 마침내 조준 등의 말에 따라 전제(田制)를 크게 바르게 하여 오랜 세월동안 남의 재물을 빼앗던 폐단을 없앴다.

제74장

天倫·을 姦臣·이 :하ᅀᆞ·ᄫᅡ。 中土心得·다 ᄒᆞᆫ·돌。	姦臣間親。 日得民望。
賢弟·를。 :매 니ᄌᆞ·시·리	維此賢弟。 寧或有忘
天意·를 小人·이 거·스·러。 親王兵·을 請ᄒᆞᆫ·돌。	小人逆天。 請動王師。
忠臣·을。 :매 모·ᄅᆞ시·리	維此忠臣。 寧或不知

낱말 풀이

① 하ᅀᆞ바 : 할+ᅀᆞᆸ+아. 참소하여.

② 中土心得(중토심득) : 중원의 민심을 얻음.

③ 親王兵(친왕병) : 황자(皇子:황제의 아들)의 군사.

④ 매 : 어찌.

⑤ 니즈시리 : 닞+ᄋ시+리. 잊으시겠습니까.

현대어 대역

(원나라 헌종과 세조 사이의) 형제의 도리를 간신이 참소하여, (세조가) 중국의 인심을 얻었다 한들,

아우를 어찌 잊으시겠습니까?

하늘의 뜻을 소인이 거역하여 (명나라에 가서) 친왕병을 청한들,

(이 태조가) 충신임을 어찌 모르시겠습니까?

관련 사적

원나라 헌종(憲宗) 때, 세조(世祖)가 하남(河南)의 관우(關右)를 다스렸다. 어떤 사람이 헌종에게 참소하기를, "황제의 동생이라 하여 중원 백성의 마음을 얻으려 하고, 또 왕부(王府)의 여러 신하들이 함부로 권리를 휘둘러 이익을 취하려고 한다."라고 했다. 헌종은 이 말을 믿고, 세조의 개부(開府)를 파했다. 그리고 좌대필사적(佐大必闍赤), 아란답아(阿蘭答兒)에게 명하여 승상행성(丞相行省)으로 진(秦)·촉(蜀)의 일을 맡아 여러 노(路)의 재부(財賦)를 조사하도록 했다. 아란답아의 성격은 냉엄하고 무자비하여, 단련(鍛鍊)하여 죄를 꾸며 법망에 끌어넣고, 공을 죄로 바꾸며, 참소하는 길을 크게 열어 놓아 학정의 불꽃이 가히 두려웠다. 이로부터 죄를 얻는 자가 많아졌다. 세조는 헌종에게 의심을 받았고, 아란답아에게 핍박을 받았으므로, 죄를 받을까 크게 걱정하여 요추(姚樞)의 계책을 써서 들어가 뵙기를 청했다. 헌종을 뵙고 눈물을 흘리니, 형제가 처음같이 되어 조사를 그만두라는 명이 내렸다.

고려 공민왕 때, 윤이(尹彝)와 이초(李初)가 원나라 황제에게 호소하기를 고려의 이(李) 시중(侍中:이성계)이 왕요(王瑤)를 임금으로 내세우고 군사를 움직여 상국(上國)을 침범하려 하니, 친왕(親王)이 군사를 이끌고 토벌하기를 바란다고 하였다. 그러나 원나라 예부에서는 '천자께서 밝으시므로 그것이 거짓임을 알 것

이다.'라고 했다.

제75장

突厥·이 入寇ᄒᆞ·나。 威名·을 저ᄊᆞ·바。	突厥入寇。 威名畏服。
戰鬪之計·를。 아·니 드르·니	戰鬪之計。 不敢聽諾
威靈·이 :머·르실·ᄊᆡ。 女直·이 來庭·ᄒᆞ·야。	威靈遠振。 女直來庭。
爭長之言·을。 아·니 거·스·니	爭長之言。 不自抗衡

낱말 풀이

① 入寇(입구) : 도둑이 쳐들어옴.

② 威名(위명) : 위엄 있는 이름.

③ 저ᄊᆞ바 : 젛+ᅀᆞᆸ+아. 두려워하여.

④ 戰鬪之計(전투지계) : 싸우자는 계책.

⑤ 威靈(위령) : 위엄 있는 높은 덕

⑥ 머르실ᄊᆡ : 멀+으시+ㄹᄊᆡ. 멀므로.

⑦ 女直(여직) : 여진족을 달리 이르는 말. 요나라 흥종(興宗)의 이름이 종진(宗眞)이었으므로 요나라 사람들이 그 임금의 이름을 피하여 '眞'을 '直'이라 고쳐 부르게 된 데서 유래함.

⑧ 內庭(내정) : 조정에 들어옴.

⑨ 爭長之言(쟁장지언) : 서로 나이가 많음을 다투는 말.

⑩ 거스니 : 거슬+니. 맞서니.

현대어 대역

돌궐이 침입하나 (당나라 태종의) 위엄 있는 이름을 두려워하여,
(돌궐은) 싸우자는 계책을 듣지 아니하니라.
(이 태조의) 위엄 있는 덕이 멀리까지 미치므로, 여진이 (고려) 조정에 와,
서로 장유(長幼)를 다투던 말로 맞서지 아니하니라.

관련 사적

돌궐(突厥)이 당을 침입해 왔으므로 당나라 고조는 태종에게 가서 막게 했다. 태종이 자기의 이름을 알리고 나아가니 돌궐은 크게 놀라서 화친을 청하게 되었다. 돌궐이 쳐들어온 일은 제62장에 있다.

고려 공양왕 때, 올량합(兀良合)과 알타리(斡朶里)가 조정에 와 서로 자리를 다투었다. 알타리가 말하기를, "우리들이 온 것은 누가 높은가를 다투려고 하는 것이 아닙니다. 지난날 윤관(尹瓘)이 우리의 땅을 평정하고 비석을 세워 고려지경(高麗之境)이라고 했습니다. 지금 경내의 인민들이 모두 제군사(諸軍事 : 공양왕 때 이 태조의 벼슬)의 위덕과 신망을 사모하여 온 것일 뿐입니다."라고 하고는 서로 다투지 않았다. 태조가 올량합과 알타리를 집에서 대접하여 그들을 성심으로 복종하게 하였다.

제76장

宗室·에 鴻恩·이시·며。 :모딘 相·ᄋᆞᆯ 니ᄌᆞ·실·씨。	宗室鴻恩。 且忘反相。
千載 아·래。 盛德·을 ᄉᆞᆯ·ᄫᆞ·니	故維千載。 監德稱仰
兄弟·예 至情·이시·며。 :모딘 ·죄·ᄅᆞᆯ 니ᄌᆞ·실·씨。	兄弟至情。 不念舊惡。
오·ᄂᆞᆳ나·래。 仁俗·ᄋᆞᆯ 일·우시·니	故維今日。 仁厚成俗

낱말 풀이

① 宗室(종실) : 임금의 친족.

② 鴻恩(홍은) : 큰 은혜.

③ 千載(천재) : 천 년.

④ 盛德(성덕) : 높은 덕.

⑤ 至情(지정) : 지극한 정.

⑥ ᄉᆞᆯᄫᆞ니 : ᄉᆞᆲ+ᄋᆞ니. 말씀하시니.

⑦ 오ᄂᆞᆳ날애 : 오ᄂᆞᆳ날+애. 오늘날에.

⑧ 仁俗(인속) : 어진 풍속.

현대어 대역

(한나라의 고조는) 종실에 큰 은혜를 베푸시며, (그 조카의) 모진 상을 잊으시므로, (그로부터) 천년 뒤에 (고조의) 높은 덕을 말씀하니라.
(이 태조는) 형제에 대한 지극한 정이 있으시며, (그 종형의) 모진 꾀를 잊으시므로, 오늘날 어진 풍속을 이루니라.

관련 사적

한나라의 고조는 진(秦)나라가 고립되어 망한 것을 경계하여, 같은 성씨들을 (제후로) 많이 봉하여 천하를 다스리려고 하였다. 종형 고(賈)를 형왕(荊王)으로 세우고, 동생 교(交)는 초왕(楚王)으로 세웠으며, 형 희(喜)는 대왕(代王)으로 세웠고, 아들 비(肥)는 제왕(齊王)으로 세웠다. 고(賈)가 아들이 없자, 다시 형(荊)을 오국(吳國)으로 만들어 희(喜)의 아들 비(濞)를 오왕으로 삼았다. 비를 임명하고 나서는 불러 말하기를, "너의 모습에는 반역의 상이 있다."라고 하고는 등을 쓰다듬으며 말하기를, "한나라가 일어난 후 50년이 되면 동남쪽에서 난리가 있을 텐데, 어찌 네가 그렇게 되겠느냐? 그러나 천하가 동성(同姓)의 일가이니 너는 삼가 반역하지 말라."라고 하니, 비가 머리를 조아리며 감히 그렇게 하지 않겠다고 말했다. 그로부터 일천 년이 지난 뒤에, 송나라의 소식(蘇軾)은 고조가 그 조카를 죽이지 않은 것은 그의 큰 덕이라 평했다.

이 태조의 아버지 환조(桓祖)가 죽자 종형인 천계(天桂)가 스스로 적사(適嗣)가 되어 마음속으로 태조를 꺼렸다. 태조의 종 가운데 천민을 면하여 양민(良民)이 되려고 관청에 소송을 낸 자가 있었다. 천계와 그 누이인 강우(康祐)의 처가 함께 모의하여, 양민이 되려고 소송한 자와 함께 연결되어 작란(作亂)하려다가 이루지 못했다. 태조는 개의치 않고 처음과 같이 대했다. 천계가 고려에서 벼슬하여 장작판사(將作判事)가 되었는데, 사람을 때려죽인 일에 걸려 죽게 되었다. 태조가 구하려고 두번 세번 힘써 청하였으나 이루지 못하니 매우 슬퍼했다. 여러 고아를 어루만져 길러 혼인 등의 모든 일을 스스로 주관했다. 강우의 처가 집이 가난하니, 태조가 이를 불쌍히 여겨 노비를 많이 주고 살림살이를 도와주었다. 개국 후에 천계의 자식들에게 모두 높은 벼슬을 주었다.

제77장

·ᄂᆞ·ᄆᆞᆫ 仇讎ㅣ·라커·늘。 日月之明·이실·ᄊᆡ。	人謂讎也。 日月明顯。
다·시 ·ᄡᅳ·샤。 富庶·를 ·보시·니	迺復用之。 當庶斯見
·ᄂᆞ·ᄆᆞᆫ 주·규·려커·늘。 天地之量·이실·ᄊᆡ。	人欲誅矣。 天地量廓。
다·시 사ᄅᆞ·샤。 爵祿·ᄋᆞᆯ ·주시·니	迺復生之。 爵祿是錫

낱말 풀이

① 仇讐(구수)ㅣ라커늘 : 구수+ㅣ+라 ᄒᆞ+거늘. 원수라고 하거늘.

② 日月之明(일월지명) : 해와 달과 같이 밝음.

③ 富庶(부서) : 부유하고 번성함.

④ 주규려커늘 : 주기+우려 ᄒᆞ+거늘. 죽이려 하거늘.

⑤ 天地之量(천지지량) : 하늘과 땅처럼 넓은 도량.

⑥ 사ᄅᆞ샤 : 사ᄅᆞ+시+아. 살리시어.

⑦ 爵祿(작록) : 벼슬과 녹봉.

현대어 대역

남들은 (위징을) 원수라고 하거늘 (당 태종은) 해달과 같이 밝으신 분이시므로, (위징을) 다시 쓰시어 부유하고 번성함을 보시니라.

남들은 (이색 등을) 죽이려고 하거늘 (이 태조는) 천지처럼 넓은 도량이시므로, (그들을) 다시 살리시어 벼슬과 녹을 주시니라.

관련 사적

당나라 위징(魏徵)이 태종의 형 건성(建成)에게 태종을 죽이라 했다. 그 뒤 건성은 패하여 죽고 태종이 정권을 잡자, 주위에서 모두 위징을 쓰지 말라고 했다. 그러나 태종은 위징의 재주를 아껴 벼슬을 시켰다. 사람들이 원수라고 한 일은 제26장과 제53장에 있다.

이 태조가 즉위하자 정도전이 이색, 우현보 등 10여 인을 모두 극형에 처하기를 청했다. 태조는 "이 사람들을 무엇 때문에 극형에 처하겠는가. 다시 말하지 말라."

고 했다. 정도전 등이 죄를 감등(減等)하여 처벌하기를 청하니, 태조가 "다시 논하지 말라."고 했다. 후에 이색을 불러 옛 친구의 예로 대접하여 술을 마시며 즐거워했다. 과전(科田) 120결(結)과 콩 300속, 그리고 소금 5섬을 하사했다. 그리고 고기와 술을 주면서, "경도 이미 늙었으니 마땅히 다시 고기와 술을 먹어 몸을 보양하시오."라고 했다. 이때 이색이 불교를 믿어 고기와 술을 끊고 있었으므로 이와 같이 명한 것이다. 또 재목과 기와를 주어 살 집을 짓도록 하고, 이색에게 옛날의 한산군(韓山君) 칭호를 그대로 쓰도록 했다. 인하여 의성, 덕천 등의 5고(五庫)의 도제조(都提調)로 명했다. 그리고 우현보의 직첩(職牒)을 도로 주었다. 사람들이 죽이려고 한 일은 제12장에 있다.

용비어천가 9권(龍飛御天歌卷第九)

제78장

嚴威·로 ·처ᅀᅥᆷ ·보·샤。 迺終·애 殊恩·이시·니。	維是嚴威。 始相見之。
·뉘 아·니。 좇:ᄌᆞᆸ·고·져 ᄒᆞ·리	終以殊恩。 孰不願隨
赤心·ᄋᆞ·로 ·처ᅀᅥᆷ ·보·샤。 迺終:내 赤心·이시·니。	維是赤心。 始相見斯。
·뉘 아·니。 ᄉᆞ랑·ᄒᆞ·ᅀᆞᄫᆞ·리	終亦赤心。 孰不思懷

낱말 풀이

① 嚴威(엄위) : 엄격한 위엄.

② 迺終(내종)애 : 나중에.

③ 殊恩(수은) : 특별한 은혜.

④ 좇ᄌᆞᆸ고져 : 좇+ᄌᆞᆸ+고져. 따르고자.

⑤ 赤心(적심) : 참된 마음.

⑥ ᄉᆞ랑ᄒᆞᅀᆞᄫᆞ리 : ᄉᆞ랑ᄒᆞ+ᅀᆞᆸ+ᄋᆞ리. 사랑하리.

현대어 대역

(한나라 고조는 그 신하에게) 엄한 위엄으로 처음 보시어, 나중에는 특별한 은혜를 베푸시니,

누가 따르고자 아니할까?

(이 태조는 옛 친구들을) 적심으로 처음 보시어, 나중까지 적심이시니,

그 누가 사모하지 아니할까?

관련 사적

한나라 고조를 도와 천하를 평정한 공로가 큰 경포가 한나라에 이르니, 고조는 발을 씻으며 대하므로, 경포는 크게 노하여 찾아간 것을 후회하였는데, 숙사(宿舍)에 이르니, 음식과 시중드는 것 등이 고조의 거처와 같으므로 경표는 매우 기뻐했다.

이 태조가 평주(平州)에 온천 갔다가 소마동(所磨洞, 설멧골)에 이르러 가마를 멈췄다. 우정승 김사형(金士衡), 의성군 남은(南誾)과 함께 잠저 때의 서로 친하던 정과 개국 때의 힘쓴 일을 애기하며 술잔을 서로 권하니 친하기가 옛날과 같았다.

제79장

始終·이 다ᄅᆞ·실·씨。 功臣·이 疑心ᄒᆞ·니。	始終有異。 功臣疑惑。
定鼎無幾·예。 功·이 그·츠·니이·다	定鼎無幾。 遂絶其績
始終·이 ·ᄀᆞ·ᄐᆞ실·씨。 功臣·이 忠心·이·니。	始終如一。 功臣忠勤。
傳祚萬世·예。 功·이 그·츠·리잇·가	傳祚萬世。 豈絶其勳

낱말 풀이

① 그츠니이다 : 긏+으니+이+다. 끊어졌습니다.

② 定鼎(정정) : 천하를 차지하고 도읍을 정하는 일.

③ 無機(무기) : 세월이 얼마 되지 않음.

④ 傳祚(전조) : 보위를 전함.

현대어 대역

(한 고조는) 처음과 나중이 다르시므로 공신이 의심하니,
도읍을 정한 지 얼마 되지 못하여 공이 끊어진 것입니다.
(이 태조는) 처음과 끝이 같으시므로 공신이 충성된 마음이니,
임금 자리를 만세에 전함에 공이 끊어지겠습니까?

관련 사적

한나라 고조가 항우와 천하를 다툴 때는 한신(韓信), 팽월(彭越), 경포(黥布) 등을 우대하고 중용하였다. 그러나 천하를 통일한 뒤에는 이들을 차례로 죽여서 후환을 없앴다. 그러니 도읍을 정한 지 이십 년에 또 다시 여후(呂后)의 난리를 만나게 되었다. 시종이 다른 일에 대해서는 제78장에 있다.

이 태조는 신하를 끝까지 사랑했으므로 공신들이 모두 충심을 다했다. 시종이 같은 일에 대해서는 제78장에 있다.

제80장

武功:쁜 아·니 爲·ᄒᆞ·샤。 션·비·ᄅᆞᆯ :아·ᄅᆞ실·ᄊᆡ。	匪直爲武。 且識儒生。
鼎峙之業·을。 :셰시·니이·다	鼎峙之業。 肆克樹成
討賊·이 겨·를 :업·스샤·ᄃᆡ。 션·비·ᄅᆞᆯ :ᄃᆞ·ᄉᆞ실·ᄊᆡ。	不遑討賊。 且愛儒士。
太平之業·이。 ·빛·나시·니이·다	太平之業。 肆其光煒

낱말 풀이

① 鼎峙之業(정치지업) : 솥발처럼 대치하여 서는 업적, 여기서는 중국의 위(魏), 촉(蜀), 오(吳) 세 나라가 솥발처럼 마주 서 있었음을 가리킴.
② 셰시니이다 : 셰+시+니+이+다. 세우셨습니다.
③ 討賊(토적) : 도둑을 토벌함.
④ 업스샤ᄃᆡ : 없+으시+오ᄃᆡ. 없지만.
⑤ ᄃᆞᄉᆞ실ᄊᆡ : ᄃᆞᆺ+ᄋᆞ시+ㄹᄊᆡ. 사랑하시므로.

⑥ 太平之業(태평지업) : 나라를 태평하게 하는 일

현대어 대역

(촉한의 유비가) 무공만을 아니 위하시어 선비를 아시므로,

세 나라 마주 서는 일을 세우신 것입니다.

(이 태조는) 도둑 토벌하는 데 겨를이 없으시되 선비를 사랑하시므로,

나라를 태평하게 하는 일이 빛나신 것입니다.

관련 사적

촉의 선주(先主) 유비가 매양 자기는 한나라 학자가 아뢰는 것을 보고 치란의 도리를 알 수 있었다고 했다. 정치(鼎峙)는 한(漢), 위(魏), 오(吳)가 솥의 세 발처럼 대립해 있었음을 말한다.

이 태조가 본래 경술(經術)을 중히 여겨 비록 군중에 있어도 군사 일을 쉬는 틈이 있으면 매번 경사(經史)의 대략을 논의했는데, 때로는 한밤이 되어도 자지 않았다. 올라(兀剌)를 정벌할 때, 무너진 담장 안에서 우는 소리가 들려 사람을 시켜 가 보도록 했다. 한 사람이 옷을 벗은 채로 서서 얼굴을 가리고 울고 있었다. 불러서 물어 보니, 이에 말하기를, "나는 원나라에서 장원을 한 배주(拜住)인데, 당신네 나라 이인복(李仁復)은 나와 동년(同年)입니다."라고 했다. 태조는 장원이란 말을 한 번 듣고는 바로 옷을 벗어 그에게 입히고 말에 태워 함께 돌아왔다. 고려 공민왕이 배주에게 판사농시사(判司農寺事)를 배수하고, 성을 하사하고 이름을 한복(韓復)이라고 했다.

제81장

千金·을 아·니 앗·기·샤。 ·글 冊·ᄋᆞᆯ 求·ᄒᆞ시·니。	不吝千金。 典籍是索。
經世度量·이。 ·크시·니이·다	經世度量。 是用恢廓
聖性·을 아·니 미드·샤。 學問·이 기프·시·니。	不矜聖性。 學問是邃。
創業規模 ㅣ。 :머·르시·니이·다	創業規模。 是用遠大

낱말 풀이

① 앗기샤 : 앗기+시+아.

② 經世度量(경세도량) : 세상을 경영하는 도량.

③ 크시니이다 : 크+시+니+이+다. 크신 것입니다.

④ 聖性(성성) : 성스런 본성.

⑤ 머르시니이다 : 멀+으시+니+이+다. 머신 것입니다.

현대어 대역

(송나라 조광윤은) 천금을 아끼지 아니하시어 글 책을 구하시니,
세상을 경영하는 도량이 크신 것입니다.
(이 태조는 자기의) 성스런 본성을 믿지 아니하시어 학문이 깊으시니,
그 나라를 세운 규모가 머신 것입니다.

관련 사적

송나라 태조(조광윤)의 성격은 무겁고 말이 적었는데, 책 보기를 좋아하여 비록 군중에 있을 때라도 책을 손에서 놓지 않았다. 어떤 사람에게 기이한 책이 있다는 소리를 들으면 천금을 아끼지 않고 그것을 사들였다. 주나라 세종을 따라 회전(淮甸)을 평정할 때, 어떤 사람이 세종에게 참소하여 말하기를, "조광윤이 수주(壽州)를 함락시키고 사사로이 몇 대나 되는 수레를 가득 채웠는데, 모두 귀중한 보배입니다."라고 했다. 세종이 조사하려고 관리를 보내 궤짝의 물건을 다 꺼냈는데, 오직 책 수천 권뿐이고 다른 물건은 없었다. 세종이 급히 불러 묻기를, "경은 바야흐로 나의 장수가 되어 강토를 넓히려고 하는데, 마땅히 군대를 군세고 날카롭게 하는 데 힘쓸 것이지, 책은 어디에 쓰려고 하느냐."라고 하자, 태조가 머리를 조아리고 말하기를, "신은 아무 계책도 없으면서 임금님의 덕을 입어 함부로 임무를 맡아서 항상 미치지 못할까 두려웠습니다. 책을 모은 것은 견문을 넓히고 지혜와 뜻을 더하려는 것입니다."라고 했다. 세종이 좋다고 했다.

이 태조는 활달하여 세상을 바로잡을 수 있는 도량이 있었으며 어질고 후덕하여 살리기를 좋아하는 덕을 갖추었다. 공훈이 빛날수록 더욱 공손하고 겸손하였다.

또 평소에 유학을 중히 여겨 일을 보는 여가에는 항상 유자인 유경(劉敬) 등과 경사(經史)를 보며 즐거워하여 피로함도 잊으니, 뜻을 펼쳐 세상의 도를 돌이킬 뜻이 있었다. 일찍이 가문에 유학을 닦은 사람이 없는 것을 부끄럽게 생각하여 태종으로 하여금 학문에 나아가게 했다. 태종이 날마다 힘써 책 읽기를 게을리하지 않으니, 태조는 일찍이 말하기를, "나의 뜻을 이룰 자는 반드시 너로다."라고 했다. 신덕왕후가 매번 책 읽는 소리를 들을 때면 감탄하여 말하기를, "어찌 내게서 나지 않았으리오."라고 했다.

제82장

혀·근 션·비·ᄅᆞᆯ ·보시·고。 御座·애 :니·르시·니。	**引見小儒。 御座遽起。**
敬儒之心·이。 :엇더·ᄒᆞ시·니	**敬儒之心。 云如何已**
늘·근 션·비·ᄅᆞᆯ ·보시·고。 禮貌·로 ·ᄭᅮ·르시·니。	**接見老儒。 禮貌以跪。**
右文之德·이。 :엇더·ᄒᆞ시·니	**右文之德。 云如何已**

낱말 풀이

① 혀근 : 혁+은. 작은.

② 御座(어좌) : 임금의 자리.

③ 니르시니 : 닐+으시+니. 일어나시니.

④ 敬儒之心(경유지심) : 선비를 공경하는 마음.

⑤ 엇더ᄒᆞ시니 : 엇더ᄒᆞ+시+니. 어떠하시니.

⑥ 禮貌(예모) : 예의를 갖춘 모습.

⑦ 右文之德(우문지덕) : 학문을 높이는 덕.

현대어 대역

(원나라 세조는) 작은 선비를 보시고 자리에서 일어나시니,
그 선비를 공경하는 마음이 어떠하십니까?
(이 태조는) 늙은 선비를 보시고 예의 갖춘 태도로 꿇어앉으시니,
그 학문을 높이는 덕이 어떠하십니까?

관련 사적

고려 충렬왕 때에 세자를 원나라에 보냈는데, 정당문학(政堂文學) 정가신(鄭可臣), 예빈윤(禮賓尹) 민지(閔漬) 등을 딸려 보냈다. 하루는 원나라 세조가 편전(便殿)에서 고려 세자를 불러 놓고는, 안석에 기대고 누워서 무슨 책을 보느냐고 물었다. (고려 태자가) 대답하기를, "스승인 유자 정가신과 민지가 이곳에 있어서, 숙위(宿衛)하는 여가에 때때로 '효경, 논어, 맹자'를 물어서 바로잡습니다."라고 하니, 세조가 크게 기뻐하며 정가신을 불러오라고 했다. 세자가 이끌고 함께 왔다. 세조가 급히 일어나 관을 쓰고 책망하여 말하기를, "네가 비록 세자라도 내 외손이며, 저들은 배신(陪臣)이나 유자(儒者)이다. 어찌 나로 하여금 관을 쓰지 않고 만나게 하는가?"라고 하고, 이에 자리를 주고 본국의 대대로 전하는 (상하) 질서와 치란(治亂)의 자취며 풍속의 아름다움을 진시(辰時)에서 미시(未時)까지 물었는데, 들으면서 피곤해 하지 않았다.

고려 공양왕 때에 이색이 임금의 부름을 받고 귀양지에서 서울에 돌아와 잠저에서 이 태조를 뵈었다. 태조가 크게 놀라 기쁘게 맞아 상좌에 앉히고 무릎을 꿇고 술을 올려 이색에게 마시기를 청했다. 이색이 사양하지 않았다. 매우 즐기다 끝을 내었다. 사람들이 이색이 사양하지 않은 것을 비난했다.

제83장

君位·를 :보·ᄇᆡ·라 ᄒᆞᆯ·ᄊᆡ。 ·큰 命·을 알·외·요리·라。	位曰大寶。 大命將告。
바·ᄅᆞᆳ 우·희。 金塔·이 소·ᄉᆞ·니	肆維海上。 迺湧金塔
·자ᄒᆞ·로 制度ㅣ 날·ᄊᆡ。 仁政·을 맛·됴리·라。	尺生制度。 仁政將託。
하·ᄂᆞᆯ 우·ᄒᆡᆺ。 金尺·이 ᄂᆞ·리시·니	肆維天上。 迺降金尺

낱말 풀이

① 알외요리라 : 알외요(←알+외요)+리+라. 알리리라고=알리려고.

② 맛됴리라 : 맛됴(←맜+이오)+리+라. 맡기리라고=맡기려고.

③ 우흿 : 웋+의+ㅅ. 위에의

④ 仁政(인정) : 어진 정치.

현대어 대역

임금 자리를 보배라 하므로 (하늘은 고려 태조에게) 큰 명을 알리려고,
바다 위에 금탑이 솟으니라.
자로써 제도가 나므로 (하늘이 이 태조에게) 어진 정치를 맡기려고,
하늘 위에 있는 금자가 내리시니라.

관련 사적

고려 태조가 임금이 되기 전에 꿈에 아홉 층 금탑이 바다에서 솟아올랐는데, 스스로 그 위에 올라갔다.

이 태조가 잠저(潛邸)에 있을 때, 꿈에 한 신인이 하늘에서 내려와 금으로 만든 자를 주며 말하기를, "공의 자질이 문무를 겸하고, 백성들의 신망이 있으니 이 자를 가지고 나라를 바로잡을 자, 공이 아니면 누구리오."라고 했다. 자에서 제도가 나온 일에 대해서는 제13장에 있다.

제84장

:님·그·미 賢·커·신마·ᄅᆞᆫ。 太子·ᄅᆞᆯ :몯 :어·드실·씨。
누ᄫᅳᆫ 남·기。 니·러셔·니이·다
나·라·히 오·라·건마·ᄅᆞᆫ。 天命·이 다·아갈·씨。
이·ᄫᅳᆫ 남·기。 ·새 ·닢 나·니이·다

維帝雖賢。 靡有太子。
時維僵柳。 忽焉自起
維邦雖舊。 將失天命。
時維枯樹。 茂焉復盛

낱말 풀이

① 賢(현)커신마른 : 현ᄒᆞ+시+거…ㄴ마ᄅᆞᆫ. '거…ㄴ ᄆᆞᄅᆞᆫ'은 불연속 형태임. 어지시건마는.

① 누ᄫᅳᆫ : 눕+은. 누운.

② 남기 : 낡+이. 나무가.

③ 니러셔니이다 : 니러셔+니+이+다. 일어선 것입니다.

④ 오라건마른 : 오라+건마ᄅᆞᆫ. 오래건마는.

⑤ 다아갈씨 : 다아가+ㄹ씨. 다해가므로,

⑥ 이븐 : 입+은. 시든.

현대어 대역

임금이 어지시건마는 태자를 못 얻으시므로,
누운 나무가 일어선 것입니다.
나라가 오래건마는 하늘의 명이 다해 가므로,
시든 나무에 새 잎이 난 것입니다.

관련 사적

한나라 소제(昭帝) 때 태산의 큰 돌이 스스로 일어서고, 상림(上林)에 말라 쓰러진 버드나무가 스스로 일어나 살았다. 부절령(符節令) 휴홍(眭弘)이 말하기를, "돌과 버드나무는 백성을 상징하는 것입니다. 이제 큰 돌이 스스로 일어서고, 누웠던 버드나무가 다시 일어선 것은 사람의 힘으로 된 것이 아닙니다. 이것은 마땅히 필부(匹夫) 중에 천자가 될 사람이 있다는 것입니다."라고 말했다. 5년 후 소제가 죽고 후사가 없어 선제(宣帝)가 백성 사이에서 일어나 임금이 되었다.

덕원(德源)에 큰 나무 한 그루가 말라죽은 지 몇 년이 되었는데, 조선이 개국하기 1년 전에 다시 가지가 자라나고 잎이 무성하였다. 이때 사람들이 모두 이것은 개국의 조짐이라고 했다.

제85장

方面·을 :몰·라·보시·고。 벼·스·를 도·도시·니。	不覺方面。 聿陞官爵。
하·ᄂᆞᇗ ᄆᆞᅀᆞ·ᄆᆞᆯ。 ·뉘 고·티ᅀᆞ·ᄫᆞ·리	維天之心。 誰改誰易
讖文·을 :몰·라·보거·늘。 나·랏 일·훔 ᄀᆞᄅᆞ·시·니。	未曉讖文。 聿改國號。
天子△ ᄆᆞᅀᆞ·ᄆᆞᆯ。 ·뉘 달·애ᅀᆞ·ᄫᆞ·리	維帝之衷。 誰誘誰導

낱말 풀이

① 方面(방면) : 네모난 얼굴.

② 하ᄂᆞᇗ : 하ᄂᆞᆯ+△. 하늘의.

③ 고티ᅀᆞᄫᆞ리 : 고티+ᅀᆞᆸ+ᄋᆞ리. 고치리.

④ 讖文(참문) : 도참의 글.

⑤ 달애ᅀᆞᄫᆞ리 : 달애+ᅀᆞᆸ+ᄋᆞ리. 달래리.

현대어 대역

모난 얼굴을 몰라보시고 벼슬을 돋우시니,
하늘의 마음을 누가 고치겠습니까?
도참의 글을 몰라보거늘 나라의 이름을 바꾸시니,
천자의 마음을 누가 달래겠습니까?

관련 사적

주나라 세종이 요나라를 정벌하고 돌아오는 길에, 사방의 문서를 살펴보다가 가죽 주머니에 들어 있는 3자쯤 되는 나무를 보았다. 거기에는 '점검(點檢)이 천자가 된다.'라고 적혀 있었다. 이때 장영덕(張永德)이 점검이었다. 장영덕은 주나라 친척으로 공이 있었다. 세종은 그를 의심하여 드디어 송나라 태조(조광윤)로서 장영덕을 대신하게 하였다. 세종은 매번 신하 중에서 얼굴이 모나고 귀가 큰 사람을 보면 반드시 죽였다. 그런데 조광윤은 그런 상이었지만 곁에서 시중을 들어도 깨닫지 못했다.

도참(圖讖)에 「조명지문(早明之文)」이란 말이 있었는데 아무도 그 뜻을 알지 못했다. 뒤에 명나라 태조는 우리나라 이름을 「朝鮮」이라 함이 좋다고 했는데, 「조선」은 아침 해가 선명하다는 뜻이니 이는 「早明」과도 뜻이 통한다.

제86장

여·슷 놀·이 디·며。 다·ᄉᆞᆺ 가마·괴 디·고。	六麞䟢兮。 五鴉落兮。
빗·근 남·ᄀᆞᆯ。 ᄂᆞ·라 나·마시·니	于彼橫木。 又飛越兮
石壁·에 ·수멧·던。 :녜 :뉫 ·글 아·니라·도。	巖石所匿。 古書縱徵。
하·ᄂᆞᇙ ·ᄠᅳ·들。 ·뉘 모·ᄅᆞᅀᆞ·ᄫᆞ·리	維天之意。 孰不之知

낱말 풀이

① 놀이 : 노르+이. 노루가.

② 빗근 : 빍+은. 비스듬한,

③ 남ᄀᆞᆯ : 낡+ᄋᆞᆯ. 나무를.

④ 나마시니 : 남+아+시+니. '-아-'는 확인법의 선어말 어미 '-거-'의 이형태임. 넘으시니.

⑤ 수멧던 : 숨+어 잇+더+ㄴ. 숨어 있던.

⑥ 녜 뉫글 : 옛 세상의 글, 옛글.

현대어 대역

여섯 노루가 떨어지며, 다섯 까마귀가 떨어지고,
비스듬한 나무를 날아 넘으시니라.
석벽에 숨었던 옛 시대의 글이 아니더라도,
하늘 뜻을 누가 모르겠습니까?

관련 사적

동부면순문사 이달충이 서울로 돌아갈 때 환조가 들에서 전송하는 연회를 베풀고 있었다. 마침 건너편 언덕에 노루 일곱 마리가 모여 있었는데, 이달충이 말하기를, "노루 한 마리를 잡아 오늘 안주로 하면 어떻겠소?"라고 했다. 환조가 이 태조에게 휘하의 군사를 거느리고 가라고 명하자 태조가 휘하의 병사에게 산 뒤로 가서 노루를 놀라게 하라고 했다. 곧 일곱 마리의 노루가 달려 내려왔다. 태조가 다섯 발을 쏘아 노루 다섯 마리를 잡고, 또 한 마리를 쫓아 활을 쏘려 했다. 마침 큰 못이 앞에 있었는데 막 얼음이 얼어붙어 있었다. 태조가 말고삐를 당겨 건너가 쏘아 또 잡았다.

태조가 어렸을 때, 정안옹주(定安翁主) 김 씨가 단장 위에 있는 까마귀 다섯 마리를 보고 쏘기를 청했다. 태조가 한 발을 쏘니 까마귀 다섯 마리의 머리가 모두 떨어졌다. 김 씨가 이를 이상하게 생각하여 삼가 이 일을 누설하지 말라고 태조에게 말했다.

고려 공양왕 때, 태조가 임강(臨江) 화장산(華藏山)에 사냥을 갔다. 사슴을 좇다가 절벽에 닿았는데, 높이가 수십 척이고 경사가 가팔라서 사람은 내려갈 수가 없었으나, 사슴은 미끄러져 내려갔다. 태조가 말을 채찍질하여 미끄러지게 해서 내려가 바닥에 이르니 말이 넘어져 일어나지 못했다. 태조는 바로 사슴을 쏘아 죽였다.

태조가 잠저에 있을 때, 한 중이 문에 이서(異書)를 바치면서 말하기를, "지리산 바위에서 얻은 것입니다."라고 했다. 그 글에, '목자가 돼지를 타고 내려와 다시 삼한의 경계를 바로잡는다.(木子乘猪下, 復正三韓境)'는 구절이 있었다. 사람을 시켜 맞아들이라 했으나 이미 가버려 찾지 못했다.

제87장

ᄆᆞᆯ 우·흿 대:버·믈。 ᄒᆞᆫ ·소ᄂᆞ·로 ·티시·며。	馬上大虎。 一手格之。
싸·호·ᄂᆞᆫ ·한·쇼·ᄅᆞᆯ。 :두 소·내 자ᄇᆞ·시·며	方鬪巨牛。 兩手執之
ᄃᆞ리·예 ·뻐딜 ᄆᆞ·ᄅᆞᆯ。 넌즈시 ·치·ᅘᅧ시·니。	橋外隕馬。 薄言挈之。
聖人神力·을。 어·ᄂᆞ :다 ᄉᆞᆯ·ᄫᆞ·리	聖人神力。 奚磬說之

낱말 풀이

① 대버믈 : 대범+을. 큰 범을.

② 한쇼ᄅᆞᆯ : 한쇼+ᄅᆞᆯ. 큰 소를.

③ 뻐딜 : 뻐디+ㄹ, 떨어질.

④ 치ᅘᅧ시니 : 치ᅘᅧ+시+니. 잡아당기시니

⑤ 聖人神力(성인신력) : 성인의 신통한 힘.

⑥ ᄉᆞᆯᄫᆞ리 : ᄉᆞᆲ+ᄋᆞ리. 사뢸까.

현대어 대역

말 위의 큰 범을 한 손으로 치시며,

싸우는 큰 소를 두 손에 잡으시며,

다리에 떨어질 말을 넌지시 잡아당기시니,

성인의 신통한 힘을 어찌 다 사뢸까?

관련 사적

이 태조가 젊었을 때 동북면에 있었는데, 하루는 어떤 사람이 고하기를, "숲 속에 큰 호랑이가 있다."고 했다. 태조가 활을 들고 화살을 허리에 차고 숲의 뒤쪽 언덕에 올라가 사람들에게 밑으로 달리라고 했다. 태조가 문득 보니 호랑이가 옆에 매우 가까이 있어서 곧 바로 말을 달려 피했다. 호랑이가 쫓아와 말에 올라서서 잡으려 했다. 태조가 오른손을 휘둘러 치니 호랑이가 벌렁 자빠져 일어나지 못했다. 태조가 말을 돌려 쏘아 죽였다.

또, 고려 공양왕 때에 태조는 함주(咸州)에 있었다. 큰 소가 서로 싸우는데 많은 사람들이 멈추게 하려고 했으나 멈추지 못했다. 혹 옷을 벗어 던지기도 하고, 불을 던지기도 했으나 그만두게 하지 못했다. 태조가 두 손으로 소를 잡으니 소가 싸울 수가 없었다.

공양왕 때 태조가 통천(通川) 총석정(叢石亭)에 구경갔다. 안변(安邊) 학포교(鶴浦橋)에 이르러 졸다가 말이 발을 헛디뎌 떨어졌다. 태조가 바로 내려서서 두 손으로 말의 귀와 갈기를 잡으니, 말은 공중에 걸려 있게 되었는데, 끝내 말을 놓지 않았다. 사람을 시켜 차고 있던 칼을 빼어 안장 등의 마구를 잘라낸 후 손을 놓았다. 말은 물에 빠졌다가 다시 헤엄쳐 나왔다.

제88장

마·ᄉᆞᆫ 사·ᄉᆞ·ᄆᆡ 둥·과。 도ᄌᆞ·ᄀᆡ ·입·과 ·눈·과。	麋脊四十。 與賊口目。
遮陽ㄱ :세 ·쥐。 :녜·도 잇·더신·가	遮陽三鼠。 其在于昔
굿·븐 ᄭᅯᇰ·을。 :모·ᄃᆡ 놀·이시·니。	維伏之雉。 必令驚飛。
聖人神武ㅣ。 :엇더·ᄒᆞ시·니	聖人神武。 固如何其

낱말 풀이

① 마ᄉᆞᆫ : 마흔.

② 遮陽(차양) : 처마 끝에 덧붙이는 작은 지붕.

③ 잇더신가 : 잇+더+시+ㄴ가. 있으시던가.

④ 굿븐 : 굿블+ㄴ. 구부린.

⑤ 쥐을 : 쥉+을. 꿩을.

⑥ 모딕 : 틀림없이.

⑦ 놀이시니 : 놀이+시+니. 날리시니.

⑧ 聖人神武(성인신무)ㅣ : 성인신무+ㅣ. 성인의 신기한 무예가.

현대어 대역

마흔 사슴의 등과, 도둑의 입과 눈과,
차양의 세 마리 쥐, 옛날에도 있으시던가?
구부린 꿩을 틀림없이 날리시니,
성인의 신기한 무예가 어떠하십니까?

관련 사적

이 태조가 우왕을 따라 해주로 사냥을 갔다. 화살 만드는 사람이 새 화살을 바쳤다. 태조가 종이 뭉치를 노적가리 위에 어지러이 꽂아 놓도록 하고 쏘아서 모두 맞혔다. 그리고 좌우를 보고 말하기를, "오늘 짐승을 쏘는 것은 모두 등을 맞히겠다."라고 했다. 태조는 평시에 짐승을 쏘면 반드시 안시골(雁翅骨)을 맞혔다. 이날 사슴 40마리를 쏘았는데, 모두 등을 정확히 맞혔다. 사람들이 그 신기함에 감복했다.

원나라 승상 나하추(納哈出)가 조소생(趙小生)의 권유를 듣고 삼산(參散)과 홀면(忽面)에 쳐들어왔을 때였다. 한번은 적 한 명이 태조를 쫓아 창으로 찌르려고 하자, 태조가 갑자기 몸을 기울여 마치 떨어질 듯하게 한 채 올려다보고, 그 겨드랑이를 활로 쏘고는 곧 말을 바로 탔다. 또 한 명의 적이 태조를 마주하여 활을 쏘자, 태조가 곧 말 위에서 일어서니 화살이 사타구니 밑으로 빠져나갔다. 그리고 이에 말을 달려 적을 쏘아 그 무릎을 맞혔다. 또 시내 가운데서 적장 한 명을 만났다. 그 사람은 갑옷을 입고 호항(護項)과 면갑(面甲)을 한 외에 별도로 이갑(頤甲)을 만들어 입을 벌리기 편하게 하여, 아주 굳게 보호하여 쏠 틈새가 없었다.

태조가 일부러 그 말을 쏘니, 말이 발작하여 세차게 뛰자, 적이 힘주어 고삐를 당기니 이에 입이 벌어졌다. 그러자 태조가 그 입을 명중시켰다. 세 명을 죽이니 이에 적이 크게 달아났다. 태조가 철기병으로 짓밟으니 적이 서로 밟아 많이 죽고 사로잡혔다.

왜구가 서해도를 침범했을 때였다. 태조가 처음 전투를 시작할 때에는 대우전(大羽箭) 스무 대를 가지고 있었는데, 싸움이 끝날 때는 세 대가 남아 있었다. 태조가 좌우를 돌아보며, "내가 모두 적의 왼쪽 눈초리를 쏘았다."라고 말했다. 좌우의 사람들이 가서 보니 모두 그랬다.

태조가 잠저에 있을 때, 우인열과 서쪽 마루에 앉아 있다가 차양(遮陽)을 보니 쥐 세 마리가 문미(門楣)를 타고 달아났다. 태조가 종을 불러 활과 촉이 나무로 된 화살 셋을 가지고 오게 하여 그것을 갖고 기다렸다. 쥐 한 마리가 문미를 돌아 지나가니 태조가 말하기를, "다만 맞출 뿐이지 상하게까지 하지 않는 것이 좋겠다."라고 했다. 드디어 쏘니 화살과 함께 떨어졌는데 과연 죽지 않고 달아났다. 나머지 두 마리도 역시 그와 같이 했다.

태조가 들판을 지날 때, 엎드린 꿩을 보면 반드시 놀라 날아가게 하여 높이가 몇 장이 되면 올려다보고 쏘아 번번이 맞혔다. 태조가 일찍이 송도의 교외에서 사냥을 하는데, 엎드려 있는 꿩을 보고 촉 없는 화살로 쏘아 맞혀서 떨어뜨렸다.

제89장

·솛바·올 닐·굽·과。 이·본 나모·와。	松子維七。 與彼枯木。
·투·구 :세 ·사·리。 :녜·도 ·쪼 잇·더신·가	兜牟三箭。 又在于昔
東門 밧·긔。 독·소·리 것·그·니。	東門之外。 矮松立折。
聖人神功·이。 ·쪼 :엇더·ᄒ시·니	聖人神功。 其又何若

낱말 풀이

① 솛바올 : 솔방울.

② 이본 : 입+은. 시든.

③ 독소리 : 독솔+이. 다복솔.

④ 聖人神功(성인신공)이 : 성인신공+이. 성인의 신기한 공이.

현대어 대역

솔방울 일곱과 시든 나무와,
투구 세 살이 옛날에도 또 있으시던가?
동문 밖의 다복솔이 꺾어지니,
성인의 신기한 공이 또 어떠하십니까?

관련 사적

고려 우왕 때 왜선 1백 50척이 함경도에 침범하자 아군이 맞아 싸웠으나 크게 패하였다. 적의 기세가 거세지자 이 태조가 왜구를 격파하러 가기를 자청하였다. 항주에 이르러 군영 가운데 소나무가 있었는데 70보쯤 떨어져 있었다. 태조가 군사를 불러놓고 말하기를 "내가 몇 번째 가지의 몇 번째 솔방울을 쏠 테니 너희들은 보라."고 하고서 유엽전(柳葉箭)을 쏘았다. 일곱 발을 쏘았는데 일곱 발 모두 얘기한 곳에 명중했다. 군중이 모두 춤추고 날뛰며 환호했다. 다음날 토아동(兎兒洞)에 군사를 매복시키고 왜적을 향해 진격하던 중에 주둔지에서 1백 보쯤 떨어진 곳에 있는 마른 나무 등걸을 태조가 연거푸 세 살을 쏘아 모두 한 가운데를 맞혔다. 적이 서로 돌아보며 놀라 의기소침해지자 적을 공격하여 크게 승리하였다.

왜구가 서해도 여러 고을에 침입하여 아군이 패하자, 우왕이 태조와 임견미, 변안열, 유만수, 홍징을 조전원수(助戰元帥)로 삼아 왜적을 무찌르게 했으나 크게 패하였다. 이때 태조가 싸움에 나가면서 투구를 1백수십 보 밖에 놓고 시험 삼아 활을 쏘아 승패를 점쳤다. 세 발을 쏘았는데 모두 맞혀 꿰뚫었다.

태조가 위화도에서 회군하여 도성문 밖에 이르렀을 때 작은 소나무 한 그루가 1백 보 밖에 있었다. 태조는 승리의 조짐을 점쳐 여러 사람의 마음을 하나로 하려고 소나무에 활을 쏘았다. 소나무가 한 화살에 부러졌다.

제90장

:두 兄弟 ·ᄭᅬ ·하·건마·ᄅᆞᆫ。 藥·이 하·ᄂᆞᆯ 계·우·니。	兄弟謀多。 藥不勝天。
아·바:님 지ᄒᆞ·신 일·훔。 :엇더·ᄒᆞ시·니	厥考所名。 果如何焉
:두 :버·디 ·ᄇᆡ 배·얀마·ᄅᆞᆫ。 ᄇᆞᄅᆞ·미 하·ᄂᆞᆯ 계·우·니。	兩朋舟覆。 風靡勝天。
·어마:님 드르·신 :말。 :엇더·ᄒᆞ시·니	維母所聞。 果如何焉

낱말 풀이

① 하건마ᄅᆞᆫ : 하+건마ᄅᆞᆫ. 많지마는.

② 계우니 : 계우+니. 이기지 못하니.

③ 지ᄒᆞ신 : 짛+ᄋᆞ시+ㄴ. 지으신.

④ 배얀마ᄅᆞᆫ : 배+얀마ᄅᆞᆫ. 엎어졌지만.

현대어 대역

두 형제 꾀가 많건마는, 약이 하늘의 뜻을 이길 수는 없으니,
아버님이 붙이신 이름이 어떠하십니까?
두 벗이 (탄) 배가 엎어지건마는, 바람이 하늘을 이기지 못하니,
어머님이 들으신 말이 어떠하십니까?

관련 사적

당나라 태종의 형인 건성(建成)과 아우 원길(元吉)이 태종을 죽이려고 독약이 든 술을 먹여, 피를 몇 되나 토하게 했으나 태종은 죽지 않았다.

당나라 태종이 네 살 때, 어떤 서생이 고조를 뵙고 말하기를 "공은 귀인의 상이니 반드시 귀한 아들이 있을 것입니다."라고 했다. 그리고 태종을 보고는 말하기를, "용과 봉황의 자태요, 태양과 같은 모습이니, 그 나이 스물에 반드시 세상을 구제하고 백성을 편안케 하리라."라고 했다. 서생이 인사를 하고 떠나니, 고조는 그 말이 샐까 두려워 사람을 시켜 쫓아가 죽이라고 했으나 어디로 갔는지 알 수가 없었다. 그래서 신이라 생각하고 그 말을 따서 이름을 세민(世民)이라고 지었다.

조선의 태종이 남경에 갔다가 돌아올 때에 황해에서 풍파를 만났는데, 다른

두 배는 엎어졌으나 태종의 배는 무사하였다. 태종이 관례를 올리기도 전에, 술사(術士) 문성윤(文成允)이 몰래 신의왕후에게, “이 아이에게는 반드시 천명(天命)이 있을 것이니 다른 사람에게 말하지 말라.”고 했다.

제91장

아·바:님 이반ᄌᆞ·ᄫᆞᇙ ·제。 ·어마:님 ·그리·신 ·눉·므·를。	**侍宴父皇。 憶母悲涕。**
左右ㅣ :하ᄉᆞ·ᄫᅡ。 아·바:님 怒·ᄒᆞ시·니	**左右訴止。 父皇則懠**
아·바:님 :뵈ᄉᆞ·ᄫᆞ싫 ·제。 ·어마:님 여·희·신 ·눉·므·를。	**來見父王。 戀母悲淚。**
左右ㅣ 슬ᄊᆞ·ᄫᅡ。 아·바:님 일ᄏᆞᄅᆞ·시·니	**左右傷止。 父王稱謂**

낱말 풀이

① 이반ᄌᆞᄫᆞᇙ : 이반+ᄌᆞᆸ+ᄋᆞᇙ. 잔치할.

② 하ᄉᆞᄫᅡ : 할+ᄉᆞᆸ+아. 참소하여.

③ 뵈ᄉᆞᄫᆞ싫 : 뵈+ᄉᆞᆸ+ᄋᆞ시+ . 뵈오실.

④ 슬ᄊᆞᄫᅡ : 슳+ᄉᆞᆸ+아. 슬퍼하여.

⑤ 일ᄏᆞᄅᆞ시니 : 일ᄏᆞᆮ+ᄋᆞ시+니. 일컬으시니.

현대어 대역

(당 태종이) 아버님을 위하여 잔치를 할 때에, 어머님 그리워하신 눈물을,
곁의 사람이 참소하여 아버님이 노하시니라.
아버님을 뵈오실 때에, 그 어머님을 여의신 눈물을,
곁의 사람들이 슬퍼하여 그 아버님이 (그 효성을) 일컬으시니라.

관련 사적

당나라 태종이 궁중 잔치에서 죽은 그 어머님을 생각하여 눈물을 훔쳤는데, 그 아버지 고조가 사랑하는 계집들이 이것은 저희들을 미워하여 우는 것이라고 참소하니, 고조가 그 아들에게 매우 노했다.

조선 태종이 그 어머니 신의왕후의 상을 당하여 능 옆 여막에 있었다. 매번 태조를 뵈러 개경에 들어오면 길 위에서 눈물이 비 오듯 하여 끊이지 않았다. 태조의 집에 이르러 (어머니를 생각하는) 감회가 있어 문득 통곡하니, 태조 좌우에서도 슬픔을 이기지 못했다. 태조가 항상 그 효성을 칭찬하였다.

제92장

至孝ㅣ ·뎌·러·ᄒᆞ실·ᄊᆡ。 ·ᄂᆞ·ᄆᆞᆫ ·즐기·ᄂᆞᆫ ·나·ᄅᆞᆯ。	至孝如彼。 人樂之日。
아·니 ·즐·겨。 셩경·을 니르·시·니	我獨不樂。 聖經是說
大孝ㅣ ·이·러·ᄒᆞ실·ᄊᆡ。 ·ᄂᆞ·ᄆᆞᆫ 밧ᄂᆞᆫ ·오·ᄉᆞᆯ。	大孝如此。 人脫之衣。
아·니 바·사。 禮經·을 從·ᄒᆞ시·니	我獨不脫。 禮經是依

낱말 풀이

① 뎌러ᄒᆞ실 : 뎌러ᄒᆞ+시+ㄹᄊᆡ. 저러하시므로.

② 聖經(성경) : 성스런 경전

③ 밧ᄂᆞᆫ : 밧+ᄂᆞ+ㄴ. 벗는.

현대어 대역

지극한 효성이 저러하시므로, 남들은 즐기는 날을,
아니 즐기어 성스런 경전의 말씀을 이르시니라.
큰 효성이 이러하시므로, 남들은 벗는 (상)옷을,
아니 벗어 예경(禮經)을 좇으시니라.

관련 사적

당나라 태종이 사도(司徒) 장손(長孫) 무기(無忌) 등에게 말하기를, "오늘은 내 생일이라 세속에서는 모두 즐기지만 나는 오히려 슬픈 바가 있다. 지금 천하에 군림하고 사해의 재물을 가졌으나 (부모) 슬하에서 노는 즐거움은 영원히 다시 할 수 없다. 이것이 자로(子路)가 (부모가 살아 계실 때) 쌀을 짊어지고 다니던 것을 (부모 죽은 뒤에는 재물이 넉넉해도 할 수 없음을) 한탄함이다. 시경에도 '슬프고 슬프도다! 부모님이여, 나를 낳느라고 온갖 고생 다 하셨네.'라고 했다. 어찌 그 고생하신 날을 바꾸어 잔치를 하며 즐기리오."라고 하며 눈물을 흘리니 좌우가 모두 슬퍼하였다.

삼국 이래로 임금이 죽으면, 임금을 잇는 사람은 삼년상을 하지 않았다. 이태조가 돌아가시자, 신하들이 모두 달을 날로 바꾸는 제도를 쓸 것을 청했다. 태종은 끝내 듣지 않고 예경의 규정대로 삼년상을 지켰다.

제93장

아·바:닚 梓宮·을 :ᄃᆞᄉᆞ·샤。 高平·에 아·니 ·가시·면。	**守考梓宮。 高平不赴。**
配天之業·이。 구드·시·리잇·가	**配天之業。 其何能固**
어마:닚 山陵·을 :ᄃᆞᄉᆞ·샤。 栗村·애 도·라·오시·면。	**戀妣山陵。 栗村旋行。**
建國之功·ᄋᆞᆯ。 일·우시·리잇·가	**建國之功。 其何能成**

낱말 풀이

① 梓宮(재궁) : 임금의 널.

② ᄃᆞᄉᆞ샤 : ᄃᆞᆺ+ᄋᆞ시+아. 사랑하시어.

③ 配天之業(배천지업) : 하늘에 짝이 될 만한 큰 일.

④ 구드시리잇가 : 굳+으시+리+잇+가. 굳으시겠습니까.

⑤ 建國之功(건국지공) : 나라를 세운 공.

현대어 대역

그 아버님의 널을 사랑하시어 고평에 아니 가시면,
하늘에 짝할 만한 큰 일이 굳으시겠습니까?
어머님의 산릉을 사랑하시어 속촌에(서) 돌아오시면,
나라 세운 공을 이루시겠습니까?

관련 사적

후주 세종이 그 아버지 태조의 관을 산릉에 모시고, 고평 진지로 출정하여 왕업을 굳건히 지켰다. 아버님의 관을 지킨 일은 제24장에 있다.

태종이 속촌(粟村)에 있는 제릉(齊陵)에 시묘하고 있을 때에, 이 태조가 해주에서 사냥하다가 말에서 떨어져 다쳤다. 그리고 그때 정몽주는 태조의 위엄과 덕망이 날로 더해가는 것을 두려워하여 태조를 따르는 사람들을 귀양 보내고 죽이려 하였다. 태종은 그 소식을 듣고 벽란도로 달려가 태조를 뵈옵고, 태조를 재촉하여 개경으로 돌아온 다음, 정몽주를 암살하여 건국의 공을 세웠다. 어머님의 무덤을 그리워한 일은 제12장에 있다.

제94장

·내 :가·리이·다 말·이·나。 宗廟 爲·ᄒᆞ·야 ·가시·니。	人請去矣。 去爲宗廟。
紹興之命·을。 金人·이 모·ᄅᆞ·니	紹興之命。 金人莫料
:네 ·가·사 ᄒᆞ·리·라· 커시·늘。 社稷 爲·ᄒᆞ·야 ·가시·니。	汝必往哉。 往爲社稷。
忠國之誠·을。 天子ㅣ :아·ᄅᆞ시·니	忠國之誠。 天子迺識

낱말 풀이

① 가리이다 : 가+리+이+다. 가겠습니다.

② 紹興之命(소흥지명) : 소흥(남송 고종 때의 연호) 연대에 천자가 될 운명.

③ 가사 : 가+(아)+사. 가야.

④ 커시늘 : ᄒᆞ+시+거…늘. 하시거늘.

⑤ 忠國之誠(충국지성) : 충성심

현대어 대역

'내가 가겠습니다.'하는 청을 말리나, (송나라 고종은) 종묘를 위하여 가시니,

소흥 연대에 천자가 될 운명을 금나라 사람은 모르니라.

네가 가야 할 것이라 하시거늘, 사직을 위하여 가시니,

나라에 대한 충성심을 천자가 아시니라.

관련 사적

송나라가 금나라에 패하자, 휘종(徽宗)은 흠종(欽宗)에게 선위하였다. 그때 금나라는 친왕(親王)을 볼모로 보낼 것을 요구했는데, 이강(李綱)이 볼모로 보낼 것을 반대하고 자기가 금나라로 가서 천연책을 강구하려 했다. 그러나 결국 흠종의 아우 고종(高宗)은 친히 볼모로 갔었는데, 고종은 금나라 군영에 머무르면서 활을 잘 쏘았기 때문에 금나라에서는 그를 친왕으로 믿지 않고 돌려보냈다.

이 태조 때에 우리나라와 북방 민족들과의 관계로 인하여 명나라에서 우리나라 사신들을 요동에 들어오지 못하게 하더니 끝내는 왕자를 보내라고 하였다. 태조가 태종에게 "천자가 묻는 말을 네가 아니면 상세히 대답할 사람이 없다."라고 하니 태종이 이에 응하여 명나라로 갔다. 명나라 선비들이 태종을 보고 조선 세자라고 매우 공경하였으며, 명나라 천자도 예로써 우대하고 돌려보내며 요동의 길을 터주라고 명하였다.

제95장

·처섬 ·와 傲色 잇·더·니。 濟世英主ㅣ실·씨。 마ᄍᆞ·ᄫᅵ·예。 ᄆᆞᅀᆞ·ᄆᆞᆯ :놀라·니 :간 고·대 禮貌 :업더·니。 盖天英氣실·씨。 이바·디·예。 머·리·ᄅᆞᆯ :좆·ᄉᆞᄫᆞ·니	初附之時。 尙有傲色。 濟世英主。 迎見驚服 所至之處。 靡不蔑視。 盖天英氣。 當宴敬禮

낱말 풀이

① 傲色(오색) : 오만한 낯빛.

② 紹興之命(제세영주) : 세상을 구할 영특한 임금.

③ 마ᄍᆞᄫᅵ(←맞+ᄌᆞᆸ+이) : 맞아 뵈옴.

④ 이바디예 : 이바디+예. 잔치에.

⑤ 盖世英氣(개세영기) : 세상을 덮을 영특한 기상.

⑥ 좆ᄉᆞᄫᆞ니 : 좆+ᄉᆞᆸ+ᄋᆞ니. 조아리니.

현대어 대역

처음 와서 교만한 빛이 있더니, 세상을 구제할 영주이시므로,
맞아 뵈옴에 마음을 놀라니라.
간 곳에 무례하더니, 세상을 덮을 만한 뛰어난 기상이시므로,
잔치 자리에서 머리를 조아리니라.

관련 사적

수나라 이밀(李密)이란 사람은 임금이 되리라 알려진 사람인지라, 스스로 지략과 공명이 있다고 믿어 당나라 고조를 만날 때는 오히려 거만한 기색이 있었다. 그러나 뒤에 그 아들 태종을 만나고는 자기도 모르는 사이에 감복하여, 이분이야말로 참 영주라 하였다.

명나라 태조 황제 때, 사신인 흠차관(欽差官) 상보사승(尙寶司丞) 우우(牛牛)가 우리나라에 왔다. 이 태조가 종친으로 하여금 각기 연회를 준비하여 그를 위로하라고 하였다. 그 사람됨이 무례하여 이르는 곳마다 예모가 없었다. 그런데 태종의 집에 이르러 태종을 보고는 자기도 모르게 경의를 표하며 인사하고 좌석 밑에서 머리를 조아렸다.

제96장

孝道ᄒᆞᇙ ·ᄯᆞ·ᄅᆡ ·그·를。 :어엿·비 너·겨 ·보·샤。	**孝女之書。 覽之哀矜。**
漢家仁風·을。 일·우시·니이·다	**漢家仁風。 迺克成之**
孝道ᄒᆞᇙ 아·ᄃᆞᆯ 우·루·믈。 슬·피 너·겨 드르·샤。	**孝子之哭。 聽之傷歎。**
聖祖仁政·을。 :도·ᄫᆞ시·니이·다	**聖祖仁政。 斯能贊之**

낱말 풀이

① ᄯᆞᄅᆡ : ᄯᆞᆯ+ᄋᆡ. 딸의.

② 漢家仁風(한가인풍) : 한나라의 어진 풍속.

③ 우루믈 : 우룸+을. 울음을.

④ 聖祖仁政(성조인정) : 성스런 태조의 어진 정사.

⑤ 도ᄫᆞ시니이다 : 돕+ᄋᆞ시+니+이+다. 도우셨습니다.

현대어 대역

효성 있는 딸의 글을 가련하게 여겨 보시어,
한나라의 어진 풍속을 이루신 것입니다.
효성 있는 아들 울음을 슬피 여겨 들으시어,
성스런 태조의 어진 정사를 도우신 것입니다.

관련 사적

한나라 문제(文帝) 때에 어떤 사람이 죄를 지어 형을 받게 되었는데, 그 딸이 관비가 되어서 아비의 죄를 대신하겠다고 애원했다. 문제는 그 정상을 가엾게 여겨 그 아비를 특사하였다.

이 태조 때에 박자안(朴子安)이란 사람이 왜놈에게 군기를 누설한 죄로 사형을 당하게 되었는데, 그 아들이 태종에게 그 아비의 목숨을 구해 달라고 애걸하므로 태종이 가엾게 여겨 태조에게 여쭙고 박자안을 사형장에서 구해 내었다.

제97장

將軍·도 ·하·건마·ᄅᆞᆫ。 豁達大略·이실·ᄊᆡ。	將軍雖多。 豁達大略。
狂生·이 듣ᄌᆞ·ᄫᅡ。 同里·ᄅᆞᆯ 브·터 오·니	狂生亦聞。 依人以謁
宗親·도 ·하·건마·ᄅᆞᆫ。 隆準龍顔·이실·ᄊᆡ。	宗親雖多。 隆準龍顔。
書生·이 ·보ᅀᆞ·ᄫᅡ。 同志·ᄅᆞᆯ 브·터 오·니	書生載瞻。 因友以攀

낱말 풀이

① 하건마ᄅᆞᆫ : 하+건마ᄅᆞᆫ. 많건마는.

② 豁達大略(활달대략) : 도량이 넓고 지략이 뛰어남.

③ 狂生(광생) : 미친 서생, 여기서는 진(秦)나라 시대의 역이기를 가리킴.

④ 同里(동리) : 같은 마을 사람.

⑤ -ᄅᆞᆯ 브터 : 로부터.

⑥ 隆準龍顔(융준용안) : 높은 코와 용의 얼굴.

⑦ 보ᅀᆞᄫᅡ :보+ᅀᆞᇦ+아. 보고서.

현대어 대역

장군도 많건마는, (한나라의 고조는) 도량이 넓고 지략이 뛰어나신 분이시므로,
미친 서생이 듣고, 같은 마을사람으로부터 오니라.
종친도 많건마는, (태종은) 콧마루가 높고 용의 얼굴이시므로,
서생이 보고, 동지로부터 오니라.

관련 사적

한나라 고조는 도량이 넓고 큰 계략을 가지고 있었는데, 역이기란 사람이 그것을 듣고, 한 마을 사람의 소개로 고조를 만나게 되었다. 그 뒤 역이기는 고조를 도와 큰 공을 세웠다.

이 태조는 콧마루가 높고 용의 얼굴이었는데, 아들 중에 태조의 얼굴을 닮은 분이 태종이었다. 하륜(河崙)은 태종의 장인인 여흥부원군 민제와 친구였는데, 하륜이 태종의 얼굴을 보고 민제에게 소개해 주기를 청했다. 하륜은 뒤에 태종을 도와 정사좌명공신이 되었다.

어법 풀이 40 실사의 허사화 '브터'

현대 국어의 조사 '-(로)부터'는 중세 국어 '브터'에서 온 말인데, 이 말의 어원은 '븥다(=붙다, 着, 依)'라는 동사이다. 중세 국어에도 '븥다'는 동사로 널리 사용되었다.

- 그윗것과 아ᄅᆞᆷ거시 제이곰 ᄯᅡ해 **브터셔**(公私各地着)[두언 7:36]
- 이에 얼구를 逃亡ᄒᆞ야 뎌에 生ᄋᆞᆯ **브투믈** 가ᄌᆞᆯ비시니(喩…逃形於此托生於

彼)[능엄 2:121]

그러나 중세 국어에도 '브터'가 동사로 사용될 때와 문장 구조는 같으나 조사처럼 쓰이고 있는 경우도 있었다.

- 狂生이 듣ᄌᆞᄫᅡ 同里ᄅᆞᆯ **브터** 오니([용가 97장]
- 모로매 너비 무르믈 **브터**(必資博問)[월석 서:20]

그리고 중세 국어에도 이미 체언이나 명사형에 바로 붙거나, 조사 '-로'를 매개로 결합하여 조사로서의 기능을 하고 있는 경우도 적지 않았다.

- 아래**브터** ᄆᆞᅀᆞᆷ애 아ᅀᆞᄫᅩᄃᆡ[월천 상39]
- 일**로브터** 子孫이 니므시니[월석 1:8]
- 如來 ᄇᆞ리고**브터** 能히 그 言論辯을 다ᄒᆞ리 업스니라(=自捨如來 無能盡其言論之辯)[법화 4:8]

용비어천가 10권(龍飛御天歌卷第十五)

제98장

臣下ㅣ :말 아·니 드·러。 正統·애 有心ᄒᆞᆯ·ᄊᆡ。	弗聽臣言。 有心正統。
山·ᄋᆡ 草木·이。 軍馬ㅣ ᄃᆞᄫᆡ·니이·다	山上草木。 化爲兵衆
:님·금 :말 아·니 듣ᄌᆞ·ᄫᅡ。 嫡子ㅅ ·긔 無禮ᄒᆞᆯ·ᄊᆡ。	弗順君命。 無禮嫡子。
:셔ᄫᅳᆯ :뷘 길·헤。 軍馬ㅣ :뵈·니이·다	城中街陌。 若塡騎士

낱말 풀이

① 臣下(신하) ㅣ : 신하+ㅣ. 'ㅣ'는 관형격 조사임. 신하의.

② ᄃᆞᄫᆡ니이다 : ᄃᆞᄫᆡ+니+이+다. 된 것입니다.

③ 嫡子(적자)ㅅ 긔 : 적자+ㅅ 긔. 적자에게.

④ 뷘 : 뷔+ㄴ. 빈.

⑤ 뵈니이다 : 뵈+니+이+다. 가득 찬 것입니다.

현대어 대역

(진왕 부견이) 신하의 말을 아니 들어, 정통(의 천자가 되는 것)에 뜻이 있으므로,
산의 초목이 군마가 된 것입니다.
(정도전 등이) 임금의 말을 아니 들어, 적자께 무례하므로,
서울 빈 길에 군마가 가득 찬 것입니다.

관련 사적

진왕 부견이 중국의 천하를 통일하려 모든 사람의 반대를 물리치고 백만 군사를 거느리고 동진과 싸우다가 크게 패하였다. 그때 패해 달아나는 자들은 바람소리나 학 울음소리만 들어도 모두 동진의 군사들이 또 오는 줄 알고 놀랐다고 한다.

이 태조가 방석을 세자로 삼을 뜻을 두자, 정도전 등이 다른 모든 왕자를 없애려고 했다. 태조가 말려도 듣지 않고 왕자들을 궁중에 불러 들여 죽이려 하다가, 비밀이 새어서 태종에게 모두 살해되었다. 그 싸움에서 방석 무리들의 눈에는 광화문에서 남산까지 무장한 기병들이 가득 찬 것 같이 보였다 한다.

제99장

아·ᄌᆞ미·를 저ᄒᆞ·샤。 讓兄ㄱ ·ᄠᅳ·들 :내신·ᄃᆞᆯ。	載畏婚氏。 讓兄意懷。
討賊之功·ᄋᆞᆯ。 :눌 :미·르시·리	討賊之功。 伊誰云推
朝臣·을 거·스르·샤。 讓兄ㄱ ·ᄠᅳᆮ 일·우신·들。	載拒朝臣。 讓兄意遂。
定社之聖ㅅ·긔。 ·뉘 아·니 ·오·ᅀᆞᄫᆞ·리	定社之聖。 孰不來至

낱말 풀이

① 저ᄒᆞ샤 : 젛+ᄋᆞ시+아. 두려워하여.

② 讓兄(양형) : 형에게 양보함.

③ 討賊之功(토적지공) : 적을 토벌한 공.

④ 눌 : 누+ㄹ. 누구에게.

⑤ 미르시리 : 밀+으시+리. 미시리.

⑥ 定社之聖(정사지성)ㅅ 긔 : 전자지성+ㅅ 긔. 사직을 안정시킨 성인에게.

⑦ 오ᄉᆞᄫᆞ리 : 오+습+ᄋᆞ리. 오리.

현대어 대역

(당나라 현종이) 아주머니를 두려워하여, 형에게 태자 자리를 양보할 뜻을 내신들,
적을 친 그 공을 누구에게 미시겠습니까?
(태종은) 조정 신하의 뜻을 거스르시어, 형에게 양보할 뜻을 이루신들,
사직을 안정시킨 성인께 누가 아니 오겠습니까?

관련 사적

당나라 현종이 태자로 있을 때, 태평 공주의 참소를 두려워하여 그 형에게 태자 자리를 양보하려 했으나, 예종은 그 말을 듣지 않고 태자가 반란군을 토벌한 공을 생각하여 도리어 그에게 양위하였다. 아주머니를 두려워 한 일은 제71장에 있다.

태종이 정도전의 난리를 평정하고 난 뒤에 모든 사람들이 그를 세자로 삼을 것을 태조에게 간청했다. 그러나 태종은 사양하고, 둘째 형 방과를 왕위에 오르게 하니 이이가 공정대왕(정종)이다. 그 뒤 넷째 형 방간이 박포의 말을 듣고 난을 일으키려고 태종을 집으로 청하였으나,. 공교롭게도 태종이 병이 들어서 가지 못하였다. 마침내 방간이 군사를 일으켜 패주하자 태종은 박포는 죽였으나 형 방간은 죽이지 않았다. 방간의 난 후에 태종은 세자가 되었다가 왕위에 올랐다.

제100장

·믈 우·흿 龍·이。 江亭·을 向·ᄒᆞᄉᆞ·ᄫᆞ·니。	水上之龍。 向彼江亭。
天下ㅣ 定ᄒᆞᇙ。 ᄂᆞ·지·르샷·다	迺是天下。 始定之徵
집 우·흿 龍·이。 御床·ᄋᆞᆯ 向·ᄒᆞᄉᆞ·ᄫᆞ·니。	殿上之龍。 向我御床。
寶位 ·ᄐᆞ·실。 ᄂᆞ·지·르샷·다	迺是寶位。 將登之祥

낱말 풀이

① 우흿 : 웋+의+ㅿ. 위에의.

② 向(향)ᄒᆞᅀᆞᄫᆞ니 : 向ᄒᆞ+ᅀᆞᇦ+ᄋᆞ니. 향하니.

③ 느지르샷다 : 늦+일+으시+옷+다. 조짐이시로다.

④ 御床(어상) : 임금의 평상.

현대어 대역

물 위의 용이 (송나라 태조가 있는) 강가의 정자를 향하니,
천하가 정해질 조짐이던 것이로다!
집 위의 용이 (태종의) 침상을 향하니,
(이것은 태종이) 임금의 자리에 오르실 조짐이던 것이로다!

관련 사적

송나라 태조 조광윤이 주나라 세종을 따라 회남으로 출정하여 강가 정자에서 싸울 때에 용이 물 속에서 나와 조광윤을 향해서 뛰어올랐다. 사람들이 모두 놀라 이것은 그가 임금이 될 조짐이라 했다.

태종이 송도 추동의 집에 있을 때, 기묘년 가을 9월에 하늘이 밝으려고 별이 희미해지는데, 흰 용이 침실 위에 나타났다. 크기는 서까래만 하고, 비늘의 광채가 찬란하며, 꼬리는 용 같은데, 머리는 태종이 있는 곳을 향하였다. 시녀 김 씨가 처마 밑에서 이것을 보고 달려가 집사인 김소근 등에게 알렸다. 김소근 역시 나와서 이것을 보았다. 잠시 후 구름과 안개가 가리고 막혀서 어디로 갔는지 알 수가 없었다.

어법 풀이 41 느지르샷다

'느지르샷다'는 특이하게 구성되어 있어, 형태소 분석이 용이하지 않다. 학자들에 따라 여러 가지로 분석하여 해석하고 있다. 여기서는 '늦+일+으시+옷+다'로 분석하고 그 까닭을 밝혀 둔다.

(1) 늦 : 이 낱말은 '조짐[徵候]이란 뜻을 가진 고유어였다.

- 智慧 너비 비췰 **느지오**[월석 1:18]
- 이 됴ᄒᆞᆫ **느지** 아니로다[석상 23:26]
- 베윤 이른 죽사리 버서날 **느지오**[월석 1:17]

(2) 일 : 서술격 조사 '이다'는 활용 형태를 보면 어간 '이-' 뒤에 'ㄹ' 음이 오는 경우가 있으므로' 변이 형태로 '일-'이 있었을 가능성이 있다.

- 樓는 **다라기라**[석보 6:1]
- 能히 **色이로미** 거우루의 블곰 ᄀᆞᆮᄒᆞᆯ시라[원각 상1-1:59]
- 舍衛國 사ᄅᆞ미 **十八億이러니**[석보 6:28]
- 나ᄂᆞᆫ 이 如來 ᄆᆞᆺ 져믄 **아ᇫ이로니**[능엄 1:76]
- 밀므리 **사ᄋᆞ리로ᄃᆡ** 나거ᅀᅡ ᄌᆞᄆᆞ니이다[용가 67장]
- 내 **겨지비론** 젼ᄎᆞ로 出家 몯 ᄒᆞ얘[월석 10:18]

(3) 으샷 : '으샷'은 '으시+옷'으로 분석된다. '으시'는 높임의 선어말 어미이고, '옷'은 감동법의 선어말 어미이다.

- 네 오히려 아디 **몯ᄒᆞᄂᆞᆺ다**[능엄 3:77]
- 世尊이 世界애 나샤 甚히 **奇特ᄒᆞ샷다**[월석 7:14]
- 正位예 드르샤 正法을 니르샤 二乘에 머리 건내뛰샤 ᄂᆞ외야 退轉이 **업스샷다**[월석 17:25-6]

제101장

天下·애 功·이 ·크샤·ᄃᆡ。 太子ㅿ位 다ᄅᆞ·거시·늘。	功高天下。 儲位則異。
:새:벼·리。 나·ᄌᆡ 도·ᄃᆞ·니	煌煌太白。 當晝垂示
宗社·애 功·이 ·크샤·ᄃᆡ。 世子ㅿ位 :뷔·어시늘。	功大宗社。 儲位則虛。
赤祲·이。 바·ᄆᆡ 비·취·니	明明赤祲。 方夜炳如

낱말 풀이

① 크샤ᄃᆡ : 크+시+오ᄃᆡ. 크시되.

② 다ᄅᆞ거시ᄂᆞᆯ : 다ᄅᆞ+시+거…ᄂᆞᆯ. 다르시거늘.

③ 새벼리 : 새별+이. 샛별이.

④ 宗社(종사) : 종묘사직(宗廟社稷)의 준말. 왕실과 나라.

⑤ 뷔어시ᄂᆞᆯ : 뷔+시+어(거)…ᄂᆞᆯ. 비거늘.

⑥ 赤祲(적침) : 붉은 햇무리.

현대어 대역

(당나라 태종은) 천하(를 다스림)에 공이 크시되, 태자의 자리는 다르시므로,
샛별이 낮에 돋으니라.
(태종은) 종묘 사직(을 지킴)에 공이 크시되, 세자 자리가 비거늘,
붉은 햇무리가 밤에 비치니라.

관련 사적

당나라 건국에는 태종의 힘이 컸다. 그러나 태자 자리에는 그 형이 앉아 있었고, 또 그 형은 태종을 없애려고도 했다. 그러므로 하늘에는 샛별이 나타나는 변이 일어나기도 했다. 천하의 공이 높은 일에 관해서는 제36장에 있다.

조선 건국에는 태종의 공이 컸었는데, 세자의 자리가 아직 정해지지 못하고 있어 붉은 햇무리가 밤에 나타났다. 종묘 사직에 공이 큰 일에 관해서는 제98장, 제99장에 있다.

제102장

시·름 ᄆᆞᅀᆞᆷ :업·스샤·ᄃᆡ。 ·이 지·븨 :자·려 ·ᄒᆞ시·니。	心無憂矣。 將宿是屋。
하·ᄂᆞᆯ·히。 ᄆᆞᅀᆞ·ᄆᆞᆯ 뮈·우시·니	維皇上帝。 動我心曲
모·ᄆᆡᆺ 病 :업·스샤·ᄃᆡ。 ·뎌 지·븨 :가·려 ·ᄒᆞ시·니。	身無恙矣。 欲往彼室。
하·ᄂᆞᆯ·히。 病·을 ᄂᆞ·리·오시·니	維皇上帝。 降我身疾

낱말 풀이

① 뮈우시니 : 뮈우+시+니. 움직이시니.

② 업스샤ᄃᆡ : 없+으시+오ᄃᆡ. 없으시되

현대어 대역

(당나라 고조는) 시름하는 마음이 없으시어, 이 집에 주무시려 하시니,
하늘이 고조의 마음을 움직이게 하시니라.
(태종은) 몸에 병이 없으시어, 저 집에 가려 하시니,
하늘이 (태종에게) 병을 내리시니라.

관련 사적

한나라 고조가 싸움터에서 어떤 곳에 자려 하다가, 그 땅이름이 좋지 않게 느껴져 다른 곳으로 옮겼는데, 그 때문에 적의 기습을 면했으니, 이것은 하늘이 고조의 마음을 움직였다는 것이다. 걱정하는 마음이 없는 일에 관해서는 제66장에 있다.

태종의 형 방간이 태조를 해하려고 청했으나 태종은 갑자기 병이 나서 가지 못했다. 하늘이 태종에게 병을 주어서 그 화를 면하게 했다는 것이다. 병이 없던 일에 관해서는 제99장에 있다.

제103장

아ᇫ·이 :모딜·오·도。 無相猶矣실·씨。	弟雖傲矣。 無相猶矣。
二百年基業·을。 :여·르시·니이·다	維二百年。 基業啓止
兄·이 :모딜·오·도。 不宿怨焉·이실·씨。	兄雖悖焉。 不宿怨焉。
千萬世厚俗·ᄋᆞᆯ。 일·우시·니이·다	於千萬世。 厚俗成旃

낱말 풀이

① 아ᇫ이 : 아ᇫ(아ᅀᆞ)+이. 아우가.

② 모딜오도 : 모딜+오도. 모질어도.

③ 無相猶矣(무상유의) : 맞서지 아니함.

④ 여르시니이다 : 열+으시+니+이+다. 여신 것입니다.

⑤ 不宿怨焉(불숙원언) : 원한의 감정을 마음에 품지 않음.

⑥ 厚俗(후속) : 후덕한 풍속.

⑦ 일우시니이다 : 일우+시+니+이+다. 일우신 것입니다.

현대어 대역

아우가 모질어도 서로 맞서지를 않으시므로,
이백 년의 나라 기반을 여신 것입니다.
형이 모질어도 원한을 마음에 두지 않으시므로,
천만세의 후덕한 풍속을 이루신 것입니다.

관련 사적

요나라 태조의 아우 다섯이 여러 번 반란을 일으켰으나 태조는 모두 용서해 주었다.

태종의 형 방간이 태종을 죽이려 했으나 태종은 등극하고 난 뒤에도 방간을 죽이지 않았다. 형의 도리에 어긋난 일에 관해서는 제99장에 있다.

제104장

建義臣·을 :할어·늘。 救·호·ᄃᆡ :몯 사ᄅᆞ·시·니。	訴建義臣。 救而莫活。
모·매 브·튼 :일·로。 仁心 :몯 일·우시·니	勢闕嫌疑。 仁心未集
開國臣·을 :할어·늘。 救·ᄒᆞ·야 사ᄅᆞ·시·니。	譖開國臣。 救而獲生。
社稷功·ᄋᆞᆯ :혜·샤。 聖心·을 일·우시·니	功念社稷。 聖心是成

낱말 풀이

① 建義臣(건의신) : 옳은 일을 건의하는 신하.

② 할어늘 : 할+어늘. 참소하거늘.

③ 사ᄅᆞ시니 : 살ᄋᆞ+시+니. 살리시니.

④ 開國臣(개국신) : 나라를 세우는 데 공이 많은 신하, 개국 공신.

⑤ 일우시니 : 일우+시+니. 이루시니.

⑥ 社稷功(사직공) : 나라를 지킨 공. 사직(社稷)은 ① 토지의 신과 곡식의 신 ② 나라라는 뜻임.

⑦ 혜샤 : 혜+시+아. 헤아리시어

현대어 대역

옳은 일을 건의하는 신하를 참소하거늘 그를 구하되 살리지 못하시니,
몸에 붙은 일로 어진 마음을 못 이루시니라.
개국 공신을 참소하거늘 구하여 살리시니,
사직을 지킨 공을 헤아리시어 성스런 마음을 이루시니라.

관련 사적

당나라 고조 시대 유문정은 스스로 재략이나 공훈이 배적보다 낫다고 생각했으나, 지위는 그보다 밑에 있었으므로 불평이 많았다. 매번 조정의 논의에서 배적이 옳다고 하면 유문정은 반드시 그르다고 하여 자주 배적을 모욕하니 두 사람 사이에 틈이 생겼다. 그때 유문정의 사랑을 잃은 첩이, 유문정이 반란을 일으키려 한다고 참소하여 고조는 유문정을 옥에 가두었다. 태종은 힘써 구해내려 했으나 끝내는 배적의 권유를 받아들여 유문정을 죽이고 그의 집을 적몰하였다.

공정대왕(정종) 때에 개국 공신 조준이 참소를 입어 옥에 갇혔는데 태종은 힘써 구해냈다.

제105장

제 :님·금 背叛·ᄒᆞ·야。 내 ·모·ᄆᆞᆯ 救·ᄒᆞᅀᆞ·바·ᄂᆞᆯ。	不爲其主。 以救我身。
不賞私勞·ᄒᆞ·샤。 後世ᄅᆞᆯ ᄀᆞᄅᆞ·치시·니	不賞私勞。 以敎後人
제 :님·금 아·니 니·저。 내 命·을 거·스ᅀᆞ·바·ᄂᆞᆯ。	不遺其君。 以拒我命。
不忘公義·ᄒᆞ·샤。 嗣王·을 알·외시·니	不忘公義。 以詔嗣聖

낱말 풀이

① 救(구)ᄒᆞᅀᆞ바ᄂᆞᆯ : 救ᄒᆞ+ᅀᆞᆸ+아ᄂᆞᆯ. 구하거늘.

② 不賞私勞(불상사로) : 사사로운 수고를 상주지 아니함.

③ 거스ᅀᆞ바ᄂᆞᆯ : 거슬+ᅀᆞᆸ+아ᄂᆞᆯ. 거스르거늘.

③ 不忘公義(불망공의) : 공적인 의로움을 잊지 아니함.

④ 嗣王(사왕) : 왕위를 계승한 임금.

⑤ 알외시니 : 알외+시+니. 알리시니.

현대어 대역

제 임금을 배반하여 내 몸을 구하거늘,

사사로운 노고에 상주지 않으시어 후세를 가르치시니라.

제 임금을 잊지 않고 내 명을 거스르거늘,

공의를 잊지 않으시어 후세 임금에게 알리시니라.

관련 사적

정공(丁公)이 항우의 장수로서 한나라 고조를 팽성 서쪽으로 몰아 접전하였다. 고조가 급하여 정공에게 "우리 둘이 서로 고생할 게 있는가."라고 하자 정공이 군대를 이끌고 돌아갔다. 항우가 망하자, 정공이 고조를 알현했는데, 고조가 정공을 군중에게 조리돌리면서 "정공은 항우의 신하로서 충성하지 않아 항우로 하여금 천하를 잃게 한 자이다."라고 하며 목을 베었다.

공정대왕(=정종) 때에 태종이 길재를 불렀는데, 길재는 두 임금을 섬길 수 없다 하여 사퇴했다. 태종은 세종에게 양위한 뒤에 길재의 아들에게 벼슬을 내리도록 했다. 세종이 그 아들 사순에게 '종묘부승(宗廟副丞)을 임명하고 여러 번 벼슬자리를 옮겼다. 그리고 길재가 죽자 특명으로 좌사간(左司諫)의 벼슬을 내렸다.

제106장

忠臣·을 외·오 주·겨·늘。惡惡 ᄆᆞᅀᆞ·미 ·크·샤。 節鉞·을。아·니 ·주시·니 義士·를 ·올·타 과·ᄒᆞ·샤。好賢 ᄆᆞᅀᆞ·미 ·크·샤。 官爵·올。아·니 앗·기시·니	擅殺忠臣。惡惡之極。 所以節鉞。終焉不錫 深奬義士。好賢之篤。 所以官爵。曾是不惜

낱말 풀이

① 외오 : 그릇.

② 주겨늘 : 주기+어늘. 죽이거늘.

③ 惡惡(오악) : 악을 미워함.

④ 節鉞(절월) : 천자가 적을 치러 가는 장군에게 주는 부절과 도끼.

⑤ 올타 : 옳+다. 옳다.

⑥ 과ᄒᆞ샤 : 과ᄒᆞ+시+아. 칭찬하시어.

⑦ 官爵(관작) : 벼슬.

⑧ 앗기시니 : 앗기+시+니. 아끼시니.

현대어 대역

충신을 그릇 죽이거늘 악을 미워하는 마음이 크시어,
절월을 주지 아니하시니라.
의사를 옳다고 칭찬하시어 어진 사람을 좋아하는 마음이 크시어,
벼슬을 아끼지 아니하시니라.

관련 사적

송나라 태조 조광윤이 임금이 되려고 돌아올 때에 한통이 막았으므로 왕언승이 한통과 그 처자를 죽였다. 임금이 된 뒤 태조는 한통을 충신으로 표창하고 왕언승에게 죽을 때까지 절월을 주지 않았다.

정도전의 반란 뒤에 태종은 방석에게 충성을 다하던 사람들을 죽이지 않고 도리어 벼슬을 주었다.

제107장

滿朝·히 ·두쇼·셔 커·늘。正臣·을 ·올·타 ·ᄒᆞ시·니。	滿朝請置。正臣是許。
十萬僧徒·를。一擧·에 罷·ᄒᆞ시·니	十萬僧徒。一擧去之
滿國·히 ·즐·기거·늘。聖性·에 :외다 ·터시·니。	滿國酷好。聖性獨闢。
百千佛刹·올。一朝·애 革·ᄒᆞ시·니	百千佛刹。一朝革之

낱말 풀이

① 滿朝(만조)히 : 조정 가득히. 조정에 가득한 신하들이.

② 두쇼셔 : 두+쇼셔. 두소서.

③ 커늘 : ᄒᆞ+거늘. 하거늘.

④ 正臣(정신) : 바른 신하.

⑤ 十萬僧徒(십만승도) : 십만의 중.

⑥ 罷(파)ᄒᆞ시니 : 없애시니.

⑦ 滿國(만국)히 : 나라 가득히. 온 나라 사람들이.

⑧ 외다 : 외+다. 그르다.

⑨ 터시니 : ᄒᆞ+더+시+니. 하시더니

⑩ 百千佛刹(백천불찰) : 백천의 불찰. 수많은 절

⑪ 革(혁)ᄒᆞ시니 : 고치시니.

현대어 대역

조정 가득히 두소서 하였지만, 바른 신하를 옳다 하시니,
십만의 중 무리를 한꺼번에 없애시니라.
나라 가득히 즐기고 있었지만, 성스런 성품에 그르다 하시더니,
백천 개의 절을 하루아침에 고치시니라.

관련 사적

당나라 고조 때에 태사령 부혁이 불교를 배척할 것을 주장하니, 고조는 정부 요인들의 반대를 물리치고 부혁의 말을 좇아 절을 많이 없앴다.

고려 때에 불교가 매우 성행했는데, 태종은 즉위하자 서운관의 말을 들어 서울과 지방의 수십 곳을 제외한 모든 사찰을 고치고 없앴다.

제108장

·수메·셔 드르·시·고。 民望·ᄋᆞᆯ 일·우·오리·라。	潛身以聽。 欲遂民望。
戎衣·를。 니·피시·니이·다	載提戎衣。 于以尙之
病으·로 請·ᄒᆞ시·고。 天心·을 일·우·오리·라。	托疾以請。 欲遂天意。
兵仗·ᄋᆞ·로。 :도·ᄫᆞ시·니이·다	載備兵仗。 于以遲之

낱말 풀이

① 수메셔 : 숨+어 이시+어, 숨어서.
② 民望(민망) : 백성들이 바라는 것.
③ 일우오리라 : 일우오+리+라, 이루게 하리라.
④ 戎衣(융의) : 군복.
⑤ 니피시니이다 : 니피+시+니+이+다, 입히신 것입니다.
⑥ 兵仗(병장) : 병장기. 무기.
⑦ 도ᄫᆞ시니이다 : 돕+ᄋᆞ시+니+이+다, 도우신 것입니다.

현대어 대역

숨어서 들으시고 백성의 바람을 이루려고,
군복을 입히신 것입니다.
병으로 청하시고, 하늘의 뜻을 이루려고,
병장기로 도우신 것입니다.

관련 사적

태봉 왕 궁예가 실정하므로 장군들이 모두 왕건을 추대할 것을 모의했는데, 왕건은 사양했다. 그때 왕건의 부인이 이를 엿듣고 있다가 나와서 왕건에게 군복을 꺼내 입혔다. 왕건이 여러 장수들에게 둘러싸여 궁성으로 나아가니 따르는 자가 수없이 많았다. 궁예가 이를 알고 도망갔다. 그 날로 고려 태조는 즉위하고 국호를 고려라고 했다.

정도전이 방석으로 세자를 삼기 위하여 태종을 해하려 했을 때에 태종의 부인은 병을 핑계하여 태종을 불러 대책을 정하고 병장기를 정비하여 정도전 무리를 무찔렀다. 병을 핑계로 한 일은 제98장에 있다.

제109장

ᄆᆞ·리 病·이 기·퍼◦ 山脊·에 :몯 오ᄅᆞ거·늘。	我馬孔瘏◦ 于岡靡陟。
君子·ᄅᆞᆯ ·그리·샤◦ 金罍ㄹ ᄇᆞ·수·려 ·ᄒᆞ시·니	言念君子◦ 金罍欲酌
ᄆᆞ·리 ·사·ᄅᆞᆯ 마·자◦ 馬廐·에 ·드·러·오나·ᄂᆞᆯ。	我馬帶矢◦ 于廐猝來。
聖宗·ᄋᆞᆯ :뫼·셔◦ 九泉·에 :가·려 ·ᄒᆞ시·니	願陪聖宗◦ 九泉同歸

낱말 풀이

① 山脊(산척) : 산마루.

② 金罍(금뢰) : 금으로 만든 술잔.

③ 드러오나ᄂᆞᆯ : 드러오+나(←거)ᄂᆞᆯ. 들어오거늘.

④ 마구(馬廐) : 마구간.

⑤ 聖宗(성종) : 성스런 임금.

⑥ 九泉(구천) : 저승.

현대어 대역

말이 병이 깊어 산마루에 못 오르거늘,
군자를 그리시어 금잔 부으려 하시니라.
말이 화살을 맞아 마구간에 들어오거늘,
성스런 임금을 모시고 저승에 가려 하시니라.

관련 사적

주나라 문왕의 왕후가 문왕을 그려 다음과 같은 노래를 지었다 한다.

> 저 산 언덕에 오르려 하나(陟彼崔嵬)
> 내 말이 이미 지쳤도다.(我馬虺隤)
> 금잔에 술이나 가득 기울여(我姑酌彼金罍)
> 길이 이내 시름 잊어 볼거나.(維以不永懷)
> 저 높은 언덕에 오르려 하나(陟彼高岡)
> 내 말이 깊이 병들었도다.(我馬玄黃)
> 술잔에 술을 가득 부어(我姑酌彼兕觥)
> 길이 이내 아픔 잊어 볼거나.(維以不永傷))

정도전의 난에 원경왕후(元敬王后)는 스스로 태종이 있는 곳으로 나아가 그 화를 같이하려고 걸어서 나아갔다. 태종의 휘하 군사 최광대 등이 힘껏 간하고 막는 사이에 김부개가 정도전의 갓과 칼을 가지고 왔다. 왕후가 이에 돌아갔다.

방간의 난리에 군사 목인해가 탔던 태종 사저의 말이 화살을 맞고 도망하여 태종의 집으로 돌아왔다. 왕후는 필히 태종이 싸움에서 패했다고 생각하여, 스스로 싸움터로 나아가 태종과 함께 죽으려고 걸어서 나아갔다. 시녀 김 씨 등 다섯 명이 간했으나 어쩔 수 없었다. 종 한기 등이 길을 막고 말렸는데, 얼마 되지 않아서 정사파라는 이웃 노파가 이겼다는 소리를 듣고 와서 알렸다. 왕후가 이에 돌아갔다.

제110장

四祖ㅣ 便安·히 :몯 :겨·샤· ·현 ·고·ᄃᆞᆯ 올·마시·뇨。 ·몃 間ㄷ 지·븨· :사·ᄅᆞ시·리잇·고 九重·에 ·드르·샤· 太平·을 누·리싫 ·제。 ·이 ·ᄠᅳ·들· 닛·디 :마·ᄅᆞ쇼·셔	四祖莫寧息。幾處徙厥宅。 幾間以爲屋 入此九重闕。亨此太平日。 此意願毋忘

낱말 풀이

① 올마시뇨 : 옮+아+시+뇨. 옮기셨느냐.

② 사ᄅᆞ시리잇고 : 살+ᄋᆞ시+리+잇+고. 사시겠습니까.

③ 九重(구중) : 구중궁궐.

④ 마ᄅᆞ쇼셔 : 말+ᄋᆞ쇼셔. 마소서.

현대어 대역

네 분의 할아버지가 편안히 못 계시어 몇 곳을 옮기셨느냐?
몇 칸 집에 사셨겠습니까?
구중궁궐에 드시어서 태평을 누리실 적에,
이 뜻을 잊지 마소서.

관련 사적

네 할아버지는 목조, 익조, 도조, 환조를 가리킴인데, 이 네 분이 한 곳에 살지 못하고 떠돌아 다니며 고생한 일은 제3장과 제4장에 있다.

어법 풀이 42 높임의 등급

'ᄆᆞᄅᆞ쇼셔'는 명령형인데, 높임의 등급은 아주높임이다. 현재국어의 높임은 '해라, 하게, 하오, 합쇼'의 네 등급이 있으나, 중세 국어에는 'ᄒᆞᄅᆞ체, ᄒᆞ야쎠체, ᄒᆞ쇼셔체'의 세 등급이 있었다. ᄒᆞᄅᆞ체는 아주 낮춤인데, 명령형 어미가 보통 '(으)라'로 나타난다. ᄒᆞ야쎠체는 예사높임인데 명령형 어미가 '-어쎠'로 나타난다. ᄒᆞ쇼셔체는 아주높임인데 명령형 어미가 '-쇼셔'로 나타난다.

- 너희 大衆이 ᄀᆞ장 보아 後에 뉘읏븐 업게 **ᄒᆞ라**[석보 23:11] (ᄒᆞ라체)
- 엇뎨 부톄라 ᄒᆞᄂᆞ닛가 그 ᄠᅳ들 **닐어쎠**[석보 6:16-7] (ᄒᆞ야쎠체)
- 王이 부톄라 **請ᄒᆞᅀᆞᄫᅡ쇼셔**[석보 6:38] (ᄒᆞ쇼셔체)

종결형의 유형에 따라 나타나는 상태높임의 어미를 선어말 어미 '-ᄂᆞ-'와 결합된 형태를 표로 나타내 보이면 다음과 같다.

	ᄒᆞ라	ᄒᆞ야쎠	ᄒᆞ쇼셔
평서형	-ᄂᆞ다	-닝다	-ᄂᆞ이다
의문형	-ᄂᆞ녀	-ᄂᆞ닛가	-ᄂᆞ니잇가
명령형	-라	-어쎠	-쇼셔
청유형	-져/져라		-사이다

제111장

豺狼·이 構禍ㅣ어·늘。一間 茅屋·도 :업·사。
·움 무·더。:사·ᄅᆞ시·니이·다
廣廈·애 細氈 펴·고。黼座·애 안ᄌᆞ·샤。
·이 ·ᄠᅳ·들。닛·디 :마·ᄅᆞ쇼·셔

豺狼構禍患。茅屋無一間。
陶穴經艱難
細氈鋪廣廈。黼座迺登坐。
此意願毋忘

낱말 풀이

① 豺狼(시랑) : 승냥이와 이리.

② 構禍(구화) : 화근을 만드는 것.

③ 茅屋(모옥) : 띠로 이은 집.

④ 업사 : 없+아. 없어.

⑤ 사ᄅᆞ시니이다 : 살+ᄋᆞ시+니+이+다. 사신 것입니다.

⑥ 廣廈(광하) : 넓고 큰 집.

⑦ 細氈(세전) : 가늘게 짠 담요.

⑧ 黼座(보좌) : 임금이 앉는 자리.

현대어 대역

승냥이와 이리가 화가 되므로 띠집 한 칸도 없어,
움을 묻어 사신 것입니다.
넓고 큰 집에 가는 담요를 펴고 임금의 자리에 앉으시어,
이 뜻을 잊지 마소서.

관련 사적

승냥이, 이리는 야인을 가리킴이다. 이리 떼가 환난을 일으킨 일은 제4장에 있다.

제112장

王事·ᄅᆞᆯ 爲·ᄏᆞ시·니。 行陣·ᄋᆞᆯ 조ᄎᆞ·샤。 不解甲·이。 ·현 ·나·리신·ᄃᆞᆯ :알·리 莽龍衣袞龍袍·애。 寶玉帶 ᄯᅴ·샤。 ·이 ·ᄠᅳ·들。 닛·디 :마·ᄅᆞ쇼·셔	祗爲王事棘。行陣日隨逐。 幾日不解甲 龍衣與袞袍。寶玉且横腰。 此意願毋忘

낱말 풀이

① 行陣(행진) : 군사의 대열.

② 不解甲(불해갑) : 갑옷을 풀지 않음.

③ 나리신ᄃᆞᆯ : 날+이+시+ㄴ ᄃᆞ+ㄹ. 날이신 것을.

④ 알리 : 알+리, 알겠는가.

⑤ 莽龍衣(망룡의) : 용을 수놓은 옷.

⑥ 袞龍袍(곤룡포) : 임금의 정복으로 금실로 둥글게 수놓은 옷.

⑦ 寶玉帶(보옥대) : 보옥으로 장식한 띠.

현대어 대역

임금의 일을 위하시므로, 행군의 진열을 따르시어,
갑옷 벗지 못함이 몇 날이신 것을 알겠습니까?
망룡의와 곤룡포를 입으시고 보옥대를 띠시어,
이 뜻을 잊지 마소서.

관련 사적

갑옷 벗지 못함이란 이 태조가 왜구와 북쪽 오랑캐를 치러 다니던 때를 말함이다.

제113장

拯民·을 爲·커시·니。 攻戰·에 ᄃᆞᆫ·니·샤。	祗爲拯群黎。 攻戰日奔馳。
不進饍·이。 ·현 ·ᄢᅵ신·ᄃᆞᆯ :알·리	絶饍知幾時
南北珍羞·와。 流霞玉食 바ᄃᆞ·샤。	南北珍羞列。 流霞對玉食。
·이 ·ᄠᅳ·들。 닛·디 :마·ᄅᆞ쇼·셔	此意願毋忘

낱말 풀이

① 拯民(증민) : 백성을 구원함.

② 不進饍(불진선) : 진지를 드시지 못하는 것.

③ 南北珍羞(남북진수) : 남북의 맛난 음식.

④ 流霞(유하) : 신선이 마시는 술.

⑤ 玉食(옥식) : 기름지고 좋은 음식.

⑥ ᄢᅵ신ᄃᆞᆯ : ᄢᅵ(+이)+시+ㄴ ᄃᆞ+ㄹ. 끼이신 것을.

현대어 대역

백성 구원하기를 위하시니, 싸움에 다니시어,

진지를 드시지 못함이 몇 끼이신 것을 알겠습니까?

남북의 맛난 음식과 유하주 진기한 맛을 앞에 두시어,

이 뜻을 잊지 마소서.

관련 사적

이 태조가 백성을 구하기 위해서 싸우러 다닐 때를 말함이다.

제114장

大業·을 ᄂᆞ·리·오리·라。 筋骨·ᄋᆞᆯ 몬져 ᄀᆞᆽ·고·샤。	天欲降大業。 迺先勞筋骨。
玉體創瘢·이。 ᄒᆞᆫ:두 ·곧 아·니시·니	玉體創不一
兵衛儼然커·든。 垂拱臨朝·ᄒᆞ·샤。	儼然兵衛陳。 垂拱臨朝臣。
·이 ·ᄠᅳ·들。 닛·디 :마·ᄅᆞ쇼·셔	此意願毋忘

낱말 풀이

① ᄂᆞ리오리라 : ᄂᆞ리오+리+라. 내리게 하려고.

② 筋骨(근골) : 근육과 뼈. 몸.

③ ᄀᆞᆺ고샤 : ᄀᆞᆺ고(←ᄀᆞᆺ+오)+시+아. 괴롭게 하시어.

④ 瘡瘢(창반) : 병기에 다친 흔적.

⑤ 兵衛(병위) : 병사의 호위.

⑥ 儼然(엄연) : 씩씩하고 엄숙함.

⑦ 垂拱臨朝(수공임조) : 두 손을 마주잡고 조정에 임하는 것.

현대어 대역

대업을 내리려고 그 몸을 먼저 괴롭게 하시어,
옥체의 흉터가 한두 곳이 아니시니,
군사 호위가 엄숙하거든, 무사히 천하를 다스리시고 조정에 임하시어,
이 뜻을 잊지 마소서.

관련 사적

하늘이 대업을 내리려고 한 일에 대해서는 제33장과 제50장에 있다.

이 태조는 전쟁에서 여러 번 몸에 상처를 입은 일이 있다. '먼저 괴롭게 한다.'는 것은 맹자의 다음 말에서 온 것이다. "하늘이 장차 큰 소임을 이 사람에게 맡기려 하므로, 반드시 먼저 그 마음과 뜻을 괴롭게 하고, 그 몸에 고통을 준다."

제115장

:날 거·슳 도ᄌᆞ·ᄀᆞᆯ。 好生之德·이실·ᄊᆡ。	拒我慓悍賊。我自好生德。
부·러 저·히·샤。 살·아 자ᄇᆞ·시·니	故脇以生執
頤指如意·ᄒᆞ·샤。 罰人刑人·ᄒᆞ싫 ·제。	頤指卽如意。罰人刑人際。
·이 ·ᄠᅳ·들。 닛·디 :마·ᄅᆞ쇼·셔	此意願毋忘

낱말 풀이

① 거슳 : 거슬+ . 거역할.

② 好生之德(호생지덕) : 생명을 사랑하는 덕.

③ 저히샤 : 저히+시+아. 위협하시어.

④ 살아 : 사ᄅᆞ+아. 살려.

⑤ 頤指如意(이지여의) : 턱과 손가락만으로 뜻과 같이 함. 은연히 뜻만 비추어 남을 부림.

⑥ 罰人刑人(벌인형인) : 사람에게 형벌을 줌.

현대어 대역

(이 태조는) 나를 거역하는 도둑을, 생명을 사랑하는 덕이 있으므로,
일부러 위협하시어 살려 잡으시니,
턱과 손가락만으로 모든 일이 뜻대로 되시어, 사람을 형벌 주실 때,
이 뜻을 잊지 마소서.

관련 사적

이 태조가 원나라 장수 조무를 사로잡은 이야기는 이미 54장에서 언급되었다.

제116장

道上·애 僵尸·ᄅᆞᆯ ·보·샤。 寢食·을 그·쳐시·니。	僵尸道上見。爲之廢寢饍。
旻天之心·애。 :긔 아·니 ·ᄠᅳᆫ·디시·리	旻天寧不眷
民瘼·ᄋᆞᆯ 모·ᄅᆞ시·면。 하·ᄂᆞᆯ·히 ᄇᆞ·리·시ᄂᆞ·니。	民瘼苟不識。天心便棄絶。
·이 ·ᄠᅳ·들。 닛·디 :마·ᄅᆞ쇼·셔	此意願毋忘

낱말 풀이

① 僵屍(강시) : 얼어 죽은 시체.

② 그쳐시니 : 그치+어+시+니. '-어-'는 확인법의 선어말 어미. 그치시니.

③ 旻天之心(민천지심) : 백성을 사랑하고 돌보는 어진 하늘의 마음.

④ 쁜디시리 : 쁜디+시+리. 돌보시리.

⑤ 民瘼(민막) : (잘못된 정치로 인한) 백성의 고통.

현대어 대역

(이 태조는) 길 위에 얼어죽은 시체를 보시어 침식을 그치시니,
백성을 사랑하는 어진 마음에 그 아니 돌보실까?
백성의 고통을 모르시면 하늘이 버리시나니,
이 뜻을 잊지 마소서.

관련 사적

이 태조가 백성의 시체를 보고 침식을 잊은 일은 이미 50장에서 언급되어 있다.

제117장

敵王所愾·ᄒᆞ·샤。 功盖一世·ᄒᆞ시·나。	旣敵王所愾。神功盖一世。
勞謙之德·이。 功·ᄋᆞᆯ 모·ᄅᆞ시·니	勞謙不自大
佞臣·이 善諛·ᄒᆞ·야。 驕心·이 ·나·거시·든。	佞臣善諛說。驕心不可遏。
·이 ·ᄠᅳ·들。 닛·디 :마·ᄅᆞ쇼·셔	此意願毋忘

낱말 풀이

① 敵王所愾(적왕소개)ᄒᆞ샤 : 임금이 노하는 바의 적을 치시어.

② 功蓋一世(공개일세) : 공이 한 세상을 덮음.

③ 勞謙之德(노겸지덕) : 공로가 있으나 겸손하여 이를 나타내지 않는 덕.

④ 佞臣(영신) : 간악한 신하.

⑤ 善諛(선유)ᄒᆞ야 : 아첨을 잘하여.

⑥ 驕心(교심) : 교만한 마음.

⑦ 나거시든: 나+시+거…든. '거…든'은 불연속 형태임. 나시거든.

현대어 대역

임금의 노하는 바의 적을 치시어 공이 일세를 덮으시나,
(이 태조는 공을 세우고도) 겸양하시는 덕이 (자기의) 공을 모르시니,
아첨 잘하는 신하가 아첨을 잘하여 교만한 마음이 나시거든,
이 뜻을 잊지 마소서.

관련 사적

이 태조는 50장에서 보는 바와 같은 큰 공을 세우고도 조금도 교만을 부리지 않았다.

제118장

多助之至실·씨。 野人·도 一誠·이어·니。	維其多助至。野人亦入侍。
國人 ·ᄠᅳ·들。 어·느 :다 ᄉᆞᆯ·ᄫᆞ·리	何論國人意
:님·그ᇝ 德 일ᄒᆞ·시·면。 親戚·도 叛·ᄒᆞᄂᆞ·니。	君德如或失。親戚亦離絶。
·이 ·ᄠᅳ·들。 닛·디 :마·ᄅᆞ쇼·셔	此意願毋忘

낱말 풀이

① 多助之至(다조지지)실씨 : 다조지지+(이)+시+ㄹ씨. 도움을 많이 받은 것 중의 으뜸이므로.
② ᄉᆞᆯᄫᆞ리 : ᄉᆞᆲ+ᄋᆞ리. 사뢰리.

현대어 대역

(이 태조는 덕이 높아) 남의 도움을 많이 받은 것 중에도 으뜸이시므로,
야인도 한결 같은 성심이니,
우리나라 사람의 뜻을 어찌 다 사뢰리?
임금의 덕을 잃으시면 친척도 배반하나니,
이 뜻을 잊지 마소서

관련 사적

이 태조의 덕화를 입어 야인도 많이 따랐으니, 이에 대해서는 이미 63장에서 언급되었다.

제119장

兄弟變·이 이시·나。 因心則友ㅣ실·씨。	兄弟縱相瘉。因心則友于。
허·므·를。 모·ᄅᆞ·더시·니	意莫知其辜
易隙之精·을 브·터。 姦人·이 離間커·든。	易隙情是乘。姦人讒間興。
·이 ·ᄠᅳ·들。 닛·디 :마·ᄅᆞ쇼·셔	此意願毋忘

낱말 풀이

① 兄弟變(형제변) : 형제의 변란.

② 因心則友(인심즉우) : 마음의 자연스러움에 따르면 우애가 좋아짐.

③ 모ᄅᆞ더시니 : 모ᄅᆞ+더+시+니. 모르시더니.

④ 易隙之精(이극지정) : 틈이 생기기 쉬운 정.

⑤ 姦人(간인) : 간사한 사람.

현대어 대역

형제의 변이 있으나 마음의 자연스러움에 따르면 곧 우애가 좋아지는 것이므로,
(이 태조와 태종은 형제의) 허물을 모르시더니,
틈이 생기기 쉬운 정으로부터 간사한 사람들이 이간하거든,
이 뜻을 잊지 마소서.

관련 사적

이 태조와 태종의 형제의 변에 대해서는 이미 76장과 103장에 언급되었다.

제120장

百姓·이 하·ᄂᆞᆯ·히어·늘∘ 時政·이 不恤ᄒᆞᇙ·씨。	民者王所天。時政不曾憐。
力排羣議·ᄒᆞ·샤∘ 私田·을 고·티시·니	排議革私田
征歛·이 無藝ᄒᆞ·면∘ 邦本·이 ·곧 여·리ᄂᆞ·니。	征歛若無節。邦本卽扤隉。
·이 ·ᄠᅳ·들∘ 닛·디 :마·ᄅᆞ쇼·셔	此意願毋忘

낱말 풀이

① 하늘히어늘 : 하늟+이+어늘. 하늘이거늘.

② 時政(시정) : (해당하는) 그때의 정치.

③ 不恤(불휼) : 백성을 불쌍히 여겨 돌보지 아니함.

④ 力排群議(역배군의) : 힘써 여러 논의를 물리침.

⑤ 私田(사전) : 개인의 사사로운 토지.

⑥ 征歛(정렴) : 백성에게서 거두어들임.

⑦ 無藝(무예) : 일정한 정도가 없음.

⑧ 邦本(방본) : 나라의 근본.

현대어 대역

백성이 하늘인데 (그) 때의 정치가 (백성을) 돌보지 않으므로,
(이 태조는) 힘써 모든 논의를 물리치시어, 사유의 논밭 제도를 고치시니라.
백성으로부터 세금을 거둬들임에 정도(正道)가 없으면, 나라 근본이 곧 약해지니,
이 뜻을 잊지 마소서.

관련 사적

이 태조가 호족이 약탈한 토지를 거두어서 균전제를 실시한 데 대해서는 이미 제73장에서 언급되었다.

제121장

내그에 :모딜·언마·른。 제 :님·금 爲·타 ·ᄒᆞ실·씨。	於我雖不軌。謂爲其主耳。
罪·롤 니·저。 다·시 ·브·려시·니	忘咎復任使
·하ᄆᆞᆯ·며 袞職 :돕·ᄉᆞᄫᆞ·려。 面折廷爭커·든。	況思補袞職。廷爭或面折。
·이 ·ᄠᅳ·들。 닛·디 :마·ᄅᆞ쇼·셔	此意願毋忘

낱말 풀이

① 내 그에 : 나+ㅣ 그에. 'ㅣ'는 관형격 조사. '그에'는 여격의 기능을 나타내는 의존 명사. 내게.

② 모딜언마른 : 모딜+언마른. 모질건마는.

③ 브려시니 : 브리+어+시+니. 부리시니.

④ 袞職(곤직) : 임금의 직책.

⑤ 돕ᄉᆞᄫᆞ려 : 돕+ᅀᆞᆸ+오려. 도우려.

⑥ 面折廷爭(면절정쟁) : 얼굴을 맞대고 반대하며 조정에서 다툼.

현대어 대역

나에게 모질건마는 제 임금을 위한 것이라 하시므로,

(태종은) 죄를 잊어 다시 (그들을) 부리시니,

하물며 임금의 일을 도우려고 (신하들이) 얼굴을 맞대고 반대하여 조정에서 다투거든,

이 뜻을 잊지 마소서.

관련 사적

태종이 방석에게 충성을 다하던 사람들에게 벼슬을 준 사실을 말함이니, 이에 대해서는 106장에 있다.

제122장

性與天合·ᄒᆞ샤·ᄃᆡ。 思不如學·이·라 ·ᄒᆞ·샤。	性雖與天合。謂思不如學。
儒生·ᄋᆞᆯ。 親近·ᄒᆞ시·니이·다	儒生更親昵
小人·이 固寵·호리·라。 不可令閑·이·라커·든。	小人固寵權。曰不可令閑。
·이 ·ᄠᅳ·들。 닛·디 :마·ᄅᆞ쇼·셔	此意願毋忘

낱말 풀이

① 性與天合(성여천합) : 성품이 힘쓰지 않아도 하늘의 이치에 합당함.

② 思不如學(사여불학) : 생각하는 것이 배움만 못함.

③ 固寵(고총) : 총애를 굳힘.

④ 不可令閑(불가령한)이라커든 : 불가령한+이+라 ᄒᆞ+거든. 한가하게 해서는 안 된다 하거든.

현대어 대역

(이 태조는) 그 성품이 하늘의 이치에 맞으시되, 생각함은 배움만 같지 못하다 하시어,

선비를 가까이하신 것입니다.

소인이 임금의 총애를 굳히려 임금을 한가로이 해서는 안 된다 하거든,

이 뜻을 잊지 마소서.

관련 사적

이 태조의 성품이 하늘과 같은 일은 제80장에 있다.

당나라의 내시감(內侍監) 구사랑(仇士良)이 그 무리들에게 권세와 총애를 굳게 하는 술수를 가르치며 말하기를, "천자를 한가롭게 해서는 안 된다. 마땅히 항상 사치스러운 치장으로 귀와 눈을 즐겁게 하고, 날로 새롭고 달로 풍성하게 하여 다시 다른 일을 할 여가가 없게 한 연후에야 우리들이 뜻을 얻을 수 있을 것이다. 삼가 그로 하여금 독서를 하거나 유생과 친근하게 하지 못하게 하라. 그가 전대의 흥망을 보고 두려움과 근심을 알게 되면 우리들을 멀리 배척할 것이다."라고 했다.

제123장

讒口ㅣ :만·ᄒᆞ·야 罪 ·ᄒᆞ·마 :일·리러·니。
功臣·올 살·아 救·ᄒᆞ시·니
工巧ᄒᆞᆫ 하·리 甚·ᄒᆞ·야 貝錦·을 일·우·려커·든。
·이 ·ᄠᅳ·들 닛·디 :마·ᄅᆞ쇼·셔

讒口旣嘈沓。垂將及罪戮。
功臣迺救活
簧功讒譖甚。謀欲成貝錦。
此意願毋忘

낱말 풀이

① 讒口(참구) : 남을 모함하는 입.

② 만ᄒᆞ야 : 만ᄒᆞ+야. 많아서.

③ 일리러니 : 일+리+러(더)+니. 이루어지겠더니.

④ 살아 : 사ᄅᆞ+아. 살려.

⑤ 貝錦(패금) 조개 무늬가 있는 비단

⑥ 일우려커든 : 일우+우려 ᄒᆞ+거든. 이루려 하거든.

현대어 대역

참소하는 입이 많아서 죄가 하마터면 이루어지겠더니,
(태종은) 공신을 살려 구하시니,
공교한 참소가 심해서 조개 무늬 있는 비단을 이루려 하거든,
이 뜻을 잊지 마소서.

관련 사적

태종이 조준을 구한 이야기는 104장에 있다.

『시경』에 "굽이굽이 넘실거리며 아롱지는 무늬가 패금을 이루었도다."라는 대목이 있는데, "조개(貝)는 물속에 사는 껍질이 있는 벌레로 그 무늬가 비단(錦)과 같다. 그 모양에 따라 무늬의 극치를 이루어 패금이 된다. 패금을 참소하는 자에 비유하는 이유는, 사람이 작은 허물을 꾸며서 큰 죄를 만들기 때문이다."라고 했다.

제124장

洙泗正學·이◦ 聖性·에 ᄇᆞᆯᄀᆞ·실·씨。	洙泗之正學。聖性自昭日析。
異端·ᄋᆞᆯ◦ 排斥·ᄒᆞ시·니	異端獨能斥
裔戎邪說·이◦ 罪福·ᄋᆞᆯ 저·히·ᅀᆞᆸ거·든。	裔戎之邪說。怵誘以罪福。
·이 ·ᄠᅳ·들◦ 닛·디 :마·ᄅᆞ쇼·셔	此意願毋忘

낱말 풀이

① 洙泗正學(수사정학) : 중국의 수수(洙水)와 사수(泗水)라는 강가에서 일어난 정도(正道)의 학문. 수수(洙水)는 태산에서 나와 사수(泗水)로 들어가는데 공자가 설교하던 곳이다.

② ᄇᆞᆯᄀᆞ실씨 : ᄇᆞᆰ+ᄋᆞ시+ㄹ씨. 밝으시므로.

③ 裔戎邪說(예융사설) : 변방 (서쪽) 오랑캐의 사악한 말. 불교는 서역에서 나왔으므로 변방 서쪽 오랑캐의 사악한 말이라고 한 것이다.

④ 저히ᅀᆞᆸ거든 : 저히+ᅀᆞᆸ+거든. 위협하거든.

현대어 대역

공자의 바른 학문이 (태종의) 성스런 성품에 밝으시므로,
(이와) 다른 교리를 배척하시니,
서역 오랑캐의 사악한 말이 죄와 복으로 위협하거든,
이 뜻을 잊지 마소서.

관련 사적

태종은 불교에 대한 정책을 혁신했으니, 이에 대해서는 107장에 있다.

제125장

千世 우·희ₒ 미·리 定·ᄒᆞ·샨 漢水北·에ₒ	千世默定漢水陽ₒ
累仁開國·ᄒᆞ·샤ₒ 卜年·이 :ᄀᆺ :업·스시·니ₒ	累仁開國ₒ 卜年無疆ₒ
聖神·이 :니·ᅀᆞ샤·도ₒ	子子孫孫ₒ 聖神雖繼ₒ
敬天勤民·ᄒᆞ샤·사ₒ 더·욱 구드·시·리이·다ₒ	敬天勤民ₒ 迺益永世ₒ
:님·금·하 :아·ᄅᆞ쇼·셔ₒ	嗚呼 嗣王監此ₒ
洛水·예 山行·가 이·셔ₒ ·하나·빌 미·드·니잇·가	洛表遊畋ₒ 皇祖其恃

낱말 풀이

① 定(정)ᄒᆞ샨 : 정ᄒᆞ+시+오+ㄴ. 정하신.

② 累仁開國(누인개국) : 덕을 쌓아 개국을 함.

③ 卜年(복년) : 점쳐 정한 햇수. 나라의 운명.

④ ᄀᆺ : 가, 끝.

⑤ 聖神(성신) : 성스런 신, 여기서는 임금의 성스런 후손.

⑥ 니ᅀᆞ샤도 : 닠(닛)+ᄋᆞ시+아도. 이으셔도.

⑦ 敬天勤民(경천근민) : 하늘을 공경하고 백성을 위하여 힘씀.

⑧ 구드시리이다 : 굳+으시+리+이+다. 굳으실 것입니다.

⑨ 님금하 : 님금+하. 임금이시여.

⑩ 아ᄅᆞ쇼셔 : 알+ᄋᆞ쇼셔. 아십시오.

⑪ 산행(山行) : 사냥.

⑫ 하나빌 : 하나비+ㄹ. 할아버지를, 조상을.

⑬ 미드니잇가 : 믿+잇+으니…가. 믿으신 것입니까.

현대어 대역

천대 옛날에 미리 정하신 한강 북쪽에,

어진 일을 쌓아 나라를 여시어, 점쳐 정한 햇수가 끝이 없으시니,

성신이 이으셔도,

하늘을 공경하고 백성을 위하여 힘쓰셔야 나라가 더욱 굳어지실 것입니다.

임금님이시여 아소서.

(하나라 태강처럼) 낙수에 사냥 가 있으면서 조상을 믿으신 것입니까?

관련 사적

하(夏)나라 태강(太康)이 사냥에 절도가 없어 낙수 남쪽까지 가서 백 날이 되어도 돌아올 줄 몰랐다. 궁(窮)나라의 임금 예(羿)가 강북에서 태강을 막아 돌아오지 못하게 하여 폐위했다.

어법 풀이 43 호격 조사 '-하'

'님금하'의 '-하'는 호격조사인데, 중세 국어에는 호격조사로 '-아/야, -(이)여, -하'가 있었다. '-아'는 낮춤의 체언 아래 쓰였으며, '-(이)여'는 낮춤의 명사 아래 쓰이나 격식의 의미가 동반되는 것이 특징인데, 모음으로 끝난 체언 아래에서는 '-여'가, 자음 아래에서는 '-이여'가 쓰였고, 모음 아래라도 'ㅣ여'가 쓰이기도 하였다. '-하'는 높임의 호격조사인데, 사람뿐만 아니라 의인화된 무정명사 아래에서도 사용되었다.

- -아 : 佛子 **文殊아** 모든 疑心을 決ᄒᆞ고라[석보 13:24]
- -야 : **阿逸多야** 내 … 니룛 저긔 … [월인 17:24]
- -여 : **究羅帝여** 네 命終혼다[월인 9:36상]
  어딜쎠 **觀世音이여**[능엄 6:35]
  우는 **聖女ㅣ여** 슬허 말라[월인 21:21}
- -하 : **世尊하** 날 爲ᄒᆞ야 니ᄅᆞ쇼셔[월석 1:17]
  如來하 우리나라해 오샤 衆生ᄋᆡ 邪曲을 덜에 ᄒᆞ쇼셔[석보 6:21]
  ᄃᆞᆯ하 노피곰 도ᄃᆞ샤[악학. 정읍사]

제2부

주해 속의 어휘 풀이

우리말 어휘

1. 들머리

용비어천가 주해 속의 한글 표기 어형에 대해서는 일찍이 이상인(1939)에 의해 처음으로 그 목록이 제시되었으며, 김윤경(1962)에서는 다시 한글 표기 어형의 전 목록을 제시하며 '한글' 전용의 정신을 본받을 자료로 삼아야 한다고 주장하였다. 이들의 자료 소개에 이어 김종훈(1963)에서는 처음으로 이 한글 표기 어형들의 차자 표기를 분석하며, 어휘 풀이를 시도하였다. 이기문(1964)에서는 이 어휘 자료들을 국어 자료, 여진어 자료, 몽고어 자료로 나누어, 국어 자료에 대해서는 몇 가지 특징적인 국어학적인 현상을 기술하였다. 이어 유재영(1974)에서는 이 한글 표기 어형들 중에서 땅이름 자료들만 모아, 그것들의 차자 표기를 고찰하여, 이를 바탕으로 어휘의 의미 풀이를 하였다. 남영신(1984)에서는 다시 이들 어휘들의 전 목록을 가나다순으로 정리하여 제시하였으며, 김영진(1985)에서는 땅이름의 한글 표기 체계를 고찰하였다. 최범훈(1983a, 1982, 1983b)에서는 이들 한글 표기 어형들의 차자 표기와 의미 풀이를 상세하게 하였으며, 땅이름 어휘의 경우는 그 위치를 명시하였다. 구경자(1990)에서는 이들 어휘들의 차자 표기를 체계적으로 분류하여 그 의미를 고찰하였다.13)

지금까지의 연구를 통하여 용비어천가 주해 속에 있는 한글 표기 어형의 목록이 파악되고, 이들의 차자 표기, 어휘의 의미 해석에 대한 연구가 이루어졌다. 그러나 아직도 이 어휘들의 개별적인 의미 파악, 차자 표기법 연구에만 주력해 왔을 뿐, 우리말의 음운, 표기법, 문법에 대한 종합적인 고찰을 하지 않았다. 그뿐만 아니라,

---

13) 이 밖에도 주해 속에 있는 외국어 어휘에 대해서만 고찰한 연구로는 '이기문(1958) 여진어의 지명고, 김구진(1973) 麗末鮮初 豆滿江 流域의 女眞 분포, 김구진(1974) 初期 毛燐 兀良哈 研究, 김동소(1977) 용비어천가의 여진어휘 연구, 송기중(1989) 《용비어천가》에 등장하는 북방민족어명' 등이 있다.

이들 어휘들을 어원별로 분류하여, 그 의미를 명확히 해석해 보고, 이 어휘의 어형들을 현대 국어와 관련지어 보려는 연구 또한 이루어지지 않았다. 그리고 더러는 그 의미 해석이 잘못된 곳도 있었다. 이 연구에서는 이러한 점에 착안하여 용비어천가 주해 속에 한글로 표기된 어휘 자료 중에서 우리말 어휘만을 골라, 이를 통하여 당시의 표기법, 음운, 문법을 종합적으로 고찰하고, 이들을 어원별로 분류하여, 어원, 의미, 어형 변화 등을 밝혀 정리해 보고자 한다.

2. 어휘 자료

한글로 표기된 어휘 자료 중에서 우리말 땅이름 어휘 자료만을 모아 가나다 순서로 정리해 보면 다음과 같다.

우리말 어휘 자료 목록(땅이름)

	한글표기	한자표기	권:쪽		한글표기	한자표기	권:쪽
1	가ᄅᆞᆫ여·흘[14]	岐灘	1:44b	2	가막:골	加莫洞	1:39a
3	가·큰·동	加斤洞	3:13b	4	갈·두	加乙頭	1:38a
5	거츨:뫼	荒山	7:8b	6	고·마ᄂᆞᄅᆞ	熊津	3:15a
7	:광ᄂᆞᄅᆞ	廣津	3:13b	8	구무바·회	孔巖	3:13b
9	그슴	文音	1:39a	10	그슴:셤	煤島	8:24a
11	김·곡·개	金谷浦	2:22b	12	·ᄀᆞ·래:올	楸洞	10:19b
13	·달:내	達川	3:13b	14	·달:내	㺚川	5:42b
15	답샹:골	答相谷	5:34a	16	당:뫼	堂山	4:21b
17	·대받	竹田	5:26a	18	덕믈	德積	6:58b
19	·덕바·회	德巖	6:43a	20	돋여·흘	猪灘	2:22b
21	:돌·개	石浦	1:38a	22	동량:뒤	東良北	1:8b
23	·두미	渡迷	3:13b	24	:뒷:심:골	北泉洞	2:32a
25	듬바·되	澄波渡	5:27a	26	둥산·곶	登山串	1:31b
27	·딘·개	鎭浦	3:15a	28	·로양·재	綠楊峴	7:23b
29	마·근·담:골	防墻洞	5:27a	30	머·튼ᄂᆞᄅᆞ	麻屯津	1:39a
31	몰·애오·개	沙峴	9:49	32	ᄆᆞ·롮:골	舍音洞	5:34a
33	ᄆᆞᆯ:뫼	馬山	5:42a	34	바·횟방	巖房	1:47b
35	·부훵바·회	鳳凰巖	5:27b	36	블·근·못	赤池	7:25a
37	블·근:셤	赤島	1:8b	38	·ᄇᆞ얌·개	蛇浦	3:13b
39	ᄇᆡᄂᆞᄅᆞ	梨津	5:27b	40	ᄇᆡ·애	梨浦	3:13b
41	·ᄇᆡ얌:골	蛇洞	6:43a	42	·살여·흘	箭灘	2:22b

	한글표기	한자표기	권:쪽		한글표기	한자표기	권:쪽
43	삼반·개	三田渡	3:13b	44	·삿·대·수	箭竹藪	5:26a
45	새와·이	草黃	5:47b	46	:새한	草閑	7:25b
47	설멧:골	所磨洞	9:28b	48	·션:돌	立石	3:13b
49	:션·ᄣᅢ	善竹	1:47a	50	·소두·듥	松原	5:36b
51	:손돌	窄梁	6:59b	52	솓:뫼	鼎山	7:8b
53	·쇠벼·ᄅᆞ	淵遷	3:13b	54	·쇠·잣	金城	7:7b
55	쇠:재	鐵峴	1:50a	56	·쇼·재	牛峴	1:31b
57	술·위나·미	車踰	5:33b	58	숫고·개	炭峴	5:29b
59	싄·믈15)	酸水	5:4b	60	·안반여·흘	按板灘	3:13b
61	:암림·곶	暗林串	1:36a	62	오·도·잣	烏島城	3:13b
63	·외:셤	孤島	5:42b	64	운·텬	雲田	5:36b
65	울·헤:셤	威化島	1:39b	66	·이싱·개16)	圍仍浦	1:31b
67	잇·뵈	伊布	3:13b	68	·잣·곶	城串	4:21b
69	·잣:뫼	城山	1:52a	70	조ᄏᆞ볼	粟村	2:22b
71	죠:콜:셤	召忽島	6:58b	72	졸애	照浦	6:37b
73	ᄌᆞᄅᆞᆸ·개	助邑浦	2:22b	74	직·벽:골17)	淬甓洞	1:49b
75	투·씻:골	兎兒洞	7:53b	76	·피모·로	椵(←椵)山	4:21b
77	·학ᄃᆞ리	鶴橋	1:46a	78	·한여·흘	大灘	3:13b
79	·한여·흘	大灘	5:27a	80	합·개	合浦	1:49a
81	훗·기	厚叱只	7:25b	82	·흰바·회	白巖	7:7b
83	ᄒᆞᆰ고·개	泥峴	1:44b	84	ᄒᆞᆰ셩	泥城	1:44a
85	·흰·다리	白達	2:22b				

땅이름 외에도 인명이 하나, 동물명이 하나, 격구 용어가 다섯이 더 있어, 용비어천가 주해 속에는 한글로 표기되어 있는 우리말 어휘 자료가 모두 92개가 실려 있다.18)

---

14) 초간초쇄본과 초간후쇄본에는 '가·린여·흘'로, 제1차중간본에는 '가린여·흘'로, 제2차중간본과 제3차중간본에는 '가리여흘'로 되어 있다. '가·리·다'라는 단어의 '·리'에 거성점이 있는 것으로 보아 '·린'에 거성점이 있는 것이 맞는 표기일 것이다.

15) 초간후쇄본에는 '믈'로 되어 있으나, '·믈'에 거성점이 있는 것이 맞는 표기일 것이다.

16) 제2차 중간본에는 '어심·개'로 제3차 중간본에는 '어심개'로 되어 있다.

17) 제1차중간본에는 '직·벽골'로 제2차, 3차 중간본에는 직벽골'로 되어 있다.

18) 연구자에 따라 용비어천가 주해에 실려 있는 한글로 표기된 어휘 자료의 수효에 1-2개의 차이가 있다. 김윤경(1962)에는 격구 용어 '垂楊[용가 6:40]'에 한글로 표기가 되어 있지 않음에도 착오로 '수양'을 포함하여 174개라고 하였다. 이기문(1964)에서는 이를 제외하여 173개라고 하였다. 그 뒤 김영신(1984)에서는 '수양'을 제외하는 대신에, '그슴셤(煤島)'[용가 8:24]을 추가하여 174개라고 하였다. 최범훈(1983)에서와 구경자(1990)에서도 174개라고 하였다. 그런데 '·달:내(達川)[3:13b], ·달:내(撻川)[5:42b]'와 '·한여·흘(大灘)[3:13b], ·한여·흘(大灘)'[5:27a]에서 '·달:내'는 대응되는 한자만 다르고, '·한여·흘(大灘)'은 한글, 한자 표기가 모두 같기는 하지만, 출처가 다르므로 각기 다른 어휘 자료로 그 수효를 헤아려야 할 것이다. 그렇게 되면 용비어천가 주해에 실려 있는 어휘 자료는, 우리말 어휘 자료 92개, 외국어 어휘 자료 83개로 모두 175개로 보는 것이 타당하다.

우리말 어휘 자료 목록(사람 이름, 동물 이름, 격구 용어)

	한글표기	한자표기	권:쪽		한글표기	한자표기	권:쪽
86	져근	小斤	10:13a	90	빅·지	排至	6:39b
87	담·뵈	覃甫	5:21a	91	엇마·기	橫防	6:40b
88	·귀견·줌	比耳	6:40b	92	·치·니마·기	防尾	6:40a
89	디·피	持彼	6:39b				

3. 어학적 해석

3.1. 표기법

3.1.1. 받침 표기

용비어천가에서는 다음 예들에서처럼 받침에 8종성의 표기 원칙을 충실히 따르고 있다.

ㅅㄱ→ㅅ : 숫고·개(炭峴)
ㅌ→ㄷ : ·대받(竹田), 돋어·흘(猪灘), 삼받·개(三田渡), 솓:뫼(鼎山)

그런데 이미 잘 알려진 바와 같이 기본 형태를 그대로 표기하고 있는 예외들이 있어 주목되어 왔는데, 주해에도 다음과 같은 예외들이 있다. 특히 'ㄺ'은 국문가사에는 없는 예외이다.

ㄺ : 소두·듥(松原), 홁고·개(泥峴), 홁셩(泥城),
ㅈ : 둥산·곶(登山串), :암림·곶(暗林串), ·잣·곶(城串)

3.1.2. 사잇소리 표기

훈민정음 초기 문헌[19]에는 사잇소리를 다양한 글자로 표기하고 있는데, 이런 표기법은 지나친 표기의 기교로 생겨난 것이다.[20] 용비어천가 주해에 있는 사잇소리는 국문 가사 표기에서와는 달리 한결같이 'ㅅ'자로만 표기하고 있는데, 이 예들은 훈민정음 초기 문헌에서의 다양한 사잇소리 표기가 지나친 표기의 기교에서 나온 또 다른 증거로 삼을 수 있다. 'ᄇᆡ얌:골(蛇洞)'의 경우는 아예 'ㅅ'조차 표기하고 있지 않다. 그리고 'ᄆᆞ·ᄅᆞᇝ:골, :뒷:ᄉᆡᆷ:ᄭᅩᆯ'의 경우 등은 선행어의 말음 위치에도, 후행어의 초성 위치에도 표기하고 있어 사잇소리의 표기 위치에도 일관성이 없음을 보여주고 있다.

:뒷:ᄉᆡᆷ:ᄭᅩᆯ(北泉洞), 마·근·담:ᄭᅩᆯ(防墻洞), ᄆᆞ·ᄅᆞᇝ:골(舍音洞), 설멧:골(所磨洞), 투·씻:골(兎兒洞), 마·근·담:ᄭᅩᆯ(防墻洞), 삿대수(箭竹藪), :션·ᄣᅢ(善竹), 바·흿방(巖房)

3.1.3. 방점 표기

훈민정음 초기 문헌에는 비교적 방점이 정확히 찍혀 있다. 그러나 예외가 없는 것은 아니다. 다음 예들의 '덕'과 '새'의 방점이 그러하다.

덕물(德積) : ·덕바·회(德巖), 새와·이(草黃) : :새한(草閑)

15세기의 다른 자료들에서 '德'에 대응되는 한글 표기에는 '·덕'으로 거성점이 찍혀 있고, '草'에 대응되는 고유어는 ':새'로 상성점이 찍혀 있다.

△ ·덕:분[번노 하:65]
△ :새지·비니·라[두언 6:52]

---

19) 훈민정음 초기 문헌이란, 『훈민정음』, 『용비어천가』, 『석보상절』, 『월인천강지곡』, 『월인석보』를 말한다.
20) 이에 대한 견해는 김동소(1998) 117쪽, 조규태(2005) 131-133쪽에 제시되어 있다.

3.2. 음운

3.2.1. 'ᆞ'와 'ㅡ'의 혼용

'·'음을 음소로 인정하든지 인정하지 않든지 간에, 그리고 '·'음의 변화 시기를 언제로 보든지 간에, 대부분의 학자들은 어두 음절에서 '·'가 다른 모음으로 변한 최초의 예로 'ᄒᆞᆰ'을 들어 '·'모음이 탈락하기 시작한 최초의 시기를 16세기 말로 보았다.[21] 그런데 용비어천가 주해에 이미 'ᄒᆡ-'와 '희-'가 공존하고 있어, '·'의 음소 여부와 그 탈락 시기에 관한 문제에 중요한 단서를 제공해 주고 있다.

·흰바·회(白巖) : ·ᄒᆡᆫ·다리(白達)

3.2.2. ᄫ 문제

'ᄫ'은 음소를 표기하기 위한 것이 아니고 절충식 표기를 위해 사용되었으리라는 것은 이미 여러 연구 논저에 밝혀진 바가 있는데, 땅이름의 경우에도 그 지역에 살고 있는 사람들에게 'ㅂ'유지형과 'ㅗ/ㅜ' 유지형 또는 그 탈락형이 동시에 사용되고 있어 이를 절충해 표기한 것으로 짐작할 수 있다. '조ᄏᆞᄫᅩᆯ(粟村)'에서의 'ᄀᆞᄫᅩᆯ'은 'ᄀᆞ볼'과 'ᄀᆞ올'의 절충식 표기로 볼 수가 있다.[22] 'ᄌᆡᆨ벽:골(涬甓洞)'의 'ᄌᆡᆨ벽'도 후대의 어형 '조약(돌)'을 고려해 보면 당시에 'ᄌᆡᆨ벽'과 'ᄌᆡᆨ역'이 공존해 있었다고 볼 수가 있고, 이를 절충해 'ᄌᆡᆨ벽'으로 표기한 것으로 추정할 수가 있다. '·대ᄫᆞᆮ(竹田)'의 경우도 '표ᄫᅯᆯ'과 같은 표기를 고려해 보면, '대받'과 '대왇'의 절충형으로 볼 수 있다. 그러나 '·쇠벼·ᄅᆞ(淵遷)'의 경우는 '쇠여ᄅᆞ'라는 어형을 상정하기 어렵기 때문에 과잉수정형으로 보는 것이 타당하리라 생각된다.

---

21) 이기문(1972) 120쪽, 백두현(1992) 64쪽에 있다. 그러나 김동소(2005)에서는 'ᄒᆡᆫ'[석보 6:43], '흰'[용가 7:7](白)의 등에서 훈민정음 초기 문헌에서도 '·'와 'ㅡ'가 혼동되고 있음을 보여 주고 있다.

22) 이미 15세기 당시에 'ᄀᆞ올ᇂ'이 더 널리 사용되고 있는데도 'ᄀᆞᄫᅩᆯ'로 표기한 것은 'ᄀᆞ볼'과 'ᄀᆞ올'을 절충해 표기하고자 하는 의도에 의한 것이라고 보는 것이 타당할 것이다. 예. ᄀᆞ올히어나 나라히어나[석보 9:40], ᄀᆞ올콰 나라쾌[법화 2:236], ᄃᆞᄅᆞᆫ ᄀᆞ올히 녯 ᄀᆞ올히라와 됴토다(他鄕勝故鄕)[두언 8:35], 東녁 ᄀᆞ올셔 시혹 ᄇᆞᄅᆞᄆᆡ 글 스고(東郡時題壁)[두언 20:7]

▲ 竹田·대밭, 淵遷쇠벼·ᄅᆞ, 栗村조ᄏᆞ볼, 滓甓洞지벽:골23)

3.2.3. 형태소 결합에서의 음운 탈락

'ㄹ' 말음을 가진 단어와 다른 단어가 합성될 때, 'ㄹ' 말음이 없어지고 사잇소리가 선행어의 말음으로 남거나, 아예 선행어의 말음 'ㄹ'이 탈락한 어형으로 만들어지기도 하였다. 예. 삿대수(←살+ㅅ+대+숳)(箭竹藪), ·소두·듥(←솔+두듥)(松原).

반모음 'j'와 'ㄹ' 음 아래에서 'ㄱ'이 탈락하는 현상은 이미 널리 밝혀진 것인데, 다음 예들은 이런 현상에 의해 만들어진 땅이름들이다. ·예. ᄀᆞ·래:올(楸洞), ᄇᆡ·애(梨浦), 몰·애오·개(沙峴), 쇼애(照浦). 물론 'ㄱ'이 탈락하지 않은 다음의 예들도 있다. 예. 다대:골(韃靼洞), :돌·개(石浦).

3.3. 어휘

용비어천가 주해 속의 우리말 어휘를 분류해 보면, 먼저 당시에 널리 사용되고 있던 단어와 당시에 널리 사용되지 않은, 옛 어형을 그대로 지니고 있는 단어로 나누어 볼 수 있다. 그리고 당시에 널리 쓰이고 있던 단어들도, 어원이 고유어인 단어와 한자 형태소인 단어, 그리고 어원을 명확히 알 수 없는 단어들로 나누어 볼 수 있다. 이 분류에 따라 단어들을 모아, 이들의 어원, 의미, 변화 양상 등을 고찰해 보면 다음과 같다.

3.3.1. 옛 어형을 지니고 있는 단어

당시에 널리 사용되지 않은, 옛 형태를 지니고 있는 단어에는 '고·마(熊)'와 '모·로(山)' 두 단어가 있다. 고·마ᄂᆞᄅᆞ(熊津). ·피모·로(椴(←椵)山). 두 단어는 당시의 문헌들에 대부분 '고·마'는 ':곰'이란 형태로, '모·로'는 ':뫼', 또는 ':뫼ㅎ'라는 형태로 쓰이고 있다.

23) ▲ 기호 뒤쪽에 제시한 것은 해당 어휘가 들어 있는 용비어천가를 비롯한 원문의 자료임. △ 기호 뒤쪽에 제시한 것은 증거 자료들임.

'고·마'는 일본어와 퉁구스 제어에 모두 어말 모음을 가진 형태로만 존재하는 것을 보면 일찍이 이기문(1964:227)에서 지적한 바와 같이 어말 모음 탈락에 의해 형성된 단어임을 알 수 있다. Ja. kuma '熊'[岩波 古語辭典 1974:414], Ev. kuma '海豹', La. kuma, koma id., Ne. koma, kuma '海豹, 海豹脂'[Cincius 1975:430]. 한국어 단어 중에서 어말 모음 'a'의 탈락에 의해 어형 단축이 이루어진 단어로는 이 밖에 백제 땅이름에 등장하는 '珍惡[*turak]'을 들 수 있는데[김동소 1998: 76], 이 단어는 어말 모음과 자음이 모두 탈락한 ':돌'과 어말 모음과 어중 자음이 탈락한 ':독'이 방언형으로 남아 있다.

'모로'는 '山'의 의미를 가진 단어로 '뫼'의 옛 어형임에 틀림없다.[24] 광개토대왕 비문에 '牟婁, 模盧'와 '牟利' 등의 어형이 나타나는데 이들은 각각 '*muru'와, 'muri'로 재구될 수 있으며, '山'의 의미를 가진 것으로 추정된다(김동소 1998:34). 그리고 이 어형은 고대 일본어의 'mure 山'와 어원이 같은 것으로 보인다(白鳥庫吉全集 1970:246). 이 어형은 중세 국어에 이르러 ':뫼'가 되었다가 현대 국어에 와서 거의 사어가 되었으나, '메아리, 멧돼지, 멧부리' 등에 흔적이 남아 있다. 이 어형의 변화 과정은 다음과 같았던 것으로 추정된다. *muri〉*muji〉*moi〉moj〉mö〉me[25]

▲ 公州. ……忠淸道界首官也. 所領, 郡三縣十一. 江郎熊津고·마ᄂᆞᄅᆞ也. 來自燕岐縣, 過公州之北, 西流達于夫餘, 至舒川鎭浦·딘·개, 入于海[3:15a]

▲ 高原郡. 別號洪原. 其山鎭曰椵山·피모·로[4:21b]

3.3.2. 중세 국어에 널리 사용되고 있던 단어

용비어천가 주해에 있는 92개의 우리말 자료들을 분석해 추출되는 단어를 살펴보면 대부분은 그 어원을 알 수 있으나, 그렇지 못한 것들도 있다. 어원을 알 수 있는

24) 이기문(1964)에서는 '모·로'를 여진어 단어로 보고 있다. 그러나 이 단어는 우리말 단어로 보는 것이 합리적이다. 여진어에서 '山'은 '阿里因'[Grube 1896:3]'이며, 만주어의 '山'도 같은 어형인 '아린'[한청문감 1:37a]이다. 이기문(1964)에 예를 들고 있는 'mulu'는 '산에 높이 솟은 곳, 집의 동량'을 뜻하지 '산'은 아니다. '모로'는 광개토왕 비문에 나오는 '模盧·牟婁(모로)'와 '산'의 고유어인 '뫼'가 이 어형과 더 가깝다.

25) 이 변화 과정에서 어중 'r'이 없어져간 현상의 다른 예로는 '나리〉내(川), 누리〉뉘(世), 도로〉되-(逆)'를 들 수 있다.

단어들은 어원이 고유어인 단어들과 어원이 한자 형태소인 단어들로 나눌 수 있다.

3.3.2.1. 어원이 고유어인 단어

어휘 자료를 분석해 추출되는 단어 중에서 어원이 고유어인 것들은 다음 71개이다.

(1) 가·리-(岐)(〉갈리-) : '가·린'은 '가·리+ㄴ'으로 구성되어 있으며, 중세어에 '가·리-'는 '갈리다'라는 의미를 지니고 있었다.

▲ **岐灘가·린여·흘** … 岐灘, 古稱岐平渡, 在黃海道江陰縣東十一里許[1:44b]
△ 가린 길히(岐路)[남명 상:12], 가린 길흘 만나지 아니코져 ᄒᆞ실씨(欲不遭枝岐)[능엄 1:22]

(2) 가마(←가마+ㄱ/ㅅ, =가마, 釜, 窯, 烏, 黑) : '가막'은 음차로 표기되어 있어 그 의미를 정확히 알 수 없다. 또 '가막골'은 '가막+골'로 분석하여 '가막'이란 단어를 추출할 수도 있고, '가마+ㅅ+골→가맛골〉가막골'의 변화를 추정할 수 있으므로, '가마'란 단어를 추출할 수도 있다. 어느 쪽이든 '가마, 가막' 두 단어는 널리 쓰이고 있어 그 의미는 추정해 볼 수 있다. 첫째로 가능성이 높은 것은 '가마'란 단어가 합성된 땅이름으로 보는 것이다. 현대 국어에서 '가마'는 주로 '가마[窯]'의 의미로 쓰이나, 중세어의 '가마'는 주로 '솥[釜], 가마솥[鑊]'으로 사용되었고, 더러는 '노구솥[鍋]'의 의미로도 사용되었다. '가마[窯]'의 의미로도 쓰였으리라 짐작되나 그 예는 찾기 어렵다. 현대 남한의 땅이름을 모두 모아 정리한 『한국땅이름큰사전』에 '가막골'이 모두 29곳이 등재되어 있다. 이 중에서 '부동(釜洞)'이라고도 불리는 곳이 3곳이고, 지형이 가마솥[釜] 모양이라서 붙여진 이름이라고 하는 곳이 5곳이 있다. '가마실'이라는 땅이름도 35곳이 등재되어 있는데, 이 중에서 '부곡(釜谷)'이라고도 불리는 곳이 19곳이나 된다. 그러므로 대체로 '가마'가 붙은 땅이름은 땅의 생김새가 '솥'과 관련되어 생긴 곳이거나, 주위에 온천이 있어 생긴 땅이름으로 볼 수 있다. 그러므로 '가막골'의 '가마'는 '釜/窯'의 의미와 관련된 단어였으리라 추정케 한다.

둘째로는 '가막가치, 가막죠개'라는 단어가 있는 것을 보면, '가막'은 '검다'는 의미를 가졌으리라고도 볼 수가 있다.

▲ 大洞江, 一名王城江. 其源有二焉. 其一, 出自熙川郡**加莫洞가막:골**[1:39a]

△ 기름 브슨 가마애 너코[석보 24:16], 鑊은 가매라[능엄 8:97], 남진은 가매와 실을 지고(夫負釜甑)[내훈 3:70], 가마와 노곳자리와(鍋竈)[번노 상:68]

△ 烏가마괴[사해 상:41], 가막가치(烏鵲)[두시 중간 5:11], 가막죠개 현(蜆)[자회 상:20]

(3) 갈(加乙)〈칼, 刀) : 『한국땅이름큰사전』에 '갈두'라는 땅이름이 13곳 등재되어 있고, 이 중에서 13곳은 '갈머리'라고도 불리고 있는 것으로 보아, '두'는 '머리'라는 뜻을 나타내기 위해 사용된 한자 형태소이며, '갈'이 독립된 단어임을 알 수 있다.

세종실록지리지 경도한성부 항에 있는 '加乙頭'에 대한 설명을 보면, 산이 뾰족하게 솟아 끝이 칼끝/칼머리처럼 보여 붙여진 땅이름이라 하였다. 그러므로 땅이름의 형성 과정 등을 고려해 볼 때 '갈두'는 '칼끝(刀頭)'이라는 뜻을 나타내는 땅이름이었음에 틀림없어 '갈'은 '칼'을 뜻하는 단어였음을 알 수 있다.

▲ 安州, …… 別號安陵, 或稱密城, 其山鎭曰**加乙頭갈·두**. 今屬平安道[1:38a]

△ 加乙頭, 在西小門外十二里 突兀奇秀 南臨大江 壁立百仞 攀木俯視 毛髮竪然[世宗實錄 地理志 148 京都漢城府](=가을두는 서소문 밖 십이 리에 있는데, 높이 우뚝 솟아 기이하고도 빼어난 모양을 지니고 있다. 남쪽으로는 강을 임하고 있는데, 절벽이 백 길[1길은 8자임]이 되어 기어오르는 나무가 엎드려 있는 듯이 보여 머리털이 선다.)

△ 갈爲刀[훈민 해례 합자해], 갈 도(刀)[자회 중:15], 갈 가(枷)[자회 중:18]

(4) ·개(浦)(=개) : 오늘날 '개'는 단독으로는 잘 사용되지 않고, 주로 합성어의 제1요소로 사용되나, 자료에 나타나 있는 예들을 보면, 중세어에서는 단독으로도 많이 사용된 듯하다.

▲ 碧瀾渡, … 源, 出黃海道遂安郡, … 過白川郡東爲**金谷浦김·곡·개**, 南爲碧瀾渡入海[2:22b]

▲ 石浦:돌·개 …… 石浦, 今平壤府西一里許[1:38a-b]

▲ 公州. ……忠淸道界首官也. 所領,郡三縣十一. 江, 卽熊津고·마ᄂᆞᄅᆞ也. 來自燕岐縣, 過公州之北, 西流達于夫餘, 至舒川**鎭浦·딘·개**, 入于海[3:15a]

▲ 漢江, …… 至驪興府爲驪江, 川寧縣爲**梨浦빈·애**, 楊根郡爲大灘·한여·흘, 爲**蛇浦·ᄇᆡ얌·개**[3:13b]

▲ 漢江, ……至廣州界爲渡迷·두미津, 爲廣津:광ᄂᆞᄅᆞ, 爲三**田渡삼반·개**[3:13b]

▲ 康翎縣. 縣西南五十餘里, 登山串등산:곶, **圍仍浦·이싱·개**等處[1:31b]

▲ **照浦쬴애**山, …… 照浦山, 在洪原縣北十五里[6:37b]

▲ 碧瀾渡, … 至江陰縣東爲岐灘, 南爲**助邑浦ᄌᆞ릅·개**[2:22b]

▲ **合浦합·개.** 合浦, 在慶尙南道昌原府西九里許, 有兵馬節制使營城.[1:49a]

(5) 거츨-(荒)(〉거칠-) : '거츨+ㄹ'로 구성되어 있는 단어이다.

▲ 鼎山솓·뫼峰. 鼎山, 在雲峰縣東十六里, **荒山거츨:뫼**東北支山也, 峰勢突起[7:8b]

△ 거츨 황(荒)[유합 상:55],

△ 묏 산(山)[자회 상:5]

(6) 견·주-(比)(=견주-) : '견줌'은 '견주+ㅁ'으로 구성되어 명사로 파생된 단어이다.

▲ 行毬之初, 不縱擊, 執杖橫直, 與馬耳齊, 謂之**比耳·귀견·줌**[6:40b]

△ 度ᄂᆞᆫ 견주ᄂᆞᆫ 거시오[월석 9:7], 견줄 비(比)[석천 15]

(7) 고·개(峴)(=고개) : 현대어의 '고개'와 어형, 의미 모두 동일하다.

▲ **沙峴몰·애오·개** … 沙峴 在都城敦義門外慕華館西北[9:49b-50a]

▲ 乃開崇仁**炭峴숫고·개**二門…… 松京羅城東門曰會昌, 在賢聖寺北, 俗稱炭峴門[5:29b]

▲ 花園, 在松京中部**泥峴홁고·개**北邊[1:44b]

△ 고개에 다드라 밠가락올 추고[남명 상:50], 고개 현(峴)[자회 상:3]

(8) :골(洞/谷)(=골) : 현대 국어의 '골'과 형태, 의미가 동일하다.

▲ 大洞江, 一名王城江. 其源有二焉. 其一, 出自熙川郡**加莫洞가막:골**[1:39a]

▲ 答相谷답샹:골. 答相谷, 在今咸興府東北十六里許, 東北距**舍音洞므·룸:골**九里餘[5:34a]

▲ **北泉洞:뒷:심:꼴** …… 北泉洞, 在松京北部冠岳坊[2:32a]

▲ 臨津, 其源出咸吉道安邊任內永豊縣**防墻洞마·곤·담:꼴**, 經伊川[5:27a]

▲ 德巖·덕바회. …… 德巖, 在松京東部**蛇洞·비얌:골**之東嶺[6:43a]

▲ **所磨洞설멧:골** …… 所磨洞, 在京畿積城縣之南紺嶽之西, 距縣五里許[9:28b]

▲ **滓甓洞지·벽:골** …… 滓甓洞, …在縣西三十里許[1:49b-50a]

▲ **兎兒洞투·씻:골** …… 兎兒洞, 在咸興府一百二十五里高遷社[7:53b-54a]

▲ 松都**楸洞·ᄀ·래:올** …… 在中部南溪坊, 俗號楸洞[10:19b]

△ 북녁 고래(北巷裏)[번노 상:48], 골 동(洞)[유합 상:5, 석천 27, 왜어유해 상:8]

△ 洞者空也 洞穴者空穴也 今俗以里爲洞 里中曰洞內 …… 又洞者幽壑也 華陽洞·白鹿洞·小有洞·仇池洞 皆幽壑之名[雅言覺非 권2]

(9) ·곶(串)(=곶) : 중세어에 '곶'은 '꿰미'와 '곶(岬)'의 의미 둘 다를 가지고 있은 듯하다.

▲ 康翎縣. 縣西南五十餘里, **登山串등산·곶**, 圍仍浦·이싱·개等處[1:31b]

▲ 鴨綠江, …… 其源出長白山, 至義州城西爲鴨綠江, 過**暗林串:암림·곶**入海[1:36a]

▲ 咸興府, 別號咸平, 其山鎭曰**城串·잣·곶** 咸吉道界首官也[4:21b]

△ 즁싱올 고재 뻬여 굽고[월석 23:79], 흔 고재 다 뻬며(一串都穿)[법어 12]

(10) 구무(孔巖)(*구묵>*구뭉>구멍, *구묵>구무/구모) : 어형만 바뀌고(방언에서는 아직도 옛 어형인 '구무'가 그대로 남아 있는 곳도 있다.), 의미는 동일하다.

▲ 漢江, …… 楊川縣北爲**孔巖구무바·회津**[3:13b]

△ 터럭 구무마다[석상 19:38], 구무 공(孔)[자회 하18], 왼녁 곳구모[구간 1:48]

(11) ·귀(耳)(=귀) : 현대어와 어형, 의미가 동일하다.

▲ 行毬之初, 不縱擊, 執杖橫直, 與馬耳齊, 謂之**比耳·귀견·줌**[6:40b]
△ 눈과 귀와[석보 6:8], 귀 ᅀᅵ(耳)[자회 상:26], 귀 이(耳)[유합 상:20, 석천 34]

(12) 그ᅀᅳᆷ(煤)(〉그을음) : 후대의 자료이지만 동문유해에 '그슬리다(=그을리다)'가 실려 있고, 경상도 방언에 '끄시럼(=그을음), 끄실다(=그을다), 끄실리다(=그을리다)'가 있는 것을 감안하면, '그을다'의 어원적인 형태는 '*그슬다'였던 것으로 추정할 수 있다. 이 '*그슬다'가 '그슬다〉그ᅀᅳᆯ다〉그을다'의 변화를 거쳐 현대국어의 '그을다'에 이른 것으로 보인다. 따라서 '그ᅀᅳᆷ셤'의 '그ᅀᅳᆷ'은 '그ᅀᅳᆯ다'의 파생명사 '그ᅀᅳ름'의 변이형으로 볼 수 있을 것 같다.26)

▲ 獅子黃, 黃色鳥糞, 産於江華**之煤島그ᅀᅳᆷ:셤**.[8:24a]
△ 그ᅀᅳ려 믈외욘[구간 1:3], 그ᅀᅳ름 틔(炱)[자회 하:35], 그슬리다(燎了)[동문 상:60]

(13) ·ᄀᆞ·래(楸)(〉가래) : 중세어 '가래'는 '가래'와 '가래나무'를 동시에 가리켰다.

▲ 松都**楸洞·ᄀᆞ·래:올** ……在中部南溪坊, 俗號楸洞[10:19b]
△ ᄀᆞ래爲楸[훈민 해례], ᄀᆞ래나모(楸木)[구간 상:87], ᄀᆞ래 츄(楸)[자회 상:11]

(14) ᄀᆞᄫᆞᆯ(村)(〉ᄀᆞ올〉고올/고을〉고을) : '조ᄏᆞᄫᆞᆯ(栗村)'이란 땅이름에서 '조ᄒᆞ(栗)'를 분리하면 'ᄀᆞᄫᆞᆯ'이란 단어가 남게 된다. 그런데 'ᄀᆞᄫᆞᆯ'만이 단독으로 사용된 용례는 보이지 않는다. 'ᄀᆞᄫᆞᆯ'의 어원적인 형태가 '*ᄀᆞᄇᆞᆯ'이었음은 '스ᄀᆞᄫᆞᆯ(鄕)'이란 어형과 이미 당대 문헌에 널리 사용되고 있는 'ᄀᆞ올'이란 단어로 보아 미루어 짐작할 수 있다.

---

26) 구경자(1990)에서는 '그ᅀᅳᆷ'을 '그ᅀᅳ름'의 축약형으로 보았다.

▲ 齊陵, 卽神懿王后陵也, 在豐德郡北十五里**粟村조ᄏᆞᇫ**[2:22b]

△ 조ㅎ : 조콰 기블 옮겨(轉粟帛)[두언 21:36], 粟 조속[자회 상:12]

△ ᄀᆞ올히어나 나라히어나[석보 9:40], ᄀᆞ올ᄒᆞᆯ 從ᄒᆞ야(從邑)[법화 2:236], 다ᄅᆞᆫ ᄀᆞ올히 녜 ᄀᆞ올히라와 됴토다(他鄕勝故鄕)[두언 8:35]

△ 고올히셔 열ᄌᆞ바늘[삼강 효:28], 고올 읍(邑)[유합 상:19, 석천 18, 왜어 상:34]

△ 昌邑이란 고을 슈쌔슬ᄒᆞ엿더니(爲昌邑令)[번소 10:5], 고을 쥬(州), 고을 군(郡), 고을 현(縣), 고을 읍(邑)[자회 중:8]

△ ᄉᆞᄀᆞᄫᆞᆯ(鄕)[용가 30장]

(15) 나미(踰)(〉넘이) : 중세어에서 '남다'는 '남다(餘)'와 '넘다(越)'의 의미를 동시에 지니고 있었다. '술위나미'는 현대 국어로는 '수레넘이'이다. 『한국땅이름큰사전』에 '수레나미, 수레내미, 수레너미' 등이 실려 있다.

▲ 德山洞院, 在咸興府之北咸關**車踰술·위나·미**二嶺之南洞口路岐. [5:33b]

△ 빗근 남ᄀᆞᆯ ᄂᆞ라 나마시니(于彼橫木飛越兮)[용가 86장], 城 나마 출가ᄒᆞ야(逾城出家)[능엄 5:60], 萬卷 나모믈(餘)[두언 7:31]

(16) :내(川)(=내) : 중세어의 '내'가 ㅎ말음체언이었던 것을 제외하면 현대어와 어형, 의미가 동일하다.

▲ 漢江, …… 至忠淸道忠州, 與**達川·달:내**合[3:13b]

▲ **㺚川·달:내**, … 在今隨川郡東北二十五里許[5:42b]

△ 내히 이러 바ᄅᆞ래 가ᄂᆞ니(流斯爲川于海必達)[용가 2장], 내 천(川)[자회 상:7]

(17) ᄂᆞᄅᆞ(津)(〉나루) : 어형만 바뀌었을 뿐 의미는 현대어와 동일하다.

▲ 公州. ……忠淸道界首官也. 所領, 郡三縣十一. 江, 卽**熊津고·마ᄂᆞᄅᆞ**也. 來自燕岐縣, 過公州之北, 西流達于夫餘, 至舒川鎭浦·딘·개, 入于海[3:15a]

▲ 漢江, ……至廣州界爲渡迷·두미津, 爲**廣津:광ᄂᆞᄅᆞ**[3:13b]

▲ 至平壤城東爲大洞江. 又折而西流, 行九里爲**麻屯津머·툰ᄂᆞᄅᆞ**[1:39a]

▲ 臨津, …… 至積城縣北, 爲**梨津비ᄂᆞᄅᆞ**[5:27b]

△ 南녁 져잿 ᄂᆞᄅᆞᆺ 머리에셔(南市津頭)[두언 10:4], ᄂᆞᄅᆞ 진(津)[자회 상:5]

(18) ·담(墻)(=담) : 현대어와 어형, 의미가 동일하다.

▲ 臨津, 其源出咸吉道安邊任內永豊縣防墻洞마·근·담:쏠, 經伊川[5:27a]
△ 지비며 다미며 두루 허더니[월석 7:17], 소리 담 디나ᄃᆞᆺ ᄒᆞ야(如聲度垣)[능엄 6:42], 담장(墻)[자회 중:5, 유합 상:24]

(19) 담·뵈(覃甫)(◇담비) : 현대어와 어형이 다를 뿐 의미는 동일하다.

▲ 蜜狗, 似狐以小, 其色前黃後黑, …… 俗號**覃甫담·뵈**, 成群而行, 能捕雉兎麞鹿子[5:21a]
△ 담뵈ᄅᆞᆯ 스므 살 마치시니(藪中蜜狗卄發盡獲)[용가 32장], 담뵈 환(貛)[자회 상:19]

(20) ·대(竹)(=대) : 현대어와 어형, 의미가 동일하다.

▲ **竹田·대받**. …… 竹田, 地名, 或稱箭竹藪·삿·대·수, 在瑞興府西三十里許[5:26a]
▲ **善竹:션·째** …… 善竹橋, 在松京東部, 俗稱善竹里.[1:47a]
△ 簡ᄋᆞᆫ 글 쓰는 대오[능엄 9:105], 대 듁(竹)[자회 상:8, 왜어 하:27]

(21) :돌(石)(=돌) : 중세어의 '돌'이 ㅎ말음체언이었던 것을 제외하면 현대어와 어형, 의미가 동일하다.

▲ **石浦:돌·개** …… 石浦在今平壤府西十一里許[1:38a-b]
▲ 漢江, ……南流, 至京畿加平縣東爲按板灘, … 楊根郡北爲**立石·션:돌**津[3:13b]
△ 돌爲石[훈민 합자], 石은 돌히오[석보 9:24], 디새와 돌ᄒᆞᆯ(瓦石)[영가 하:80]

(22) 돌(梁)(-돌/⇒물목) : 중세어에 '돌'은 두 가지 의미를 지니고 있었다. 하나는

'좁은 물길'이란 뜻이요, 또 하나는 '문'이란 뜻이었다. 둘 다 '어느 곳을 지나가는 좁은 곳'이란 의미는 공통된다. '손돌'은 지금도 강화도와 김포 사이에 있는 '손돌목'이란 곳인데, '바닷물이 지나가는 좁은 물목'이라는 의미를 나타낸다고 한다[지명유래집 5쪽]. '돌'이란 말은 지금 단독으로는 사용되지 않고, '좁은 물길'이란 뜻으로는 '도랑'으로 변화된 어형이 쓰이고 있거나, '노돌(露梁), 울돌목(鳴梁)' 등의 땅이름에 옛 어형 그대로 남아 있으며, '문'이란 의미로는 '돌쩌귀'란 어휘에 흔적이 남아 있다.

▲ **窄梁 :손돌** …… 窄梁, 在今江華府南三十里許[6:59b]

△ 늘개 믈외노라 고기 잡는 돌해 ᄀᆞ득ᄒᆞ얏도다(曬翅滿漁梁)[두언 7:5], 돌 구(溝), 돌 거(渠)[유합 상:18]

△ 旆壇梁城門名 加羅語謂門爲梁云[三國史記 권44:15 列傳제4], 돌 량(梁) 水橋也(자회 사:5]

(23) 돝(猪)(돝+아지→*돝아지〉*도아지〉되야지〉돼지) : 중세어 '돝'은 어형이 특이하게 변화되었으나, 의미는 현대어와 동일하다. 『鷄林類事』에 '石曰突, 猪曰突'로 되어 있는 것과 어중 'ㄹ' 음 변천의 일반적인 양상을 고려해 보면, '돌+아지→〉*도라지〉도야지〉되야지〉돼지'로 변해갔을 가능성도 있다.

▲ 碧瀾渡, … 至牛峯縣西源中浦, 爲**猪灘돋여·흘**[2:22b]

△ 玄武門 두 도티 ᄒᆞᆫ 사래 마ᄌᆞ니(玄武兩豝一箭俱中)[용가 43장], ᄃᆞᆰ과 도티(鷄豚)[두언 7:39]

△ 以豕爲豚 豕亦云 돗아지[아언각비 1 以辛], 되야지(豚)[物譜 毛蟲], 도야지 시(豕)[아학 상:7]

(24) 두·듥(原)(〉두들/*두득〉둔덕) : 어형도 변하고, 의미도 축소되어 현대어에 이르렀다.

▲ **松原. ·소두·듥**. 宋原, 在咸興府東南十四里雲田운·뎐社. 社有太祖潛邸時舊宮.[5:36b]

▲ 雲田社. 在府東十四里, 有太祖潛邸時舊宮. 其東二里許, 地連海汀錄莎平衍十四里. 太祖少時擊毬于此, 俗號松原[新增東國輿地勝覽 卷48:14b 咸鏡道 咸興府]

△ 두듥과 굳과 가ᄉᆡ와 몰애와(丘陵坑坎荊棘沙礫)[원각 상2의2:132], 묏드틀겐 하늘 ᄃᆞᆯ기 춤츠놋다(野岸天鷄舞)[두언 7:28], 두듥 파(坡, 둑, 제방), 두듥 판(阪), 두듥 릉(陵), 두듥 륙(陸)[자회 상:3]

△ 두들 양ᄌᆞᄂᆞᆫ(岸容)[두언 중간 11:34]

(25) :뒤(北)(=뒤) : 어형은 변하지 않았으나, 현대어에서는 '北'이란 의미로는 잘 사용되지 않는다.

▲ **北泉洞:뒷:ᄉᆡᆷ:골** …… 北泉洞, 在松京北部五冠坊[2:32a]

▲ 東流爲豆漫江, 江自**東良北동량:뒤**, 歷斜地, …… 至沙次麻島, 分流五里許入海.[1:8b]

△ 白鹽 노픈 묏 뒤콰(白鹽危嶠北)[두언 7:16], 뒤 북(北)[유합 상:2]

(26) ᄃᆞ리(橋) : 어형만 바뀌고, 의미는 현대어와 동일하다.

▲ 松京羅城東門曰崇仁, 在鶴橋·학ᄃᆞ리東, 俗稱東大門.[1:46a]

△ ᄃᆞ리爲橋[훈민 용자], ᄃᆞ리예 ᄣᅥ딜 마ᄅᆞᆯ(橋外隕馬)[용가 87장]

(27) 막-(防)(=막-) : 현대어와 어형, 의미가 동일하다.

▲ 臨津, 其源出咸吉道安邊任內永豊縣**防墻洞마·근·담:골**, 經伊川[5:27a]

▲ 太祖脫右鐙, 翻身而下, 足不至地, 擊而中之. 卽還騎. 後擊而出門. 時人謂之**橫防.엇마기**[6:40b]

▲ 太祖便仰臥側身, 防馬尾而擊之. 毬還出馬前二足之間. 復擊而出門. 時人謂**防尾·치·니마·기**[6:40a]

△ 뉘 마ᄀᆞ리잇가(誰能禦止)[용가 15장], 마글 방(防), 마글 딜(窒)[유합 상:31]

(28) 몰·애(沙)(=모래) : '몰애'를 '몰개'와 '모래'의 절충식 표기로 보면, 현대어와

어형과 의미가 동일하다.

▲ **沙峴몰·애오·개** … 沙峴 在都城敦義門外慕華館西北[9:49b-50a]
△ 드틀와 흙과 직와 몰애의 무른(塵土灰沙之倫)[능엄 4:82], 몰애 사(沙)[자회 상:4, 유합 상:6, 석천 26]

(29) ·못(池)(=못) : 현대어와 어형, 의미가 동일하다.

▲ 慶興府南十二里許**赤池블·근·못**平中, 有圓峰, 高三十步, 圓九十步許. 四面沮洳, 人未易通行.[7:25a]
△ 알피는 기픈 모새(前有深淵)[용가 30장], 淸凉훈 모새(淸凉池)[법화 6:170], 못 디[자회 중:8]

(30) :뫼(山)(=-뫼, 〉메-) : 현대어에 이르러 거의 사어가 되었으나, '메아리, 멧돼지, 멧부리' 등에 흔적이 남아 있다.

▲ **鼎山솓·뫼**峰. 鼎山, 在雲峰縣東十六里, **荒山거츨:뫼**東北支山也, 峰勢突起[7:8b]
▲ 本朝太祖七年, 合豫州元興爲預原郡. 別號原城. 其山鎭曰**堂山당:뫼**.[4:21b]
▲ 定州, …… 其山鎭曰**馬山물:뫼**. 今屬平安道[5:42a]
▲ 伊川, …… 別號花山. 其山鎭曰**城山·잣:뫼**, 今屬江原道.[1:52a]
△ 뫼爲山[훈민 용자], 나모와 뫼콰 내콰(樹木山川)[능엄 2:34], 묏 산(山)[자회 상:3]

(31) ·믈(水)(〉물) : 현대어와 형태만 다르고, 의미는 동일하다.

▲ 又嘗獵于江陰**酸水싄·믈**之地 …… 酸水, 地名, 在江陰縣東十二里許[5:4b]
△ 믈爲水[훈민 용자], 식미 기픈 므른(源遠之水)[용가 2장]

(32) ᄆᆞ·름(舍音)(〉마름†) : 사회 제도가 바뀌어 현대어에는 사용되지 않는다.

▲ 答相谷답샹:골. 答相谷, 在今咸興府東北十六里許, 東北距**舍音洞ᄆᆞ·ᄅᆞᆷ:골**九里餘[5:34a]

△ 舍音 말음[儒胥必知], 舍音 ᄆᆞᆯ음 主管農庄者稱舍音[[古今釋林 40, 羅麗吏讀], 舍音 말음 田舍看守者, 謂之舍音[行用吏文], 舍音 ᄆᆞ름[吏文大師]

(33) ᄆᆞᆯ(馬)(〉말) : 어형만 바뀌고, 의미는 현대어와 동일하다.

▲ 定州, …… 其山鎭曰**馬山ᄆᆞᆯ:뫼**. 今屬平安道[5:42a]

△ ᄆᆞ리 병이 기퍼(我馬孔瘏)[용가 109장], ᄆᆞᆯ 마(馬)[자회 상:19]

(34) 바·회(巖)(〉바위) : 어형만 바뀌고, 의미는 현대어와 동일하다.

▲ 漢江, …… 楊川縣北爲**孔巖구무바·회津**[3:13b]

▲ **德巖·덕바회**. …… 德巖, 在松東部蛇洞·ᄇᆡ얌:골之東嶺[6:43a]

▲ **巖房바·횟방**寺 ……巖房寺, 在男山南腰[1:47b]

▲ 臨津, …… 至交河縣西爲洛河渡, **過鳳凰巖·부훵바·회**, 至烏島城與漢水合.[5:27b]

▲ 咸陽城, …… 其山鎭曰**白巖·힌바·회**, 今屬慶尙道[7:7b]

△ 巖은 바회라[석보 6:44], 바회 암(巖)[자회 상:3]

(35) 밭(田)(=밭) : 현대어와 어형, 의미가 모두 동일하다.

▲ **竹田·대받**. …… 竹田, 地名, 或稱箭竹藪·삿·대·수, 在瑞興府西三十里許[5:26a]

▲ 漢江, ……至廣州界爲渡·두미津, 爲廣津:광ᄂᆞᄅᆞ, 爲三**田渡삼받·개**[3:13b]

△ 나디 바ᄐᆡ셔 남과 ᄀᆞᆯ톨씨 福 바티라 ᄒᆞ니라[석보 6:19], 일즉 ᄒᆞᆫ낫 집 바팃 ᄡᆞᆯ 머구니(曾餐一粒家田米)[남명 상:19]

(36) 벼·ᄅᆞ(遷)(별+악→*벼락〉벼락/벼랑, *벼락〉벼ᄅᆞ〉벼로†) : '벼ᄅᆞ'는 '좁은 물길로 물이 쏟아지는 벼랑'이란 뜻을 지니고 있었다. 어형만 바뀌고, 현대어에서는 '벼랑'은 '낭떠러지'라는 의미로만 사용된다. 고려노래에 나오는 '별ㅎ'과 '뜰+

악→*뜰악>뜨락/뜨럭'과의 비교를 통해 기원적인 어형으로 '별'을 추출해 낼 수 있다.

▲ 漢江, …… 至忠淸道忠州, 與達川·달:내 合爲**淵遷·쇠벼·르**[3:13b]

△ 빙애 或云 벼로(地灘)[역어 상:7], 벼로 峭崖[한청 4:20], 遷 벼로길[유희 물보 5 水]

水出兩峽中 其兩厓迫水之路 東俗名之曰遷 瓮遷(在通川)·兎遷(在聞慶)·斗尾遷·月谿遷(在洌水) 無攸據也遷 方言別五[雅言覺非 권2]

△ 石路縈紆七八里 新羅方言多以水崖石路稱遷 後倣此[新增東國輿地勝覽 卷6:8a 京畿道 廣州牧]

△ 별해 ᄇᆞ룐 빗 다호라[악학 동동], 삭삭기 세몰애 별해[악장 정석가]

△ 담벼락[문세영 조선어사전 331]

(37) ·뵈(布)(>베) : 어형만 바뀌고, 의미는 현대어와 동일하다.

▲ 漢江, …… 一源, 出自江原道麟蹄縣**伊布잇·뵈**所[3:13b]

△ 옷과 뵈와로[석보 13:52], 뵈 포(布)[유합 상:20, 석천 39]

(38) ·부훵(鳳凰)(>부훵이>부엉이) : 어형만 바뀌고, 의미는 현대어와 동일하다.

▲ 臨津, …… 至交河縣西爲洛河渡, 過**鳳凰巖·부훵바·회**, 至烏島城與漢水合.[5:27b]

△ 부헝爲鵂鶹[훈민 용자], 부헝 放氣 쉰 殊常ᄒᆞᆫ 옹도라지[고시조 백화산 청구영언]

△ 부훵이(鵂鶹)[사해 하:70], 부훵이 휴(鵂)[자회 상:15]

(39) 븕-(赤)(>붉-) : 어형만 바뀌고, 의미는 현대어와 동일하다.

▲ 慶興府南十二里許赤池블·근·못平中, 有圓峰, 高三十步, 圓九十步許. 四面沮洳, 人未易通行.[7:25a]

▲ 赤島블·근:셤 … 赤島, 在慶興府六十餘里[1:8b]

△ 블근 새 그를 므러(赤爵御書)[용가 7장], 블글 젹(赤)[자회 중:30]

(40) ·ᄇᆞ얌/·ᄇᆡ얌(蛇)(〉뱀) : 어형만 바뀌고, 의미는 현대어와 동일하다.

▲ 德巖·덕바회. …… 德巖, 在松京東部**蛇洞·ᄇᆡ얌:골**之東嶺[6:43a]
▲ 漢江, …… 至驪興府爲驪江, … 楊根郡爲大灘·한여·흘, 爲**蛇浦·ᄇᆞ얌·개**[3:13b]
△ ᄇᆞ야미 가칠 므러(大蛇御鵲)[용가 7장], 蛇ᄂᆞᆫ ᄇᆡ야미오 狗ᄂᆞᆫ 가히라[월석 21:42]

(41) ᄇᆡ(梨)(〉배) : 어형만 바뀌고, 의미는 현대어와 동일하다.

▲ 漢江, …… 至驪興府爲驪江, 川寧縣爲**梨浦ᄇᆡ·애**[3:13b]
▲ 臨津, …… 至積城縣北, 爲**梨津ᄇᆡᄂᆞᄅᆞ**[5:27b]
△ ᄇᆡᆺ곶爲梨花[훈민 종성], ᄇᆡ 리(梨)[자회 상;11]

(42) 살(箭)(→화살) : '활'과 합성되어 '화살'로 바뀌었으나, 의미는 현대어와 동일하다.

▲ 碧瀾渡, … 其源出自黃海道遂安郡東諺眞山, 至平山府東爲**箭灘·살여·흘**[2:22b]
▲ 竹田대받. …… 竹田, 地名, 或稱**箭竹藪·삿·대·수**, 在瑞興府西三十里許[5:26a]
△ ᄒᆞᆫ 사래 ᄢᅦ니(貫一發)[용가 23장], 살 젼(箭), 살 시(矢)[자회 중:29], 살 ᄎᆞ다(掖箭)[한청 4:41]

(43) :새(草)(=새) : 어형은 중세어 그대로 남아 있으나, 의미는 '풀, 띠'에서 그 의미가 확대되었다.

▲ **草黃새와이** …… 草黃嶺, 在咸興府西一百十三里[5:47b]
▲ 貞淑王后淑陵, 在文川郡東十六里**草閑:새한**[7:25b]
△ 새 니욘 庵子ㅣ(茅庵)[남명 상:72], ᄒᆞᆫ 새 지비로소니(一草堂)[두언 7:2]

△ 새 : ① 볏과 식물을 통털어 일컫는 말 ② 볏과의 여러해살이풀 ③ 억새[표준국어대사전 3308쪽]

(44) ·셔-(立)〉서-) : 어형만 바뀌고, 의미는 현대어와 동일하다.

▲ 漢江, ……南流, 至京畿加平縣東爲按板灘, … 楊根郡北爲**立石·션:돌**津[3:13b]
△ 아바닚 뒤헤 셔샤(立在父後)[용가 28장], 셜 립(立)[자회 하:27, 유합 하:5], 셔다(站立)[한청 7:27]

(45) :셤(島)〉섬) : 어형만 바뀌고, 의미는 현대어와 동일하다.

▲ 獅子黃, 黃色鳥觜, 産於江華之**煤島그슴:셤**.[8:24a]
▲ **赤島블·근:셤** … 赤島, 在慶興府六十餘里[1:8b]
▲ 㺚川… 在今隨川郡東北二十五里許, 流至**孤島·외:셤**, 入于海[5:42b]
▲ **威化島울·헤:셤** …… 威化島, 在今義州西七十里許鴨綠江中.[1:39b]
▲ 德積덕물紫燕二島. …… 德積島, 在南陽府海中**召忽島죠콜셤**南六十里許[6:58b]
△ 셤爲島[훈민 용자], 셤 안해 도즉 니저니(島不警賊)[용가 53장], 셤 도(島)[자회 상:4, 유합 상:6]

(46) 소(淵)(=소) : 어형만 바뀌고, 의미는 현대어와 동일하다. '쇠벼ᄅ'의 '쇠'는 '소+ㅣ'로 분석되며, 'ㅣ'는 관형격 조사로 합성어 표지처럼 사용되었다.

▲ 漢江, …… 至忠淸道忠州, 與達川·달:내 合爲**淵遷·쇠벼·ᄅ**[3:13b]
△ 소 담(潭), 소 츄(湫)[자회 상:5], 소 연(淵)[유합 상:5], 소콧 얼면 여흘도 됴ᄒ니[악장 만전]

(47) ·솔(松)(=솔) : 현대어와 어형, 의미가 모두 동일하다.

▲ **松原. ·소두·듥**. 松原, 在咸興府東南十四里雲田운·뎐社. 社有太祖潛邸時舊宮.[5:36b]

△ 東門 밧긔 독소리 것그니(東門之外矮松立折)[용가 89장], 송 숑(松)[자회 상:11, 유합 상:8]

(48) :솔-(窄)(=솔-) : 현대어와 어형, 의미가 모두 동일하다.

▲ **窄梁 :손돌** …… 窄梁, 在今江華府南三十里許[6:59b]
△ 솔다 : 공간이 좁다[표준국어대사전 3585쪽]

(49) 솥(鼎)(=솥) : 현대어와 어형, 의미가 모두 동일하다.

▲ **鼎山솓:뫼**峰. 鼎山, 在雲峰縣東十六里, 荒山거츨:뫼 東北支山也, 峰勢突起[7:8b]
△ 소틀 버려 먹더니(列鼎而食)[삼강 효:2], 소티 밀 반 량 노기고(於鐺中鎔蠟半兩)[구간 : 2:12]

(50) ·쇠(金/鐵)(=쇠) : 현대어와 어형은 같으나, 의미는 '鐵'만으로 축소되었다.

▲ **金城·쇠·잣** … 金城山, 在今潭陽府任內原栗縣之地, 西南距府二十里許, 山有石城.[7:7b-8a]
▲ **鐵峴쇠:재**田莊 … 鐵峴, 在抱川縣南二十八里許[1:50a]
△ 鐵輪은 쇠 술위니[월천 1:26], 煆煉은 쇠 두드려 니길씨라[능엄 7:18], 쇠 금(金), 쇠 텰(鐵)[자회 중:31]

(51) ·쇼(牛)(〉소) : 어형만 바뀌고, 의미는 현대어와 동일하다.

▲ 我殿下十年, 割海州**牛峴·쇼·재**以南之地[1:31b]
△ 싸호는 한 쇼롤(方鬪巨牛)[용가 37장], 쇼와 말왜 터리 치워(牛馬容毛寒)[두언 10:40]

(52) ·숗(藪)(〉숲) : 중세어에 '藪'의 의미를 가진 단어로 '숗'와 '숦'이 공존하였다.

'숳'는 'ㅎ' 말음이 있고 단독으로 사용되는 걸 보아, 중국어 차용어로 볼 수 있고, '숲'은 귀화어로 추정된다. 아마도 이른 시기에 주로 '숳'이 사용되다가, '숲'으로 변해 간 것이 아닐까 생각된다. 이 단어도 어형만 바뀌고, 의미는 현대어와 동일한 것으로 볼 수 있다.

▲ 竹田대밭. …… 竹田, 地名, 或稱**箭竹藪·삿·대·수**, 在瑞興府西三十里許[5:26a]

△ 叢林은 모다 난 수히오[월석 10:69], 집 뒷 댓 수해[속삼강 열:12], 맷수흘 브텟고[두언 10:2]

△ 이 셤 우희 이 남기 잇고 이 숩 서리예 므리 잇ᄂᆞ니[월석 1:24], 댓 수페 길흘 여러(開竹經)[두언 15:25], 대 수페 가[삼강 효:16], 숩 수(藪)[자회 상:7], 뗄기 숩플에 수멋더니(匿於叢薄[신속 烈:4:12]

(53) 술·위(車)〉수레) : 어형만 바뀌고, 의미는 현대어와 동일하다.

▲ 德山洞院, 在咸興府之北咸關**車踰술·위나·미**二嶺之南洞口路岐[5:33b]

△ 술위ᄣᅵ만 크기ᄒᆞ야[석보 9:32], 車檻ᄋᆞᆫ 술위 우희 檻 ᄆᆡᆫ 씨라[능엄 8:88], 술위 거(車)[자회 중:26]

△ 바ᄆᆡ 수릐 모라 나가(中宵驅車去)[두언 중간 1:15], 수릐 거(車)[주해 천자문 22]

(54) 숬(炭)〉숯) : 어형만 바뀌고, 의미는 현대어와 동일하다.

▲ 乃開崇仁**炭峴숫고·개**二門…… 松京羅城東門曰會昌, 在賢聖寺北, 俗稱炭峴門[5:29b]

△ 숫글 沐浴ᄒᆞ야(沐浴其炭)[능엄 7:16], 炭ᄋᆞᆫ 숫기라[월석 23:92], 숫 탄(炭)[자회 중:15]

(55) 싀-(酸)〉시-) : 어형만 바뀌고, 의미는 현대어와 동일하다.

▲ 又嘗獵于江陰**酸水싄·믈**之地 …… 酸水, 地名, 在江陰縣東十二里許[5:4b]

△ 싄 梅ᄅᆞᆯ 니ᄅᆞ면 입안해 므리 나고(談說酢梅 口中水出)[능엄 2;115], 블근 나

치 싀오 ᄃᆞ로ᄆᆞᆯ(紅顆酸甛)[두언 15:21], 싈 산(酸)[자회 하:14]

(56) :십(泉)(>샘) : 어형만 바뀌고, 의미는 현대어와 동일하다.

▲ **北泉洞:뒷:십:ᄭᅩᆯ** …… 北泉洞, 在松京北部五冠坊[2:32a]

△ 십爲泉[훈민 용자], 竭川에 십이 나니(월천 상:46], 십 쳔(川)[자회 상:5, 유합 상:5]

(57) 엇-(橫)(=엇-) : 현대어와 어형, 의미가 모두 동일하다.

▲ 太祖脫右鐙, 翻身而下, 足不至地, 擊而中之. 卽還騎. 後擊而出門. 時人謂**之橫防.엇마기**[6:40b]

△ ᄆᆞᆯ 겨틔 엇마ᄀᆞ시니(馬外橫防)[용가 44장), 엇ᄆᆞᄅᆞ다(顚倒裁)[역어 하:6]

△ 엇- : '어긋나게' 또는 '삐뚜로'의 뜻을 더하는 접두사[표준국어대사전 4268쪽]

(58) 여·흘(灘)(>여울) : 어형만 바뀌고, 의미는 현대어와 동일하다.

▲ **岐灘가린여·흘** … 岐灘, 古稱岐平渡, 在黃海道江陰縣東十一里許[1:44b]

▲ 碧瀾渡, 其源出自黃海道遂安郡 … 至牛峯縣西爲**猪灘돋여·흘**[2:22b]

▲ 碧瀾渡, … 其源出自黃海道遂安郡東諺眞山, 至平山府東爲**箭灘·살여·흘**[2:22b]

▲ 漢江, …… 南流至京畿加平縣東爲**按板灘·안반여·흘**[3:13b]

▲ 漢江, …… 至驪興府爲驪江, 川寧縣爲梨浦비·애, 楊根郡爲**大灘·한여·흘**[3:13b]

▲ 臨津, …… 至麻田縣南與**大灘·한여·흘**水合[5:27a]

△ 여흘 믌결 中에 이셔(在灘浪中)[몽산 44], 門 알ᄑᆡ 죠고맛 여흐리 다 平코(門前小灘渾欲平)[두언 10:4], 여흘 탄(灘)·여흘 뢰(瀨)[자회 상:5]

(59) ·외-(孤)(=외-) : 현대어와 어형, 의미가 모두 동일하다.

▲ 獜川… 在今隨川郡東北二十五里許, 流至**孤島·외:셤**, 入于海[5:42b]

△ 모디디 아니ᄒᆞ시며 외ᄫᅳ로 나샤 구피디 아니홀씨[월석 9:11], 여스슨 외바랫 두 머린 觀이니(六獨足雙頭觀)[圓覺 하2의2:21]

△ 외- : '혼자인' 또는 '하나인' 또는 '한쪽에 치우친'의 뜻을 더하는 접두사[표준국어대사전 4577쪽]

(60) ·이(=이) : 현대어와 어형, 의미가 모두 동일하다.

▲ 太祖便仰臥側身, 防馬尾而擊之. 毬還出馬前二足之間. 復擊而出門. 時人謂**防尾·치·니마·기**[6:40a]

▲ 太祖脫右鐙, 翻身而下, 足不至地, 擊而中之. 卽還騎. 後擊而出門. 時人謂之**橫防.엇마기**[6:40b]

△ 셜븐 잀 中에도 離別 ᄀᆞᄐᆞ니 업스니[석보 6:6], 절로 가며 절로 오ᄂᆞ닌 집 우흿 져비오[두언 7:3], 네 ᄆᆞ리 지븨셔 내니가 본ᄃᆡ 사니가(你的馬是家生那元買的)[번노 하:15]

(61) ·잣(金城)(⇒성) : 현대어에는 사용되지 않는다.

▲ **金城·쇠·잣** …… 金城山, 在今潭陽府任內原栗縣之地, 西南距府二十里許, 山有石城.[7:7b-8a]

▲ 漢江, …… 至交河縣西**烏島城오·도·잣**, 與臨津合[3:13b]

▲ 咸興府, 別號咸平, 其山鎭曰**城串·잣·곶** 咸吉道界首官也[4:21b]

▲ 伊川, …… 別號花山. 其山鎭曰**城山·잣:뫼**, 今屬江原道.[1:52a]

△ ᄆᆞ솔히어나 자시어나[석보 9:40], 막대를 지혀 외로왼 자슬 도라셔노라(倚杖背孤城)[두언 3:44], 잣 셩(城)[자회 중:8, 석천 27]

(62) ·재(峴)(◇재) : 현대어와 어형, 의미가 모두 동일하다.

▲ 吾籠所, 水名. 自鍾城**綠楊峴·로양·재**, 北流過東林城, 入豆漫江.[7:23b]

▲ **鐵峴쇠:재**田莊 … 鐵峴, 在抱川縣南二十八里許[1:50a]

▲ 我殿下十年, 割海州**牛峴·쇼·재**以南之地[1:31b]

△ 재 ᄂᆞ려 티샤(下阪而擊)[용가 36장], 재 령(嶺)[자회 상:3]

(63) 젹-(小)(〉적-) : 어형만 바뀌고, 의미는 현대어와 동일하다.

▲ 元敬王后與弟將軍無疾, 議遣奴**金小斤져근**請太宗. … 小斤, 奴名[10:13a]
△ 小ᄂᆞᆫ 져글 씨라[월석 1:6], ᄏᆞᆷ과 져곰괏 아래ᄂᆞᆫ(大小已下)[능엄 8:110], ᄃᆞᆯ 젹다(小盡)[동문 상:2]7

(64) 좋(粟)(〉조) : 중세어의 '조ㅎ'이 ㅎ말음체언이었던 것을 제외하면 현대어와 어형, 의미가 동일하다.

▲ 齊陵, 卽神懿王后陵也, 在豐德郡北十五里**粟村조ㅋ볼**[2:22b]
△ 吳門에셔 조콰 기블 옮겨(吳門轉粟帛)[두언 21:36], 블근 조히(紅粟)[두언 중간 5:14], 조 쇽(粟)[자회 상:12, 유합 상:10]

(65) ᄌᆡ·벽(滓甓)(〉ᄌᆡ역〉ᄌᆞ역〉조약(돌)) : 어형만 바뀌고, 의미는 현대어와 동일하다.

▲ **滓甓洞ᄌᆡ·벽:골** …… 滓甓洞, 在縣西三十里許[1:49b-50a]
△ 한 디샛 ᄌᆡ벽을 가져(取一瓦礫)[능엄 5:72], 忽然히 집터 닷다가 ᄌᆡ벽으로 대수 ᄐᆞᆫ 소리예 알며[몽산 10]
△ 디샛 ᄌᆡ역을 메며 즘 ᄀᆞᆮᄒᆞ니라(擔負瓦礫)[영가 하:73], 디샛 ᄌᆡ역 ᄀᆞᆮ고(如瓦礫)[육조 상:46]
△ 디샛 ᄌᆞ역과(瓦礫)[영가 상:105], 草木과 디샛 ᄌᆞ역 ᄀᆞᆮ다(如草木瓦礫)[원각 상2의2:24]
△ ᄌᆞᄌᆡ ᄌᆡ(滓)[자회 하:11], 벽 벽(甓)[자회 중:18]

(66) ·치-(打)(=치-) : 어형만 바뀌고, 의미는 현대어와 동일하다.

▲ 太祖便仰臥側身, 防馬尾而擊之. 毬還出馬前二足之間. 復擊而出門. 時人謂**防尾·치·니마·기**[6:40a]
△ 재 ᄂᆞ려 티샤(下阪而擊)[용가 36장], 틸 타(打), 틸 고(拷)[자회 하:30]

(67) 투·끼(兎兒)(〈톳기〉토끼) : 중세어에도 널리 사용된 어형은 '톳기'였다. '투끼'는 퉁구스어 여러 언어의 '兎'를 뜻하는 어형과 비교해 보면 함경도 방언형이었던 것으로 추정된다. 표기 어형만 바뀌어 현대어에 이르렀다.

▲ **兎兒洞투·낏:골** …… 兎兒洞, 在咸興府一百二十五里高遷社[7:53b-54a]

△ 거부븨 터리와 톳기 쁠와(龜毛兎角)[능엄 3:95], 간곡한 톳기를 쪼초니[두언 10:26], 토끼 토(兎)[아학 상:7]

△ Ev. tūksakī, Ne. toksakī/tuksaki, Olcha. tuksan, Ulcha tuksa/tukča, Na. toksa(Cincius 1977:208]

(68) ·피(椵)(피나모〉피나무) : 중세어에도 '·피'는 단독으로는 사용되지 않고, '피나모'라는 어형으로 사용되었다. 그러나 '피' 단독으로만 보면, 현대어와 어형, 의미가 동일하다.

▲ 高原郡. 別號洪原. 其山鎭曰**椵山·피모·로**[4:21b]

△ 피나모 椵(사해 상:73], 피나모 가(椵)[자회 애산본 상:5], 피나모 단(椴)[자회 동중본 상:10, 유합 상:9]

(69) ·한(大)(=한) : 중세어의 '한'은 '큰'과 '많은'의 뜻을 가진 관형사였다. 현대어에 이르러 어형은 변함이 없으나, 의미와 쓰임은 축소되었다.

▲ 漢江, …… 至驪興府爲驪江, 川寧縣爲梨浦비·애, 楊根郡爲**大灘·한여·흘**[3:13b]

▲ 臨津, …… 至麻田縣南與**大灘·한여·흘**水合[5:27a]

△ 한 비 사ᄋᆞ리로ᄃᆡ(大雨三日)[용가 67장], 한 브레 ᄉᆞ라 나잘만 ᄒᆞ야(大火煆半日)[구간 1:112]

△ 쇠 한 도ᄌᆞᄀᆞᆯ 모ᄅᆞ샤(靡知黠賊)[용가 19장], 한 行이 무상이라(諸行無常)[원각 서:71]

△ 한- : '큰'의 뜻을 더하는 접두사[표준국어대사전 6738쪽]

(70) ·희-/·히-(白)(히->희-) : '히-'는 이른 시기부터 널리 사용되고 있으나, '희-'는 이른 시기(18세기 이전)에는 사용 예가 적은 것으로 미루어 보면 '히->희-'의 변화가 일어났다고 볼 수도 있고, 이미 15세기에 '·'와 'ㅡ'가 변별되지 않은 것으로 볼 수도 있다.

▲ 咸陽城, …… 其山鎭曰**白巖·흰바회**, 今屬慶尙道[7:7b]
▲ 碧瀾渡, 俗稱**白達·힌·다리**, 在松京宣義門西三十里.[2:22b]
△ 흰 ᄆᆞᄃᆡ 서르 비취엿도다(素節相照燭)[두언 25:2], 샹해 흰 기블 닙고(常衣絹素)[번소 9:106], 흰 백(白)[왜어 하:11]
△ 힌 므지게 히예 ᄢᅦ니이다(白虹橫貫于日)[용가 50장], 白ᄋᆞᆫ 힐 씨라[월석 1:23], 鵠ᄋᆞᆫ 히오 가마괴 검고(鵠白烏黑)[법화 1:148], 힌 백(白), 힐 소(素)[자회 중:29]

(71) 홁(泥)(>흙) : 어형만 바뀌고, 의미는 현대어와 동일하다.

▲ 花園, 在松京中部**泥峴홁고·개**北邊[1:44b]
▲ **泥城홁셩**. …… 慈山郡. …泥城在郡南三十里[1:44a]
△ 홁爲土[훈민 합자], 여린 홀ᄀᆞᆯ(泥淖之地)[용가 37장], 홁 니(泥), 홁 토(土)[자회 상:4, 유합 하:20]

3.3.2.2. 어원이 한자 형태소인 단어

용비어천가 주해에 실려 있는 어휘 자료를 분석해 보면 어원이 명확히 한자 형태소에서 온 것으로 보이는 단어들은 다음 17개이다.

(1) :광(廣)-(=광-) : 『한국땅이름큰사전』에 '광-'과 고유어가 결합된 땅이름 중에서 '넓다'는 의미를 가지고 있거나 '넙/넓/너븐-'으로도 불리는 땅이름들이 다수 있다. 1) '넓은-'으로도 불리는 땅이름 : 광개, 광골(2곳), 광나루, 광내들, 광너비, 광논(2곳), 광다리, 광터 등. 2) '넙/넓/너븐-'으로도 불리는 땅이름 : 광등(너븐등)(2곳), 광등산(너븐등) 등. 이들 땅이름들로 미루어 보면 '광ᄂᆞᄅᆞ'의 광은 '넓은'이란 뜻을 나타내기 위해 사용된 한자 형태소로 볼 수 있다.

그런데 땅이름 '광ᄂᆞᄅᆞ'는 이 땅이름의 위치로 미루어 보면 '경기도 광주(廣州)로 가는 나루터'였을 것으로 짐작되어 '광(廣)'은 '광주(廣州)'라는 땅이름의 줄임말로 사용되었으리라 생각된다.

▲ 漢江, ……至廣州界爲渡迷·두미津, 爲廣津:광ᄂᆞᄅᆞ[3:13b]

△ 그 ᄢᅴ 大師ㅣ 廣과 韶와 ᄯᅩ 四方앳 士庶ㅣ 모다 法 듣ᄌᆞ오ᄆᆞᆯ 보시고[육조 중:19]

(2) 당(堂)(=당/당-) : 중세어에서 '당(堂)'은 '당집'이란 뜻으로는 단독으로 사용된 예는 찾을 수 없으나, '대청'이란 의미로는 『가례언해(家禮諺解)』에 널리 사용되고 있다. 그러나 '당집'에서의 '당'이 '대청'이란 의미로는 널리 사용되지 않았을 것으로 추정되므로, 땅이름 '당산'은 '당집이 있는 산'이란 의미였을 것이다.

▲ 本朝太祖七年, 合豫州元興爲預原郡. 別號原城. 其山鎭日**堂山당:뫼**.[4:21b]

△ 닐온 堂과 室과 庭과 섬을 반ᄃᆞ시 完젼코 정潔게 ᄒᆞ며[가례 2:14a]

△ 당(堂) : ③[민] 당집(堂-)[표준 1429쪽]

△ 당집(堂-) : 서낭당, 국사당 따위와 같은 신을 모셔 두는 집[표준 1440쪽]

△ 당산(堂山) : 토지나 마을의 수호신이 있다고 하여 신성시하는 마을 근처의 산이나 언덕[표준 1436쪽]

(3) ·덕(德)(=덕) : 현대어와 어형, 의미가 모두 동일하다.

▲ **德積덕믈**紫燕二島. …… 德積島, 在南陽府海中[6:58b]

▲ **德巖·덕바회**. …… 德巖, 在松東部蛇洞·ᄇᆡ얌:골之東嶺[6:43a]

△ 이 아희를 덕 니블 주리 아니라[신속 烈:20], 덕 닷기 第二라[여훈 상:35a], 父母의 은혜와 덕은 하늘 ᄀᆞᆮ티 ᄀᆞ이 업도다[경민 重刊:1b]

(4) ·동(洞)(=동) : 용비어천가 주해에는 '~洞'에 대응되는 땅이름으로 고유어 '골(8번), 올(1번)'이라 불리는 곳이 대부분이나, 한자음대로 '동'이라 불리는 곳이 1곳 있다. 옛 문헌에서 '동(洞)'이 단독으로 쓰인 예는 찾을 수 없다. 예나 지금이

나 '-동(洞)'은 대부분 땅이름접미사처럼 쓰이고 있다.

▲ 漢江, …… 至寧越郡西, 合衆流爲**加斤洞가큰동**津[3:13b]
△ 동니 黨[한청 9:22], 그 사룸은 날과 ᄒᆞᆫ 洞內의 인ᄉᆞ오매[인어 1:12]

(5) -두(頭) : '갈·두'는 '갈+두'로 분석되므로 '-두(頭)'가 독립된 형태소가 될 수 있다. 『한국땅이름큰사전』에는 '갈두'라는 땅이름이 13곳이 등재되어 있는데, 이 중에서 10곳이 '갈머리'라고도 불린다. 그러므로 '두(頭)'는 '머리'라는 뜻을 나타내기 위해 사용된 한자 형태소임을 알 수 있다.

▲ 安州, …… 別號安陵, 或稱密城, 其山鎭曰**加乙頭갈·두**. 今屬平安道[1:38a]

(6) 등산(登山)(=등산) : 옛 문헌에서 '등산(登山)'이 한 단어로 쓰인 예는 찾을 수 없다. '등산'이 사전에 맨 처음으로 등재된 것은 1920년에 와서의 일이다. 그렇기는 하지만 예나 지금이나 '등산'의 어형과 의미는 동일하다.

▲ 康翎縣. 縣西南五十餘里, **登山串등산·곶**, 圍仍浦·이싱·개等處[1:31b]
△ 등산곶(登山串)[黃海道 甕津郡 興嵋面에 있는 땅이름]
△ 登山(등산) : 산에 오르는 것[朝鮮語辭典(1920) 246쪽]

(7) ·딘(鎭)〉진) : 어형만 바뀌고, 의미는 현대어와 동일하다.

▲ 公州. ……忠淸道界首官也. 所領, 郡三縣十一. 江, 卽熊津고·마ᄂᆞᄅᆞ也. 來自燕岐縣, 過公州之北, 西流達于夫餘, 至舒川**鎭浦·딘·개**, 入于海[3:15a]
△ 그 남진의 머리 늘 딘 가온대 ᄃᆞ라심을 보고(見其夫頭懸於陣中)[동국신속烈2:66], 수릿군이 각각 방식으로써 밧글 향ᄒᆞ야 버려 딘티고[훈병 29a]

(8) ·로양(←록양(綠楊)〉녹양) : '로양'은 '록양'에서 'ㄱ'이 탈락된 어형이다. 옛 문헌에서 '녹양(綠楊)'이 한 단어로 쓰인 예는 찾을 수 없다. '록양'이 사전에 맨 처음으로 등재된 것은 1920년에 와서의 일이다. '녹양'은 '록양〉녹양'의 어형

변화를 거쳤으나, 의미는 현대어와 동일하다.

▲ 吾籠所, 水名. 自鍾城**綠楊峴·로양·재**, 北流過東林城, 入豆漫江.[7:23b]
△ 綠楊(록양) : 새로 푸른 버드나무[조선어사전 271쪽]

(9) 방(房)(=방) : 현대어와 어형, 의미가 모두 동일하다.

▲ **巖房바·횟방**寺 ……巖房寺, 在男山南腰[1:47b]
△ 뷘 房올 딕ᄒᆞ라 ᄒᆞ시니[월석 7:6], 한 갌 방의 다ᄉᆞᆺ 사ᄅᆞ미 계우 안잣는 거셔[번박 상:41], 방 방(房)[유합 상:22]

(10) 삼(三)(=삼) : 현대어와 어형, 의미가 모두 동일하다.

▲ 漢江, ……至廣州界爲渡迷·두미津, 爲廣津:광ᄂᆞᄅᆞ, 爲**三田渡삼반·개**[3:13b]
△ 삼년(三年)[박통사 상;10], 강경대왕 국상애 삼 년 거상 니버[동신속 효:30b]

(11) :션(善)(>선) : 한자 형태소 '善'에서 온 것인데, 옛 문헌에서 '션/선(善)'이 한 단어로 쓰인 예는 찾을 수 없다. 그렇기는 하지만, 어형만 '션>선'의 변화를 거쳤을 뿐 의미는 동일하다.

▲ **善竹:션·쌔** …… 善竹橋, 在松京東部, 俗稱善竹里.[1:47a]

(12) 셩(城)(>성) : 어형만 바뀌고, 의미는 현대어와 동일하다.

▲ **泥城흙셩**. …… 慈山郡. …泥城在郡南三十里[1:44a]
△ 구든 城을 모ᄅᆞ샤(不識堅城)[용가 19장), 樓엣 누는 城에 노가 저젯고(두언 6:15], 셩 셩(城)[왜해 상:33]

(13) :암림(暗林)(=암림) : 한자 형태소 '暗'과 '林'이 결합되어 된 단어인데, 중세어나 현대어나 '암림(暗林, 짙은 숲)'이 단독으로 단어를 이루어 쓰인 다른 예는

찾을 수 없다. 그러나 한자어로서의 형태와 의미는 중세어나 현대어나 동일하다.

▲ 鴨綠江, …… 其源出長白山, … 至義州城西爲鴨綠江, 過**暗林串:암림·곶**入海 [1:36a]

(14) 오·도(烏島)(=烏島, 오도) : 한자 형태소 '烏'와 '島'의 결합으로 이루어진 단어인데, 중세어나 현대어나 '오도(烏島, 까막섬)'가 단독으로 단어를 이루어 쓰인 다른 예는 찾을 수 없다. 그러나 한자어 형태소의 형태소 의미는 중세어나 현대어나 동일하다.

▲ 漢江, …… 至交河縣西**烏島城오·도·잣**, 與臨津合[3:13b]

(15) 운·뎐(雲田)(>운전) : 한자 형태소 '雲'과 '田'의 결합으로 된 단어인데, 중세어나 현대어나 '운전(雲田, 구름밭)'이 단독으로 단어를 이루어 쓰인 다른 예는 찾을 수 없다. 그러나 한자어 형태소의 형태만 바뀌었을 뿐, 의미는 중세어나 현대어나 동일하다.

▲ 松原. ·소두·듥. 松原, 在咸興府東南十四里**雲田운·뎐**社. 社有太祖潛邸時舊宮.[5:36b]

(16) ·학(鶴)(=학) : 현대어와 어형, 의미가 모두 동일하다.

▲ 松京羅城東門曰崇仁, 在鶴橋·학ᄃᆞ리東, 俗稱東大門.[1:46a]
△ 누른 鶴으로 둘엣고(圍黃鶴)[두언 6:9], 道人은 구룸의 자최며 鶴의 양지어니(道人雲蹤鶴態)[남명 상:3], 학 仙鶴[동문 하:34]

(17) 합(合)(=합/합-) : '합·개(合浦)'는 '합(合)+·개(浦)'로 분석할 수 있는데, '강물이 합쳐지는 바닷가'라는 뜻을 지니고 있어, '합'이란 단어를 추출할 수가 있다. '합'은 널리 사용된 단어는 아니지만, 현대어와 어형, 의미는 모두 동일하다. 땅이름 '합개'는 지금 '합포'로 불리고 있다.

▲ **合浦합·개**. 合浦, 在慶尙南道昌原府西九里許, 有兵馬節制使營城.[1:49a]
△ 만일 홁과 직 합 이빅 말과[자초 9a]

3.3.3. 어원을 명확히 알 수 없는 단어

아래 24개 단어들은 고유어 단어들인 것으로 짐작되나 그 어원은 명확히 알 수가 없다. '디·피(持彼)'와 '빅·지(排至)'라는 단어도 격구 용어로 그 의미는 알 수 있으나, 어원을 명확히 알 수 없다는 점은 마찬가지이다.

(1) 가·큰(加斤) : 이 마을 이름은 원래 '더큰골'이었는데, '더'를 훈차 표기한 '加'를 음독해 어형이 바뀐 것이 아닌가 생각된다[최범훈 1983:130].

▲ 漢江, …… 至寧越郡西, 合衆流爲加斤洞가·큰동津[3:13b]
△ 大德은 큰 덕이니[석보 6:29], 큰 덕(德)[자회 하:31]

(2) 그슴(文音)[27] : '文'과 '畫'의 의미가 유사하니, 애초에는 '지역을 구획 짓는(畫) 산'이란 뜻으로 만들어진 땅이름인데 그것을 유사 훈차 표기하여 '文音山'이 되지 않았을까 짐작된다. 그리고 같은 산인데, 후대에 '隱于山'이라 불리게 된 것은 '그슴'과 '그슥'이 음이 비슷한 것과 산의 위치로 보아 달리 표기한 것이 아닐까 생각된다. '隱'에 대응되는 중세 국어 어형은 중세 국어의 언어 사용 양상으로 보면, 형용사로는 '그슥-, 그슥ᄒᆞ-', 명사로는 '그슥', 부사로는 '그슥, 그ᄉᆞ기'의 형태가 있었다. 그리고 한자 차용 표기에서 '于'는 'ㄱ' 말음을 표기한 경우가 있어 '隱于'는 '그슥/그슥'의 한자 차용 표기로 볼 수 있다.

▲ 大同江 … 其一, 出自陽德縣北**文音그슴**山[1:39a]
▲ **隱于山**, 在縣北二十五里鎭山[新增東國輿地勝覽 卷55:8a 平安道 陽德縣]

---

27) 구경자(1990)에 『吏讀便覽』의 '方文里방그리小瓦盆也'와 '方文剌더그레團領內拱也'를 '文'에 '그'가 대응되는 것으로 보아, '글'의 기원적인 형태가 '그'였다고 보았다. 그러나 제시된 예문 두 개를 자세히 살펴보면 '文' 뒤에 'ㄹ' 음으로 시작하는 '里'와 '剌'이 있으므로 '글'의 기원적인 형태를 '그'로 추정하기는 어렵다. 그리고 『계림유사』의 '讀書曰乞鋪'에서도 '글'의 기원적인 형태가 '그'였을 것으로 보기 어렵게 한다.

△ 製ᄂᆞᆫ 글 지슬씨니[훈언], 그를 므러(御書)[용가 7장], ᄒᆞᆫ 줈그른(一行文)[금삼 3:3]

△ 字ㅅ 그슬 모로매 고ᄅᆞ고 正히 ᄒᆞ며(字畫必楷正)[내훈 1:26], 긋 획(畫)[유합 상1], 소ᄂᆞ로 삼군 양ᄌᆞᄅᆞᆯ 그ᇫ어 뵈ᄂᆞᆺ다(手畫三軍勢)[두언 22:33]

△ 繡ᄒᆞᆫ 蓮ㅅ고지 그슥ᄒᆞ얫도다(隱繡芙容)[두언 7:33], 그슥ᄒᆞ락 나ᄃᆞ락ᄒᆞ고(隱見)[두언 9:40], 그ᅀᅳ근 ᄢᅳᆷ멧 드트른(幽隙之塵)[능엄 1:107], 그ᅀᅳ기 보니(竊觀)[법화 1:14]

△ 婦人亦 必于 夫家得罪 被黜爲良置(=부인이 비록 시집에서 득죄하여 쫓겨나더라도[대명률 1:15]

(3) 김·곡(金谷) : ‘김·곡·개(金谷浦)’는 ‘개(浦)’가 고유어 단어이므로, ‘김곡(金谷)+개(浦)’로 분석될 수 있다. ‘김곡’의 명확한 의미는 알 수 없으나, 『한국땅이름큰사전』에 ‘쇠골’이란 땅이름이 33곳이 등재되어 있는데, 이 중에서 8곳이 ‘금곡’으로도 불린다고 되어 있고, ‘쇠실’이란 땅이름이 34곳이 등재되어 있는데, 12곳이 ‘금곡’과 나란히 불린다고 되어 있다. 이로 미루어 보면 ‘김곡’은 원래 ‘쇠골’ 아니면 ‘쇠실’로 불리던 것을 음독하여 바뀐 것이 아닌가 추측된다.

▲ 碧瀾渡, … 其源, 出黃海道遂安郡, … 過白川郡東爲**金谷浦김·곡·개**, 南爲碧瀾渡入海[2:22b]

(4) ·다리(白達) : ‘·ᄒᆡᆫ(白)+·다리(달+이, 達)’로 합성된 땅이름으로 ‘다리’는 ‘달’의 오분석으로 ‘다리’가 되었을 가능성이 있다. 그리고 ‘달(達)’은 고구려 땅이름에서 1) 어두에서는 주로 ‘高’의 의미를 나타내고, 예. 達乙省 : 高烽, 高木根縣 : 達乙斬, 達忽 : 高城 등, 2) 어중이나 어말에서는 ‘山’의 의미를 나타내었다. 예. 釜山縣 : 松村活達, 功木達 : 云熊閃山, 僧山縣 :所勿達, 犁山城 : 本加尸忽達 등[삼국사기 지리지 권37]. 따라서 ‘다리’도 ‘山’의 의미로 사용된 것이 아닐까 짐작된다.

▲ 碧瀾渡, 俗稱**白達·ᄒᆡᆫ·다리**, 在松京宣義門西三十里.[2:22b]

(5) ·달(達, =?달)(㺚 →?수달) : 첫째. 『한국땅이름큰사전』에 '달-'로 시작되는 땅이름 중에는 '달내(月川), 달내고개(月谷縣), 달내끝(月川浦), 달내말(月谷洞), 달래봉(月來峯), 달내산(月下山), 달래재(月來峙), 달냇골(月川洞)' 등이 등재되어 있는 것을 보면, '·달:내(達川)'의 '달(達)'은 고유어 'ᄃᆞᆯ[月]'의 한자 차용표기이며, '달내'는 '달빛이 밝게 비치는 내'라는 뜻을 지닌 강이름이 아닐까 생각된다. 그러나 중세어에 '달(月)'은 한결같이 'ᄃᆞᆯ'로 표기되어 있어 확실히 말하기는 어렵다. 둘째. '·달:내(㺚川)'의 '달'도 위에서와 같은 뜻을 지닌 말로 볼 수도 있고, 차용 표기된 한자로 보아 '·달:내(㺚川)'는 '수달이 많이 사는 내'라는 뜻을 지닌 '수달내'가 변형되어 만들어진 강이름으로도 볼 수 있을 듯하다. 그러나 '水獺'은 후대 문헌 자료에만 나타나 있어 15세기에도 이 말이 사용되었는지 밝혀내기 어렵다.

▲ 漢江, …… 至忠淸道忠州, 與**達川·달:내**合[3:13b]
▲ **㺚川·달:내**, 在今隨川郡東北二十五里許[5:42b]
△ ᄃᆞᆯ爲月[훈민 용자], 므레 ᄉᆞᄆᆞᄎᆞᆫ ᄃᆞᆳ비치 ᄀᆞᆮᄒᆞ야(如透水月華)[몽산 43], ᄃᆞᆯ 월(月)[자회 상:1, 유합 상:2, 석천 1, 왜해 상:1]
△ 㺚=獺 : 水獺[역어유해 하:33b], 水獺(海龍)[역어유해 보 하:33b]

(6) 답상(荅相) : '답샹:골'은 '답샹(荅相)+:골(谷)'로 합성된 땅이름인데, '답상'의 의미와 어원은 명확히 밝혀져 있지 않다. 『한국땅이름큰사전』에 경북 영양군의 '답상동(畓上洞)'이 '웃논실'으로 불리는 것으로 조사되어 있는데, 이를 미루어 보면 '답상(荅相)'도 '웃논'의 의미를 나타내지 않았을까 생각된다.

▲ **荅相谷답샹:골**. 荅相谷在今咸興府東北十六里許[5:34a]

(7) 동량(東良) : '동량(東良)+:뒤(北)'로 합성된 땅이름이다. 고유어 '뒤'는 '북(北)', '앒'은 '남(南)'을 뜻하기도 하였다. 함경도 회령에 '上東良, 中東良, 下東良'이란 땅이름이 있어 '東良'이 유래를 가진 단어로 보이나, 그 어원은 명확히 알 수 없다.

▲ 東流爲豆漫江, 江自**東良北동량:뒤**, 歷斜地, …… 至沙次麻島, 分流五里許入海.[1:8b]

△ 上東良, 中東良, 下東良[新增東國輿地勝覽 卷50:27a 會寧都護府]

(8) ·두미(渡迷) : 나루 이름인 것은 알 수 있으나, '·두미(渡迷)'의 어원은 명확히 알 수 없다. 『한국땅이름큰사전』에 '두미'라는 땅이름이 29곳이 등재되어 있는데, 이 중에서 경남 통영군 욕지도에 있는 '두미도(頭尾島)'만 한자 땅이름인 줄 알 수 있으나, 다른 땅이름은 그 의미를 알 수 없다.

▲ 漢江, ……至廣州界爲**渡迷·두미**津[3:13b]

(9) 듬바(澄波) : '듬바되'는 '듬바(←징파(澄波))+·되(←도(渡))'로 합성된 땅이름이다. 징파포(澄波浦)란 땅이름이 원래 등승포(登承浦)였던 것과, 차자의 음이 '듬'인 것을 고려하면 징파포(澄波浦)의 '징(澄)'도 원래는 '등(登)'이었을 가능성이 있다. 징파도(澄波渡)는 천령현(川寧顯)[28]에 속한 징파포(澄波浦)와 같은 경기도에 속한 땅이름이긴 하지만 다른 땅이름이다. '듬바(澄波)'의 어원은 명확히 알 수 없다.

▲ 臨津, 至漣川縣西爲**澄波渡듬바·되**[5:27a]

△ 澄波浦, 前號登承浦[高麗史 권79, 志33 食貨2:36b, 漕運]

△ 澄 띵〈평성〉[東國正韻 1:5a]

(10) 디·피(持彼) : 격구 용어로 '공채로 바깥쪽으로 공을 몰고 가서 공을 던지는 방법'이란 뜻을 지니고 있으나, '디·피'의 명확한 어원은 알 수 없다.

▲ 擊毬之法, 先趨馬而進, 以排至비·지動毬以**持彼디·피**回之[6:39b]

(11) 머툰 : '머·툰ᄂᆞᄅᆞ(麻屯津)'는 '머·툰(麻屯)+ᄂᆞᄅᆞ(津)'로 합성된 땅이름인데, '머

28) 천령현(川寧顯)은 고려 초에 이 땅이름으로 개칭되었다. 고려 현종 때 광주에 속했다가, 고려 예종 때에 여주(驪州)에 병합되었다.[신증 번역본 권2:80-81]

툰(廝屯)'의 어원은 명확히 알 수 없다.

▲ 至平壤城東爲大洞江. 又折而西流, 行九里爲**廝屯津머·툰ᄂᆞᄅᆞ**[1:39a]

(12) 물(積) : 중세 국어의 '물'은 '衆, 群'의 뜻을 지니고 있어, '積'이 의훈차되어 표기된 것으로 보이나, '물'의 명확한 어원은 알 수 없다.

▲ **德積덕물**紫燕二島. …… 德積島, 在南陽府海中[6:58b]
△ 彙 물휘[자회 하:2], 무렛 衆을(徒衆)[능엄 9:103], 群臣은 물 臣下ㅣ라[월석 2:49], 德 싸ᄒᆞ샤미 기프샤미오(積德之深)[법화 1:137]

(13) ᄇᆡ·지(排至) : 격구 용어로 '격구를 할 때 공채 안쪽으로 비스듬히 당기어 공을 높이게 하는 방법'이란 뜻을 지니고 있으나, 'ᄇᆡ·지'의 명확한 어원은 알 수 없다.

▲ 擊毬之法, 先趨馬而進, 以**排至ᄇᆡ·지**動毬以持彼ᄃᆞ·피回之[6:39b]

(14) 설메(所磨) : 『한국땅이름큰사전』에 '설매' 또는 '설매-'라는 땅이름이 74개가 등재되어 있는데, '썰매'와 관련되어 있거나 '지형이 가파르다'는 의미를 내포하고 있는 곳이 13곳이 된다. 예. 설매, 설매곡, 설매골, 설매등, 설매리, 설매산, 설맷골, 설맷등, 설맷재 등. 그리고 북부 방언에서는 아직도 '썰매' 대신에 '설매'라는 말이 사용되고 있다. 그러므로 '설메'는 '썰매'의 고형이 아니었을까 짐작된다.

▲ **所磨洞설멧:골** …… 所磨洞, 在京畿積城縣之南紺嶽之西, 距縣五里許[9:28]
△ 설매 : '썰매'의 평북·함경 방언[표준국어대사전 3429쪽]

(15) ·안반(按板) : '안반여·흘'은 '·안반(按板)+여·흘(灘)'로 합성된 땅이름이다. '안반'은 '한(大) 반(半)'이 와전된 것으로 추측되며, '안반여흘'은 '들의 한반(=한가운데)를 흐르는 여울'이란 뜻이었을 것으로 추정된다.[도수희:1999:25][29]

▲ 漢江, …… 南流至京畿加平縣東爲**按板灘·안반여·흘**[3:13b]

(16) 와·이(黃伊) : '새(草)+와이(黃)'로 분석할 수 있는데, '와이'는 '황이'의 'ㆆ'이 모음 사이에서 약화되어 '와이'가 된 것으로 추측되는데, 이 말의 어원은 명확히 알 수 없다.

▲ **草黃새와·이** …… 草黃嶺, 在咸興府西一百十三里[5:47b]

(17) 울·헤(威化) : '울·헤(威化)+:셤(島)'으로 합성된 땅이름이다. '울헤'는 '울히게〉울히에〉울헤'의 변천을 겪은 말로, '위협하는'이란 뜻을 지닌 말이 아닐까 추측되나, 그 어원은 명확히 알 수 없다.

▲ 威化島울·헤:셤 …… 威化島, 在今義州西七十里許鴨綠江中.[1:39b]
△ 위엄 위(威)[자회 하:31]
△ 울히다 : 울히며(위협하며) 달애며[계축 118]

(18) ·이싱(圍仍) : '·이싱·개'는 '이싱(←위싱, 圍仍)+·개(浦)'로 분석할 수 있는데, '·이싱((圍仍)'의 명확한 어원은 알 수 없다.

▲ 康翎縣. 縣西南五十餘里, 登山串둥산:곶, **圍仍浦·이싱·개**等處[1:31b]

(19) 이(伊) : '잇·뵈(布)'는 '잇(伊)+·뵈(布)'로 분석할 수 있는데, '잇'의 '이'는 고유어 '저'를 뜻하고, 'ㅅ' 받침은 '사잇소리로 보이나, '이(伊)'의 명확한 어원은 알 수 없다.

▲ 漢江, …… 一源, 出自江原道麟蹄縣**伊布잇·뵈**所[3:13b]
△ 저 이(伊)[자회 하:24]

---

29) 최범훈(1982:429)에서는 '板'의 음은 '반〉판'으로 변한 것으로 보며, '안반'은 '떡을 칠 때 쓰는 두껍고 넓은 나무판'이란 뜻을 나타내는 것으로 보았다.

(20) 죠:콜(召忽) : '죠(召):콜(←홀(忽))+:셤(島)'으로 형성된 땅이름이다. '조홀섬'이 와전되어 '조콜섬'이 된 것으로 추측되나. '죠:콜'의 명확한 어원은 알 수 없다.

▲ 德積덕물紫燕二島. …… 德積島, 在南陽府海中**召忽島죠콜셤**南六十里許 [6:58b]

(21) 쥴(照) : '쥴애'는 '쥴(←죠, 照)+애(←개, 浦)'로 분석할 수 있는데, '쥴'의 명확한 어원은 알 수 없다.

▲ **照浦쥴애**山, …… 照浦山, 在洪原縣北十五里[6:37b]

(22) ᄌᆞ롭(助邑) : 'ᄌᆞ롭·개(助邑浦)'는 'ᄌᆞ롭(←조읍, 助邑)+·개(浦)'로 분석되는데, 'ᄌᆞ롭'의 명확한 어원은 알 수 없다.

▲ 碧瀾渡, 至江陰縣東爲岐灘, 南爲**助邑浦ᄌᆞ**롭·개[2:22b]

(23) 한(閑)) : '새한(草閑)'은 :'새(草)+한(閑)'으로 분석할 수 있는데, '한(閑)'의 어원은 명확히 알 수 없다.

▲ 貞淑王后淑陵, 在文川郡東十六里**草閑:새한**[7:25b]

(24) 홋·기(厚叱只) : '홋·기(厚叱)'의 명확한 어원은 알 수 없다.

▲ 咸興府 …… 在府東三十七里許大**厚叱只홋·기**[7:25b]

3.4. 문법

용비어천가 주해 속에 실려 있는 우리말 어휘의 형태론적 구성은 15세기 당시의 일반적인 어휘 구성 방법과 다름이 없다. 다만 '져근(小斤)'이란 사람 이름만은 특이

한 구성을 하고 있다. 이 단어는 사람 이름이므로 명사에 해당한다. 그런데도 그 형태론적 구성은 '젹+은'과 같이 관형사형으로 되어 있다. 이런 예는 이 자료에서는 하나밖에 없긴 하지만 중세 국어 이전에 관형사형이 명사적 기능을 하고 있었다는 소중한 증거가 된다.

▲ 元敬王后與弟將軍無疾, 議遣奴金小斤져근請太宗. … 小斤, 奴名[10:13a]

4. 마무리

용비어천가 주해 속에는 한글로 표기된 우리말 어휘 자료가 92개 실려 있다. 이 글에서는 이들 어휘 자료를 면밀히 검토함으로써, 이들의 어학적 특징, 즉 표기, 음운, 어휘, 문법의 특징을 밝혀내었다. 표기 면에서는 받침 표기에 음운론적 표기 원칙에 맞지 않는 예로 'ㄺ' 받침이 있음을 새로이 밝혀내었다. 음운 면에서는 제1음절에서 '·'와 'ㅡ'가 혼용되고 있는 예로 '힉-'와 '희-'를 찾아내었다. 어휘의 어원 면에서는 옛 어형을 지니고 있는 단어로, '모로, 고마' 2단어의 어원과 그 변화 과정을 밝혀내었으며, 당시에 널리 쓰이고 있던 단어들은 고유어 어원을 가진 단어가 71개, 한자 형태소 어원을 가진 단어가 17개, 어원을 명확히 알 수 없는 단어가 24개인 것으로 분류하여 이들의 의미를 밝혔다. 문법 면에서는 '져근'이란 단어는 관형사형에 명사적 기능이 남아 있는 소중한 예임을 확인하였다.

참고문헌

古語辭典(1997), 南廣祐
岩波 古語辭典(1974), 岩波書店
李朝語辭典(1964), 劉昌惇
朝鮮語辭典(1920), 朝鮮總督府
朝鮮語辭典(1936), 文世榮
地名由來集(1987), 國立地理院
표준국어대사전(1999), 국립국어연구원
한국땅이름큰사전(1991), 한글학회

권상로(1961). 한국지명연혁고, 동국문화사.
구경자(1990). 용비어천가 주해의 정음표기 어휘 연구, 효성여대 석사논문.
김동소(1977). 용비어천가의 여진어휘 연구, 국어교육연구 9 : 91-105쪽.
_____(2005). 이른바 알타이 조어의 모음 체계와 한국어 모음 체계, 국어사 연구 어디까지 왔는가, 연세대학교 국학연구원 : 120쪽.
김영신(1984). 용비어천가의 언어 분석, 수련어문논집(부산여대) 11[김영신의 국어학연구(1988), 제일문화사 : 1-42에 재수록].
김영진(1985). 용비어천가 한자의 정음 표기, 대전대학 논문집 4 : 41-50쪽.
김윤경(1962). 용비어천가에 나타난 지명, 한글 130 : 91-108쪽.
김종훈(1963). 용가에 나타난 국어 지명에 관한 연구, 文耕(중앙대) 14 : 261-275쪽.
도수희(1999). 한국 지명 연구, 이회문화사.
백두현(1992). 영남 문헌어의 음운사 연구, 태학사.
유재영(1975). 지명 표기의 한 고찰 -「용비어천가」 주해를 중심으로, 논문집(원광대) 8 : 185-206쪽.
시라토리(1898, 明治31). 일본의 고어와 조선어와의 비교, 國學院雜誌 제4권 제4-12호[白鳥庫吉全集, 岩波書店 제2권:149-251에 전재].
이기문(1964). 용비어천가의 어학적 가치, 동아문화 2, 서울대 동아문화연구소 : 226-231쪽.
_____(1972). 국어음운사연구, 국어학회.

이인상(1939). “용비어천가 주해”에 나타난 조선어 지명, 한글 64 : 17-22쪽.

조규태(2002). 용비어천가 판본에 대하여, 배달말 31 : 157-173.

______(2005). 최초의 옛한글 표기법 재구, 국어사연구 5. 국어사학회 : 121-142쪽.

최범훈(1983a). 「용비어천가」 정음표기 고유명사연구(Ⅰ), 동악어문논집 17 : 125-143쪽.

______(1982). 「용비어천가」 정음표기 고유명사연구(Ⅱ), 한국언어문학 21 : 419-441쪽.

______(1983b). 「용비어천가」 정음표기 고유명사연구(Ⅲ), 전병두박사화갑기념논문집 : 77-96쪽.

Cincius(1975). (ed.). **Сравнителный Словарь Тунгусо-Маньчжурских Языков** Tom Ⅰ [만주-퉁구스어 비교어휘집 제1권], Leningrad : IN.

Cincius(1977). (ed.). **Сравнителный Словарь-Тунгусо-Маньчжурских Языков** Tom Ⅱ [만주-퉁구스어 비교어휘집 제2권], Leningrad : IN.

※ 〈고유어 어휘〉는 『어문학』 제92집(2006)에 ‘용비어천가 주해 속의 우리말 어휘에 대하여’라는 제목으로 실은 논문을 다소 수정한 것임.

외국어 어휘

1. 들머리

용비어천가의 주해는 당시까지 보편적으로 사용해 온 글말인 한문으로 기록되어 있다. 그런데 그 주해 속에는 한자로만 적어서는 음을 정확히 표기할 수 없는 어휘는 한글로 음을 달아 놓았다.[30] 이들 어휘를 분류해 보면 고유어와 외국어 둘로 나눌 수 있다. 여기서는 외국어를 표기한 것들만을 모아서 그것들의 특징을 살펴보고자 한다.

용비어천가의 외국어는 권7에 집중되어 나타난다. 권7의 21-24까지에는 조선 건국 이래 조선에 복종한 야인들의 추장과 그들이 다스리는 지역이 열거되어 있는데, 여기에서 한글로 주음이 달린 어휘는 지명이 25개, 인명이 27개, 부족명이 3개, 관직명이 2개가 있다. 이 밖에도 용비어천가 주해 전체에 걸쳐 한글로 표기된 외국어 어휘가 흩어져 있는데, 모두 83개의 외국어 어휘가 다음 표에서와 같이 나타나 있다.[31]

	1:6	1:7	1:8	1:36	1:43	1:47	4:21	5:33	5:47	5:48	7:10	7:21	7:22	7:23	7:24	7:25	계
종족·부족명		2													3		5
지명	1		6	1	1		2	2	2	3		2	7	12	3	2	44
인명					1					1	1	1	11	9	6		30
관직명						1						1	1	1			4

30) 斡東오·동 …… 斡東, 在今慶興府東三十里. 凡書地名, 漢字之難通者, 又卽以正音之字書之 [1:6b]

31) 구경자(1990)에는 '다대골'을 포함시키지 않아 82개로 간주하였다.

이들 외국어 어휘는 모두 북방 민족의 언어로 되어 있는데, 여진어 아니면 몽고어로 되어 있다.[32] 그래서 그 음과 의미를 여진어나 몽고어로 밝혀보려는 노력을 해 왔다. 그러나 이 어휘들이 두 언어 중 어느 언어를 반영하고 있는지를 구별하는 것은 용이하지 않다. 예컨대 여진인의 인명 속에 명백히 몽고인들이 널리 사용하는 인명의 일부가 들어 있는 경우도 있기 때문이다. 이 글에서는 명확히 몽고어라고 밝혀져 있는 경우만을 제외하고는 일단은 여진어로 간주하고자 한다.

이 연구에서는 먼저 이들 외국어 어휘와 관련된 자료를 검토한 다음, 어휘를 추출하여 그 의미를 밝혀 보고자 한다. 그리고 나서 그 어휘의 표기에 사용된 차자들을 정리하여 다른 자료에 등장하는 여진어와 몽고어 어휘, 특히 고유명사를 읽는 데 도움을 주고자 한다.

2. 자료 검토

제시되는 자료의 어휘들이 외국어라는 근거는 다음과 같다. 첫째, 용비어천가 권21-24에 나오는 어휘는 모두 조선 건국 직후, 조선에 복종한 야인들의 추장과 그들이 다스리는 지역, 그리고 그와 관련된 종족명, 관직명이므로 이들은 모두 외국어로 볼 수 있다. 그 밖의 것은 여진어나, 몽고어라고 명시되어 있거나 이들 외국어 어휘집에 해당하는 어휘가 등재되어 있는 것들이다. 지명의 경우는 두만강 너머에 있거나 함경도에 소재하는 것으로 한국의 전통 한자음과는 달리 읽히거나, 한국의 전통적 훈차 표기라고 볼 수 없는 것들이다.

2.1. 지명

(1) ·갸쥬(甲州) : 함경남도 갑산의 여진 이름이다.

---

32) 용비어천가 제4장의 주해에 "我國之俗, 通稱斡東[오동]等處兀良哈오랑캐, 兀狄哈우디·거, 及女眞諸種, 爲野人[1:7a]"의 기록과 용비어천가 전체에 산재되어 있는 고유명사를 보면 조선 초기 전후 두만강과 만주 일대에 '여진, 오랑캐, 우디거' 세 종족이 있었음을 알 수 있다. 그러나 오랑캐와 우디거 족들의 언어에 대한 기록은 전하지 않는다. 그리고 이들은 여진족들과 뒤섞여 살았을 뿐만 아니라 언어학적으로 보아 여진어와 큰 차이가 없었던 것으로 보인다. 그래서 두루 일컬어 여진어라고만 부르는 것이다.

▲ **甲州·가쥬** …… 卽今甲山郡, 本虛川府. 久爲胡人所據, 屢經兵火, 無人居. 高麗恭讓王三年, 始置甲州萬戶府. 本朝太宗十三年, 改稱甲山. 其山鎭曰天鳳. 今屬咸吉道.[7:22b]

△ 本虛川府 久爲女眞所據 屢經兵火 無人居 高麗恭讓王三年 始置甲州萬戶府 [新增東國輿地勝覽 卷49 咸鏡道 甲山都護府]

(2) ·구쥬(古州) : 두만강 너머에 있던 '고주(古州)'의 오랑캐(兀良哈) 지명이다.

▲ **古州구·쥬** …… 古州, 地名, 在速平江之傍. 自會寧府北行二日至阿赤郞貴아치랑귀, 又行一日至常家下, 又行四日至古州. 西距先春산·츈嶺四日程也.[7:24a]

(3) 닌쳐·시(紉出闊失) : 두만강 너머에 있던 여진 지명이다. '닌쳐'는 여진어로 '진주(珍珠)'를 뜻하며, '닌쳐시(珍珠失)'는 복수 접미사 '-시'[33]가 결합된 어형이다.[34]

▲ **紉出闊失닌쳐·시** …… 紉出闊失, 地名, …… 其地有大澤, 產眞珠. 其俗謂眞珠爲紉出闊失, 故因名其地焉.[7:23b]

△ 珠 寧住黑[화이역어의 여진 역어〈사이관본〉], 珍珠 泥出[화이역어의 여진 역어〈회동관본〉], 珠 寧住黑[Grube 30], 珍珠 니츄허[동문유해 하:22b], 珍珠 니츄허 [한청문감 10:41b][35]

(4) 다대골(韃靼洞) : 함경남도 홍원군 학천면 남풍리, 즉 함관령(咸關嶺) 북쪽에 있던 몽고인 거주 지역이었다. '다대'는 '韃靼'을 한글로 음역하여 표기한 것으

33) 박은용(1973:37-8)에 따르면, 만주어의 복수 접미사에는 '-sa, -se, -so' 등이 있었다. 이 중 '-si'가 결합되어 복수 형태가 된 예를 들면 다음과 같다. 예. ahasi(노복들), hehesi(여자들), hojihosi(단수 hojihon, 사위들) 등. 여진어의 경우도 복수 접미사는 동일하였을 것으로 생각된다.

34) 쳐' 글자를 가진 단어는 '닌쳐시'가 유일하다. '닌쳐'는 다른 여진어 문헌에 표기된 것과 후대의 만주 사전에 등재된 것을 고려해 보면, '닌추커' 또는 '닌추허'가 일반적인 어형이고, 이것의의 빠른 발음을 이렇게 표기한 것이 아닌가 생각된다.

35) 華夷譯語의 女直 譯語 〈四夷館本〉, 華夷譯語의 女直 譯語 〈會同館本〉에서 인용한 여진어는 김동소(1977)에서 재인용한 것이다. 이 논문에서는 용어를 모두 한글로 표기해 제시하였다. 다만 '女直'은 '여진'을 가리키는 말이므로 '여진'으로 표기하였다.

로 타타르(tatar) 족을 가리킨다. 타타르 족은 원래 인종학상으로는 튀르크어계에 속하는 민족인데, 몽고족과 섞어 살아온 탓인지 중국과 우리나라에서는 몽고족의 한 갈래로 인식해 왔다.36) 다대골은 몽고족의 집단 거주 지역이었던 것으로 짐작된다. 인근인 용운면(龍雲面) 영상리(嶺上里)에 순조 29년(1829년)에 세운 달단동승전적비(韃靼洞勝戰績碑)도 있다.

▲ **韃靼洞. 다대골**. 韃靼洞, 在今洪原縣三十里[5:33b]
△ 韃靼洞 在縣南三十里[新增東國輿地勝覽 卷49 咸鏡道 洪原郡]
△ 請 드론 다대와(受賂之胡)[용가: 52장],
△ 韃 다대달[자회 중:4], 韃몽고달韃靼契丹西北族 出沙陀別種爲蒙古部[字類註釋 卷上:27a]

(5) 더·버(的遏發) : 함경북도 길성현의 여진 지명이다. '的遏發. 海洋, 泰神' 세 곳을 '三海洋'이라 일컬었다는 기록으로 보아 몽고 지명으로 볼 가능성도 있다.

▲ 海洋, 地名.…自海洋北行五十里至泰神타·신, 自泰神東行六十里 至的遏發더·버. 海洋, 泰神, 的遏發, 三處, 各有猛安. 其俗謂之三海洋.[7:22b]
△ 海洋·泰神·的遏發 三處 各有猛安 其俗謂之 三海洋[新增東國輿地勝覽 권50, 咸鏡道 鏡城都護府 吉城縣]
△ 鏡城都護府 吉城縣 …… 沒於元稱海洋[新增東國輿地勝覽 권50 咸鏡道 鏡城都護府 吉城縣]

(6) 샨츈(實眼春) : 훈춘강(琿春江)의 지류가 합해 두만강으로 향하는 지역에 있던 여진 지명이다.37)

▲ **實眼春샨츈** …… 實眼春, 地名也, 自慶源府北行二日而至. 東距奚關成一日程, 南距豆滿江二日程.[7:22b]

36) 國名. 本靺鞨之別部. 唐末始見其名. 後乃爲蒙古之稱. 元亡其宗族走漠北"[辭源:2300쪽].
37) 김구진(1973:114) '麗末元勢下의 諸種 女眞分布地域'에서 이와 같이 비정을 했다.

(7) 산·츈(先春) : 두만강 너머에 있던 여진의 재 이름이다.

▲ 古州, 地名, 在速平江之傍, 自會寧府北行二日至阿赤郎貴아치랑귀, 又行一日至常家下, 又行四日至古州. 西距**先春산·츈**嶺四日程也.[7:24a]

△ 睿宗二年…尹瓘…擊逐女眞…置九城立碑 于公嶮鎭先春嶺以爲界[高麗史 권58::15]

△ 先春嶺[世宗實錄 권155 地理志 咸吉道]

△ 先春嶺 在豆滿江北七百里 尹瓘拓地 至此城公嶮鎭 遂立碑於嶺上[新增東國輿地勝覽 권50, 咸鏡道 會寧都護府]

(8) 샹가·하(常家下) : 두만강 너머에 있던 여진 지명이다.

▲ 土門, 地名, 在豆滿江之北. 南距慶源六十里, 西距**常家下샹갸·하**一日程也[7:23b]

△ 白頭山 卽長白山……以下係豆滿江外 野人地面 古羅耳 沙吾耳洞 常家下 阿赤郎耳 下多家舍 伐引無乙界 上東良 下東良 … … [新增東國輿地勝覽 권50 咸鏡道 會寧都護府]

(9) 설헌(薛列罕) : 함경남도 함흥과 평안북도 강계의 경계에 있던 여진의 재 이름이다.

▲ **薛列罕설헌** ……薛列罕嶺, 在咸興江界兩府之境, 嶺之東則爲咸吉道, 西則爲平安道.[5:47b]

△ 薛列罕嶺 在府西一百八十里[新增東國輿地勝覽 권48 咸鏡道 咸興都護府]

△ 薛列罕嶺 在府南三百六里 東卽咸鏡道咸興府界[新增東國輿地勝覽 권55 平安道 江界都護府]

(10) 수쥬(隨州) : 함경북도 종성의 여진 지명이다. 두만강이 흘러가는 곳을 따라 나열된 지명 순에 따르면 '·수쥬(隨州)'는 '愁州'의 다른 표기임을 알 수 있다.

▲ 有長白山……其頂有大澤……東流爲豆漫江, 江自東良北동량:뒤, 歷斜地, 阿木

河옹회,… **隨州·수쥬**, 童巾퉁·건……至回叱家홋·가[1:8b]

△ 鍾城都護府 … 本高麗地, 野人乘虛入居, 號稱愁州[世宗實錄 155 地理志 咸吉道 鍾城都護護府]

△ 鍾城都護府 本高句麗舊地 女眞乘虛入居 號愁州[新增東國輿地勝覽 권50 咸鏡道 鍾城都護府]

△ 世宗十五年, 兀狄哈殺猛哥父子, 斡木河無酋長, 十六年春, 遂移石幕寧北鎭于伯顔愁所[世宗實錄 155 地理志 咸吉道 會寧都護府]

▲ 富寧都護附…世宗…十六年, 移寧北鎭于伯顔愁所[世宗實錄 155 地理志 咸吉道 富寧都護府]

(11) 수·핑(速平) : 우디거(兀狄合)가 거주하던 지역의 강 이름이다. 백두산에서 흘러 소하강(蘇下江)과 함께 동북으로 흐르는 강이다. 수빈강(愁濱江)이라고도 하였다.

▲ 兀兒忽里, 地名, 自實眼春北行五日而至. 東距眼春안·츈三日程, 北距**速平수·핑**江二日程也.[7:23a]

△ 愁濱江. 在豆滿江北, 源出白頭山下, 北流蘇下江, 歷公險鎭, 先春嶺, 巨陽城, 東流爲愁濱江, 至阿敏入海[世宗實錄 155 地理志 咸吉道 慶源都護府]

△ 白頭山 …… 南流爲鴨綠江 北流爲松花江 爲混東江 東北流蘇下江 爲速平江 東流爲豆滿江[新增東國輿地勝覽 권50 咸鏡道 會寧都護府]

(12) 시·린(實隣) : 두만강 너머에 있던 여진 지명이다.

▲ 阿木剌, 地名, 自慶源北行一日, 經阿剌孫어러·순站, 又行五日而至. 東距**實隣시·린**古城三日程.[7:23b]

(13) 아모·라(阿木剌) : 두만강 너머에 있던 여진 지명이다.

▲ **阿木剌아모·라**……自慶源北行一日, 經阿剌孫어러·순站, 又行五日而至, 東距實隣시·린古城三日程.[7:23b]

(14) 아·사(阿沙) : 함경남도 이원(利原郡)(조선 초에는 利城이라 하였음)의 여진 지명이다.

▲ **阿沙아사**……阿沙, 卽今利城縣也.[7:23a]
△ 郡名 時利 時叱間 多甫 阿沙[新增東國輿地勝覽 권49 咸鏡道 利城縣]

(15) 아치랑·귀(阿赤郞貴) : 두만강 너머에 있던 여진 지명이다.

▲ 自會寧府北行二日至 阿赤郞貴아치랑·귀[7:24a]
△ 阿赤郞耳[新增東國輿地勝覽 권50 咸鏡道 會寧都護府]

(16) 야·툰(也頓)(村) : 평안북도 위원군의 여진 지명이다.

▲ **也頓야툰**村. 平安道渭原郡西越江三十里, 有一洞, 洞內平衍, 名曰也頓村, 北距兀剌城一日程[5:48a]

(17) 얀·춘(眼春) : 두만강 너머에 있던 우디거[兀狄合] 지명이다.

▲ 兀兒忽里, 地名, 自實眼春北行五日而至. 東距**眼春얀·춘**三日程, 北距速平수·핑江二日程也.[7:23a]

(18) 어두·워(阿都哥) : 두만강 너머에 있던 여진 지명이다.

▲ **阿都哥어두·워** …… 阿都哥, 地名, 自移闌豆漫 東行四日而至[7:22b]

(19) 어러·순(阿剌孫) : 두만강 너머에 있던 여진 지명이다.

▲ 阿木剌, 地名, 自慶源北行一日, 經**阿剌孫어러·순**站, 又行五日而至, 東距實隣시·린古城三日程.[7:23b]
△ 於羅孫山 訓春江東北七十里許 有於羅孫古站 故名[新增東國輿地勝覽 권

50 咸鏡道 慶源都護府]

(20) 오도·리(斡朶里) : 海西江(지금의 松花江)의 동쪽, 火兒阿江(지금의 牧丹江)의 서쪽에 있던 여진 지명이다.

▲ 崔高時帖木兒고시더·믈 …… 崔, 姓. 高時帖木兒, 名也. 斡朶里오도:리人也[1:43a-b]

△ 遣前祥原郡事 李龍華 宣慰斡都里兀良哈 斡都里卽東女眞也[高麗史 권46:26a]

△ 斡朶里在海西히·ᄉ江之東, 火兒阿江之西, 火兒阿, 亦地名, 在二江合流之東, 盖因江爲名也. 托溫, 亦地名, 在二江之下. 二江皆自西而北流.[7:22a]

△ 本朝. 太宗朝, 斡朶里, 童孟哥帖木兒, 承虛入居[新增東國輿地勝覽 권50 咸鏡道 會寧都護府]

(21) 오·동(斡東) : 두만강 너머에 있던 여진 지명이다. 김진구(1973, 1974)의 비정에 의하면 '오·동(斡東)'은 '오도리(斡朶里)' 부족이 두만강 하류로 이주해 와서 형성한 지역이다.

▲ **斡東오·동** …… 斡東, 在今慶興府東三十里. 凡書地名, 漢字之難通者, 又卽以正音之字書之[1:6b]

△ 斡東. 穆祖, 自德源移居于此, 在府東三十里[新增東國輿地勝覽 권50 咸鏡道 慶興都護府]

(22) 옴·회(阿木河) : 함경북도 회령의 여진 이름이다.

▲ 東流爲豆漫江…… 歷斜地, **阿木河옴·회**…至回叱家횟·가[1:8b]

△ 會寧都護府 ……本高句麗地. 俗稱吾音會. 胡言斡木河. 取會以名府[世宗實錄 권155 地理志 咸吉道 會寧都護府]

△ 會寧都護府 本高句麗舊地. 胡言斡木河 一云吾音會[新增東國輿地勝覽 권50 咸鏡道 會寧都護府]

(23) ·우·라(兀剌) : 압록강 건너 황야 가운데 있던 여진 성이다.

▲ **兀剌·우·라**山城. …… 兀剌山城. 在大野之中, 四面壁立高絶, 唯西可上. 距理山郡二百七十里[5:48a]

△ 兀剌山[新增東國輿地勝覽 권55 平安道 理山郡]

(24) 울후·리(兀兒忽里) : 두만강 너머에 있던 여진 지명이다.

▲ **兀兒忽里울후·리** …… 兀兒忽里, 地名, 自實眼春北行五日而至. 東距眼春안·츈三日程, 北距速平수·핑江二日程也.[7:23a]

(25) 워·허(斡合) : 함경북도 경성에서 남쪽 120리에 둥근 돌이 우뚝 서 있다. 그래서 '워허'가 지명이 되었다.

▲ **斡合워·허** …… 斡合, 地名, 在今鏡城府南百二十里. 其地有圓石屹立 … 其俗謂石爲斡合 故因名其地焉[7:23a]

△ 立巖 在府南斡合里 高可二百餘丈 土俗爲石爲斡合因名其地焉[新增東國輿地勝覽 권51 鏡城都護府]

(26) 타·온(托溫) : 지금의 松花江인 海西江과 지금의 牧丹江인 火兒阿江이 합류되는 지점의 아래쪽에 있던 여진 지명이다.

▲ 斡朶里, 火兒阿홀·아, **托溫타·온**. 三城 其俗謂之移闌豆漫 猶言三萬戶也[7:21b]

(27) 타·신(泰神) : 함경도 길성현에 있던 여진 지명이다. '的遏發. 海洋, 泰神' 세 곳을 '三海洋'이라 일컬었다는 기록으로 보아 몽고 지명으로 볼 가능성도 있다.

▲ 海洋, 地名.…海洋北行五十里至**泰神타·신**, 自泰神東行六十里 至的遏發더·

버. 海洋, 泰神, 的過發, 三處, 各有猛安. 其俗謂之三海洋.[7:22b]

△ 海洋·泰神·歸過發 三處 各有猛安 其俗謂之三海洋[新增東國輿地勝覽 권50 咸鏡道 慶城都護府 吉城縣]

(28) ·투루(禿魯) : 압록강으로 들어가는 지류의 하나로 여진 강 이름이다. 고려사에 등장하는 원나라 인명에 '禿魯'가 사용되고 있는 걸 보면, 몽고어 차용어일 가능성이 있다. 예. 禿魯不花, 禿魯帖木兒 등.

▲ 鴨綠江…歷閭延, 江界, 理山, 與**禿魯·투루**江水合[1:36a]

△ 朴椿爲都兵馬使 分屯江界禿魯江等處[高麗史 권40:29b]

△ 禿魯[新增東國輿地勝覽 권55 平安道 江界都護府]

(29) 투·먼(豆漫)(江) : 지금의 두만강이다. '투먼'은 여진어로 '萬'이란 뜻으며, '두만강'은 여러 지류가 합하여 이루어진 강이란 뜻이다.

▲ **豆漫투·먼**江 … 女眞俗語, 謂萬爲豆漫, 以衆水至此合流故名之也.[1:8a-b]

▲ **移闌豆漫이·란투먼** …… 斡朶里, 火兒阿홀·아, 托溫타·온, 三城, 其俗謂之移闌豆漫. 猶言三萬戶也. 盖以萬戶三人, 分領其地, 故名之[7:21b]

△ 豆滿江[世宗實錄 卷155 地理志 咸吉道 慶源都護府]

△ 萬 土滿[華夷譯語의 여진 譯語〈四夷館本〉], 萬 禿黑[華夷譯語의 여진 譯語〈會同館本〉], 萬 土滿[Grube 35]

△ 一萬 투먼[同文類解 하:21a]], 萬 투먼[漢淸文鑑 4:26b]

(30) 투·문(土門) : 함경북도 경원에서 60리 거리에 있는 두만강 북쪽의 있는 여진 지명이다. 김진구(1974)에서는, "광의의 土門(豆門)은 斡木河에서 鏡興의 吾籠川(五龍川)까지 衆水가 合流하는 豆滿江의 中流 地域 一帶로 보지 않을 수 없다."고 하였다. 이 논증에 따르면 '투·문(土門)'은 중수가 흘러가는 지역으로 여진어의 '투먼'이 지명에 반영된 것으로 보인다.

▲ **土門투·문**……土門, 地名, 在豆漫江之北. 南距慶源六十里, 西距常家下샹가

하一日程也.[7:23b]

(31) 툴·우(禿魯兀) : 함경남도 단천군(端川郡)의 몽고 이름이다. 오래 여진이 지배하는 동안 吳林金村이라 일컫던 곳인데, 고려 시대 윤관(尹瓘)이 여진을 물리치고 구성(九城)을 설치할 때 복주(福州)라 하였다. 후에 원나라에 복속된 뒤로는 툴·우(禿魯兀)라 하였다.

▲ **禿魯兀툴·우**……禿魯兀, 卽今端川也[7:23a]
△ 禿魯兀[世宗實錄 卷155 地理志 端川郡]
△ 端川郡 ……沒于元稱禿魯兀[新增東國輿地勝覽 권49 咸鏡道 端川郡]

(32) 퉁·컨(童巾) : 종성부 북쪽 20리에 종을 뒤집어 놓은 것 같은 산이 있어 그 산을 여진어로 '童巾山'이라고 하였다. 조선조에 와서 이 이름을 바탕으로 '종성(鍾城)'이라 불렀다.

▲ 有長白山……其頂有大澤……東流爲豆漫江, 江自東良北둥량:뒤, 歷斜地, 阿木河옴회,… 隨州·수쥬, **童巾퉁·건**……至回叱家횟·가[1:8b]
△ 鐘城府. 胡人謂鍾爲童巾, 府有童巾山, 故名之[世宗實錄 地理志 155 鐘城都護府]
△ 童巾山 在府北二十五里 形如覆鍾府之得名以此[新增東國輿地勝覽 권50 咸鏡道, 會寧都護府]

(33) 포쥬(婆猪(江)) : 압록강으로 흘러들어 가는 동가강(佟佳江)의 여진 이름이다.

▲ 李原景 …… 北渡鴨錄**婆猪포쥬**二江[5:48a]
△ 婆猪[新增東國輿地勝覽 권55 平安道 理山郡]

(34) 하·란(哈闌) : 함경도 함흥이 원나라에 복속되었을 때의 이름이다.

▲ **哈闌하·란** …… 高麗睿宗時, 置鎭東軍咸州大都督府, 築大城徙南界丁戶以實

之. 後其地沒大元稱哈闌府.[4:21b]

△ 咸興府……後其地沒於元. 稱哈蘭府[世宗實錄 地理志 155 咸興府]

△ 咸興府……久爲東女眞所據 …尹瓘等擊逐女眞 …後沒於元. 稱哈蘭府[新增東國輿地勝覽 권48 咸鏡道 咸興府]

(35) 하·란·뒤(哈闌北) : 함경도 함흥에 있던 몽고 지명이다. '하란'은 몽고어이고, '뒤'는 우리말로 북쪽을 가리킨다.

▲ 太宗十年, 因野人之亂, 遷二陵于咸興府北五十八里許**哈闌北하·란·뒤**, 二陵同塋[7:25b]

△ 哈蘭府北 元置哈蘭府[新增東國輿地勝覽 권48 咸鏡道 咸興府]

(36) 해·연(海洋) : 함경도 길주의 몽고 지명이다.

▲ **海洋해·연** …… 海洋, 地名, 在今吉州. 自海洋北行五十里至泰神타·신, 自泰神東行六十里 至的遏發더·버. 海洋, 泰神, 的遏發, 三處, 各有猛安. 其俗謂之三海洋.[7:22a-b]

△ 海洋[世宗實錄 권155 地理志 吉州牧]

△ 鏡城都護府 吉城縣 …… 沒於元稱海洋[新增東國輿地勝覽 권50 咸鏡道 鏡城都護府 吉城縣]

(37) 해·툰(海通) : 두만강 너머에 있던 여진 지명이다.

▲ **海通해·툰** …… 海通, 地名, 自實眼春西北行三日而至[7:22b]

(38) 홀아(火兒阿) : 海西江(지금의 松花江)과 火兒江(지금의 牧丹江)이 합류하는 지점의 동쪽에 있던 여진 지명이다.

▲ 斡朶里, **火兒阿흘·아**, 托溫타·온, 三城, 其俗謂之移闌豆漫. 猶言三萬戶也. 盖以萬戶三人, 分領其地, 故名之[7:21b]

(39) 횟·가(回叱家) : 함경도 경원 서쪽에 있는 증산(甑山)에서 발원하여 동쪽에 있는 두만강으로 흘러 들어가는 여진 강 이름이다.

▲ 東流爲豆漫江, 江自東良北, 歷斜地 … 至**回叱家횟·가**[1:8b]

△ 會叱家川 在府南一里 源出甑山東 流入豆滿江[新增東國與地勝覽 권50 咸鏡道 慶源都護府]

(40) 후쥐(歸州) : 함경남도 함흥 동쪽에 있던 여진 지명이다.

▲ 咸與府 ……懿惠王后和陵, 在府東十三里許**歸州후쥐**[7:25b]

△ 歸州[世宗實錄 卷155 地理志 咸興府]

△ 歸州洞 在府東十里[新增東國與地勝覽 권48 咸鏡道 咸興府]

(41) 훌·면(忽面) : 함경도 홍원의 여진 지명이다.

▲ **忽面훌·면**之地 … 忽面, 卽洪原也[5:33b]

(42) 훙·컨(洪肯) : 함경남도 홍원현의 여진 이름이다.

▲ **洪肯훙·컨** …… 洪原. 古稱洪肯. 本祖七年, 改稱洪原縣[4:21b]

△ 洪原縣 古稱洪肯或洪獻 高麗末始置縣 本朝太祖七年 改今名 屬于咸興府[新增東國與地勝覽 권49 咸鏡道 洪原縣]

(43) 히·ᄉᆞ(海西) : 만주에 있는 송화강(松花江)의 여진 이름이다.

▲ 斡朶里, 地名, 在**海西히·ᄉᆞ**江之東[7:22a]

(44) :훤·잣(奚關城) : 두만강 동쪽 너머 훈춘강(薰春江) 서쪽에 있는 여진 성 이름이다. '奚關'은 '縣[hien]'으로도 표기되었는데, 여진어로 '縣'을 뜻하고, 우리말 '잣'은 '城'을 뜻하니 ':훤·잣'은 여진어와 우리말의 합성어이다.

▲ **奚關城. 훤잣**. 奚關城, 東距薰春江七里. 西距豆漫투·먼江五里[1:8a]

△ 縣城 自鎭北堡 渡會叱家川 大野中有土城 名曰縣城 城內有六井 按龍飛御天歌 奚關城 東距訓春江七里 豆滿江五里疑是[新增東國輿地勝覽 권50 慶源都護府]

△ 縣[hien] 縣[Grube 4], 縣 hiyan[滿和辭典]

△ 城은 자시라[월석 1:6], 잣 셩(城)[훈몽 중:8]

2.2. 인명

(1) :갈불·어(高卜兒閼) : :'갈(高)'은 성이고, '불·어(卜兒閼)'는 이름이다.

▲ **高卜兒閼:갈불·어** ……高, 姓也. … 卜兒閼, 名也[7:22a]

(2) 갸·온멍거터·물(夾溫猛哥帖木兒) : '갸·온(夾溫)'은 성이고, '멍거거터·물(猛哥帖木兒)'은 이름이다.

▲ **夾溫猛哥帖木兒갸·온멍거터·물** ……夾溫, 姓也. … 猛哥帖木兒, 名也.[7:21b]

(3) 갸·온부·허(夾溫不花) : '갸·온(夾溫)'은 성이고, '부·허(不花)'는 이름이다.

▲ **夾溫不花갸·온부·허**…… 不花, 人名也[7:23a]

(4) 갸·온치우·리(夾溫赤兀里) : '갸·온(夾溫)'은 성이고, '치우·리(赤兀里)'는 이름이다.

▲ **夾溫赤兀里갸·온치우·리** …… 赤兀里, 人名也[7:23a]

(5) 고·론두란터물(古論豆蘭帖木兒) : '고·론(古論)'은 성이고, '두란터물(豆蘭帖木兒)'은 이름이다. 조선 개국 공신인 귀화 여진인 이지란(李之蘭)의 본명이다.

▲ 古論豆蘭帖木兒고·론두란터물 …… 古論豆蘭帖木兒, 卽李豆蘭也. 後改名之蘭 得與開國定社佐命功臣之列.[7:22a]

(6) 고·론보·리(古論孛里) : '고론(古論)'은 성이고, '보리(孛里)'는 이름이다.

▲ **古論孛里고·론보·리** ……孛里, 人名也[7:23b]

(7) 고·론어허·츄(古論阿哈出) : '고론(古論)'은 성이고, '어허·츄(阿哈出)'는 이름이다.

▲ 古論阿哈出고·론어허·츄 …… 古論, 姓. 阿哈出, 名也[7:21b-22a]

(8) 고시더·믈(高時帖木兒) : '고시더·믈(高時帖木兒)'은 이름이다. '帖木兒'은 다른 항목에서는 모두 '터물'로 표기되어 있고, 몽고 인명에서 [temür]의 한자 표기에 사용되고 있는 걸 고려하면 '터물'을 잘못 표기한 것으로 보인다. 위의 1항에 있다.

▲ **崔高時帖木兒고시더·믈** …… 崔, 姓. 高時帖木兒, 名也. 斡朶里오도:리人也.1:43a-b]

(9) 골·야발·소(括兒牙八兒速) : '골·야(括兒牙)'는 성이고, '발·소(八兒速)'는 이름이다.

▲ **括兒牙八兒速 골야발소** … 八兒速人名也[7:24a]

(10) 골·야오·난(括兒牙兀難) : '골·야(括兒牙)'는 성이고, '오·난(牙兀難)'은 이름이다.

▲ **括兒牙兀難골·야오·난**. 兀難, 人名也[7:22b]

(11) 골·야콧터·믈(括兒牙火失帖木兒) : '골·야(括兒牙)'는 성이고, '콧터·믈(火失帖木兒)'은 이름이다.

▲ **括兒牙火失帖木兒골·야콧터·믈** ……括兒牙, 姓. 火失帖木兒, 名也[7:22a-b]

(12) 골·야키무·나(括兒牙乞木那) : '골·야(括兒牙)'는 성이고, 키무·나(乞木那)'는 이름이다.

▲ **括兒牙乞木那, 골야키무나**, 答比那다비나, 可兒答哥컬더거. …… 括兒牙乞木那·答比那·可兒答哥 三人親兄弟也[7:24a]

(13) 골야투칭·개(括兒牙禿成改) : '골야(括兒牙)'는 성이고, '투칭·개(禿成改)'는 이름이다.

▲ **括兒牙禿成改골야투칭·개** ……禿成改, 人名也[7:24a-b]

(14) 남·돌아라·카바얀(南突阿剌哈伯顏) : '남·돌(南突)'은 성이고, '아라·카(阿剌哈)'는 이름이다. '바얀(伯顏)'은 여진어로 '부자'란 뜻이다.

▲ 南突남돌兀狄哈, 則速平江**南突阿剌哈伯顏남돌아라카바얀** …… 南突, 姓也. 南突兀狄哈, 部種名, 因人姓以名焉 … 阿剌哈, 人名也. 其俗稱富人爲伯顏[7:24a]

△ 富 伯羊[華夷譯語의 여진 譯語〈四夷館本〉], 富 拜牙[華夷譯語의 여진 譯語〈會同館本〉], 富 伯羊[Grube 19]

△ 富 바얀[동문유해 하:28], 富 바얀[漢淸文鑑 6:14b]

(15) 넌·투구·루(暖禿古魯) : '넌·투(暖禿)'는 성이고, '구·루(古魯)'는 이름이다.

▲ **暖禿古魯넌·투구·루** …… 暖禿, 姓. 古魯, 名也.[7:23b]

(16) 다비·나(答比那) : '다비·나(答比那)'는 이름인데, 성은 성은 '골·아(括兒牙)'이다.

▲ 括兒牙乞木那, 골아키무나, **答比那다비나**, 可兒答哥컬커거. …… 括兒牙乞木那·答比那·可兒答哥 三人親兄弟也[7:24a]

(17) 아기바톨(阿只拔都) : '아기'는 우리말로 '兒'의 뜻이고, '바톨'은 중세 몽고어로 '勇士'라는 뜻이다. 고려 우왕 때, 이성계가 전라도에서 왜적을 물리칠 때, 나이가 어리면서(15-16세) 용감한 왜적의 장수가 있어 우리 군사들이 그를 '아기바톨(阿只拔都)'이라고 했다. 용비어천가에 '바톨'이 있고, 몽어유해에 '바가툴'이 있어 이들 말은 원래 몽고어이지만, '동문유해'에 '바투루'가 있는 것을 보면 여진에서도 이 말을 차용해 쓰고 있었던 것으로 보인다.

▲ **阿只拔都, 아기바톨** …… 阿其, 方言小兒之稱也. 拔都, 或作拔突, 蒙古語, 勇敢無敵之名也[7:10a]

△ 勇 바가툴[몽어유해 상:17b], 중세몽고어 ba'atur '勇士'[이기문:117쪽]

△ 敢 罕安丹[華夷譯語의 여진 譯語〈四夷館本〉],

△ 勇 바투루[동문유해 상:23a], 勇 바투루[漢淸文鑑 6:32a]

(18) 알툰원져(奧屯完者) : '알툰(奧屯)'은 성이고, '원져(完者)'는 이름이다. "원져(完者)'라는 단어는 고려사에 등장하는 원나라 사람의 성이나 이름에 사용되고 있는 것으로 보아 몽고어에서 차용된 것으로 추정된다. 예. 完者帖木兒, 完者不花, 奇完者不花

▲ 奧屯完者알툰원져 …… 奧屯, 姓. 完者, 名也[7:22b]

(19) ·우로터·믈(兀魯帖木兒) : '·우로터·믈(兀魯帖木兒)'은 이름이다. 여진인으로 고려에 귀화한 이원경(李原景)의 본래 이름이다.

▲ **李兀魯帖木兒·우로터·믈** ……李兀魯帖木兒, 卽李原景也.[5:48a]

(20) ·운강·고(雲剛括) : '·운(雲)'은 성이고, '강·고(剛括)'는 이름이다.

▲ **雲剛括· 운강·고** ……雲, 姓. 剛括, 名也[7:22b]

(21) 쥬·후·귀·툰(朱胡貴洞) : '쥬·후(朱胡)'는 성이고, '·귀·툰(貴洞)'은 이름이다.

▲ **朱胡貴洞쥬·후·귀·툰** …… 朱胡, 姓. 貴洞, 名也[7:22a-b]

(22) 쥬·후완·져(朱胡完者) : '쥬·후(朱胡)'는 성이고, '완·져(完者)'는 이름이다.

▲ **朱胡完者쥬·후완·져** …… 完者, 人名也[7:23b]

(23) 쥬·후인다·호(朱胡引答忽) : '쥬·후(朱胡)'는 성이고, '인다·호(引答忽)'는 이름이다.

▲ **朱胡引答忽쥬·후인다·호** …… 引答忽, 人名也[7:23a]

(24) 컬더·거(可兒答哥) : '컬더·거(可兒答哥)'는 이름인데, 성은 '골야(括兒牙)이다.

▲ 括兒牙乞木那, 골야키무나, 答比那다비나, 可兒答哥컬더거. …… 括兒牙乞木那·答比那·可兒答哥 三人親兄弟也[7:24a]

(25) 푸·모월·쥬(甫亦莫兀兒住) : '푸·모(甫亦莫)'는 성이고, '월·쥬(兀兒住)'는 이름이다.

▲ **甫亦莫兀兒住푸·모월·쥬**. 甫亦莫, 姓. 兀兒住, 名也[7:22a]

(26) 히·탄구유·누(奚攤古玉奴) : '히·탄(奚攤)'은 성이고, '구유·누(古玉奴)'는 이름이다.

▲ **奚灘古玉奴히·탄구유·누** …… 古玉奴, 人名也[7:23b]

(27) 히·탄보야(奚灘孛牙) : '히·탄(奚灘)'은 성이고, '보야(孛牙)'는 이름이다.

▲ **奚灘孛牙히·탄보야** …… 孛牙, 人名也[7:23b]

(28) 히·탄서·러(奚灘薛列) : '히·탄(奚灘)'은 성이고, '서·러(薛列)'는 이름이다.

▲ **奚灘薛列히·탄서·러** …… 薛列, 人名也[7:23a]

(29) 히·탄타·ᄉᆞ(奚灘塔斯) : '히·탄(奚灘)'은 성이고, '타·ᄉᆞ(塔斯)'는 이름이다.

▲ **奚灘塔斯히·탄타·ᄉᆞ** …… 塔斯, 人名也[7:22b]

(30) 히·탄하랑·캐(奚灘訶郞哈) : '히·탄(奚灘)'은 성이고, '하랑·캐(奚灘訶郞哈)'는 이름이다.

▲ **奚灘訶郞哈히·탄하랑·캐** …… 奚灘, 姓也.… 訶郞哈, 名也[7:22a]

2.3. 종족·부족명

용비어천가의 기록을 보면 조선 초기 우리나라 북방에는 '여진, 오랑캐, 우디거' 세 종족이 살고 있었던 것으로 보인다. '남돌, 콜칸, 혐진'은 우디거의 하위 부족명이다.

(1) 남·돌(南突) : '우디거(兀狄哈)'의 한 부족 이름이다.

▲ **南突남돌**兀狄哈, 則速平江南突阿刺哈伯顔남·돌아라·카바얀 …… 南突, 姓也. 南突兀狄哈, 部種名, 因人姓以名焉 … 阿刺哈, 人名也. 其俗稱富人爲伯顔[7:24a]

(2) 오랑·캐(兀良哈) : 함경도와 만주 일대에 살던 종족의 이름이다.38)

▲ 我國之俗, 通稱斡東[오동]等處**兀良哈오랑캐**, 兀狄哈우디·거, 及女眞諸種, 爲野人[1:7a]

▲ 兀良哈, 部種名也.[7:24a]

(3) 우디·거(兀狄哈) : 함경도와 만주 일대에 살던 종족의 이름이다.39)

▲ 我國之俗, 通稱斡東[오동]等處兀良哈오랑캐, **兀狄哈우디·거**, 及女眞諸種, 爲野人[1:7a]

(4) 쿨·칸(闊兒看) : '우디거(兀狄哈)'의 한 부족 이름이다.

▲ **闊兒看쿨·칸** …… 闊兒看兀狄哈, 部種名, 水居以捕魚爲生者也.[7:24a]

(5) 혐·진(嫌眞) : '우디거(兀狄哈)'의 한 부족 이름이다.

▲ **嫌眞혐·진** …… 嫌眞兀狄哈, 部種名也.[7:24a]

2.4. 관직명

(1) 밍·간(猛安) : 여진어로 '밍간'은 〈천(千)〉이란 뜻인데, '천호(千戶)'를 다스리는 관직이면서 그 천호가 다스리는 성 지역 또는 부족을 가리키기도 하였다. 용비어천가 권7의 22-23에 등장하는 '밍간'으로는 '參散猛安, 移闌豆漫[이란투먼]猛安, 海洋[해연]猛安, 阿都[어두윈]哥猛安, 實眼春[산춘]猛安, 奚灘塔斯[히탄타스]猛安 등 모두 열다섯이 있다.

38) 이 '오랑캐'라는 말은 알타이 산맥에서 한반도 북방에 이르기까지 넓은 지역을 방랑하던 한 유목 민족의 몽고어식 명칭인 Uriyangxai에서 온 말이다.[김동소 1998:168]

39) 우디거'는 만주-퉁구스어족의 하나인 'Udehe'인 것으로 짐작된다. "Udehe or Ude is spoken by small group hardly exceeding 1000 speakers along some tributaries of the Amur and Ussuri."[Poppe 1965:31]

▲ **猛安밍·간**……猛安, 千夫長, 卽今之千戶也.[7:22a]

△ 千 皿干[華夷譯語의 여진 譯語〈四夷館本〉], 千 命哈[華夷譯語의 여진 譯語〈會同館本〉], 千 皿干[Grube 35], 一千 밍간[同文類解], 十百 밍간 [韓淸文鑑 4:26b]

(2) 이·란투먼(移闌豆漫) : 여진어로 '이란'은 〈삼(三)〉이고 '투먼'은 〈만(萬)〉이다. 그리고 '투먼'은 '만호(萬戶)'를 다스리는 관직이면서 그 만호가 다스리는 성을 가리키기도 하였다. 그러므로 '이란 투먼'은 세 만호를 가리키기도 하고 그 세 만호가 다스리는 성을 가리키기도 하였다. 용비어천가 권7의 21-22쪽에 등장하는 야인의 성 또는 부족 중에서 '萬戶'인 것은 斡朶里[오도리]豆漫, 火兒阿[홀아]豆漫, 托溫[타온]豆漫이 있다.

▲ **移闌豆漫이·란투먼** ……斡朶里, 火兒阿홀·아, 托溫타·온, 三城, 其俗謂之移闌豆漫. 猶言三萬戶也. 盖以萬戶三人, 分領其地, 故名之[7:21b]

▲ **豆漫투먼江** … 女眞俗語謂萬謂豆漫 以衆水至此合流故名之也[1:8a]

△ 三 以藍[華夷譯語의 여진 譯語〈四夷館本〉], 三 亦郞[華夷譯語의 여진 譯語〈會同館本〉], 三 以藍[Grube 34], 三個 이란[同文類解 하:20b], 三 이란[漢淸文鑑 4:25b]

△ 萬 土滿[華夷譯語의 여진 譯語〈四夷館本〉], 萬 禿黑[華夷譯語의 여진 譯語〈會同館本〉], 萬 土滿[Grube 35], 一萬 투먼[同文類解 하:21a], 萬 투먼[漢淸文鑑 4:26b]

(3) 츄라·치(吹螺赤) : '-赤' 자는 몽고어에서 '~人, ~者, ~家, ~꾼'을 의미하는 접미사 '-či'의 표기자로 널리 사용된 글자이다. 『고려사』에 관직명으로 '-赤'을 가진 것으로는 '必闍赤·必者赤(몽고 문어 bičiyeči, 書記), 達魯花赤(중세 몽고어 daruɣači, 鎭守官), 火尼赤(중세 몽고어 qoniči, 牧羊人), 時波赤(몽고 문어 šiba'uči, 鷹匠), 站赤(중세 몽고어 ǯamči, 站戶) 등이 있었다. 몽고어로 '츄라치'는 '吹角人'이란 뜻임.

▲ **吹螺赤츄라·치** …… 稱吹角人, 爲吹螺赤[1:47b]

(4) 탕·고(唐括) : 여진어로 '탕구'는 〈백(百)〉이란 뜻인데, '백호(百戶)'를 다스리는 관직이면서 그 백호가 다스리는 지역 또는 부족을 가리키기도 하였다. 용비어천가 권7의 23쪽에 百戶로는 '阿木剌[아모라] 唐括[탕고]'가 등장한다.

▲ **唐括탕**·고 …… 唐括, 猶言百戶也.[7:23b]

△ 百 湯古[華夷譯語의 여진 譯語〈四夷館本〉], 百 倘古[華夷譯語의 여진 譯語〈會同館本〉], 百 湯古[Grube 35], 一百 탕구[同文類解 하:20b], 百 탕구[漢淸文鑑 4:26b]

3. 어휘의 추출 및 해석

3.1. 어휘의 추출

용비어천가에 한글로 표기된 외국어 지명은 모두 45개가 있다. 이들 지명의 위치에 대한 비정은 김구진(1973)에 의하여 이루어진 바가 있다. 여기서는 이들 지명에 대해 언어학적으로 살펴보기로 한다. 이 지명 중에는 한자어로 된 지명도 있고, 우리말과 외국어가 결합된 지명도 있다. 한자어 지명으로 보이는 것은, '갸쥬(甲州), 구쥬(古州), 수쥬(隨州),[40] 후쥐(歸州)'가 있고, 우리말과 결합된 지명은 '다대골(韃靼洞), 하란뒤(哈蘭北), 휘갓(奚關城)'이 있다. 그리고 '이란투먼(移闌豆漫)'은 '이란(移闌)'과 '투먼(豆漫)'이 두 단어로 분리될 수 있으므로, 지명에서 추출될 수 있는 한글로 표기된 외국어 고유어 단어는 다음과 같다. 그 지명이 위치하던 지역에 거주하던 종족별로 나누어 제시한다.

(1-1) 여진(女眞) : 닌쿼·시(紉出闊失), 더·버(的遏發), 샨·츈(實眼春), 샨츈(先春), 샹가·하(常家下), 설헌(薛列罕), 시린(實隣), 아모라(阿木剌), 아사(阿沙), 아

40) 두만강이 흘러가는 곳에 따라 나열된 지명 순에 따르면 '·수쥬(隨州)'는 '愁州'의 다른 표기임을 알 수 있다. 이기문(1958)에서 논증된 바와 같이 '·수쥬(隨州)'는 '愁州', '愁所'와 같은 지명으로서, 만주 문어 '수수'에 대응하는 단어로 볼 수 있을 듯하다[『한청문감』 姓鄕 수수(기원/근본이 되는 곳, 잃어버린 고향 마을)[9:22b]]. 그러나 '주(州)' 자가 붙은 지명은 중국에서는 오랜 역사를 가지고 있고, 우리나라에서도 신라시대부터 있었으므로, '수쥬(隨州, 愁州)'는 '갸쥬(甲州), 구쥬(古州), 후쥐(歸州)'와 같이 중국식 한자어 지명으로 보는 것이 타당할 것이다.

치랑귀(阿赤郎貴), 야둔(也頓), 얀춘(眼春), 어두워(阿都哥), 어러순(阿剌孫), 오도리(斡朶里), 오동(斡東), 옴회(阿木河), 우라(兀剌), 울후리(兀兒忽里), 워허(斡合), 이란(移闌), 타신(泰神), 타온(托溫), 투루(禿魯), 투먼(豆漫), 툴우(禿魯兀), 퉁컨(童巾), 포쥬(婆猪), 해툰(海通), 홍컨(洪肯), 횟가(回叱家), 훌면(忽面), 히·스(海西), 훤(奚關)

(1-2) 오랑캐(兀郎哈) : 투문(土門)

(1-3) 우디거(兀狄哈) : 수평(速平), 얀춘(眼春)

(1-4) 몽고(蒙古) : 다대(韃靼), 하란(哈闌), 해연(海洋)

오랑캐와 우디거 족들의 언어에 대한 기록은 전하지 않는다. 그리고 이들은 여진 족들과 뒤섞여 살았을 뿐만 아니라 언어학적으로 보아 여진어와 큰 차이가 없었던 것으로 보인다. 그러므로 이들 종족들이 살던 지역이나 사람들에 대한 언어적 분석은 모두 여진어에 의지할 수밖에 없다.

용비어천가에 등장하는 인명이 한글로 표기된 사람들은 '아기바톨'을 제외하면 모두 여진인들이다. 이들의 인명을 살펴보면 모두 성과 이름으로 구성되어 있다. 먼저 성에 있어서는, 용비어천가에 등장하는 사람들을 보면 대부분 (3)에 있는 夾溫[갸온], 奚灘[히탄]과 같은 고유의 성을 가지고 있으나, 더러는 (2)에 있는 '高[갈], 崔'와 같은 한자어로 된 성을 가진 사람도 있다. 한자어 성은 '高 崔, 李, 雲' 등이 있다. 그리고 이들의 이름을 살펴보면 한 단어로 된 이름과 두 단어로 된 이름의 두 유형이 있음을 알 수 있다. (3-1)의 사람은 성이 '夾溫[갸온]'이고 이름이 '猛哥帖木兒[멍거터물]'이다. 그런데 이 이름 중의 '帖木兒[터물]'은 몽고 사람의 이름에 널리 사용되는 '鐵'의 의미를 가진 단어이다. 그러므로 "猛哥[멍거]'는 야인들이 자신들이 사용하는 단어에서 이름으로 선택해 붙인 것으로 추정된다. (3-2)에 사람의 이름은 '訶郎哈[하랑캐]'인데 이 이름은 한 단어임에 틀림없다.

(2-1) 高卜兒閼:갈불·어 ……高, 姓也. … 卜兒閼, 名也[7:22a]

(2-2) 崔高時帖木兒고시더·믈 …… 崔, 姓. 高時帖木兒, 名也. 斡朶里오도:리人也.1:43a-b]

(3-1) 夾溫猛哥帖木兒갸·온멍거터·믈 ……夾溫, 姓也. … 猛哥帖木兒, 名也.[7:21b]

(3-2) 奚灘訶郎哈히·탄하랑·캐 …… 奚灘, 姓也.… 訶郎哈, 名也[7:22a]

그러므로 성과 이름을 분리하고, 이름도 경우에 따라 두 단어로 분리하게 되면 각각 독립된 단어가 될 수 있어, 이들을 자료로 단어들의 음가와 의미에 관해 고찰할 수 있게 된다. '바톨(拔都)를 제외하고, 분리된 야인들의 성과 이름에서 한자어만을 제외하고서 추출된 단어들을 모두 열거하면 다음과 같다.

(4-1) 성 : 갸온(夾溫), 고론(古論), 골아(括兒牙), 남돌(南突), 넌투(暖禿), 알툰(奧屯), 쥬후(朱胡), 퐈(甫亦), 히탄(奚灘)

(4-2) 이름 : 강고(剛括), 고시(高時), 구루(古魯), 구유누(古玉奴), 귀툰(貴洞), 다비나(答比那), 두란(豆蘭), 멍거(猛哥), 모월쥬(莫兀兒住), 바얀(伯顔), 발소(八兒速), 보리(孛里), 보야(孛牙), 부허(不花), 불어(卜兒閼), 서러(薛列), 아라카(阿剌哈), 어허츄(阿哈出), 오난(兀難), 원져(完者), 우로(兀魯), 인다호(引答忽), 치우리(赤兀里), 콧(火失), 컬더거(可兒答哥), 키무나(乞木那), 타스(塔斯), 터물(帖木兒), 투칭개(禿成改), 하랑캐(訶郎哈)

이 이름 중에서 앞서 어휘 풀이에서 논의한 바와 같이 '부허(不花)'와, '원져(完者)', '터물(帖木兒)'은 몽고어 차용어임에 틀림이 없다.

용비어천가에는 이 밖에도 다음과 같은 한글로 표기된 외국의 종족명·부족명과 관직명이 있다. (5)는 부족명·종족이고, (6)은 관직명이다.

(5) 남돌(南突), 오랑캐(兀良哈), 우디거(兀狄哈), 골칸(闊兒看), 혐진(嫌眞)

(6) 밍간(猛安), 투먼(豆漫), 츄라치(吹螺赤), 탕고(唐括)

3.2. 여진 어휘

용비어천가에 나타나 있는 여진어의 어휘에 대해서는 이기문(1964), 김동소(1977), 송기중(1989)에서 대체로 밝혀진 바가 있다. 김동소(1977)에는 이 중에 '童巾 퉁건'이 제시되어 있지 않다. 이기문(1964)에는 이외에도 세 개가 더 제시되어 있다. '引荅忽 인다·호'는 용비어천가에 이 말의 의미 해석이 되어 있지 않을 뿐 아니라, 음상이 완전히 일치하지 않기는 하나 여진어일 가능성이 있다. '山 모·로'는 여진어가 아니라 우리말 단어로 보는 것이 합리적이다. 여진어에서 산은 '阿里因'[Grube 1896:3]이며,

만주어의 산은 '아린'[한청문감 1:37a]이다. 이기문(1964)에 예를 들고 있는 'mulu'는 '산에 높이 솟은 곳, 집의 동량'을 뜻하지 '산'은 아니다. '모로'는 광개토왕 비문에 나오는 '模盧·牟婁(모로)'와 '산'의 고유어인 '뫼'가 이 어형과 더 가깝다. 용비어천가 제4장 주해에 따르면 조선 초에 '오랑캐, 우디거' 등 여러 종족을 통털어 '野人'이라고 불렀음을 알 수 있는데, 여진어에 '우디거'가 '野'의 의미로 등재되어 있는 걸 보면, 용비어천가의 해석이 정확하지 않음을 알 수 있다. 이들 논문의 미비점을 보완하고, 오류를 바로 잡아 의미를 알 수 있는 여진어 어휘를 다시 정리하면 다음과 같다.

(1) 紉出闊失 닌취시 : 『화이역어의 여진 역어〈사이관본〉』 珠 寧住黑 『화이역어의 여진 역어〈회동관본〉』 珍珠 泥出. 『Grube 1896』 珠 寧住黑[30]. 『동문유해』 珍珠 니츄허[하:22b]. 『한청문감』 珍珠 니츄허[10:41b]. 알타이어의 공통 특징이기도 하지만 여진어의 경우도 어두이거나 아니거나 간에 초성에 자음군이 오는 예는 찾을 수 없다. 그러므로 이 단어에 해당하는 다른 자료에 제시된 어형과 이 단어에 대응되는 만주어도 'nicuhesi'인 것을 감안하면 '닌추커시[nincukesi]'의 오기로 보는 것이 옳을 것이다[송기중 1989:114].41)

(2) 猛安 밍간 : 『화이역어의 여진 역어〈사이관본〉』 千 皿干. 『화이역어의 여진 역어〈회동관본〉』 千 命哈. 『Grube 1896』 千 皿干[35]. 『동문유해』 一千 밍간[하:20b]. 『한청문감』 十百 밍간[4:26b]. 『몽어유해』 一千 밍간[하:16b]. '밍간'은 여진어와 몽고어 양쪽에 동일한 의미로 존재한다. 같은 계통의 어휘라서 공존하는지, 어느 한쪽이 다른 쪽의 차용인지는 지금으로서는 알 수 없다. 여진의 관직명에 사용되고 있으므로 여기서는 여진어로 간주한다.

(3) 伯安 바얀 : 『화이역어의 여진 역어〈사이관본〉』 富 伯羊. 『화이역어의 여진 역어〈회동관본〉』 富 拜牙. 『Grube 1896』 富 伯羊[19]. 『동문유해』 富 바얀[하:28a]. 『한청문감』 富 바얀[6:14b]. 『몽어유해』 富 바얀[하:22b]. '바얀'은 여진어와 몽고어 양쪽에 동일한 의미로 존재한다. 같은 계통의 어휘라서 공존하는지, 어느 한쪽이 다른 쪽의 차용인지는 지금으로서는 알 수 없다. 여진인의 인명에 사용되고 있으므로 여기서는 여진어로 간주한다.

(4) 兀狄哈 우디·거 : 『Grube 1896』 兀的厄揑兒麻 野人[18쪽],42) 『金啓孮(1984)』

41) Cincius(1975:601)에도 이 단어는 만주어만 있고 '眞珠 НИЧУХЭ[nicuxe]'로 등재되어 있다.
42) '揑兒馬'는 그 음상으로 보아 만주어의 'niyalma(사람)'과 유사하다. 그러므로 '兀的厄'만으로는 '野'의 뜻에 해당한다.

兀的厄 udi-(g)ə 野[53쪽, 194쪽]

(5) 斡合 워허 : 『화이역어의 여진 역어〈사이관본〉』 石 斡黑. 『화이역어의 여진 역어〈회동관본〉』 石 兀黑. 『Grube 1896』 石 斡黑[3]. 『동문유해』 石頭 워허[상:7a]. 『한청문감』 石 워허[1:40b].

(6) 移闌 이란 : 『화이역어의 여진 역어〈사이관본〉』 三 以藍. 『화이역어의 여진 역어〈회동관본〉』 三 亦郎. 『Grube 1896』 三 以藍[34쪽]. 『동문유해』 三個 이란[하:20b]. 『한청문감』 三 이란[4:25b].

(7) 唐括 탕고 : 『화이역어의 여진 역어〈사이관본〉』 百 湯古. 『화이역어의 여진 역어〈회동관본〉』 百 湯古. 『Grube 1896』 百 倘古[35]. 『동문유해』 一百 탕구[하:20b]. 『한청문감』 百 탕구[4:26b].

(8) 豆漫 투먼 : 『화이역어의 여진 역어〈사이관본〉』 萬 土滿. 『화이역어의 여진 역어〈회동관본〉』 萬 禿黑. 『Grube 1896』 萬 土滿[35]. 『동문유해』 一萬 투먼[하:21a]]. 『한청문감』 萬 투먼[4:26b]. 『몽어유해』 一萬 투먼[하:16b]. '투먼'은 여진어와 몽고어 양쪽에 동일한 의미로 존재한다. 같은 계통의 어휘라서 공존하는지, 어느 한쪽이 다른 쪽의 차용인지는 지금으로서는 알 수 없다. 여진의 지명과 관직명에 사용되고 있으므로 여기서는 여진어로 간주한다.

(9) 童巾 퉁건 : 『Grube 1896』 同肯 鼓[14]. 『동문유해』 북(鼓) 퉁컨[상:53a]. 『한청문감』 갓북(鼓) 퉁컨[3:51a], 鍾 쇠북, 즁컨[한청문감 3:50d]. 우리말에도 옛말에 '鍾'을 뜻하는 말이 따로 없어 '북'의 옛말 '붑'으로 북과 종을 통칭하다가, '鍾'을 따로 지칭할 필요가 있을 때는 '퉁붑(銅鼓)'이라고 하였다. 이기문(1958)에서 논의된 바와 같이 여진어에서도 '퉁컨'은 원래 '북'과 '종'을 통칭하는 의미로 사용된 것으로 보인다.

	용비어천가		Grube(1896)		한청문감		비고
	표기/음	의미	표기/음	의미	표기/음	의미	
1	紉出闊失 닌쥐·시	珍	寧住黑	珠	니츄허	珍珠	
2	猛安 밍간	千	皿干	千	밍간	千	
3	伯顔 바얀	富人	伯羊	富	바얀	富	
4	兀狄哈 우디·거	野人	兀的厄	野			
5	斡合 워허	石	斡黑	石	워허	石	
6	移闌 이란	三	以藍	三	이란	三	
7	唐括 탕고	百	湯古	百	탕구	百	
8	豆漫 투먼	萬	土滿	萬	투먼	萬	
9	童巾 퉁건	鍾	同肯	鼓	퉁컨	鼓	

다음으로는 용비어천가에는 의미 풀이나 대응이 되어 있지 않지만 그 음상으로 보아 여진어일 가능성이 있는 것을 증거 자료와 함께 제시해 본다. 모음의 경우는 제2음절 이하는 불확실한 것으로 간주하였고, 여진어/만주어의 어형은 어말 'n'음이 탈락한 어형들이 많이 있음을 고려하였다. 또 어중의 'h'은 불확실하며, 만주어의 경우는 'g, k, h'가 넘나드는 어형들이 있음도 고려하였다.

(1) 夾溫 갸·온 : 『Grube(1896)』 鷹 加渾溫[9쪽]. 『한청문감』 鷹 갸훈[13:50a].

(2) 古論 고론 : 『Grube(1896)』 遠 戈羅斡[37쪽]. 『한청문감』 遠 고로[goro] [9:24a], 省 고로[golo][9:20b].

(3) 高時 고시 : 『한청문감』 仁 고신[6:20b], 〈랑ᄒ다 고심비[6:19a]. 만주어의 '고심비'는 '사랑하다'라는 뜻을 가진 동사이고, 그 어간은 '고시-'이다.

(4) 古魯 구루 : 『화이역어의 여진 역어〈회동관본〉』 魚網 古魯.

(5) 猛哥 멍거 : 『화이역어의 여진 역어〈회동관본〉』 銀 猛古. 『Grube(1896)』 銀 蒙古溫[30쪽]. 『한청문감』 銀 멍군[10:40b].

(6) 孛里 보리 : 『동문유해』 玻瓈 보리[하:23a].

(7) 薛列 서러 : 『한청문감』 쇠(鐵) 서러[10:45a].

(8) 阿剌合 아라카 : 『한청문감』 글짓다 아람비[4:10b], 글쓰다(寫字) 아람비 [4:11a], 造作 민드다 아람비[12:1a]. 만주어에서 '아람비'는 동사이고, 어간은 '아라-'이며, '아라카'는 동명사이다. 그런데 만주어의 완료형 동명사 어미에는 '-ha/-he/-ho'와 '-ka/-ke/-ko'의 두 종류가 있다. 이들은 모음 조화에 따라 구분되어 사용되었지만, '-h-'계와 '-k-'계의 구별은 명확하지 않으나, 대체로 '-h-'계가 많이 사용되었다. 'ara-'의 완료형 동명사가 사용된 숙어를 보면 '義父 araha ama', '義母 araha eme', '義兄 araha ahūn' 등이 있다. 용비어천가에 이 단어 '아라카바얀'이란 이름으로 쓰이고 있는데, '바얀'이 '富'라는 뜻을 가진 단어이므로 '아라카바얀'은 위의 합성어들에 비추어 보면 '義富'라는 뜻을 가지게 된다. 그러나 이 의미는 납득하기 어렵다. 그러므로 '만든 부자 → 새로 생긴 부자(新生富者)'의 뜻이 아니었을까 추정한다.

(9) 阿沙 아샤 : 『화이역어의 여진 역어〈회동관본〉』 小·少 阿沙. 『Grube(1896)』 小 斡速瀰[36쪽]. 그런데 이 어형은 '阿沙'의 음에만 충실하면, '小·少'의 의미를 가진 단어인 것으로 추정할 수 있다. 그러나 용비어천가에 제시되어 있는 이 어형에 대응되는 의미를 고려하면 달리 해석할 수 있다.[阿沙아

샤……阿沙卽今利城縣也] 『金啓琮(1984)』 ai-ʃï goi-y 非利[68쪽], ai-ʃï guai-y 非利[203쪽], ai-ʃï guoi-y 非利[285쪽], goi-y 非[68쪽, 203쪽], 『한청문감』 리식(利) 아이시[aisi] [10:17] 등을 고려하면 그 의미가 '利'이었을 가능성이 높다.

(10) 阿合出 어허츄 : 『화이역어의 여진 역어〈회동관본〉』 猫 哈出.

(11) 兀良合 오랑캐 : 『화이역어의 여진 역어〈회동관본〉』 荒 兀良合.

(12) 阿木河 옴회 : 『화이역어의 여진 역어〈회동관본〉』 公 阿木河.

(13) 兀剌 우라 : 『Grube(1896)』 江 兀剌[3쪽], 『한청문감』 江 우라[ula][1:43b].

(14) 引荅忽 인다호 : 『화이역어의 여진 역어〈회동관본〉』 犬 因荅忽. 『화이역어의 여진 역어〈사이관본〉』 引荅洪. 『Grube(1896)』 犬 因荅忽[9쪽].

(15) 朱胡 쥬후 : 『Grube(1896)』 路 住兀[4쪽]. 『한청문감』 길(路) 쥬군[9:22a].

(16) 塔斯 타ᄉᆞ : 『Grube(1896)』 虎 塔思合[8쪽], 『한청문감』 범(虎) 탓하[14:3a]. 『金啓琮(1984)』 虎 塔思合 tasxa/tasha[293쪽]. 어진어 사전들의 표기를 감안하면 '塔斯'만으로 '虎'를 나타내었을지 확정적으로 말하기는 어렵다.

(17) 土門 투문 : 『화이역어의 여진 역어〈사이관본〉』 萬 土滿, 『Grube(1896)』萬 土滿[35쪽], 『한청문감』 萬 투먼[4:26b]. 김진구(1974)에서는, "광의의 土門(豆門)은 斡木河에서 鏡興의 吾籠川(五龍川)까지 衆水가 合流하는 豆滿江의 中流 地域 一帶로 보지 않을 수 없다."고 하였다. 이 논증에 따르면 '투·문(土門)'은 중수가 흘러가는 지역으로 여진어의 '투먼'이 지명에 반영된 것으로 보인다.

(18) 禿魯兀 툴우 : 『화이역어의 여진 역어〈회동관본〉』 陰 禿魯兀. 『화이역어의 여진 역어〈사이관본〉』 陰 禿魯溫. 『한청문감』 운음(陰) 툴훈[1:9a]

(19) 하랑캐(訶郞哈) : 『한청문감』 管下 하랑가[2:17a]. 『몽어유해』 錚 하랑가[상40b]. 여진어일 가능성이 있으나, 의미로 보면 몽고어일 가능성도 있다.

(20) 奚關 훤 : 『Grube(1896)』 縣 縣[hien][4쪽]. hién District=chines[93쪽]. 『만화사전』 縣 hiyan. 이 단어는 중국어 차용어이다.

(21) 奚灘 히탄 : 『한청문감』 갑옷린울(甲葉) 힌하[5:3a], 벌통 힌하[14:51b].

	용비어천가		여진어 어휘집		한청문감		비고
	음(표기)	의미	음(표기)	의미	음(표기)	의미	
1	夾溫 갸온		加渾溫	鷹	갸훈	鷹	
2	古論 고론		戈羅斡	遠	1.golo 2.goro	1.省 2.遠	
3	高時 고시				고신	仁	
4	古魯 구루		古魯	魚網			
5	猛哥 멍거		猛古/蒙古溫	銀	멍군	銀	
6	孛里 보리				보리	玻瓈	
7	薛列 서러				서러	鐵	
8	阿剌合 아라카				아라카	作(만듦)/義	
9	阿沙 아샤	利	ai-ʃī	利	아시	리식(利)	
10	阿合出 어허츄		合出	猫			
11	兀良合 오랑캐		兀良合	荒			
12	阿木河 옴회		阿木合	公			
13	兀剌 우라		兀剌	江	우라	江	
14	引荅忽 인다호		因荅忽/引荅洪	犬	인다훈	狗	
15	朱胡 쥬후		住兀	路	쥬군	路	
16	塔斯 타ᄉᆞ(?)		塔思合	虎	탓하	虎	
17	土門 투문		土滿	萬	투먼	萬	
18	禿魯兀 툴우		禿魯兀/禿魯溫	陰	툴훈	陰	
19	訶郞合 하랑캐				하랑가	管下	
20	奚關 훤		縣[hien]	縣	hiyan	縣	중국어 차용어
21	奚灘 히탄				힌하	1.甲葉 2.蜜脾(벌통)	

3.3. 몽고 어휘

용비어천가 주해 속에 한글로 표기된 어형 중에서 의미를 알 수 있는 몽고어 단어들은 다음과 같다.

(1) 韃靼(洞)다대(골) : 『Grube(1896)』 의미 韃靼, 음 蒙古魯[몽고]. 『몽어유해』 㺚子 할하 몽고. 『훈몽자회』 韃 다대달[중:4]. 『자류쥬석』 韃 몽고달韃靼契丹西北族 出沙陀別種爲蒙古部[卷上:27a]. 『辭源』 國名. 本靺鞨之別部. 唐末始見其名. 後乃爲蒙古之稱. 元亡其宗族走漠北[2300쪽].

(2) 拔都/拔突 바톨 : 『국어사개설』 勇士 중세 몽고어 ba'atur[116쪽]. 『몽어유해』 勇 바가툴[상:17b]. 『화이역어의 여진 역어〈사이관본〉』 敢 罕安丹. 『동문유해』 勇 바투루[상:23a]. 이 말은 원래 몽고어이지만, '동문유해'에 '바투루'가 있는 것 보면 여진에서도 이 말을 차용해 쓰고 있었던 것으로 보인다.

(3) 不花 부·허 『蒙古語大辭典』 bühe 勇士, 戰士, 力士[900쪽]

(4) 可兒答哥 컬더거 : 『몽어유해』 컬터거 부어(鯽魚)[하:34a]. 『만화사전』 keltehe 붕어(鯽魚)[원래 몽고어임].

(5) 帖木兒 터물 : 『몽어유해』 鐵 터물 [하 18b]. '터·물(帖木兒)'은 몽고 인명에 널리 붙는 〈temür〉이란 말의 중국 한자 표기인데, '鐵'의 의미를 지니고 있다. 고려사에 등장하는 원나라 사람 중에 이 단어를 성으로 가지거나 이름으로 가진 사람이 허다할 뿐만 아니라, 당시 동북 아시아의 정세로 보아 몽고어 차용어임에 틀림없다. 예. 帖木兒, 帖木兒不花, 卜顔帖木兒, 世先帖木兒, 朴帖木兒不花, 白帖木兒, 完者帖木兒, 別里哥帖木兒 등.

	용비어천가		몽어유해		기타	
	음(표기)	의미	음(표기)	의미	음(표기)	의미
1	韃靼(洞) 다대(골)		㺚子	할하 몽고	韃 다대	몽고
2	拔都/拔突 바톨	勇敢無敵	바가툴	勇	바투루	勇
3	不花 부·허				bühe	勇士, 戰士
4	可兒答哥 컬더거		컬더거	鯽魚		
5	帖木兒 터물		터물	鐵		

4. 차자 분류

위에서 밝혀낸 여진어와 몽고어들의 한글 표기를 면밀히 검토해 보면 해당 언어들의 음을 거의 정확하게 표기하고 있음을 알 수 있다. 그러므로 이들 어형들의 표기에 사용한 한자 차자는 다른 문헌에 등장하는 여진의 고유명사를 읽는 데 도움을 줄 수가 있을 것이다.

용비어천가에 외국어 고유명사에 한글로 음이 달려 있는 어형은 모두 83개인데, 이들 고유명사를 표기하기 위해 사용된 한자는 모두 152자이다. 이 외국어 표기에 사용된 한자는 애초부터 그 외국어를 사용하는 민족들이 자기들의 말을 표기해 사용해 오던 것들도 있고, 우리나라에서 그 외국어를 표기하기 위해 사용한 글자도 있다.

이 중에는 2가지 음을 표기하고 있는 것이 19자, 3가지 음을 표기하고 있는 것이 2자, 4가지 음을 표기하고 있는 것이 1자, 5가지 음을 표기하고 있는 것이 1자가 있다. 그리고 한 음절을 한자 2자로 표기하고 있는 것이 18개가 있다.

각 한자가 반영하고 있는 외국어의 음을 음소와 음절로 나누어 살펴보기로 한다. 먼저 2자로써 한 음절을 표기하고 있는 것을 분석해 보면 마지막 글자가 한 음소를 표기하고 있는 것들이 있다. 향가에 사용되어 있는 말음첨기법과 같은 방법으로 음절 말음을 표기하고 있는 것이다.

(1) 음소를 표기한 것

ㄹ 兒 : 可兒(컬)[7:24a], 括兒(골)[7:22a], 木兒(물)[7:21b],(믈)[1:43a], 卜兒(불) [7:22a], 兀兒(울)[7:23a],(월)[7:22a], 八兒(발)[7:24a], 火兒(홀)[7:21b], 闊兒(콜)[7:24a]

ㄹ 魯 : 禿魯(툴)[7:23a]

薛列(설)[5:47b]

ㅁ 木 : 阿木(옴)[1:8b]

ㅅ 失 : 火失(휫)[7:22a]

ㅅ 叱 : 回叱(횟)[1:8b]

ㅣ 亦 : 甫亦(뵈)[7:22a]

(2) 음절을 표기한 것

可	거	7-21b, 24a	可兒	컬	7-24a
	워	7-22b			
家	갸	1-8b, 7-23b	看	칸	7-24a
甲	갸	7-22b	剛	강	7-22b
改	개	7-24a	巾	컨	1-8b
乞	키	7-24a	古	고	7-21b, 22a, 23b
				구	7-23b, 23b, 24a
高	갛	7-22a	括	고	7-22b, 23b
				고	1-43a
括兒	골	7-22a, 22b, 24a, 24a, 24a	貴	귀	7-22b, 24a

歸	휴	7-25b
其	기	7-10a
難	난	7-22b
南	남	7-24a, 24a
靼	대	5-33b
荅	다	7-23a, 24a
	더	7-24a
都	돌	7-10a
	두	7-22b
禿	투	7-23b, 24a, 36a
頓	툰	5-48a
東	동	1-6b
洞	툰	7-22b
屯	툰	1-39a, 7-22b
剌	라	5-48a, 7-23b, 24a
	러	7-23b
闌	란	4-21b, 7-21b, 25b
郎	랑	7-22a, 24a
魯	로	5-48a
	루	1-36a, 7-23b
論	론	7-21b, 22a, 23b
隣	린	7-23b
莫	모	7-22a
猛	멍	7-21b
	밍	7-22a
木	모	7-23b
	무	7-24a
門	문	7-23b
孛	보	7-23b, 23b
拔	바	7-10a
甫亦	푀	7-22a
肯	컨	4-21b
那	나	7-24a, 24a
暖	넌	7-23b
奴	누	7-23b
韃	다	5-33b
唐	탕	7-23b
渡	되	5-27a
	두	3-13b
禿魯	툴	7-23a
突	돌	7-24a, 24a
童	퉁	1-8b
豆	투	1-8a, 7-21b
	두	7-22a
澄	듬	5-27a
螺	라	1-47b
蘭	란	7-22a
良	량	1-7a
綠	로	7-23b
里	리	1-43b, 7-23a, 23, 23b
麻	머	1-39a
漫	먼	1-8a, 7-21b
面	면	5-33b
木兒	물	7-22a
	믈	1-43a, 5-48a,. 7-2b, 22a
迷	미	3-13b
發	버	7-22b
伯	바	7-24a
卜兒	불	7-22a

不	부	7-23a
斯	ᄉᆞ	7-22b
常	샹	7-23b
先	샨	7-24a
城	칭	7-24a
速	소	7-24a
	수	7-23a
隨	수	1-8b
神	신	7-22b
實眼	샨	7-22b
阿	아	7-10a, 21b, 23a, 23b, 24a
	어	7-21b, 22q, 23b
牙	야	7-22a, 22b, 23b, 24a, 24a, 24a
顔	얀	7-24a
斡	오	1-6b, 43b
	워	7-23a
洋	연	7-22a
閼	어	7-22a
玉	유	7-23b
兀	오	1-7a, 7-22b
	우	1-7a, 5-48a, 48a, 7-23a, 23a
完	원	7-22b, 23b
威	울	1-39b
邑	ᄅᆞᆸ	2-22b
引	인	7-23a
仍	ᅀᅵᆼ	1-31b
猪	쥬	5-48a
狄	디	1-7a
田	뎐	5-36b
州	즁	1-8b
	쥬	7-22b, 24a

比	비	7-24a
沙	사	7-23a
西	ᄉᆞ	7-22a
薛列	설	5-47b
	서러	7-23a
召	죠	6-58b
孫	순	7-23b
時	시	1-43a
實	시	7-23b
失	시	7-23b
阿木	옴	1-8b
安	간	7-22a
眼	얀	7-23a
也	야	5-48a
楊	양	7-23b
奥	알	7-22b
溫	온	7-21b, 21b, 23a, 23a
兀兒	울	7-23a
	월	7-22a
雲	운	5-36b, 7-22b
圍	이	1-31b
移	이	7-21b
籾	닌	7-23b
者	져	7-22b, 23b
赤	치	7-23a, 24a, 1-47b
的遏	더	7-22b
助	ᄌᆞ	2-22b
朱	쥬	7-22b, 23a, 23b

	쥐	7-25b			
住	쥬	7-22a	帖	뎌	1-43a, 7-22a
				텨	7-21b, 22a, 5-48a
春	츈	7-22b, 23a, 24a	出	츄	7-21b
出闊	쿼	7-23b	吹	츄	1-47b
朶	도	1-43b	托	타	7-21b
灘	탄	7-22a, 22b, 23a, 23b, 23b	塔	타	7-22b
泰	탸	7-22b	土	투	7-23b
通	툰	7-22b	波	바	5-27a
婆	포	5-48a	八兒	발	7-24a
平	핑	7-23a	下	햐	7-23b
河	회	1-8b	訶	하	7-22a
罕	헌	5-47b	哈	거	1-7a
				카	7-24a
				캐	1-7a, 7-22a
				하	4-21b, 7-25b
				허	7-21b
合	허	7-23a	海	해	7-22a, 22b
				힉	7-22a
夾	갸	7-21b, 23a, 23a	奚	히	7-22a, 22b, 23a, 23b, 23b
奚闕	훤	1-8a	胡	후	7-23a
忽	콜	6-58b	洪	홍	4-21b
	호	7-23a			
	후	7-23a			
	훌	5-33b			
火失	큇	7-22a	火兒	홀	7-21b
化	헤	1-39b	花	허	7-23a
闊兒	콜	7-24a	回叱	횟	1-8b

5. 마무리

용비어천가 주해에는 한글로 표기된 외국어 어휘가 종족·부족명 5개, 지명 45개, 인명 30개, 관직명 3개 등 83개가 실려 있다. 이들 어휘는 여진어나 몽고어들인데, 이들 중 의미를 알 수 있는 것으로 명확히 여진어인 것은 9개, 여진어일 가능성이 있는 것은 21개이며, 몽고어로 추정되는 것은 5개이다.

또 이들 어휘의 표기에 사용된 한자 차자는 모두 152자인데, 이 중에는 2가지 음을 표기하고 있는 것이 19자, 3가지 음을 표기하고 있는 것이 2자, 4가지 음을 표기하고 있는 것이 1자, 5가지 음을 표기하고 있는 것이 1자가 있다. 그리고 한 음절을 한자 2자로 표기하고 있는 것이 18개가 있다. 이 한글로 표기된 차자들의 음은 당시 여진의 고유명사 음을 정확하게 반영하고 있는 것으로 보이므로, 다른 문헌에 등장하는 여진의 고유명사의 음을 읽는 데 도움을 줄 수 있을 것이다.

참고문헌

高麗史

同文類解

滿和辭典(1937). 羽田 亨.

蒙古語大辭典(1933). [日本]陸軍省

蒙語類解

辭源(1915) 8. 臺灣商務印書館編審委員會

淸文總彙

漢淸文鑑

漢韓大辭典

권상로(1961). 한국지명연혁고, 동국문화사.

구경자(1990). 용비어천가 주해의 정음표기 어휘 연구, 효성여대 석사학위논문.

金啓孮(1984). 女眞文辭典, 文物出版社(北京).

김동소(1977). 용비어천가의 여진어휘 연구, 국어교육연구(경북대 사대 국어교육연구회) 9.

______(1998). 한국어 변천사. 형설출판사.

김영신(1984). 「용비어천가」의 언어 분석, 수련어문논집(부산여대) 11.

김윤경(1962). 한글 전용을 위한 우리의 정신적 태도, 한글 130.

김종훈(1963). '용가'에 나타난 국어 지명에 관한 연구, 문경(중앙대) 14.

김구진(1973). 여말선초 두만강 유역의 여진 분포, 백산학보 제15호.

______(1974). 初期 毛獜 兀良哈 硏究, 백산학보 제17호.

도수희(1999). 한국 지명 연구, 이회문화사.

박은용(1962). 금어 연구, 아세아연구 10, 고려대 아세아문제연구소.

______(1973). 만주어문어연구(Ⅱ). 형설출판사.

송기중(1988). 《태조실록》에 등장하는 몽고어명과 여진어명(Ⅰ), 진단학보 66호.

______(1989). 《용비어천가》에 등장하는 북방민족어명, 진단학보 69호.

우메다[雨田亨](1937). 《滿和辭典》, 東京帝國大學滿蒙調查會.

유재영(1975). 지명 표기의 한 고찰 - 「용비어천가」 주해를 중심으로, 논문집(원광대) 8.

이기문(1958). 여진어의 지명고, 문리대학보(서울대)

_____(1964). 용비어천가의 어학적 가치(인명·지명), 동아문화 2.

_____(2002). 신정판 국어사개설, 태학사.

이인상(1939). '용가 주해'에 나타난 지명, 한글 64.

조규태(2002). 용비어천가 판본에 대하여, 배달말(진주 : 배달말학회) 31.

최범훈(1983). 「용비어천가」 정음표기 고유명사연구(Ⅰ) 동악어문논집 17.

_____(1982). 「용비어천가」 정음표기 고유명사연구(Ⅱ), 한국언어문학 21.

_____(1983). 「용비어천가」 정음표기 고유명사연구(Ⅲ), 전병두박사화갑기념논문집.

Cincius(1975). (ed.). **Сравнителный Словарь Тунгусо-Маньчжурских Языков** Tom Ⅰ[만주-퉁구스어 비교어휘집 제1권], Leningrad : IN.

Cincius(1977). (ed.). **Сравнителный Словарь-Тунгусо-Маньчжурских Языков** Tom Ⅱ[만주-퉁구스어 비교어휘집 제2권], Leningrad : IN.

Grube, Wilhelm(1896). Die Sprache und Schrift der Jučen, Leipzig : Kommissions-Verlag von O. Harrassowitz.

Poppe, N.(1965). Introduction to Altaic Linguistics, Otto Harrasswitz·Wiesbaden.

※ 〈외국어 어휘〉는 『어문학』 제90집에 실은 '용비어천가 주해 속에 한글로 표기된 외국어 어휘에 대하여'라는 논문을 다소 수정한 것임.

■ 부록

옛한글 표기법

1. 들머리

훈민정음 초기 문헌을 보면 매우 질서 있게 표기되어 있으며, 어떤 표기는 지나칠 정도로 정밀하게 되어 있음을 발견할 수 있다. 그처럼 질서 있게 표기된 것은 우리말을 적을 수 있는 문자를 만듦과 함께 그 문자로 우리말을 적는 표기법도 제정하였으리라 짐작케 한다. 이 가상적 표기법은 그 이후 우리말 표기법의 전범으로서 역할을 해 왔을 뿐만 아니라, 20세기 전반기에 성문화한 한글표기법의 바탕이 되는 것이다. 그러므로 최초의 옛한글 표기법을 재구해 보는 일은 훈민정음을 만든 당시의 문자체계와 음운, 표기법을 인식함과 동시에 우리말 표기법의 변화를 구명하는 중요한 일이라 생각된다.

이익섭(1992)에서는 이 최초의 옛한글 표기법을 '훈민정음 표기법 통일안'이란 이름으로 재구하였다. 그런데 이 표기법의 재구를 위하여 이익섭(1992)에서는 『훈민정음』(1446), 『용비어천가』(1447), 『석보상절』(1447), 『월인천강지곡』(1447) 등 네 저서를 자료로 삼았다. 그런데 이들 자료 중 뒤의 두 자료는 앞의 두 자료와 비교해 보면 표기법에 다소 차이가 있음을 발견할 수 있다. 예컨대 앞의 두 자료에는 'ᄫ'이 사용되어 있는데, 뒤의 두 자료에는 '오/우'로 표기되어 있는 것도 있고(예. 글ᄫᅡᆯ : 글왈, ᄀᆞᄫᆞᆯ : ᄀᆞ올, ᄃᆞᄫᆡ : ᄃᆞ외, ᄒᆞᄫᆞᅀᅡ : ᄒᆞ오ᅀᅡ 등), 사잇소리 표기에도 뒤의 두 자료는 거의 'ㅅ'으로 통일되어 있는데 반해, 『용비어천가』에서는 'ㄱㄷㅂㅅㅿㆆ' 등 다양한 글자를 사용하고 있다.

이 글에서는 옛한글을 만들어 우리말을 적은 최초의 표기법을 재구해 보고자 한다. 그래서 이 표기법을 재구하는 데 바탕이 되는 문헌을 세 가지로 한정한다. 첫째 문헌은 흔히 『훈민정음』 해례본이라 부르는 한문으로 된 원본 『훈민정음』이다. 이 책은 한글이 쓰여진 최초의 문헌일 뿐만 아니라, 최초의 한글 표기에 관한 여러 가지 규정들도 마련되어 있어 최초의 표기법을 재구하는 데 기본이 되는 자료가 된다. 그런데 이 책에는 우리말 문장 표기에 관한 규정이 없어 이를 보완하기 위해서는 우리말 문장을 최초로 적은 『용비어천가』가 필요하다. 그리고 한문본 『훈민정음』의 본문과 어제 서문을 언해한 『훈민정음』 언해본이 이 표기법을 재구하는 데 이용될 수 있다. 이 자료도 용비어천가와 거의 같은 시대에 만들어진 것이라[43] 용비

43) 정우영(2005b)에서는 훈민정음 언해본은 세 차례에 걸쳐 간행되었는데, 그 중 제1차 언해본

어천가의 표기법과 유사한 표기법으로 적혀 있기 때문이다. 물론 이 최초의 표기법은 한꺼번에 만든 것이 아니고, 훈민정음이란 글자를 만들고 『훈민정음』 책자를 만들면서, 그리고 우리말 문장을 적어가면서, 즉 『용비어천가』 국문 가사와 『훈민정음』 언해본을 적어가면서 하나씩 정비해 다듬어진 것으로 생각된다.[44]

2. 옛한글 표기법

일반적으로 표기법은 대체로 크게 두 부분으로 이루어진다. 표기법 전체에 관계되는 일반 원칙 즉 총칙, 그리고 부분적인 사항들에 관한 세칙이다. 최초의 옛한글 표기법 총칙에는 두 가지 내용이 담겨 있었으리라 생각된다. 첫 번째로는 문자 자체에 관한 것이다. 초기 훈민정음 문헌[45]을 보면, 우리말을 표기하는 데 새로이 만든 한글은 물론이요, 종래 사용해 오던 한자도 사용하고 있음을 알 수 있다. 그러므로 한글과 한자의 글자 사용 원칙에 관한 내용을 명시해 두었을 것이다. 용비어천가를 비롯한 초기 옛한글 문헌을 보면 대체로 고유어는 한글로, 한자어는 한자로 적혀 있음을 볼 때, 어원에 따른 어휘의 표기에 일관된 원칙이 있었음을 알 수 있다.

두 번째로는 한글은 음소 문자라 그 글자를 결합해 적는 원칙이 필요하므로 글자 결합에 관한 원칙을 마련해 두었을 것으로 보인다. 그 원칙이란 글자를 (1) 풀어쓰느냐, 모아쓰느냐 하는 것 (2) 음운 변동을 표기에 반영하는가, 하지 않는가 하는 것 (3) 이어적는가, 끊어적는가 하는 것 등을 들 수가 있다.

띄어쓰기도 대원칙 중의 하나에 들 수 있으나, 초기 한글 옛 문헌에서는 원칙적으로 띄어쓰기를 하지 않았기 때문에 총칙에 명시되지 않았을 것이다. 물론 용비어천가에는 띄어쓴 곳이 있다. 임금과 관련된 내용이 있을 경우이다. 그러나 이는 표기

의 간행 시기는 1446년 9월 이후 1446년 12월말 사이에 간행된 것으로, 늦어도 1447년 4월 이전에 만들어져 단행본으로 간행되었을 것으로 추정하고 있다. 이 제1차 언해본에는 '한음치성'에 관한 부분이 없는 것으로 보고 있어, 이 글에서도 '한음치성' 부분을 뺀 나머지 부분만을 이용하고자 한다.

44) 이 표기법에 사용하는 용어는 이해의 편의를 위하여 오늘날 사용하는 국어학 용어를 사용한다.

45) 초기 훈민정음 문헌이란 앞서 말한 『훈민정음』 해례본, 『용비어천가』, 훈민정음 언해본 이 세 자료를 말한다. 그리고 앞으로는 『훈민정음』 해례본은 『훈민정음』으로, 『용비어천가』는 그냥 '용비어천가'로, 『훈민정음』 언해본은 '훈민 언해본'으로 부르고자 한다.

전체와 관련된 내용이 아니므로 대원칙에는 명시해 두지 않았을 것이고 적절한 곳에 세칙으로 명시해 두었을 것으로 생각된다.

제1장 총칙

제1항 고유어는 한글로 적고, 한자어는 한자로 적음을 원칙으로 한다.

海東 六龍·이ᄂᆞᄅᆞ·샤 :일마다天福·이시·니 古聖·이同符ᄒᆞ시·니

제2항 한글은 소리나는 대로 음절 단위로 모아 적되 이어적음을 원칙으로 한다.

:식·미기·픈므른·ᄀᆞᄆᆞ·래아·니그·츨·씨

제2장부터는 세부 사항들이 명시되어 있었을 것으로 짐작되는데, 이 세부 사항들도 유형에 따라 몇 개의 장으로 나뉘어 명시되었을 것이다. 먼저 제2장은 제1장의 총칙에 따라 표기법의 가장 기본이 되는 글자에 관한 내용이 명시되어 있었을 것으로 짐작된다. 훈민정음 초기 문헌들을 보면 우리말 표기에 한자와 한글이 혼용되어 있다. 이 중 한자는 이미 사용해 온 글자이므로 따로 한자의 글자 자체에 관해서는 명시할 필요가 없지만, 한글의 경우는 어떤 소리를 적는 데 어떤 글자를 사용하는지를 명시할 필요가 있다. 따라서 제2장에는 주로 새로 만들어 사용하는 옛한글의 글자에 관한 내용들이 들어 있으리라 생각된다. 옛한글 글자에 관한 표기 규정은 훈민정음 해례본에 서술되어 있는 것과 실제 사용된 다음의 용례를 통해 재구할 수가 있다.

(1) 훈민정음 해례본의 본문에 새로 만든 옛한글 자음자 홑글자 28자와 모음자 홑글자 11자의 글자 모양, 음가 등이 서술되어 있다.[46]

(2) 훈민정음 해례본의 본문에 겹글자는 아래 위로 글자를 나란히 붙여 연서자를 만들어 사용하는 방법이 서술되어 있다. 연서자는 순음 아래 ㅇ자를 나란히 이어 순경음자를 만들어 쓴다고 되어 있고, 그 음가는 제자해에 명시되어 있다.[47]

(3) 그리고 같은 글자를 좌우로 나란히 이어 붙여 병서자를 만들어 사용하는 방법

46) 순서는 훈민정음 본문에 각 글자의 음가 설명을 위해 제시되어 있는 것을 따른다.

47) 연서자 만들기에 관한 내용은 'ㅇ連書脣音之下, 則爲脣輕音', 연서자의 음가에 대한 내용은 제자해에 'ㅇ連書脣音之下, 則爲脣輕音, 以輕音脣乍合而喉聲多也'이라 기록되어 있다.

이 서술되어 있다. 병서자 중에서 각자병서자는 같은 글자를 좌우로 나란히 붙여 만든 글자로 제자해에 이들의 음가가 된소리임을 명시하고 있다.48) 이들이 된소리를 표기하고 있지만, 실제로는 'ㅆ, ㆅ'만 어두에 쓰이고 나머지는 어중에서만 사용되고 있다.49) 예. 쏘다(射), 쓰면(書), 말ᄊᆞ미라(言), ᅘᅧ(引), 치ᅘᅧ시니(挈) 등.

(4) 합용병서자는 다른 글자를 나란히 이어 만든 글자인데, 'ㅅ' 자를 앞세워 만든 글자는 된소리를 표기하는 글자로 사용하고 있다. 용비어천가와 훈민정음(해례본과 언해본)에 'ㅅ' 자를 앞세운 글자로는 'ㅺ, ㅼ, ㅽ'이 있다. 예. ㅺ(ᄭᅮᆷ), ㅼ(ᄯᅳᆮ), ㅽ(ᄲᅮᆫ) 등.

'ㅂ'자를 앞세워 만든 합용병서자로는 'ㅳ, ㅄ, ㅶ, ㅴ, ㅵ'의 예가 보이는데, 이 중 'ㅴ'과 'ㅵ'의 'ㅺ, ㅼ'은 된소리이니 'ㅂ'계 합용병서는 모두 두 음(두겹소리)을 표기하는 데 사용하기 위해 만든 글자이다. 예. ㅳ(ᄠᅳᆮ), ㅄ(ᄡᅳ샤), ㅶ(ᄩᅱ운들), ㅴ(ᄢᅵ, ᄢᅦ니), ㅵ(ᄒᆞᇌᄣᅢ) 등. 이 밖에도 용비어천가에 'ᄎᆑ'의 예가 보이는데, 여진어의 어휘를 표기하는 데 사용되고 있다. 예. ᄎᆑ(닌ᄎᆑ시).

종성 표기에도 합용병서자가 사용되어 있는데, 이들도 겹소리를 표기하기 위해 만든 글자들이다. 예. (낛), ㄼ(ᄉᆞᆲ거니) 등. 그런데 받침으로 사용된 겹글자 중의 어떤 것은 마지막 글자가 사잇소리를 표기하기 위해 사용된 것으로 그 글자가 가진 본래의 음가와는 무관하게 사용된 것들도 있다. 예. (ᄒᆞᇌᄣᅢ), ㄽ(긼ᄀᆞᇫ), (오ᄂᆞᇌ나래), (하ᄂᆞᇌ ᄠᅳ들), ㅁㅂ(사ᄅᆞᇚ서리), ㅁㅅ(아바닚뒤), (님긊ᄆᆞᅀᆞ미) 등.

(5) 모음 병서자는 훈민정음 혜래본에 두 자 합용자로 'ㅘ, ᆇ, ㅝ, ᆎ' 네 자와 'ㅣ'와 결합된 두 자 합용자로 'ㆎ, ㅢ, ㅚ, ㅐ, ㅟ, ㅔ, ㆉ, ㅒ, ㆌ, ㅖ', 세 자 합용자로 'ㅙ, ㅞ, ᆈ, ᆒ'가 제시되어 있다.

한글은 음소 글자로 만들긴 했지만 음절 문자처럼 모아쓰기를 하고 있는데, 최초의 한글 표기법에서부터 그러하였다. 『훈민정음』 본문에 있는 부서와 성음에 관한 내용이 바로 모아쓰기에 관한 규정이며, 제자해, 초성해, 중성해, 종성해, 합자해에 모아쓰기의 원칙과 방법이 자세히 서술되어 있다.50)

---

48) ㄲㄸㅃㅉㅆㆅ, 爲全淸. ……全淸竝書則爲全濁, 以其全淸之聲凝則爲全濁也, 唯喉音次淸爲全濁者, 盖以ㆆ聲深不爲之凝, ㅎ比ㆆ聲淺, 故凝則爲全濁也.

49) 이 밖에도 제자해에는 제시되어 있지 않지만, 'ㅥ' 자와 'ᅇ' 자가 사용되고 있는데, 이들은 예외로 사용된 글자로 된소리를 표기한 글자는 아니다. 아마도 준말의 표기에 사용된 듯하다. 예. 다ᄔᆞ니라, 히ᅇᅧ 등

50) ·ㅡㅗㅜㅜㅛㅠ, 附書初聲之下. ㅣㅏㅓㅑㅕ, 附書於右. 凡字必合而成音[본문], 以初中終合成

다만 한자음과 고유어의 음이 합쳐 한 음절을 이루는 일이 있을 때는 한자와 한글을 결합해 쓸 수가 없으므로 이 경우의 표기법에 관한 사항, 그리고 실제로 사용된 용례를 보면 'ㆁ' 자는 초성에만,51) 'ㆆ' 자는 종성에만 사용되어 있는데, 이는 예외에 해당하므로 이들에 관한 사항은 따로 명시해 두었으리라 생각된다.

제2장 자모와 자모의 결합

제3항(자모) 한글 자모는 28자로 하고, 그 자형과 순서 및 음가는 다음과 같다.

1. 자음자(음가는 해당 한자의 초성임)

ㄱ(君) ㅋ(快) ㆁ(業) ㄷ(斗) ㅌ(呑) ㄴ(那) ㅂ(彆) ㅍ(漂) ㅁ(彌)

ㅈ(卽) ㅊ(侵) ㅅ(戌) ㆆ(挹) ㅎ(虛) ㅇ(欲) ㄹ(閭) ㅿ(穰)

2. 모음자(음가는 해당 한자의 중성임)

ㆍ(呑) ㅡ(卽) ㅣ(侵) ㅗ(洪) ㅏ(覃) ㅜ(君) ㅓ(業) ㅛ(欲)

ㅑ(穰) ㅠ(戌) ㅕ(彆)

[붙임 1] 위의 자모로써 적을 수 없는 소리는 둘 이상의 자모를 결합하여 적는다.

(1) (순경음자) 순경음자는 순음 아래에 'ㅇ'자모를 이어 만들며, 입술가벼운소리를 적는 데 사용한다.

ㅸ

(2) (자음병서자)

1) (각자병서자) 같은 자음자를 옆으로 나란히 이어 만들며, 이 중 'ㅆ, ㆅ'은 어두와 어중 모두에서, 그 밖의 글자는 어중에서 각각 된소리를 적는 데 사용한다.

ㄲ(虯) ㄸ(覃) ㅃ(步) ㅉ(慈) ㅆ(邪) ㆅ(洪)

2) (합용병서자 1) 'ㅅ'을 앞세워 만든 겹글자는 어두 된소리를 적는 데 사용한다.

ㅺ ㅼ ㅽ

3) (합용병서자 2) 다른 글자 둘 또는 셋을 옆으로 나란히 이어 만든 자음 겹글자들은 자음 겹소리를 적는 데 사용한다.

之字言之[제자해], 正音初聲, 卽韻書之字母也[초성해], 中聲者, 居字韻之中, 合初終而聲音[중성해], 終聲者, 承初中而成字韻[종성해], 初中終三聲, 合而成字[합자해]

51) 동국정운식 한자음을 표기하기 위하여 'ㅇ' 자를 종성 표기에 사용하기도 했으나, 동국정운식 한자음은 당시의 현실 한자음이 아니며, 또한 한자음 표기는 우리말 표기와는 다른 문제에 해당하므로, 한자음 표기에 관해서는 이 글에서는 제외하였다.

① 초성 : 'ㅂ' 글자를 앞세워 만든 자음 두 자나 세 자를 이어 만든 겹글자는 모두 자음 두 겹소리를 적는 데 사용한다. 세 자음겹글자 중 가운데 'ㅅ' 자는 그 다음 자의 소리가 된소리임을 나타낸다.

ㅲ ㅄ ㅳ

ㅴ ㅵ

② 종성 :

(순수 겹소리글자) ㄼ

(끝글자가 사잇소리인 겹글자) ㄳ ㅯ ㅯ

4) (합용병서자 3) 외국어를 표기할 경우에는 이 밖의 자음 겹글자를 만들어 사용할 수 있다.

ᄻ

(3) (모음 합용병서자) 모음 겹소리는 모음 글자를 좌우로 이어 만든 글자로 적는다.

1) (두겹글자) ㅘ ㆇ ㅝ ㆊ

ㆎ ㅢ ㅚ ㅐ ㅟ ㅔ ㆉ ㅒ ㆌ ㅖ

2) (세겹글자) ㅙ ㅞ ㆈ ㆋ

제4항(모아쓰기) 한글 자모는 초성, 중성, 종성을 모아 한 글자로 만들어 씀을 원칙으로 하되, 자음자는 초성과 종성의 표기에 사용하고, 모음자는 중성의 표기에 사용한다.

1. (초성과 중성의 결합) ·ㅡㅗㅜㅛㅠ는 초성의 아래에 적고, ㅣㅏㅓㅑㅕ는 초성의 오른쪽에 적는다.

ᄀᆞ 으 고 부 쇼 뉴 비 자 거 샤 져

2. 종성은 초성과 중성을 결합한 자 아래에 적는다.

박 논 곧 별 봄 집 옷 종 쇪

[붙임 1] 한자 다음에 자음자나 모음자를 결합하여 쓸 경우에는 한자 옆에 단독을 적는다.

兄ㄱ 뜨디 公州ㅣ

[붙임 2] 'ㅇ' 자모는 초성에만 사용한다.

오샤 道上에

[붙임 2] 'ㆆ' 자모는 종성에만 사용한다.

도라옳 이받ᄌᆞᄫᆞᆶ 하ᄂᆞᇙ뜨들

최초의 한글 문헌들을 보면 당시의 우리말을 소리나는 대로 표기하고 있음을 알 수 있다. 그 대표적인 예가 종성 표기에 8글자만을 사용하도록 한 일이다. 이는 당시의 표기가 음운론적 표기 원리에 따랐음을 말해 준다.52) 예. ᄉᆞᄆᆞᆺ디(通) : ᄉᆞᄆᆞᄎᆞᆯ 씨라, 업고(無) : 업스니 등.

이 음운론적 표기 원리에 따라 음운의 변동이 일어나는 경우는 음운이 변동된 대로 표기하였다. (1) 어간 말 자음 'ㄹ'이 'ㅿ, ㄴ' 등의 소리 앞에서 탈락하는 경우는 변동된 대로 표기하였다. 예. 울+ᅀᆞᆸᄂᆞ니→우ᅀᆞᆸᄂᆞ니[56장],53) 알+ᅀᆞᆸ아→아ᅀᆞᄫᅡ[59장], 들+ᅀᆞᄫᆞᆯ씨→드ᅀᆞᄫᆞᆯ씨[64장], 할+ᅀᆞᄫᆞ니→하ᅀᆞᄫᆞ니[71장] ᄆᆡᇰᄀᆞᆯ+노니→ᄆᆡᇰᄀᆞ노니[훈언:3ㄱ] 등. (2) 어간말 자음 'ㅎ'과 어미의 두음 'ㅅ'이 결합되어 된소리 'ㅆ' 소리로 축약될 경우에는 변동된 대로 표기하였다. 예. 젛+ᄉᆞᄫᅡ늘→저ᄊᆞᄫᅡ늘[61장], 슳+ᅀᆞᆸ아→슬ᄊᆞᄫᅡ[91장] 등. (3) 어간말 자음 'ㅎ'과 평폐쇄음이 결합되어 거센소리로 축약될 경우에는 변동된 대로 표기하였다. 예. 둏+고→됴코[2장] 등. (4) 사동이나 피동을 나타내는 접미사 '이'가 탈락한 경우에는 어미의 초성을 'ㆀ'으로 표기하였다. 예. 괴이+어→괴ᅇᅧ[훈민 합자해], ᄒᆡ이+어→ᄒᆡᅇᅧ[훈언:3ㄱ] 등. (5) 'ㅣ' 모음이나 반모음 'j'로 끝나는 용언의 어근이나 체언에 이어지는 모음 조사에 'ㅣ'모음 순행동화가 일어날 경우에도 변동된 대로 표기하였다. 예. 서리에→서리예[4장], 놀애예[16장], 내오리라→내요리라[46장], 東海엣→동해옛[59장], 비취+어→비취여[60장], 알외오리라→알외요리라[83장], 이바디에→이바디예[95장] 등. 그러나 형태소가 지나치게 달라지는 것을 막기 위하여, 형태소가 결합할 때 자음 동화가 일어나는 경우는 본래의 형태대로 표기하였다. 예. 돋+ᄂᆞᆫ→돋ᄂᆞᆫ[훈언 14ㄱ] 등.

이런 현실적인 음운 변동을 표기에 반영하는 한편, 엄격한 표기 규칙을 만들어 당시의 우리말을 지나치게 이상적으로 규범화하여 표기하려는 태도도 있었음을 알 수 있다. 그 하나가 모음 조화 표기법이다(김동소 1998: 107-111 참조). 음성모음(ㅡㅓㅜ)은 음성모음끼리, 양성모음(ㆍㅏㅗ)는 양성모음끼리 어울리게 표기함으로써 우리말 어형을 이상적으로 통일하려고 하였음을 볼 수가 있다. 이 표기 규칙은 지나치게 이상적이라 대체적으로는 이 규칙에 맞게 표기되었지만 많은 예외들도

52) 물론 다음과 같은 예들도 있다. 예. 곶[2장], 깊고[34장], 높고[34장], 닢[84장], 좇거늘[36장], 좇ᄌᆞᆸ고져[36장], 좇ᄌᆞᄫᆞ니[55장], 빛나니이다[80장]. 이 예들은 당시에도 어형의 기본 형태에 대한 인식이 있었고, 또한 기본 형태대로 표기할 수도 있음을 보여 주고 있다. 그러나 당시의 표기 전반을 고려해 보면 이들은 예외에 속한다.

53) 문헌 약호는 다음과 같다. 용비어천가는 [ ] 속에 해당 장의 수만을 적는다. 예. [13장]. [훈언]은 훈민정음 언해본을, [훈민]은 훈민정음 해례본을 가리킨다.

존재하였다.[54)]

제3장 소리에 관한 것

제5항(종성 글자) 종성은 그 발음에 따라 다음 여덟 자로 표기함을 원칙으로 한다.

ㄱ ㆁ ㄷ ㄴ ㅂ ㅁ ㅅ ㄹ

제6항(음운 변동 표기) 용언의 어간과 어미가 결합될 때, 음운의 변동이 일어나는 다음의 경우는 음운이 변동된 대로 적는다.

1. ('ㄹ' 탈락) 'ㄹ' 말음을 가진 용언이 활용할 때, 'ㄹ' 말음이 탈락할 경우에는 소리나는 대로 적는다.

   울다 : 우숩ᄂᆞ니　　알다 : 아ᅀᆞᄫᅡ

   들다 : 드ᅀᆞᄫᅳᆯ씨　　ᄆᆡᇰᄀᆞᆯ다 : ᄆᆡᇰᄀᆞ노니

2. (된소리되기) 용언 어간 말음 'ㅎ'과 어미의 두음 'ㅅ'이 축약되어 'ㅆ' 음이 될 경우에는 소리나는 대로 적는다.

   슳다 : 슬ᄊᆞᄫᅡ　　젛다 : 저ᄊᆞᄫᅡ놀　　저ᄊᆞᄫᅳ니

3. (거센소리되기) 용언의 어간 말음 'ㅎ'과 어미의 두음 평폐쇄음이 축약되어 거센소리가 될 경우에는 소리나는 대로 적는다.

   둏다 : 됴코

4. ('이' 탈락) 용언의 피동과 사동의 '이' 음이 탈락할 경우에는 어미의 초성을 'ㆀ' 자로 적는다.

   괴이다 : 괴ᅇᅧ　　히이다 : 히ᅇᅧ

5. ('ㅣ' 순행동화) 'ㅣ' 모음이나 반모음 'j'로 끝나는 용언의 어근이나 체언에 이어지는 모음 조사에 'ㅣ' 모음 순행동화가 일어날 경우에는 변동된 대로 적는다.

   서리 : 서리예　　놀애 : 놀애예

   내오다 : 내요리라　　비취다 : 비취여

제7항(자음동화) 형태소가 결합할 때 자음동화가 일어나는 경우는 본래의 형태대로 적는다.

듣다 : 듣ᄂᆞᆫ

---

54) 물론 예외도 있었다. 예. 업사, 보숩고저(용가 59장) 등.

제8항(모음 조화 표기) 실사와 허사가 이어질 경우, 양성모음(ㆍㅗㅏ)은 양성모음끼리, 음성모음(ㅡㅜㅓ)는 음성모음끼리 어울리도록 표기한다.

	양성모음	음성모음
ᄂᆞᆫ/는	알ᄑᆡ는	뒤헤는
ᄋᆞᆫ/은	ᄂᆞ몬	므른
애/에	바ᄅᆞ매	굴허에
ᄋᆡ/의	알ᄑᆡ	닐흐늬
ᄋᆞ로/으로	소ᄂᆞ로	ᄯᅮ므로
ᄋᆞᆯ/을	ᄒᆞᆯᄀᆞᆯ	ᄠᅳ들
ᄅᆞᆯ/를	놀애ᄅᆞᆯ	中興主를
아/어	바사	거스러
ᄋᆞ니/으니	마ᄌᆞ니	드르니
ᄋᆞᆫ/은	듣ᄌᆞᄫᆞᆫ	어드ᄫᅳᆫ

사잇소리는 음운론적으로는 선행어의 말음을 저지시키는 역할을 하며, 형태론적으로는 합성어 표지나 관형격 조사로 사용되었다. 그런데 훈민정음 초기 문헌을 보면 이 사잇소리를 표기하기 위하여 다양한 글자가 사용되었다. 동일한 사잇소리를 표기하기 위하여 다양한 글자를 사용한 것은 지나친 표기의 기교에서 비롯된 것으로 볼 수밖에 없다.

선행어의 끝소리가 유성음이고 후행어의 첫소리가 무성음일 경우, 선행어의 끝소리가 'ㆁ일 때는 'ㄱ', 'ㄴ'일 때는 'ㄷ', 'ㅁ'일 때는 'ㅂ', 'ㅱ'일 때는 'ㅸ', 모음과 'ㄹ'일 때는 'ㆆ'을 적었고, 선행어의 끝소리도 유성음이고 후행어의 첫소리도 유성음인 경우에는 'ㅿ'을 적었다.55) 예. 兄ㄱᄠᅳ디[8장], 平生ㄱᄠᅳᆮ[12장], 洪ᅘᅩᇰㄱ字ᄍᆞᆼ[훈언 8ㄱ], 몃間ㄷ지븨[110장], 君군ㄷ字ᄍᆞᆼ[훈언 4ㄱ], 사ᄅᆞᆷᄠᅳ디리잇가[15장], 侵침ㅂ字ᄍᆞᆼ[훈언 7ㄱ], 斗두ᇢ字ᄍᆞᆼ[훈언 5ㄱ], 하ᄂᆞᇙᄠᅳ들[86장], 先考ㆆᄠᅳᆮ[12장], 快쾡ㆆ字ᄍᆞᆼ[훈언 4ㄱ], ᄀᆞᇫ움흘[5장], 數萬里ㅿ니미어시니[31장], ᄂᆞᇫ므를[91장], 오ᄂᆞᇫ나래[16장], 님그ᇝ말[98장] 등.

그런데 이 지나친 표기의 기교는 이미 초기 훈민정음 문헌에서도 예외가 많이

55) 이 밖에도 훈민정음 초기 문헌에는 사용되지 않았지만, 'ㅈ'이 사용된 예가 있다. 선행어가 모음으로 끝나거나 'ㄹ' 음으로 끝나고, 후행어가 '字' 자일 때 이 글자가 사용되었다. 예. 可ㅈ字, 契ㅈ字, 兎ㅈ字, 異ㅈ字, 鬼ㅈ字

있었을 뿐만 아니라, 훈민정음 언해본 이후에는 잘 지켜지지 않았다. 예. 定社之聖ㅅ 긔(99장), 狄人ㅅ서리(4장), 野人ㅅ서리(4장), 님긊德(118장), 아ᄃᆞᇝ긔(115장), 아바ᇝ뒤(118장), 아바ᇝ梓宮(93장), 어마ᇝ山陵(93장), 가ᇙᄀᆞ새(67장, 68장), 嫡子ㅅ긔(98장), 나랑小民(52장), ᄒᆞᆫ잣ᄉᆞᅀᅵ(31장장), 西水ㅅᄀᆞᅀᅵ(6장), 東海ㅅᄀᆞᅀᅵ(6장), 즘겟가재(7장), 네닚글(86장), 깂ᄀᆞ새(58장), 숤바올(89장), 셔ᄫᆳ使者(18장), 셔ᄫᆳ긔벼를(35장), 셔ᄫᆳ뷘길헤(98장), 하ᄂᆞᆯ벼리(50장), 셔ᄫᆯ賊臣(37장), 셔ᄫᆯ도ᄌᆞ기(49장), 나랏말ᄊᆞ미(훈민 1ㄱ)

제4장 사잇소리 표기

제9항(사잇소리 글자) 사잇소리는 선행어의 끝소리가 유성음이고 후행어의 첫소리가 무성음일 경우, 선행어의 끝소리가 'ㆁ'일 때는 'ㄱ', 'ㄴ'일 때는 'ㄷ', 'ㅁ'일 때는 'ㅂ', 'ㅱ'일 때는 'ㅸ', 모음과 'ㄹ'일 때는 'ㆆ'을 적고, 선행어의 끝소리도 유성음이고 후행어의 첫소리도 유성음인 경우에는 'ㅿ'을 적는다.

(선행어 말음)	(후행어 두음)	(사잇소리 글자)	
ㆁ	무성음	ㄱ	兄ㄱᄠᅳ디, 洪ᅘᅩᇰㄱ字ᄍᆞᆼ
ㄴ	〃	ㄷ	몃間ㄷ지븨, 君군ㄷ字ᄍᆞᆼ
ㅁ	〃	ㅂ	사ᄅᆞᆷ서리, 侵침ㅂ字ᄍᆞᆼ
ㅱ	〃	ㅸ	빠귷ㅸ字ᄍᆞᆼ
모음/ㄹ	〃	ㆆ	先考ㆆᄠᅳᆮ, 快쾡ㆆ字ᄍᆞᆼ, 하ᄂᆶᄠᅳ들
유성음	유성음	ㅿ	나랑일훔, 눉므를, 오ᇗ나래, 님긊ᄆᆞᅀᆞ미

제10항(사잇소리 글자의 위치) 사잇소리 글자는 종성으로 적는 것을 원칙으로 한다.

가온딧소리 님긊

ᄃᆞᇙᄣᅢ(酉時) 하ᄂᆶᄠᅳ들

[붙임 1] 후행어의 첫소리가 ㅅ음일 경우에는 합용하여 표기할 수 있다.

니쏘리 엄쏘리

[붙임 2] 선행어가 한자어인 경우에는 따로 표기한다.

兄ㄱᄠᅳ디 몃間ㄷ지븨

侵침ㅂ字ᄍᆞᆼ 君군ㄷ字ᄍᆞᆼ

형태소와 형태소가 결합될 때, 앞 형태소가 자음으로 끝나고 뒤 형태소가 모음으로 시작될 경우는, 형태소 경계를 두지 않고 앞 형태소의 마지막 자음을 뒤 형태소에 이어 적었다. 예. ᄂᆞᄅᆞ샤(ᄂᆞᆯ다), 기픈(깊다), 시미(심), ᄇᆞᄅᆞ매(ᄇᆞᄅᆞᆷ) 등.

이처럼 형태소와 형태소들이 결합할 때는 이어적기를 하는 것이 원칙이었지만, 형태소들이 원형과 지나치게 멀어지는 것을 막기 위해 체언과 조사가 결합될 때 체언 말음 'ㆍ'나 'ㅡ'가 탈락할 경우에는 남은 체언의 자음을 조사의 두음으로 이어적지 않았다. 예컨대 '아ᅀᆞ'에 주격 조사 '이'가 결합할 때는 '앐이'라고 표기하였다. 이는 '아ᅀᆞ'의 어말 모음이 탈락했다는 것을 형태론적으로 보여줌과 함께, 체언의 어형을 조사와 분리해 표기하려는 의도에서였다. 예. 앐ᄋᆞᆫ(←아ᅀᆞ+ᄋᆞᆫ)[24장],[56] 놀이(노ᄅᆞ+이)[43장] 등. 용언의 어간과 어미가 결합되거나 용언이 파생될 때도 마찬가지였다.[57] 둘어(←두르-+어)[33장], 살아(←사ᄅᆞ아)[115장], 올이샤(←오ᄅᆞ+이+샤)[48장] 등.

또 어원적으로 'ㄱ'이 있었던 어미와 어간이 결합될 경우에도, 두 형태소들의 어형이 원형과 지나치게 멀어지는 것을 막기 위해서 어간과 어미를 분리해 표기하였다. 예. 모딜오도(←모딜+고도)[103장], 일어늘(←일+거늘)[41장], 할어늘(←할+거늘)[104장], 모딜언마ᄅᆞᆫ(←모딜+거+ㄴ마ᄅᆞᆫ)[121장], 살언(←살-+거+ㄴ)[25장] 등. 합성어나 파생어의 경우도 마찬가지였다. 예. 졸애(照浦)山(←졸+개+산)[43장] 등.

체언 어형 중에는 결합되는 조사에 따라 어형이 특이하게 변하는 것이 있었는데,

---

56) 문헌 자료를 보면 아ᄉᆞ(아ᄉᆞ, 앗이라, 앗이, 앗ᄋᆞᆯ), 아ᅀᆞ(아ᅀᆞ와, 아ᅀᆞ누의; 앐ᄋᆞᆫ, 앐이, 앐ᄋᆡ, 아ᅀᅵ, 아ᅀᆡ아ᄃᆞᆯ), 아ᄋᆞ(아ᄋᆞ와, 아ᄋᆞᆯ, 아ᄋᆞ로셔; 아이오, 아이라, 아이며; 아ᄋᆡ, 아ᄋᆡ게) 등의 표기 어형이 있는 것으로 보아, 이 여러 어형들 중에서 '아ᅀᆞ'는 다음에 언급할 절충식 표기로 보인다. 이 표기 어형들 중에서 예컨대 '앗이, 앐이, 아이'를 '아시, 아ᅀᅵ, 아이'로 표기하지 않은 것은, '아ᄉᆞ+이, 아ᅀᆞ+이, 아ᄋᆞ+이'의 축약형을 체언과 조사를 분리해 표기하고자 한 의도에서였다. 이는 ᄀᆞᆺ(ᄀᆞᆺ, 가시라, ᄀᆞ새), ᄀᆞᇫ(ᄀᆞᇫ, ᄀᆞᅀᆡᆼ, ᄀᆞᅀᅵ, ᄀᆞᅀᆞᆫ, ᄀᆞᅀᆡ), ᄀᆞ(ᄀᆞ, ᄀᆞ이, ᄀᆞ애, ᄀᆞᄋᆞᆫ, ᄀᆞᄋᆞᆯ) 등의 표기 어형들은 축약형이 없으므로 분리 표기하지 않은 것과 대조된다. 요컨대 절충식 표기와 분리 표기는 다른 범주에 속하는 표기 방법들이다.

57) 이 분리 표기에 대해서는 이 글에서의 주장과는 다른 견해가 있어 논증이 필요하다. 우선 한 가지 예로서만 분리 표기한 까닭을 밝혀보면 다음과 같다. 문헌 자료에 '일어'와 '이러'가 공존하는데, 이 둘은 의미가 다르다. '이러'(내히 이러, 누에 ᄯᅩ 이러, 되오미 ᄆᆞᅀᆞᆷ과로 더브러 이러)는 '이루어져, 되어'라는 의미이고, '일어'(城 밧긔 닐굽 뎔 일어, 塔 일어 供養ᄒᆞ라)는 '이루어, 만들어'라는 의미이다. 이 '일어'는 '이르다/이ᄅᆞ다'의 다른 활용형들과 의미가 같으므로, '이르-/이ᄅᆞ-+어'의 축약형이라 볼 수밖에 없다. 그러므로 그 어형을 '일어'라고 분리 표기한 것은 '이러'와 다르다는 것을 드러내고자 한 것이다. 이와 함께 '일워'라는 어형도 보이는데, 이 어형은 '일우다/일오다(모딘 쇠를 일우리잇가, 아로ᄆᆞᆯ브터 果를 일오이다)'의 활용형인 '일오+어/일우+어'의 축약형을 분리 표기한 것이다. 이 '일우다/일오다'를 분리 표기한 것도 어근과 접미사를 구분해 드러내고자 한 것이다. 그런데 이 경우는 분리 표기가 엄격하지 못하여 '이로다/이루다'라는 어형도 널리 사용되었다.

이들 어형들도 변화된 형태대로 표기하였다. 예. 남ᄀᆞᆫ(←나모+ᄋᆞᆫ)/나모[2장], 년글(녀 느+을)[20장] 등. 그리고 추측법의 관형사형은 초기 훈민정음 문헌에서는 후대의 문헌과는 달리 ' '으로 표기하였다.

제5장 형태에 관한 것

제11항(이어 적기 1) 체언이 조사와 결합할 때는 체언의 마지막 자음을 조사의 첫소리로 적는다.

ᄉᆡᆷ : ᄉᆡ미　　　　ᄆᆞᆯ : ᄆᆞᄅᆞᆫ

녁 : 년글　　　　앒 : 알ᄑᆡ

움ㅎ : 움흘　　　　하ᄂᆶ : 하ᄂᆞᆯ히

제12항(이어 적기 2) 용언의 어간과 어미가 결합할 때는 용언 어간의 마지막 자음을 어미의 첫소리로 적는다.

깊다 : 기픈　　　　ᄆᆞᆯ다 : ᄆᆞ러

옮다 : 올ᄆᆞ샤　　　　맞다 : 맛ᄃᆞ시릴ᄊᆡ

제13항(끊어 적기 1) 체언이 조사와 결합할 때 체언 말음 'ㆍ'나 'ㅡ'가 탈락하는 경우에는 체언 말음절의 자음을 그 앞 음절의 받침으로 적는다.

아ᅀᆞ : 아ᇫ이　아ᇫᄋᆞᆫ　　　　노ᄅᆞ : 놀이　놀ᄋᆞᆯ

제14항(끊어 적기 2) 용언이 활용할 때나 파생될 때, 용언 어간이나 어근의 말음 'ㆍ'나 'ㅡ'가 탈락하는 경우에는 말음절의 자음을 앞 음절의 받침으로 적는다.

다ᄅᆞ다 : 달아　　　　ᄇᆞᅀᆞ다 : ᄇᆞᇫ옴

두르다 : 둘어　　　　사ᄅᆞ다 : 살아시니

오ᄅᆞ다 : 올이샤

제15항(끊어 적기 3) 뒤 형태소에 어원적으로 'ㄱ'이 있었던 것이 탈락한 경우는 'ㄱ'이 있었음을 드러내기 위하여 앞 형태소의 말음을 뒤 형태소에 어어적지 않는다.

-고도 : 모딜오도　　　　-거늘 : 할어늘

-거시늘 : 일어시늘　　　　-건마른 : 모딜언마른

-건 : 살언 -개- : 졸애(照浦)山

제16항(불규칙 곡용) 체언과 조사가 결합할 때 불규칙하게 곡용하는 것은 불규칙한 대로 표기한다.

나모(木) : 나모도 남ᄀᆞᆫ 녀느(他) : 녀느와 년글

제17항(관형사형 어미) 추측법의 관형사형 어미는 '- '으로 적는다.

거ᄉᆞᇙ 뵈ᅀᆞᄫᆞᇙ

자ᄉᆞᇙ ᄒᆞᇙ

이미 여러 연구 결과에 의해 밝혀졌듯이 중세 국어의 'ㅸ'과 'ㅿ', 'ㄹㅇ'은 독자적인 음소를 표기한 것이 아니고,58) 어형의 통일을 이루기 위하여 방언형들을 절충해 표기한 것으로 보인다. 'ㅸ'은 'ㅂ' 유지어와 '오/우' 또는 'ㅂ' 탈락형이 공존하는 방언을 절충하여 표시함으로써 이 어형을 표준 어형으로 삼고자 한 것이다. 예. 글ᄫᅡᆯ(글발/글왈)[26장], 기드리ᅀᆞᄫᅡ(기드리ᄉᆞ바/기드리와)[10장], 누ᄫᅳᆫ(누븐/누운)[84장], 대ᄫᅥ믈(대버믈/대워믈)[87장], 도ᄫᆞ시니이다(도ᄇᆞ시니이다/도우시니이다)[96장], 돕ᄉᆞᄫᆞ니(돕ᄉᆞᄇᆞ니/돕ᄉᆞ오니)[29장], ᄃᆞᄫᆡ니이다(ᄃᆞᄇᆡ니이다/ᄃᆡ외니이다)[98장], 마ᄍᆞᄫᅵ(마ᄍᆞ비/마ᄍᆞ이)[95장], 뷔어ᅀᅡ(뷔어사/뷔어야)[67장], 셔ᄫᅳᆯ(셔블/셔울)[18장], 스ᄀᆞᄫᅳᆯ(스ᄀᆞ블/스ᄀᆞ올)[35장], 솔ᄫᅥ리(솔ᄇᆞ리/솔오리)[87장], 언ᄌᆞᄫᅡ(언ᄌᆞ바/언ᄌᆞ와)[27장], 열ᄫᅳᆫ(열븐/열운)[30장], 이ᄫᅳᆫ(이븐/이운)[84장], ᄒᆞᄫᆞᅀᅡ(ᄒᆞᄇᆞ사/ᄒᆞ오사/ᄒᆞ오아)[35장] 등.

'ㅿ'은 'ㅅ'유지어와 'ㅅ'이 탈락한 방언형을 절충하여 'ㅿ'음을 가진 어형으로 표기함으로써 이를 표준 문어형으로 삼고자 한 것이다. 예. ᄀᆞᇫ(ᄀᆞᆺ/ᄀᆞ)[68장], ᄆᆞᅀᆞᆷ(ᄆᆞᄉᆞᆷ/ᄆᆞᄋᆞᆷ)[102장], 아ᅀᆞᆫ(앗ᄋᆞᆫ/아ᄋᆞᆫ)[24장], ᄃᆞᅀᆞ실ᄊᆡ(ᄃᆞᄉᆞ실ᄊᆡ/ᄃᆞᄋᆞ실ᄊᆡ)[80장], 브ᅀᅮ려(브수려/브우려)[109장], 처ᅀᅥᆷ(처섬/처엄)[78장], 처ᇫ나래(첫나래/처엄나래)[12장], 우ᇫ브리(웃브리/우으우리)[16장] 등.

그리고 'ㄹㅇ'은 'ㄹㄹ' 유지어와 'ㄹ' 유지어, 그리고 'ㄹㄱ'유지어와 'ㄹ' 유지어가 공존하는 방언 어형들을 절충하여 표기함으로써, 이 어형을 표준 문어형으로 삼고자

58) 이 두 글자가 독자적인 음소를 표기한 것이 아니라는 기존의 견해는 남광우(1959), 유창돈(1962), 서정범(1982)에 피력되어 있고, 최근에는 김동소(1996), 김동소(1998), 조규태(1998)에서 이 두 글자가 절충식 표기를 위해 사용된 것으로 보았고, 정우영(2005)에서 'ㅸ'이 절충식 표기를 위해 사용된 것으로 보았다.

하였다. 예. 놀애(놀래/노래)[16장], 알외시니(알뢰시니/아뢰시니)[13장], 살아내시니(살라내시니/사라내시니)[22장], 외어늘(ᄀᆞᆯ뢰어늘/ᄀᆞ뢰어늘)[4장][59] ; 달애시리(달개리/다래리)[18장],[60] 말이샤(말기샤/말리샤/마리샤)[68장][61] 등.

제6장 절충식 표기

제18항(ᄫ의 사용) 어중에 'ㅂ' 음을 가진 방언과 'ㅗ/ㅜ'를 가지거나 'ㅂ' 음이 없어진 방언 어형이 공존할 경우에는 'ᄫ'자를 사용하여 표기한다.

셔ᄫᅳᆯ	글ᄫᅡᆯ
ᄉᆞᆲ다	좇ᄌᆞᄫᆞ니
수ᄫᅵ	

제19항(ㅿ의 사용) 어중에 'ㅅ' 음을 가진 방언과 'ㅅ' 음이 없어진 방언 어형이 공존하는 경우는 'ㅿ' 자를 사용하여 표기한다.

ᄀᆞᇫ	니ᅀᅥ
ᄆᆞᅀᆞᆷ	보ᅀᆞᆸ고져
아ᅀᆞ샤	처ᅀᅥᆷ

제20항(ㄹㅇ의 사용) 'ㄹㄹ' 유지어와 'ㄹ' 유지어, 그리고 'ㄹㄱ' 유지어와 'ㄹ' 유지어가 공존하는 경우는 'ㄹㅇ'으로 표기한다.

(1) 'ㄹㄹ'과 'ㄹ'의 공존

ᄀᆞᆯ외어늘	놀애
살아시니	알외시니

(2) 'ㄹㄱ'과 'ㄹ'의 공존

달애시리	말이ᅀᆞᄫᆞᆫ돌

용비어천가를 보면 고유어는 한글로 표기되어 있고 한자어는 한자로 표기되어 있다.[62] 그리고 용비어천가에는 그 한자에 음이 달려 있지 않지만,[63] 훈민정음 언해

59) 17세기 국어사전에 'ᄀᆞᆯ래다' 현대 국어 사전에 '가래다'가 등재되어 있는 것을 미루어 보면 'ᄀᆞᆯ외다'는 'ㄹㄹ'과 'ㄹ'의 절충형으로 짐작된다.

60) 표준어 '달래다'에 대응되는 어형으로 경북, 경남, 전남 방언에 모두 '달개다'가 있다.

61) 표준어 '말리다'에 대응되는 어형으로 경북, 경남, 전남 방언에 모두 '말기다'가 있다.

에는 한자에 동국정운식 한자음이 달려 있다. 그러므로 한자어의 표기에 대한 규정이 마련되었으리라 생각된다.64)

제7장 한자어 표기

제21항(한자 사용) 한자어는 한자로 적음을 원칙으로 한다.

제22항(한자음 표기) 한자어는 한글로 발음을 표기할 수 있되, 그 표기 방법은 따로 정한다.

글자를 모아 음절자를 만든 다음, 성조를 표시하기 위하여 방점을 찍는 방법도 본문과 합자해에 명시해 두고 있는데, 이것도 표기법 속에 포함시켜 두었으리라 생각된다.

훈민정음과 용비어천가에는 특이하게도, 한자 중 변음자를 글자 네 모서리에 권점을 찍어 표시하고 있으므로, 권점 사용에 관한 규정도 마련되었으리라 생각된다.

그리고 용비어천가에 작은 쉼 다음에는 구점(句點)이, 큰 쉼 다음에는 두점(讀點)이 찍혀 있는 걸 보면, 구두점에 관한 규정도 명시해 두었으리라 생각된다.

이상의 것들은 글자 결합에 관한 것들이므로 몇 개의 항목으로 나누어 제시해 보면 다음과 같다.

제8장 부호

제23항(방점) 성조를 표기하기 위하여 방점을 찍는다. 거성은 한 점, 상성은 두 점을 글자 왼쪽에 찍으며, 평성은 점을 찍지 않는다.

(평성) ᄏᆞᆼ(大豆) ᄂᆞᆸ(猿)

(거성) ᄀᆞᆯ(蘆) ᄃᆞᆷ(墻)

(상성) :ᄀᆞᆷ(柿) :벌(蜂)

---

62) 용비어천가는 고유어는 한글로 한자어는 한자로 적은, 즉 한글과 한자를 섞어 쓴 이른바 국한문/국한혼용문의 최초의 글이다.

63) 용비어천가 주해 속에 있는 고유명사와 몇몇 특수한 용어들에는 한자와 한글을 병기하고 있지만, 용비어천가 국문으로 된 노랫말에는 한자에 음이 달려 있지 않다.

64) 표준 한자음을 제정하기 위해 만든 동국정운은 1447년 12월에 완성되었는데, 훈민정음 언해본이 만들어질 때는 이미 그 내용이 알려져 있었던 것으로 짐작된다. 그리고 그 내용이 복잡하고 방대하여 이 옛한글 표기법에는 담을 수 없었을 것이다.

[붙임] 입성은 촉급하게 끝나는 소리로 평성, 거성, 상성과 점을 찍어 표시하는 것은 같이한다.

(평입성) 독(瓮) 긷(柱) 섭(薪) 숫(炭)
(거입성) ᄐᆞᆨ(頤) 갇(笠) 굽(蹄) 못(池)
(상입성) :낟(穀) :깁(繒) :잣(海松)

제24항(권점) 한자 중에서 변음자는 글자 모서리에 권점을 찍어 표시할 수 있다. 평성으로 변음된 자는 아래 왼쪽 모서리에, 상성으로 변음된 자는 위 왼쪽 모서리에, 거성으로 변음된 자는 위 오른쪽 모서리에, 입성으로 변음된 자는 아래 오른쪽 모서리에 각각 권점을 찍는다.

燕人, 垂拱臨朝, 長史, 千載, 周國大王, 簞食壺漿, 手射數人

제25항(구두점) 구두점은 찍지 않음을 원칙으로 한다.

다만, 노랫말일 경우에는 구두점을 찍을 수 있되, 큰 쉼 뒤에는 두점(讀點)을 찍고, 작은 쉼 뒤에는 구점(句點)을 찍는다.

商德·이衰·ᄒᆞ거·든◦天下·ᄅᆞᆯ맛ᄃᆞ·시릴·씨。西水ㅅ:ᄀᆞ·ᅀᅵ◦져·재·ᄀᆞᆮᄒᆞ·니
麗運·이衰·ᄒᆞ거·든◦나·라ᄒᆞᆯ맛ᄃᆞ·시릴·씨。東海ㅅ:ᄀᆞ·ᅀᅵ◦져·재·ᄀᆞᆮᄒᆞ·니

:뒤헤·는:모딘도ᄌᆞᆨ◦알·ᄑᆡ·ᄂᆞᆫ어·드ᄫᅳᆫ길·헤。:업던·번·게·를◦하·ᄂᆞᆯ·히ᄇᆞᆯ·기시·니
:뒤헤·는:모딘즁ᄉᆡᆼ◦알·ᄑᆡ·ᄂᆞᆫ기·픈모·새。열·ᄫᅳᆫ어·르·믈◦하·ᄂᆞᆯ·히구·티시·니

마지막으로는 각 글자들을 어떻게 배열하여 적었는지에 대한 규정이 있었으리라 생각된다. 글자 배열 규정이란, 가로쓰기나 세로쓰기에 관한 것, 행렬을 왼쪽으로 써 나가느냐 오른쪽으로 써 나가느냐 하는 것, 그리고 띄어쓰기에 관한 규정들이었으리라 생각된다. 초기 옛한글 문헌을 보면 글자를 위에서 아래로 배열해 이어적었으며, 오른쪽에서 왼쪽으로 행을 배열하였다. 그리고 원칙적으로 띄어쓰기를 하지 않았다. 이는 모두 종래 한문을 써오던 관습에 따른 것으로 보인다.

제9장 글자의 배열

제26항(글자의 배열) 글자로 글을 써 나갈 때는 위에서 아래로 적는다.

第27항(행의 배열) 글의 행은 오른쪽에서 왼쪽으로 이어 쓴다.

第28항(띄어쓰기) 각 글자는 붙여씀을 원칙으로 한다.

[붙임] 우리나라 임금과 관련된 사항일 경우에는 그 말 앞을 띄어쓸 수 있다.

우리□始祖ㅣ∘慶興·에:사ᄅᆞ·샤。□王業·을∘:여·르시·니

南北珍羞·와∘流霞玉食□바ᄃᆞ·샤。·이·ᄠᅳ·들∘□닛·디:마·ᄅᆞ쇼·셔

3. 마무리

이 글은 우리말을 옛한글로 적기 시작한 처음부터 한글표기법이 있었으리란 가정 아래, '최초의 옛한글 표기법'을 재구하기 위해 작성되었다. 이 재구에는 최초의 옛한글 표기법에 걸맞도록 옛한글을 만들어 가장 먼저 거의 같은 시대에 출간한『훈민정음』해례본,『용비어천가』, 그리고『훈민정음』해례본의 본문만을 언해한,『훈민정음』언해본 세 자료만을 이용하였다. 위의 세 자료를 바탕으로 재구한, 최초의 옛한글 표기법은 모두 9장 28항으로 이루어졌으리라 추측되며, 그 내용은 본론에서 재구해 둔 것과 같다.

참고문헌

[자료]

훈민정음 해례본(1446)

용비어천가(1447)

훈민정음 언해본(1447)

경북방언사전(2000), 이상규 편, 태학사.

전남방언사전(1998), 이기갑 외 공편, 태학사.

한국방언자료집 경상남도편(1993), 정신문화연구원.

[논저]

김동소(1996). 「중세 한국어의 종합적 연구」, 『한글』(한글학회)231 : 5-41.

______(1998). 『한국어변천사』, 형설출판사 : 83-137.

남광우(1959). 「ㅸ, ㅿ論攷」, 『논문집』(중앙대) 제4집 : 115-140.

서정범(1982). 『음운의 국어사적 연구』, 집문당.

유창돈(1962). 「15세기 국어의 음운 체계」, 『국어학』 1 : 5-24.

이병운(2000). 『중세 국어의 음절과 표기법 연구』, 세종출판사.

이익섭(1992). 『국어표기법연구』, 서울대출판부.

정우영(2005a). 「국어 표기법의 변화와 그 해석」, 『한국어학』(한국어학회) 26 :293-326.

______(2005b). 「훈민정음 언해본의 성립과 원본 재구」, 『국어국문학』 139(국어국문학회),

조규태(1998). 「여린 비읍(ㅸ)에 대하여」, 『한글』(한글학회) 241·242 : 89-124.

※ 〈옛한글 표기법〉은 『국어사연구』 제5호(2005)에 '최초의 옛한글 표기법 재구'라는 제목으로 실은 것을 다소 수정한 것임.

찾아보기

1. 어휘

[숫자는 용비어천가 장의 수를 가리킴]

다

마

바

사

자

차

하

2. 어법 풀이

[숫자는 용비어천가 장의 수를 가리킴]